本书为国家社科基金重大项目"智能时代的信息价值观引领研究"的阶段性成果（项目编号：18ZDA307）

清华新闻传播文丛

柳斌杰 陈昌凤◎主编

陈昌凤◎主编

智能传播
理论、应用与治理

中国社会科学出版社

图书在版编目(CIP)数据

智能传播:理论、应用与治理/陈昌凤主编. —北京:中国社会科学出版社,2021.9

(清华新闻传播文丛)

ISBN 978-7-5203-8820-7

Ⅰ.①智… Ⅱ.①陈… Ⅲ.①传播媒介—研究 Ⅳ.①G206.2

中国版本图书馆 CIP 数据核字(2021)第 148431 号

出 版 人	赵剑英
责任编辑	郭晓鸿
特约编辑	杜若佳
责任校对	师敏革
责任印制	戴 宽

出 版	中国社会科学出版社
社 址	北京鼓楼西大街甲 158 号
邮 编	100720
网 址	http://www.csspw.cn
发 行 部	010-84083685
门 市 部	010-84029450
经 销	新华书店及其他书店
印 刷	北京明恒达印务有限公司
装 订	廊坊市广阳区广增装订厂
版 次	2021 年 9 月第 1 版
印 次	2021 年 9 月第 1 次印刷
开 本	710×1000 1/16
印 张	27.25
插 页	2
字 数	419 千字
定 价	158.00 元

凡购买中国社会科学出版社图书,如有质量问题请与本社营销中心联系调换
电话:010-84083683
版权所有 侵权必究

目 录

序 ……………………………………………………………（1）

智能传播学术地图

未来的智能传播：从"互联网"到"人联网" ………… 陈昌凤　虞　鑫（3）
 一　互联网简史：技术的革命还是历史的延续？……………（4）
 二　未来传播趋势：从"互联网"到"人联网"………………（8）
 三　智能传播生态下的价值偏向 ……………………………（12）

人工智能在新闻传播中的运用
与善用 ………………… 陈昌凤　Ayamou Chekam Gaelle Patricia（15）
 一　智能算法运用于新闻业 …………………………………（16）
 二　智能运用于新闻业的伦理问题 …………………………（28）

国际智能传播研究的现状、热点与趋势 ………… 师　文　陈昌凤（36）
 一　智能技术与职业新闻理念 ………………………………（37）
 二　智能化技术参与互联网信息治理 ………………………（39）
 三　智能驯化 …………………………………………………（41）
 四　人机传播 …………………………………………………（42）

五　算法善用 …………………………………………… (44)
　　六　结语 ………………………………………………… (53)

国内智能传播研究的现状、热点与趋势 ………… 孟令晋(55)
　　一　数据来源和研究方法 ………………………………… (57)
　　二　研究现状 ……………………………………………… (57)
　　三　研究热点 ……………………………………………… (62)
　　四　研究趋势分析 ………………………………………… (68)
　　五　结论 …………………………………………………… (71)

智能理论篇

哲学视野中的人工智能：语言的视角 …… 克利福德·G. 克里斯琴斯(75)
人工智能与人的存在发展
　　——基于休伯特·德雷福斯技术现代性思想的考察 …… 杨晓东(87)
　　一　从技术现代性层面看人工智能 ……………………… (88)
　　二　从技术现代性层面考察表征现象 …………………… (92)
　　三　从马克思主义哲学层面看技术意识形态 …………… (93)
　　四　结语 …………………………………………………… (98)

信息社会智能化 …………………………………………… 陈　曦(99)
　　一　工具发展的边界：技术革命与劳动力解放 ………… (101)
　　二　资源配置效率的边界：机器资本与劳动力的关系 …… (104)
　　三　社会系统平衡的边界：来自第四个世界的调控 …… (107)
　　四　结语 …………………………………………………… (110)

"媒体信息价值观"的历史源流、内在结构与观测维度 ……… 俞逆思(112)
　　一　"信息价值观"的历史源流 …………………………… (113)
　　二　"信息价值观"的内在结构：客观性和主观性 ……… (117)

三 信息的价值嵌入过程与"信息价值观"的观测维度 …………(128)
四 论文盲点与思考 ………………………………………………(132)

技术神话与伦理反思
——基于媒介话语空间语境下影像新闻的传播价值研究 ……………………………………………… 姜 博(133)
一 现实与虚拟:技术神话下影像新闻的真实性传达 …………(135)
二 危机与重构:传媒伦理下影像新闻的客观性呈现 …………(137)
三 拷问与反思:媒介场域范式下影像新闻工作者的
  普适性坚守 ……………………………………………………(140)
四 结语 …………………………………………………………(143)

权力迁移与人本精神:算法式新闻分发的技术伦理 …… 陈昌凤 霍 婕(145)
一 无人为假新闻负责的世界 …………………………………(145)
二 打开新闻分发的算法"黑箱" ……………………………(147)
三 算法式分发新闻导致的权力迁移 …………………………(151)
四 智能时代的人本精神 ………………………………………(153)

智能应用篇:新闻

黑箱:人工智能技术与新闻生产格局嬗变 ………… 陈昌凤 仇筠茜(159)
一 与新闻生产及分发相关的"人工智能技术" ………………(160)
二 算法深度介入新闻生产各环节 ……………………………(163)
三 多利益主体,技术公司反收编 ……………………………(168)

智能算法运用于新闻策展的技术逻辑与伦理风险 …… 陈昌凤 师 文(173)
一 人工新闻策展的实践与局限 ………………………………(176)
二 智能化新闻策展的技术路径 ………………………………(178)
三 算法策展的价值风险与引领 ………………………………(182)

社交分发与算法分发融合:信息传播新规则及其
　　价值挑战 ………………………………… 师　文　陈昌凤(186)
　　一　智能化社交分发模式:算法与社交相结合 ………… (187)
　　二　社交信息流原理及其算法 …………………………… (188)
　　三　算法的效率与伦理缺陷 ……………………………… (194)

算法驯化:个性化推荐平台的自媒体内容生产网络
　　及其运作 …………………………………… 黄　淼　黄　佩(196)
　　一　研究缘起 ……………………………………………… (196)
　　二　文献回顾 ……………………………………………… (197)
　　三　研究设计 ……………………………………………… (203)
　　四　研究发现 ……………………………………………… (204)
　　五　讨论 …………………………………………………… (212)

个性化新闻推荐算法的技术解读与价值探讨 ……… 陈昌凤　师　文(214)
　　一　个性化新闻推荐系统溯源 …………………………… (216)
　　二　新闻推荐系统原理 …………………………………… (219)
　　三　个性化推荐算法的技术与伦理 ……………………… (220)
　　四　结语 …………………………………………………… (223)

算法时代的媒体策略:个性化新闻及其论争 ……… 陈昌凤　宋云天(224)
　　一　"我的日报":从虚拟理念到具体实践 ……………… (225)
　　二　"新新闻"之路:从"所有适合刊载的"到"所有
　　　　适合您的" ……………………………………………… (227)
　　三　对"个性化"的论争和批评 …………………………… (230)

智能化新闻核查技术:算法、逻辑与局限 …………… 陈昌凤　师　文(234)
　　一　智能化新闻核查:用计算机科学鉴别信息 ………… (236)
　　二　新闻核查算法模型与伦理风险 ……………………… (239)

三 局限性:智能化新闻核查算法的技术思维与假新闻的
复杂逻辑 ……………………………………………… (243)
四 结语 ……………………………………………………… (247)

智能应用篇:传播

表演艺术与 AI 及脑科学相结合对人的情绪信息
可分析性的探索 ……………………………… 邓菡彬(253)
 一 情绪识别 AI"罗莎"的诞生 ………………………… (254)
 二 在研究中发现的情绪价值观若干问题 ……………… (257)
 三 情绪判断的伦理问题 ………………………………… (263)
 四 结论和展望 …………………………………………… (266)

AI 主播在电视媒介中的应用与发展策略 ………… 张蓝姗 任 雪(268)
 一 AI 主播在电视媒介中的应用 ………………………… (268)
 二 AI 主播应用的优势与困境 …………………………… (270)
 三 AI 主播在电视媒介中的发展策略 …………………… (273)
 四 结语 …………………………………………………… (275)

科幻美剧中的人工智能核心议题 ……………… 曹书乐 何 威(276)
 一 科幻类型美剧中的"人工智能"亚类型 …………… (276)
 二 弱人工智能,我们的助手还是暴君? ……………… (278)
 三 强人工智能,我们的奴隶还是朋友? ……………… (280)
 四 超人工智能,让我们灭亡还是永生? ……………… (283)
 五 电视剧让我们思考:后人类时代,何以为人? …… (284)

从"+AI"到"AI+":人工智能技术对电视综艺
内容的影响 …………………………………… 仇筠茜(286)
 一 "综艺+AI":人工智能技术在电视综艺中的运用 …… (287)

二　"综艺+AI"的创新窘境……………………………………(291)
　　三　"AI+综艺"的全流程重构……………………………………(292)

情感与工具：人工智能文艺创作的后现代反思……………宫宜希(296)
　　一　人工智能及其文艺创作历程……………………………………(296)
　　二　具体案例："微软小冰"……………………………………(298)
　　三　情感性：情感表达与语言游戏……………………………………(301)
　　四　工具性：机器学习的赋权与解构……………………………………(303)
　　五　人工智能创作背后的后现代文化语境……………………………………(306)
　　六　人工智能文艺创作的未来……………………………………(307)

准社会关系与社交投票中的意见形成机制
　　——基于"知乎"的数据挖掘……………陈昌凤　师　文(309)
　　一　研究缘起……………………………………(310)
　　二　文献综述……………………………………(311)
　　三　研究问题与方法……………………………………(315)
　　四　研究发现……………………………………(317)
　　五　结论……………………………………(327)

智能治理篇

5G时代新媒体应用对政府治理的
　　影响研究………郭巧敏　易成岐　郭　鑫　邵建树　王建冬(331)
　　一　引言……………………………………(331)
　　二　新媒体发展历程与政府治理……………………………………(332)
　　三　5G时代新媒体应用下政府治理的调适……………………………………(341)

论算法推荐给媒介公共领域带来的挑战……………张蓝姗　黄高原(344)
　　一　算法的工具理性削弱了媒介的价值理性……………………………………(345)

二　算法推荐阻碍了公共领域的交往理性 ……………………（347）
　　三　算法的"伪中立性"让公共领域形同虚设 ………………（348）
　　四　"中心化"传播模式使普通公众陷入"沉默" ……………（350）
　　五　结语 …………………………………………………………（351）

商业性网络水军的全链条治理 ……………… 陈昌凤　林嘉琳（352）
　　一　Web 2.0 技术催生的网络水军：社交时代的公关代理 …（353）
　　二　网络水军产业链的运作手段 ………………………………（355）
　　三　强化网络水军的全链条治理 ………………………………（356）
　　四　总结 …………………………………………………………（358）

智能时代的"深度伪造"信息及其治理方式 ………… 陈昌凤　徐芳依（360）
　　一　泛滥全球"深度伪造"：危及国家安全 ……………………（360）
　　二　篡改与操纵："深度伪造"的内涵与技术手段 ……………（362）
　　三　"深度伪造"的技术治理：政府与社会组织参与 …………（365）
　　四　"深度伪造"法规治理：立法探索 …………………………（368）

智能时代的媒介伦理：算法透明度的可行性及其
路径分析 ……………………………………… 陈昌凤　张　梦（373）
　　一　"算法透明度"相关研究的学科分析 ………………………（375）
　　二　在"技术社会集合"中探讨"算法透明度"的概念 ………（376）
　　三　算法透明度的哲学基础和专业意义 ………………………（379）
　　四　"算法透明度"的认识与实践：实施之难与风险 …………（381）
　　五　实施算法透明度的路径 ……………………………………（384）
　　六　结语 …………………………………………………………（389）

分布与互动模式：社交机器人操纵 Twitter 上的中国
议题研究 ………………………………………… 师　文　陈昌凤（391）
　　一　引言 …………………………………………………………（391）

二　相关文献 …………………………………………（392）
　三　研究数据 …………………………………………（398）
　四　社交机器人的内容分析 …………………………（401）
　五　社交机器人的交互分析 …………………………（408）
　六　讨论 ………………………………………………（411）

后　记 ………………………………………………………（415）

序

　　智能技术既是人类智力进步取得的成果，也是人类用以发展自身、应对重大挑战、处理复杂难题的有力工具。人类正在与不断进步的智能技术进行融合，甚至在某些方面难分彼此、融为一体。广义的智能，包括智能技术、人工智能、机器人技术和算法（Smart Technology, Artificial Intelligence, Robotics, and Algorithms, STARA），它们构成了智能媒介与信息传播技术，给人类生活的各个方面带来了前所未有的改变。它们正在完成人类心智所能完成和难以完成的各种任务。

　　人工智能已经成为国家的重大战略。习近平总书记在党的十九大报告中，专门提到人工智能，并且把互联网、大数据、人工智能作为建设现代化经济体系的重要内容，强调推动互联网、大数据、人工智能和实体经济深度融合，强调建设网络强国、智慧社会等方面的战略。

　　构成智能系统的机器学习、神经网络、大数据、认知系统及相关算法、人造劳动者，都已经运用于信息传播。智能正在重新界定新闻与传播业，比如智能算法运用于新闻业，从数据挖掘、新闻生产、新闻发布与分发、信息核实与用户互动方面，可以使新闻发掘更深入、触觉更敏锐、面向更广泛，不仅能呈现新闻，而且通过科学的算法还可以预测新闻；它不仅大大提升了新闻写作的数量和快捷性，而且可以加强信息的可视性、拟态性和播报的精确性；它能较人类更精准地了解用户的个性化需求，不仅能够进行个性化的定制、优化和推送，而且可以通过新闻机器人和聊天机器人与海量用户进行互动。在其他非新闻类信息方面，智能也在同样产生着广泛而深远的影响。

但是，正如人类历史上所有的技术一样，智能也具有缺陷。作为人类智力的成果，它也可以把人类已有的道德弱点和价值观缺陷深嵌入运用之中，比如歧视、偏见；作为一种发展中的成果，其技术本身具有不确定性、不稳定性；作为一种融入人类心智、可以自我学习和发展的技术，它还具有难以解读性和潜在的不可控性。它是史无前例的，人类对其运用不得不存有戒心，要确定约束力的伦理。人类需要的是"可信赖的智能"，正如欧盟委员会人工智能高级别专家组确定的框架，要求遵循相关的伦理原则，发展可信赖的人工智能：尊重人类自治，预防伤害，公平，可解释性。这些伦理原则确定了智能应该尊重基本权利、遵守核心原则和价值观。人工智能对既有的传播伦理带来了极大的挑战和冲击，它减少了人的自主性，算法带来不可靠性、不透明性，并涉及用户的隐私问题，等等。

这是一部有关智能传播的理论、运用与治理的文集。全书注重体系性，既有智能传播研究现状与热点，也有相关理论的阐释；既有新闻应用方面的探讨，也有传播应用方面的策略、功能与影响；既有运用中对现有理念、价值观的挑战现象，也有对智能运用于政府治理、传播伦理与价值观方面的问题与治理的探讨。全书分为五大部分，各部分的内容如下：

一是"智能传播学术地图"：关于国际与国内有关智能运用于新闻与传播的范围、现状、热点与趋势的研究情况；

二是"智能理论篇"：关于智能传播的哲学基础、理论范畴的研究；

三是"智能应用篇：新闻"：关于智能技术运用于新闻策展、生产、分发、个性化推荐、核查及其算法价值观的研究；

四是"智能应用篇：传播"：关于智能技术运用于传播，包括演艺、电视主播、影视剧、综艺、社交平台等领域的策略、功能与价值观影响的研究；

五是"智能治理篇"：关于智能技术运用于政府治理、媒介公共领域、社交媒体的社会动员的研究，以及智能技术带来的信息操纵、深度伪造、透明度等价值观问题及其治理的研究。

这部文集汇聚了新闻学、传播学、哲学/伦理学、文艺学和管理学领域的学者关于智能传播的新近成果，其主体部分选自国家社科基金重大项目"智能时代的信息价值观引领研究"(项目编号：18ZDA307)的阶段性成果，另有小部分选自 2019 年 11 月在清华大学新闻与传播学院召开的该项目第二次高端学术论坛的会议主旨演讲和投稿论文。是次会议有来自新闻传播学、哲学/伦理学、心理学、计算机科学、艺术学、社会学、管理学等不同学科领域的 50 余名中外专家学者参加，主旨演讲专家包括媒介伦理学领域国际大师级学者克利福德·G. 克里斯琴斯（Clifford G. Christians），中国伦理学界著名学者、大连理工大学人文与社会科学学部主任李伦，暨南大学新闻与传播学院新闻系主任林爱珺，四川大学文学与新闻学院副院长胡易容，上海社会科学院新闻研究所助理研究员方师师等。子课题负责人崔勇（清华大学计算机系）、张霄（中国人民大学哲学院）、喻丰（西安交通大学人文社会科学学院社会心理学研究所）、蒋俏蕾（清华大学新闻与传播学院）等杰出青年学者贡献了一组主题报告。论坛还征集到近 40 篇论文。本文集从论坛中不仅选用了大师级学者克里斯琴斯的哲学视野的博大精深的演讲稿，也选用了几篇国内多所院校中青年学者的论文，编选了几位博士生、硕士生的论文以彰显青年才俊、鼓励更多优秀学子投入相关研究。

　　智能传播正在飞速发展。希望这部文集能够引起更多有识之士对相关领域的关注，并期望裨益于学界和业界同行的进一步研究。

陈昌凤
2020 年 8 月 16 日

智能传播学术地图

未来的智能传播：
从"互联网"到"人联网"

陈昌凤　虞　鑫

【摘要】 本文通过对互联网诞生和发展的"史前史"进行回顾，发现互联网的技术模型与所处的社会政治文化语境息息相关。与其将其看作技术引发的社会革命，不如认为是一种根植于社会环境的历史延续。在重新理解社会语境的重要性后，本文认为未来的传播形态将更加突出"人"的因素，可以称其为"人联网"和智能传播。而后，分别从技术路线、产业发展和政策管理三个层面，讨论了社会文化和用户场景、资本逻辑和产消关系、国家主权和法律框架对信息技术的形塑方向：软件化、中心化、主权化。最后，本文认为在智能传播生态下，也可能会导致信息、社会和"人"等不同方面的价值偏向，这是目前不得不思考的重要伦理问题。

【关键词】 人联网；智能传播；媒介价值观；赛博格；未来传播

关于互联网"下半场"的讨论已经成为学界和业界的热点话题。如果说互联网的"上半场"是"物的逻辑"，创新方向是通过时间空间的连接实现横向规模化发展，那么互联网的"下半场"则是"人的逻辑"，通过个性需求的满足实现纵向垂直化发展。① 回顾近年来传播形态的发展趋势，

---

① 喻国明：《互联网发展的"下半场"：传媒转型的价值标尺与关键路径》，《当代传播》2017年第4期。

也同样印证了类似的判断。技术基础设施方面，虚拟现实/增强现实技术提供了穿梭时间和空间、跨越虚拟和现实的可能；而以算法推荐、机器学习为代表的人工智能技术则力求满足个性需求，提供智能化传播的技术平台；产品设计运营方面，以媒介融合、"O2O"为代表的社群媒体打通了多种媒体形态、连接线上线下，创造了粉丝经济；而如视频直播、知识付费等产品模式，则提供了场景化的内容生产和分输到达，满足了分众化的个性需求。

从种种技术和产品实践中，我们已经摸到了互联网"下半场"的门槛和边缘，但是这些趋势是否穷尽了未来传播形态的全部特征，或者说是否到达了未来传播形态的终点，仍旧是一个未知数。那么，如何认识传播形态的发展态势，把握传播形态的发展规律，一个可行的方法是回到历史之中，从传播的"史前史"中寻找传播的"未来形态"。毋庸置疑，未来传播形态必然基于信息技术——即使有朝一日发生了技术爆炸，信息技术也仍然是"被超越的基础"。回顾信息技术和互联网发展的简要历史，能够帮助我们确立探索和讨论未来传播形态的基点。

一　互联网简史：技术的革命还是历史的延续？

很多时候，互联网空间也被称作"赛博空间"（cyber space），这一称谓实际上和一项与互联网诞生息息相关的理论紧密联系在一起，那就是诺伯特·维纳（Norbert Wiener）在1948年提出的"控制论"（cybernetics）。"cybernetics"这个英语单词，是维纳专门为控制论而创造的，其词根来源于希腊文，意为"操舵之术"，这也体现了控制论的科学内涵：一门研究动态系统如何在变动环境中保持稳定状态的科学。在控制论的理论体系中，最为核心的概念是维纳和阿图罗·罗森布鲁斯（Arturo Rosenblueth）、朱利安·毕格罗（Julian Bigelow）在1943年提出的"负反馈理论"。[1] 反馈指的是将

---

[1] Edwards, P. N., *The Closed World: Computers and the Politics of Discourse in Cold War America*, Cambridge: MIT Press, 1997, pp. 181–185.

系统的输出结果返回到输入端并形成新的输出结果。如果输出端和输入端作用相似，那么系统偏差就会不断增大，形成正反馈；如果输出端和输入端作用相反，那么系统偏差就会不断减小，形成负反馈，进而使得系统趋于稳定。在建构互联网的信息处理过程中，如果将互联网空间（即赛博空间）看作一个系统，那么为了维持系统的稳定或打破系统的稳定，就需要将负反馈和正反馈理论运用于信息的输入和输出过程，这是互联网系统建构的理论基础。

在这一理论基础之上，互联网的应用系统得以建构。对互联网发展历史稍有了解就会知道，我们当今所采用的互联网应用架构，源自美国军方在1969年发布的"阿帕网"（ARPA Net）。然而，如果脱离当今"互联网"概念的思维局限，我们会发现其实世界上出现过多个版本的"互联网模式"——除了最终发扬光大的"美国模式"，冷战期间的另一超级大国苏联也同样在开发自己的互联网系统，而在这两个世界大国之外，1973年政变前的社会主义国家智利也试图建立本国的互联网操作系统。回到这段互联网早期的"三国演义"时代，或许能够帮助我们更深刻地理解当代互联网的"史前史"。

互联网的"美国模式"。1969年，美国国防部高级研究计划局（Defense Advanced Research Projects Agency，DARPA）开发的军用网络系统"阿帕网"投入运行，正如"阿帕网"的开发者和资助方所暗示的，当今世界普遍采用的互联网事实上是冷战的产物。DARPA成立于1958年，当时名为"高级研究计划局"（Advanced Research Projects Agency，ARPA），虽然名称中不带有"国防"元素，但是这个机构自诞生之日起就隶属于美国国防部，并且成立之初的目的就是对抗苏联在前一年发射的"斯普特尼克1号"卫星，期望通过大量的科技预算和科研投入，阻止苏联在太空打败美国。

在"阿帕网"的孕育过程中，控制论心理学家利克里德（J. C. R. Lickilider）是一个不可忽视的人物。因其在哈佛大学心理声学实验室和麻省理工学院林肯实验室——两个同样受到美国军方大量资助和影响的科研机构，前者负责解决军事沟通中的噪声问题，后者则直接为空军研究"半自动地面防空系统"(Semi-Automatic Ground Environment,SAGE)——工作期间的出色表现,利克里德在1962年告别大学前往国防部高级研究计划局担任控制研究项目主任,在他任职期间大约资助了全美70%的计算科学与技术研究,虽然利克里德宣称鼓励科学家"自由"地申报科研项目,但是在同样由他设定的"实用导向"和"可操作性"申报框架下,绝大多数科研项目与军事相关。[1]

而在这一过程中,除了包括DARPA、海军研究办公室(Office of Naval Research,ONR)、国家航空航天局(National Aeronautics and Space Administration,NASA)、国家自然基金(National Science Foundation)等美国军方和政府主导的科研资助,贝尔实验室、梅西基金会(the Josiah Macy Jr. Foundation)、洛克菲勒基金会(the Rockefeller Foundation)等民间企业和组织也通过举办研讨会(如持续近20年的"梅西会议")、科研合作等方式资助相关研究,构建了军队政府、工业企业和科学家共同体的"铁三角",塑造了一个"通力合作""资源共享""相互协作"的"创新典范"。[2]

互联网的"苏联模式"。相较于美国国防部在1969年正式组建运行"阿帕网",苏联在约十年前就初步完成了"综合自动化传播网络"(Integrated Automated Network of Communication,俄语缩写EASS)和"国家计算中心网络"(State Network of Computer Centers,俄语缩写GSVTs)等军事网络系统,[3] 并在1962年,苏联科学家维克多·格卢什科夫(Viktor Glushkov)就提出,为了更加精确而实时地获取全国的经济核算数据,完善计划经济的信息规划和管理体制,可以利用信息技术建设苏联的"全国自动化系统"(All-State Automated System,俄语缩写OGAS)。[4] 在这一民用互

---

[1] Edwards, P. N., *The Closed World: Computers and the Politics of Discourse in Cold War America*, Cambridge: MIT Press, 1997, pp. 262 – 271.

[2] 方可成:《为什么创造互联网的是美国人,而不是苏联人?》,南方周末网,http://www.infzm.com/content/120496。

[3] Bulashova, N., Burkov, D., Platonov, A. & Soldatov, A., "Internet in Russia", https://sites.google.com/site/internethistoryasia/country-region-information/ru.

[4] Peters, B., *How Not to Network a Nation: The Uneasy History of the Soviet Internet*, Cambridge: MIT Press, 2016, pp. 107 – 158.

网系统的构想中,甚至还明确了网络节点架构的原则:采取自上而下逐级分散的树状结构——这一结构在保障节点之间互相连接的同时,还明确了个别母节点的授权机制。

然而,历史的最终进程很显然昭示了格卢什科夫的伟大构想终究只能成为"构想"。在一个社会主义国家体制下,苏联的互联网发展非但没有体现"集中力量办大事"的优势,反而因为部门之间的扯皮和地方官僚的破坏,最终以格卢什科夫的去世而告终——中央统计局担心 OGAS 的建成将会导致统计部门逐步式微甚至被裁撤,而地方官员和国有工厂负责人也同样担心 OGAS 系统的绝对高效和精确,会使得原本可以在经济数据上动手脚的空间消失殆尽。有趣的是,资本主义的美国采用社会主义的合作方式,一手造就了互联网的诞生;而社会主义的苏联却由于资本主义式的功利理性,错失了互联网这场"实验室冷战"。

互联网的"智利模式"。1970 年,在美苏争霸之外的第三世界,最狭长的南美洲国家智利,产生了该国历史上第一位民选总统:萨尔瓦多·吉列尔莫·阿连德·戈森斯(Salvador Guillermo Allende Gossens)。阿连德主张智利从依附于帝国主义的资本主义国家"和平过渡到社会主义",并且发展出一条"既不像苏联那样将计划产量从中央向下级逐级指派,也不像美国那样依靠自有市场调节"的"智利特色社会主义道路"。① 相应的,阿连德邀请英国控制论学者斯塔福德·比尔(Staford Beer)主持开发了一套名为"Cybersyn"的赛博协同项目。比尔设计了一个三级系统:一级系统负责监控二级和三级系统是否按照系统目标在运转,二级系统负责横向协调三级系统之间的关系,使得三级系统的各部分知晓彼此之间在做什么,三级系统则需要知道系统存在的目的是什么,只需要执行有益于该目标的行动即可。②

智利的互联网探索具有相当的独特性,但也具有社会政治和经济环

---

① 王洪喆:《阿连德的大数据乌托邦》,《读书》2017 年第 3 期。
② Medina, E., *Cybernetic Revolutionaries: Technology and Politics in Allende's Chile*, Cambridge: MIT Press, 2011, pp. 32 – 39.

境的必然性。美国的贸易禁运，使智利脱离了全球市场，从而"不得不"发展出一套基于"落后技术"，依靠车间工人能动参与的"先进设计"；而在社会主义阵营，智利的人口和经济规模远远小于苏联，使得利用互联网系统灵活调控经济成为可能，而凝聚全国共识的阿连德政府也可以有效避免官僚体系的内耗。[①] 然而，随着1973年皮诺切特发动军事政变，阿连德饮弹自尽，"Cybersyn"项目的工程师开始焚毁项目数据和资料——新技术的诞生、发展、爆发、消亡，最终还是离不开政治和社会因素的影响。

比较美国和苏联的互联网发展史，技术实力的高低在其中并不起决定性作用。苏联自上而下的建网计划，却遭到了部门之间和地方政府自下而上的抵抗；美国政府通过吸纳科学家、工业界和基金会的参与，看似形成了全社会自下而上的自发协作，但实质上仍然是政府和军方自上而下的引导动员。而智利的例子也可说明，即使技术基础薄弱，仍能发展出独特的技术路线，而这种技术路线根植于特定的地缘政治和国内需求，也同样受到国内政治格局的影响。可以说，技术路线最终能否实现，或以何种方式呈现，和所处的政经体制和社会文化动因息息相关。与其说互联网是技术驱动的革命性突破，倒不如说互联网之所以成为现在的互联网，是一种根植于社会环境的历史延续。现在全世界通行的互联网"美国模式"从某种程度而言是历史的偶然——同等规模竞争者的竞赛失败（苏联）和替代模式的规模限制（智利）。也就是说，当世界出现另一同等规模的竞争者，且该竞争者同样具备适合技术创新和发展的社会环境，那么互联网的形态或许就会发展出另一套替代模式。这构成了本文推测讨论未来传播形态的理论基础。

二　未来传播趋势：从"互联网"到"人联网"

基于以上的理论认知，本文认为未来传播趋势将会更加突出"人"的

[①] 王洪喆：《阿连德的大数据乌托邦》，《读书》2017年第3期。

主体性因素，社会建构对于互联网和传播形态的发展将会发挥更大的作用。第一代互联网应用实现了信息在不同时间和不同空间的连接，准确地说是"信联网"；第二代互联网应用将虚拟空间和物质空间进行连接，所以称之为"物联网"；第三代互联网应用的可能方向极有可能是实现生物信息和计算信息的连接，将"人脑/人的智能"和"电脑/人工智能"进行连接，机器学习、可穿戴设备等技术的开发和运用都在朝这个方向进行，因此可以称之为"人联网"。同时，由于"人联网"时代的机器依赖于人工智能技术的开发，所以也可以认为是一种智能传播的生态。

进一步说，伴随传播形态向"人联网"方向发展的同时，若干关于这一趋势的技术路线、产业发展和政策管理等"社会配套设施"也呈现了相应的特征，具体来说则是软件化、中心化、主权化。从技术路线的方向来看，未来传播的趋势会越发匹配用户的兴趣爱好和个性需求，硬件层面的换代升级创新将会被软件层面的产品设计创新替代；从产业发展的方向来看，未来传播的趋势将会呈现进一步中心化的特征，虽然用户需求被个性化、分众化满足，但是却无法脱离资本和市场逻辑，边际成本和规模效应仍然是互联网资本的主线；从政策管理的方向来看，未来传播将会从虚拟落地现实，网络空间与现实空间的重合度会越来越高，主权原则和法律规制将会成为共识。

第一，软件化：从"基础设施"到"平台媒体"。过去，信息传输光纤、信息处理器、图像分辨等硬件技术的突破，推动了新兴互联网产品和应用的开发。然而，随着互联网的硬件基础设施环境的日益完善，信息技术的创新方向转向软件领域。而且，软件领域的创新不仅包括类似图像处理、机器学习、数据挖掘等技术本身，也包括产品设计、用户体验等技术的应用方面。在"人联网"的传播形态下，作为基础设施的技术必须和个性化、分众化的不同用户群体加以结合，而不同群体的用户又通过不同类型的场景组合予以建构，最终形成基于"平台媒体"的传播形态。简单举例，摄影技术相关的场景可以分为专业创作、参与生活、身份认同三类场景，信息发布的场景简单分为"群体分享"和"大众传播"两类，那么参与生活、身份认同的摄影场景（美图秀秀）和群体分享的信息发布场景（微信）组合则建构了某类平台媒体，而专业创作的摄影场景（Photoshop）和大众传播的信息发布场景（微博）组合则可以构建另一类平台媒体。

第二，中心化：从"信息共享"到"共享经济"。平台媒体传播形态的崛起，一方面垂直满足了个性化和分众化的使用需求，但另一方面由于数据跨越场景的无缝贯通，平台媒体对数据及其衍生效应的控制权力也进一步增强。曾经一度作为扩展信息渠道、解构机构权威、增强个体权能的互联网，被认为是一个分布式系统，"去中心化"成为最重要的属性。然而，掌握数据资源的平台媒体，重新建构了自身权威，并且着力构建一个封闭的"生态圈系统"——所谓生态圈，即一旦加入并长期使用，想要离开这个生态圈就需要付出高昂的成本。可以认为，互联网从诞生初期非功利性的信息分享平台，通过几十年的发展"终于"融入了现行的资本主导和生产消费的市场建制中，成为营利性的"共享经济"，再一次"中心化"了。

互联网的中心化，不仅表现为"分散的个体用户"和"中心的平台媒体"之间关系的变化，也同样反映在同类型平台媒体的兼并集中。全球范围内，Google公司旗下不仅拥有自主研发的Gmail、Map等产品，还通过收购获得了全球最大的视频网站YouTube、Facebook也通过收购，同时运营Facebook、Instagram和WhatsApp三大社交媒体平台。在中国，优酷土豆、滴滴快的、美团大众等同行业最大两家公司的合并，更是几乎垄断了本行业的全部市场。

根据2013年至2016年中国互联网协会和工信部信息中心发布的《中国互联网100强》报告[1]以及素有"互联网女皇"之称的玛丽·米克（Mary Meeker）发布的历年《互联网趋势》报告，[2]本文整理了相关年份中国百强互联网公司营收榜和全球互联网公司市值榜中，位居前列的公司

---

[1] 各年度报告，具体参见中国互联网协会网站，http：//www.isc.org.cn/hyyj/hlw100。

[2] 各年度报告，具体参见凯鹏华盈网站，http：//www.kpcb.com/internet-trends。

营收总额/市值金额在全体上榜公司的占比。① 从中发现，在中国互联网百强中，前5位的公司营收总额占总体五成左右，前10位的公司则占总体的六成至八成；全球范围内来看，在上榜的约20家全球领先互联网公司中，全球排名前50位的公司市值（约10家）就占据了总体九成多，而全球排名第一和前三的公司市值，则在不同年份约占上榜公司的二成至三成和五成至六成。互联网市场的公司集中程度可见一斑。

表1　　　　　　　中国和全球互联网公司集中度情况　　　　　　单位：%

	中国（营收总额）		全球（市值金额）		
	前5位占比	前10位占比	首位占比	前3位占比	前半占比
2004年	/	/	23.4	56.9	95.7
2010年	/	/	35.9	69.6	89.9
2011年	/	/	38.5	67.9	92.2
2012年	50（前3位）	/	/	/	/
2013年	50	80（前20位）	30.3	62.1	92.9
2014年	40	60	29.6	59.5	85.7
2015年	60	80	30.4	54.5	89.2
2016年	/	/	19.9	50.8	87.1
2017年	/	/	20.9	51.1	87.4

第三，主权化：从"全球想象"到"国家治理"。过去几十年的互联网和社会发展史，往往被视为一段信息技术决定论下的社会革命史，并且加速了全球市场、全球生产、全球消费、全球货币等一系列"全球化"的想象——这种"全球想象"的内涵不仅止步于国家之间的经贸和信息流动，更暗示着一个超越民族国家和现代国际体系的"乌托邦"，而这也成为互联网"全球想象"即将破灭的根源。以比特币、以太币等"虚拟货币"为例，由于在发行上不依靠特定货币机构，在交易和支付上不受身份

---

① 在"中国互联网企业100强"的营收榜中，历年上榜公司总数均为100家；在互联网公司市值榜中，2004年和2010年，上榜公司总数为15家；2011年和2013年，上榜公司总数为25家；2014年至2017年，上榜公司总数为20家，2012年该报告并未包含公司市值榜。

追踪,"虚拟货币"不仅可能受到病毒入侵和虚假交易的威胁,而且成为跨国洗钱和犯罪交易的主要交易中介。然而,货币作为国家主权的重要象征,"虚拟货币"超越20世纪民族国家和主权框架的历史即将结束。2017年9月,韩国禁止了"虚拟货币"所有形式的首次发行,并对交易环节进行严格监控;中国全部关停了发行和交易平台;美国证券交易委员会和欧洲央行也有类似警告和调查。

在全球互联网治理领域,关于互联网域名的分配和管理也正在经历一段从"单边管理"到"多边治理"的历史。20世纪90年代以来,全球民用互联网的地址域名分配很长一段时间由美国商务部建议成立的非营利组织"互联网名称与数字地址分配机构"(Internet Corporation for Assigned Names and Numbers, ICANN)管辖,虽然名为"非营利组织",但实际上通过美国政府和ICANN签订的合同,商务部电信信息管理局(National Telecommunications and Information Administration, NTIA)有权有责对世界各国或相关机构的申请进行监督,实际上管辖权仍然处在美国"单边管理"阶段。直到2016年,NTIA才宣布决定将域名管理权完全移交给ICANN,后者不再需要向美国政府汇报,全球互联网领域的"多边治理"时代正在来临。

"虚拟货币"从自由交易走向监管甚至被关停,互联网治理从美国独揽走向多国参与,互联网正在从短暂的"脱轨"回到法律规制和国家主权的框架之下。在未来的传播形态中,技术的应用路径一定与所处国家和社会的语境彼此联系,而中心化的互联网公司也引发了关于个人隐私、数据权利的争议,国家主权和法律的介入不仅是"重回"延续的历史,而且是现实治理的客观需求。

三 智能传播生态下的价值偏向

关于"人联网",也就是智能传播生态下,如果说互联网领域呈现出软件化、中心化、主权化特征,是从技术路线、产业发展和政策管理三个层面,分别讨论了社会文化和用户场景、资本逻辑和产销关系、国家主权和法律框架对信息技术的形塑方向，那么技术在"人联网"的智能传播生态下，又可以具体表现在哪些方面呢？在这些技术的具体方面与社会语境产生碰撞之时，是否又会产生媒介伦理和价值观的冲突？这是更加值得深思的问题。总的来说，智能传播生态下的价值偏向和伦理问题，主要表现在以下三个方面。

第一，智能传播下信息的价值偏向。对于信息本身而言，信息的价值表现为真实、准确、完整；对于信息的传输而言，信息的价值表现为表达、保存、计算、传播，人工智能技术的发展；对于信息的传输价值而言具有诸多裨益，但是对于信息本身而言，则有可能具有毁灭性的威胁，也就是说，智能传播生态下信息存在被篡改、删除的危险。这种信息价值偏向的可能结果不仅源自中心化的互联网公司对数据的掌握和处置权力，而且更有来自人工智能意想不到的影响。一般来说，人工智能包括"弱人工智能"和"强人工智能"，两者的重要区别在于，弱人工智能以满足设计者的任务为目标，完成目标后即停止学习和运算。但是强人工智能的定义则不仅仅是以完成设计者任务为目标，而是有可能会通过神经网络计算自行发展出的新"任务"，从而获得"意识"——一旦机器具备了自主意识，那么人类依赖机器生产和保存的信息，则面临巨大的不确定性风险。

第二，智能传播下社会的价值偏向。智能传播下社会的价值偏向指的是人与人之间的社会互动，智能传播导致了不利于社会治理和良好运行的结果。比如，在人的认知层面则会形成"信息茧房"效应，由于获取信息的渠道受到算法推荐和定制化的影响，个人既有的立场、观点和兴趣爱好将会循环往复地影响之后的信息获取，人们逐渐被困在一个充满相似信息的"茧房"里，并进一步加深既有认知。认知层面的价值偏向也会导致行为层面的价值偏向，个人由于思想和意见被固化，所以在与其他人的交往过程中，也往往倾向于和自己具有类似观点的他人进行交流，久而久之则形成了"群体极化"现象，社会被不同的意见极化群体分隔，社会共识难以凝聚，公共政策和政治决策要么由于"代表性的断裂"而进入僵局，要么则会导致对某一社会群体的偏好，而形成了社会治理的政策偏向。

第三，智能传播下"人"的价值偏向。智能传播的价值偏向问题除了表现在信息和社会层面，还有一个更加值得警惕的问题则是人工的机器智能对人类智能本身的挑战，即对"人之所以为人"的价值挑战。设想这样一个情境，人类眼戴智能眼镜，在看到他人或他物时智能眼镜即可从网络上搜索对方更为详尽的信息；耳戴智能听筒、口戴智能话筒，不仅通过语音识别和智能翻译技术，可以与操着其他语言的他人进行实时交谈，甚至还能理解动物发出的声音；鼻戴智能助嗅器，闻到的味道可能不再仅仅是香和臭，而是一个甚是复杂的嗅觉目录，将所闻之物的具体"嗅值"直接反馈至脑中……由于机器的深度参与，人机不仅实现了互动，还实现了"人机合一"，成为"赛博格"（cyborg）。那么，在这样一整套由机器构造的感官体系之下，最后汇总至人脑中的"意识"还是人的意识吗？在这样一个完全智能化的环境下，人的价值到底会由于机器而得到解放，过着诗歌般的生活，还是会成为机器的奴隶，不用劳动进而失去了人的价值？这是我们在对未来传播形态进行美好畅想的同时，不得不思虑的问题。

作者：陈昌凤，清华大学新闻与传播学院教授、常务副院长。

虞鑫，清华大学新闻与传播学院副教授。

本文刊发于《人民论坛·学术前沿》2017年第12期，《新华文摘》2018年第8期转载。

人工智能在新闻传播中的
运用与善用

陈昌凤　Ayamou Chekam Gaelle Patricia

【摘要】 本文探讨人工智能在新闻传播中的运用及善用问题。伴随着自动新闻、智能传播的出现，算法正在重新定义新闻生产和分发的过程。智能算法运用于新闻业，包括数据挖掘（发掘新闻、社交媒体监察、预测）、新闻生产（新闻写作、数据可视化、新闻播报）、新闻发布和分发（新闻机器人和聊天机器人、内容的个性化和推荐、内容优化）等各个环节。智能运用于所有领域的"可信赖人工智能"提出了关注框架，欧盟委员会的框架确定了应遵循的四个伦理原则：尊重人类自治的原则；预防损害的原则；公平原则；可解释性原则。为此需遵循七个方面的要求：人为代理和监督，技术稳健性和安全性，隐私和数据治理，透明度，多样性、非歧视性和公平性，社会和环境福祉，以及问责制。在此基础上，本文探讨了在媒体中使用人工智能的伦理问题，从人为代理减少、可靠性、不透明性和问责制、透明度和隐私等方面，阐释了智能传播的伦理问题。

【关键词】 人工智能；自动新闻智能传播；算法善用

传播技术正在发生质性的转变。正如克里斯琴斯教授所指出的：由于技术是高价值的，因此从长远来看，有必要对整个媒体技术的特性进行基础性的研究。他从伦理的角度提出了全球的、跨文化的、包容不同性别的及不同种族的正义媒体准则。全球正义的媒介伦理把议题的重点放在真理、人类尊严和非暴力这三个方面。技术并不具有假定的中立性,也不是按照不同介质的媒体形态一个一个解决,而是以人为中心去探讨实质性的问题①②。

人工智能技术与媒体行业的深度融合正在全球范围内逐渐深入,涉及信息搜集、生产、分发、互动和事实检查过程的各个方面,引发了新闻传播业从理念到实践的深层变革,也在促进信息沟通的有效性的提升。同时,人工智能技术的使用也引发了媒体理论、关系、伦理的复杂性。而在这种复杂局面中,坚守克里斯琴斯教授所强调的"以人为本"的技术哲学,是智能传播的首要准则。

一 智能算法运用于新闻业

我们所习惯的新闻常态,正在因为技术的最新发展而发生深刻的变革,这些变革也深深地打破了几乎所有领域的惯例。当然,新技术对新闻实践的影响并不是一个新现象,事实上技术一直在不断重新定义新闻工作者的实践,并且长期以来一直在辅助新闻工作者执行各种新闻生产的任务③④。但是,只有到如今的智能时代,机器在新闻生产过程中的参与才达到了一个新的高度。人工智能工具涉及新闻采集、新闻生产制作和新闻

---

① Carlson, M. (2014), "The Robotic Reporter", *Digital Journalism*, 3 (3): 416 - 431, https://doi: 10.1080/21670811.2014.976412.

② Christians, C., Rao, S., Ward, S. J., & Wasserman, H., "Toward a Global Media Ethics: Exploring New Theoretical Perspectives", Ecquid Novi: *African Journalism Studies*, 2008, 29 (2): 135 - 172.

③ Graefe, A., "Guide to Automated Journalism-*Columbia Journalism Review*", Retrieved January 20, 2020, https://www.cjr.org/tow_center_reports/guide_to_automated_journalism.php.

④ Lindén, C.-G., "Algorithms for Journalism: The Future of News Work", *The Journal of Media Innovations*, 2017, 4 (1): 60 - 76, https://doi.org/10.5617/jmi.v4i1.2420.

分发全过程①,并且还被用于与用户的互动、事实核查。国际主流新闻机构都在广泛使用智能技术,包括美联社、路透社、新华社、英国广播公司、美国《纽约时报》《洛杉矶时报》《福布斯》和英国《卫报》等等。②③④

（一）算法用于数据挖掘

得益于信息数字化,当今世界新闻工作者可以获取的信息超载、过量,因此媒体公司运用技术去应对海量信息变得越来越重要。⑤ 在信息海洋中,人类传播者不仅无法依靠自身获得所需的信息,而且依靠自己的大脑去使用海量数据,还会造成数据的大量浪费——在导入大型数据集、发现数据的变化规律和趋势并基于这些数据生成不同的报告方面,人类的能力是相当有限的。⑥⑦ 因此,智能化自动化被视为确保新闻机构将可用数据运用于其新闻工作中的优选方案,无论是在深度调查报道还是日常报道

---

① Jones, B., & Jones, R., "Public Service Chatbots: Automating Conversation with BBC News", *Digital Journalism*, 2019, 7 (8): 1032 – 1053, https://doi.org/10.1080/21670811.2019.1609371.

② Fitts, A. S. (2015), "The Mew Importance of 'social listening' Tools", *Columbia Journalism Review*, Retrieved December 9, 2019, https://www.cjr.org/analysis/the_new_importance_of_social_listening_tools.php.

③ Stray, J. (2015), A Brief Guide to Robot Reporting Tools: From Crime Statistics to SEC Filings, Software Agents can Monitor Vast Amount of Open Data to Help Journalists Spot Potential Stories, In Nieman Reports: Automation in the Newsroom Retrieve January 20, 2020, http://niemanreports.org/wp-content/uploads/2015/08/NRsummer2015.pdf.

④ Dörr, K. N., "Mapping the Field of Algorithmic Journalism", *Digital Journalism*, 2016, 4 (6): 700 – 722, https://doi.org/10.1080/21670811.2015.1096748.

⑤ Plattner, T., Orel, D., & Steiner, O., Flexible Data Scraping, Multi-language Indexing, Entity Extraction and Taxonomies: Tadam, a Swiss Tool to Deal with Huge Amounts of Unstructured Data, Paper Presented at Computation + Journalism Symposium, Palo Alto, CA: Standford University, 2016.

⑥ Carlson, M., "The Robotic Reporter", *Digital Journalism*, 2014, 3 (3): 416 – 431, https://doi:10.1080/21670811.2014.976412.

⑦ Plattner, T., Orel, D., & Steiner, O., Flexible Data Scraping, Multi-language Indexing, Entity Extraction and Taxonomies: Tadam, a Swiss Tool to Deal with Huge Amounts of Unstructured Data, Paper Presented at Computation + Journalism Symposium, Palo Alto, CA: Standford University, 2016.

中,智能化都在发挥极大的功能。从数据挖掘运用于新闻业来说,具体有以下方面。

1. 发掘新闻

人工智能技术使得人类记者无法自行处理数据,越来越多的数据成为新闻之源。如今大量新闻编辑部在使用人工智能工具分析和处理大量信息、减少时间和成本、提高效益,协助记者的数据挖掘过程。[1][2] 例如,瑞士最大的私人媒体集团 Tamedia 与意大利软件公司 Expert System 合作开发了其数据挖掘工具——塔达姆(Tadam),该工具可帮助记者处理数据,运用于大型调查报道和日常工作。该系统允许存储非结构化数据,包括来自不同类型来源的数据、采用不同格式和不同语言的数据,并通过组织庞大的记者网络共享信息,促进协作报道、提升工作效率。为了达到这一目标,塔达姆开发了搜索引擎功能,该功能允许记者通过请求地理搜索、智能警报和姓名提取,从单个入口点搜索所有那些非结构化数据。[3]

正如塔达姆这样的工具,人工智能已开始在新闻采集中发挥重要作用。它们的挖掘使其能够构建新闻工作者的工作模式、可以成为记者调查的起点、帮助记者发现变动趋势或异常情况。"这几乎就像是一位自由职业机器人在告知可能令人感兴趣的故事。它成为进一步报道的起点。"[4] 在瑞典,新闻业++(Journalism++)开发的"Newsworthy"工具,可在政府开放的数据库中进行扫描,以查找、发现异常或趋势,并根据发现的情

---

[1] Carlson, M., "The Robotic Reporter", *Digital Journalism*, 2014, 3 (3): 416 - 431, https://doi: 10.1080/21670811.2014.976412.

[2] Thurman, N., Dörr, K., & Kunert, J., "When Reporters Get Hands-on with Robo-Writing", *Digital Journalism*, 2017, 5 (10): 1240 - 1259, https://doi: 10.1080/21670811.2017.1289819.

[3] Plattner, T., Orel, D., & Steiner, O., Flexible Data Scraping, Multi-language Indexing, Entity Extraction and Taxonomies: Tadam, a Swiss Tool to Deal with Huge Amounts of Unstructured Data, Paper Presented at Computation + Journalism Symposium, Palo Alto, CA: Standford University, 2016.

[4] Diakopolous, N., "An Algorithmic Nose for News-Columbia Journalism Review", Retrieved January 20, 2020, https://www.cjr.org/tow_center/an-algorithmic-nose-for-news.php, 2018.

况生成导语,并生成提示发送给记者。① 同样,路透社也开发了 Lynx Insight,这是一种智能工具,旨在帮助记者分析大型数据集,提出报道构想并最终提供简短的报道。②③ 借助此工具,路透社寻求建立通常被称为"网络新闻编辑部"(cybernetic newsroom)的机器,并以其最擅长的方式工作(即以前所未有的速度分析大型数据集),而人类新闻工作者则对这些输出数据进行审核增加一些背景信息、语境元素。从这个意义上讲,挖掘数据生成新闻有赖于人与机器的综合力量。④

2. 社交媒体监察

除利用现有数据库之外,通过监察社交网络平台的算法,人工智能还使新闻工作者有可能使用有趣且重要的社交媒体信息作为新闻生产的起点。这些技术监察可通过不同的社交媒体平台获得丰富的信息,并在出现重要且有趣的模式时,将提示或摘要报告发送给记者。诸如免费的 Google Alerts 之类的服务,就是一个很好的工具示例,它可以帮助新闻工作者了解特定主题的相关信息。⑤ 其他值得注意的工具包括 Dataminr for News,它可以帮助新闻机构如 CNN、BBC、《今日美国》(*USA Today*)、《赫芬顿邮报》(*Huffington Post*)和法国信息(France info),以及世界各地数百家新

---

① Diakopolous, N. (2018), An Algorithmic Nose for News-*Columbia Journalism Review*, Retrieved January 20, 2020, https://www.cjr.org/tow_center/an-algorithmic-nose-for-news.php.

② Agarwal, U. (2018), "How Reuters is Transforming Journalism with Artificial Intelligence", *Analytics Insight*, Retrieved December 9, 2019, https://www.analyticsinsight.net/how-reuters-is-transforming-journalism-with-artificial-intelligence/.

③ Newman, N. (2019), Journalism, Media, and Technology Trends and Predictions 2019, Retrieved January 28, 2020, https://reutersinstitute.politics.ox.ac.uk/sites/default/files/2019-01/Newman_Predictions_2019_FINAL_1.pdf.

④ Granger, J. (2018), "How Reuters Uses Robots to Analyse Data and Humans to Tell Stories", *Journalism*, Retrieved December 9, 2019, https://www.journalism.co.uk/news/how-reuters-uses-robots-to-analyse-data-and-humans-to-tell-the-stories/s2/a730305/.

⑤ Stray, J. (2015), A Brief Guide to Robot Reporting Tools: From Crime Statistics to SEC Filings, Software Agents can Monitor Vast Amount of Open Data to Help Journalists Spot Potential Stories, In Nieman Reports: Automation in the Newsroom Retrieve January 20, 2020, http://niemanreports.org/wp-content/uploads/2015/08/NRsummer2015.pdf.

闻发布机构提升工作效率，其发布新闻的速度比以往任何时间都快速。这些机构借助 Dataminr for News 这一技术工具，能够实时浏览数百万条推文，以便发现突发新闻，然后向记者发送提示[1][2]。路透社使用的 Tracer System（一种信息追踪系统）就是一个例子，该系统追踪选择有关事件的相关推文，并将其提供给记者进行评审[3]。

3. 预测

人工智能在新闻业中的应用，带来了人们所说的预测新闻学。虽然早在 1952 年就有了预测性新闻报道，当年哥伦比亚广播公司（CBS）的新闻工作者使用第一台通用目标（general-purpose）数字计算机 UNIVAC 预测了选举结果[4]，但是直到大数据的算法挖掘与机器学习技术相结合，才增加了新闻工作者在事件发生之前进行预测的概率。正如 Lindén 指出的那样[5]，新闻记者正在从一个暴露给他们的世界，过渡到对大部分非结构化信息做出反应、进入一个结构化信息环境，在该环境中，预测事件发生的可能性比以前更大。因此，数据挖掘技术除了选举结果，还对体育、文化和商业等各种话题做出了预测[6]。尽管预测性新闻引起了一定数量的关注，但一

---

[1] Fitts, A. S. (2015), "The Mew Importance of 'social listening' Tools", Columbia Journalism Review, Retrieved December 9, 2019, https://www.cjr.org/analysis/the_new_importance_of_social_listening_tools.php.

[2] Benzinga (2017), How Dataminr Harnesses the Speed of Social Media in Getting real-time Breaking News. Retrieved December 9, 2019, https://www.nasdaq.com/articles/how-dataminr-harnesses-speed-social-media-getting-real-time-breaking-news-2017-08-23.

[3] Stray, J. (2019), "Making Artificial Intelligence Work for Investigative Journalism", Digital Journalism, 7 (8): 1076–1097, https://doi.org/10.1080/21670811.2019.1630289.

[4] Diakopoulos, N. (2020), "The Ethics of Predictive Journalism-Columbia Journalism Review", Retrieved May 29, 2020, https://www.cjr.org/tow_center/predictive-journalism-artificial-intelligence-ethics.php.

[5] Lindén, C.-G. (2017), "Algorithms for Journalism: The Future of News Work", The Journal of Media Innovations, 4 (1): 60–76, https://doi.org/10.5617/jmi.v4i1.2420.

[6] Diakopoulos, N. (2020), "The Ethics of Predictive Journalism-Columbia Journalism Review", Retrieved May 29, 2020, https://www.cjr.org/tow_center/predictive-journalism-artificial-intelligence-ethics.php.

些人认为它正在成为新闻编辑部越来越普遍的做法①。

(二)算法用于新闻生产

1. 新闻写作

新闻编辑部已经广泛运用的一种做法是新闻自动化生产。Carlson 将自动新闻业定义为"将数据转换为叙事新闻文本的算法过程,在初始的程序编制过程中,无须任何人工干预"②。如今,算法比人类更快地生成了成千上万条有关不同主题的报道③。自动化新闻还被认为是降低制作成本、提高新闻生产速度并服务于更大范围和更多受众的一种有意义的方式④⑤。例如,由腾讯的 Dreamwriter 生产的第一篇自动化金融新闻、一篇 916 个词的报道,据悉需要 60 秒才能完成⑥。而随着技术的发展,Tamedia 的文本机器人 Tobi 花了 5 分钟自动生产了 40000 篇报道,详细介绍了覆盖瑞士 2222 个城市的全国性投票结果⑦。此外,算法现在可以使用多种语言、特定的

---

① Maycotte, H. O. (2016), "Big Data Triggers Predictive Journalism", *Nieman Journalism Lab*, Retrieved Mai 30, 2020, https://www.niemanlab.org/2015/12/big-data-triggers-predictive-journalism/.

② Carlson, M. (2014), "The Robotic Reporter", *Digital Journalism*, 3 (3): 416 - 431, https://doi: 10.1080/21670811.2014.976412.

③ Lindén, C.-G. (2017), "Algorithms for Journalism: The Future of News Work", *The Journal of Media Innovations*, 4 (1): 60 - 76, https://doi.org/10.5617/jmi.v4i1.2420.

④ Thurman, N., Dörr, K., & Kunert, J. (2017), "When Reporters Get Hands-on with Robo-Writing", *Digital Journalism*, 5 (10): 1240 - 1259, https://doi: 10.1080/21670811.2017.1289819.

⑤ Stray, J. (2015), A Brief Guide to Robot Reporting Tools: From Crime Statistics to SEC Filings, Software Agents can Monitor Vast Amount of Open Data to Help Journalists Spot Potential Stories, In Nieman Reports: Automation in the Newsroom Retrieve January 20, 2020, http://niemanreports.org/wp-content/uploads/2015/08/NRsummer2015.pdf.

⑥ Kwong, P. (2016), "AI Penetrates China's Media Sector as Robot Starts Writing Business Reports", *South China Morning Post*, Retrieved December 9, 2019, https://www.scmp.com/business/companies/article/2052997/ai-penetrates-chinas-media-sector-robot-starts-writing-business.

⑦ Plattner, T. & Orel, D. (2018), Addressing Micro-Audiences at Scale: How Tamedia Generated about 40000 Articles in five Minutes to Report on Swiss Popular Vote Results at the Municipalities level, In computation + Journalism' 19.

语调和不同的角度进行报道①②。这些工具包括执行不同功能的工具，从使用从数据库中提取的数字填充预先编写的文本模板的工具，到分析数据并使用自然语言生成（NLG）技术从数据集中识别重要事件和模式，优先考虑具有新闻价值的工具。自动工具基于一组预先定义的规则，生产很多引人入胜的报道、故事，然后交由编辑直接发表或审阅③。

算法运用于新闻报道已有多年了。由于天气预报的特点，它是几十年前出现自动化新闻的第一个类别④。此后，财经新闻和体育新闻也开始变得越来越自动化，因为这些主题的结构化数据易于获得⑤。美联社是最早使用人工智能做新闻报道的媒体，通过与软件提供商 Automated Insights 的合作以及其自然语言生成（NLG）工具——Wordsmith 的使用，自 2014 年以来，美联社一直在为上市公司自动生成收益报告，从而使新闻机构每个季度发布的收益报告数量显著增加。据报道，该工具在 2018 年第一季度产生了约 4700 份收益报告，而新闻媒体依靠人类记者报道时仅有 300 份收益报告⑥。而且，美联社能够将其覆盖范围扩大到其他规模较小的公司。同样，《福布斯》使用了 Narrative Science 提供的解决方案来扩大其业绩预告涵盖的公司数量⑦。自

---

① Carlson, M. (2014), "The Robotic Reporter", *Digital Journalism*, 3 (3): 416 - 431, https://doi. 10. 1080/21670811. 2014. 976412.

② Graefe, A. (2016), "Guide to Automated Journalism-Columbia Journalism Review", Retrieved January 20, 2020, https://www.cjr.org/tow_center_reports/guide_to_automated_journalism.php.

③ Graefe, A. (2016), "Guide to Automated Journalism-Columbia Journalism Review", Retrieved January 20, 2020, https://www.cjr.org/tow_center_reports/guide_to_automated_journalism.php.

④ Ibid..

⑤ Kobie, N. (2018), "Reuters is Taking a Big Gamble on AI-supported Journalism", *Wired*, Retrieved December 9, 2019, https://www.wired.co.uk/article/reuters-artificial-intelligence-journalism-newsroom-ai-lynx-insight.

⑥ Ashwell, B. (2018), How Automated Financial News is Changing Quarterly Earnings Coverage, *IR Magazine*, Retrieved January 20, 2020, https://www.irmagazine.com/reporting/how-automated-financial-news-changing-quarterly-earnings-coverage.

⑦ Carlson, M. (2014), "The Robotic Reporter", *Digital Journalism*, 3 (3): 416 - 431, https://doi. 10. 1080/21670811. 2014. 976412.

动化新闻制作的另一个著名案例是新闻聚合平台"今日头条"使用人工智能机器人"小明 bot"报道 2016 年里约奥运会,每天生成 30—40 则短消息,并附上图片①。类似的例子是《华盛顿邮报》的 Heliograf,它也开发于 2016 年,用于生成有关里约奥运会的简短报道和推送。在第一年,Heliograf 撰写了 850 篇文章,其中 500 篇与选举有关。2017 年 9 月,《华盛顿邮报》宣布将扩大其对 Heliograf 的使用范围,涵盖每周华盛顿特区各地的所有高中足球比赛②。其他人工智能工具,例如《洛杉矶时报》的 Quakebot 和 Homicide 程序,可以帮助自动生成有关 3.0 级以上地震的简短报道③④,并自动生成洛杉矶地区所有凶杀事件的简短报道。⑤

2. 数据可视化

算法也极大地促进了数据的可视化,这些数据通常与书面文本一起使用,以生成具有视觉冲击力和引人入胜的故事。除自然语言生成(NLG)工具之外,诸如 Automated Insights 和 Narrative Science 之类的软件提供商还使用可视化工具,以增强媒体产品的多形态和内容多样性⑥。2020 年在众多主流媒体对新冠肺炎疫情(COVID-19)大流行的报道中,数据可视化的运用尤其引人瞩目。引人关注的例子,比如《华盛顿邮报》的图式记者哈里·史蒂

---

① Gallego, J. (2016), "The Future of Writing? China's AI Reporter Published 450 Articles during Rio Olympics", *Futurism*, Retrieved December 9, 2019, https://futurism.com/the-future-of-writing-chinas-ai-reporter-published-450-articles-during-rio-olympics.

② Moses, L. (2017), "The Washinfton Post's Robot Reporter has Published 850 Articles in the Past Year", *Digiday*, Retrieved December 9, 2019, https://digiday.com/media/washington-posts-robot-reporter-published-500-articles-last-year/.

③ Carlson, M. (2014), "The Robotic Reporter", *Digital Journalism*, 3 (3): 416 – 431, https://doi:10.1080/21670811.2014.976412.

④ LeCompte, C. (2015), How Algorithms are Helping Reporters Expand Coverage, Engage Audiences, and Respond to Breaking News, In Nieman Reports: Automation in the Newsroom Retrieve January 20, 2020, http://niemanreports.org/wp-content/uploads/2015/08/NRsummer2015.pdf.

⑤ Graefe, A. (2016), "Guide to Automated Journalism-Columbia Journalism Review", Retrieved January 20, 2020, https://www.cjr.org/tow_center_reports/guide_to_automated_journalism.php.

⑥ Dörr, K. N. (2016), "Mapping the Field of Algorithmic Journalism", *Digital Journalism*, 4 (6): 700 – 722, https://doi.org/10.1080/21670811.2015.1096748.

文斯（Harry Stevens）制作的《冠状病毒的暴发为何以指数方式传播？如何弄平曲线？》(*Why Outbreaks Like Coronavirus Spread Exponentially, and How to Flatten the Curve*)，其中互动图表被用来解释在整个大流行中的社会隔离所起的作用——文中模拟了4种不同情景及其对疾病传播的影响，显示了社会隔离对于抵制流行病传播的巨大作用①。在报道新冠肺炎疫情大流行期间，《纽约时报》发表的一些观点文章也使用了数据驱动的一些交互式文本框，具有醒目的视觉效果②③，其中可由受众自己操作的动态数据模型，有丰富的衍生意义。

3. 新闻播报

除了新闻生产，人工智能工具也开始用于新闻播报。例如，中国的新华社与搜索引擎搜狗合作开发了智能主播，它使用机器学习技术来模拟现实播音员的声音、面部动作和手势。2019年，两位机器人主播播报了约3400条报道④。在日本，智能卡通漫画人物 Yomiko 担任日本公共广播电视台 NHK 的 "News Check 11" 的播音员。该程序使用深度学习技术，除为有听觉障碍的观众播报新闻之外，该播音员还会宣读来自 Google Home 和 Amazon Alexa 的最新新闻简报⑤。

---

① Mahadevan, A. (2020), "How a Blockbuster Washington Post Story Made 'Social Distancing' Easy to Understand?", Retrieved Mai 31, 2020, https://www.poynter.org/reporting-editing/2020/how-a-blockbuster-washington-post-story-made-social-distancing-easy-to-understand/.

② Kristof, N. & Thompson, S. (2020), "How Much Worse the Coronavirus Could Get", in *Charts*, Retrieved May 31, 2020, https://www.nytimes.com/interactive/2020/03/13/opinion/coronavirus-trump-response.html.

③ Lash, N. & Thompson, S. (2020), "Will Hot Weather Kill the Coronavirus Where You Live?", Retrieved May 31, 2020, https://www.nytimes.com/interactive/2020/05/21/opinion/coronavirus-warm-weather-summer-infections.html.

④ Steger, I. (2019), "This is China's AI female news anchor", *World Economic Forum*, Retrieved December 9, 2019, https://www.weforum.org/agenda/2019/02/chinese-state-media-s-latest-innovation-is-an-ai-female-news-anchor.

⑤ Hornyak, Tim. (2018), "Japan's NHK is Putting an AI-powered Cartoon Anime on Air to Read You the News", *Splice Media*, Retrieved December 9, 2019, https://www.splicemedia.com/nhk-anime-virtual-newscaster/.

（三）算法用于新闻发布

1. 新闻机器人和聊天机器人

最近，新闻机器人（news bots）越来越多地被运用于各种社交媒体平台来传播新闻和信息。例如，英国广播公司（BBC）天气机器人（Weather Bot）在 Twitter 上发布天气预报，并且可以通过回应用户的特定要求，提供针对特定地理区域的个性化天气预报①。新闻机器人可以提供数据来完成各种各样的任务，比如通过提供额外的信息来加强传播；分析和处理大型数据库中的信息，并在社交媒体上进行传播，例如@ Treasury_ io 使用来自美国财政部数据库的数据，并直接以推特（Twitter）的形式传播；将其他平台连接到推特进行重新播报；汇集多种信息来源；回应推特网友发布的数据②。

除发布新闻外，一些新闻机器人还集成了聊天功能，从而产生了被称为聊天机器人（Chat Bots）的新工具。随着观众的偏好从 Facebook 转移到 WhatsApp 或 Facebook Messenger 等更私人的平台上，BBC 和澳大利亚广播公司（ABC）等媒体机构已开始采用聊天机器人与观众互动③，例如使用对话模式将早间新闻推送到用户的消息收发应用程序④。2016 年，英国《卫报》通过 Facebook 启动了其聊天机器人，允许用户从不同版本的《卫报》中进行选择，并在早上可以选设每天将新闻报道推送到其 Facebook Messenger 上的时间。

---

① Lokot, T., & Diakopoulos, N. (2015), "News Bots, Automating News and Information Dissemination on Twitter", *Digital Journalism*, https：//doi.org/10.1080/21670811. 2015.1081822.

② Hornyak, Tim. (2018), "Japan's NHK is Putting an AI-powered Cartoon Anime on Air to Read You the News", *Splice Media*, Retrieved December 9, 2019, https：//www.splicemedia.com/nhk-anime-virtual-newscaster/.

③ Thurman, N., Lewis, S. C., & Kunert, J. (2019), "Algorithms, Automation, and News", *Digital Journalism*, 7 (8): 980 – 992, DOI: 10.1080/21670811.2019.1685395.

④ Ford, H., & Hutchinson, J. (2019), "Newsbots That Mediate Journalist and Audience Relationships", *Digital Journalism*, 7 (8): 1013 – 1031, https：//doi.org/10.1080/21670811.2019.1626752.

2. 内容的个性化和推荐

算法用于新闻分发特别受关注的一个方面是内容个性化和推荐。"新闻个性化是一个'新闻的接口',或者是一个通往世界的窗口,它可以选择、突出和过滤一件件新闻,并针对每个新闻用户以不同的方式将其编辑和聚合为新闻包。"①

机器学习领域的进步及其在新闻学中的运用,使新闻个性化的程度达到了新高度。在美国,国家公共广播电台(NPR)的 NPR One 应用程序对其某些类型的广播和播客内容使用个性化算法②。《纽约时报》等新闻媒体和 Google News 等新闻聚合平台使用机器学习技术来开发新闻个性化系统③。在中国,基于人工智能的新闻聚合平台"今日头条"汇集了数千个传统新闻源、博客和个人用户发布的内容,其算法可了解用户的喜好、位置和阅读行为,从而相应地不断更新其新闻源④。各种各样的信息诸如点击量、第三方用户信息和交易历史之类的信息,反映了用户的喜好、兴趣和态度,这些信息有助于算法在提供个性化内容推荐时发挥作用⑤。算法甚至可以选择能迎合用户个人喜好而变化语气,比如在向支持获胜球队的用户报道足球比赛时采用更热情的语气,而在向输

---

① Bodó, B. (2019), "Selling News to Audiences-A Qualitative Inquiry into the Emerging Logics of Algorithmic News Personalization in European Quality News Media", *Digital Journalism*, 1-22. https://doi:10.1080/21670811.2019.1624185.

② Diakopoulos, N. (2019), *Automating the News: How Algorithms are Rewriting the Media*, Cambridge, MA: Harvard University Press.

③ Stray, J. (2015), A Brief Guide to Robot Reporting Tools: From Crime Statistics to SEC Filings, Software Agents can Monitor Vast Amount of Open Data to Help Journalists Spot Potential Stories, In Nieman Reports: Automation in the Newsroom Retrieve January 20, 2020, http://niemanreports.org/wp-content/uploads/2015/08/NRsummer2015.pdf.

④ Schmidt, C. (2018), "China's News Agency is Reinventing Itself with AI", Retrieved December 9, 2019, https://www.niemanlab.org/2018/01/chinas-news-agency-is-reinventing-itself-with-ai/.

⑤ Bodó, B. (2019), "Selling News to Audiences-A Qualitative Inquiry into the Emerging Logics of Algorithmic News Personalization in European Quality News Media", *Digital Journalism*, 1-22. https://doi:10.1080/21670811.2019.1624185.

了比赛的球队的支持者推送的文章采用更同情的语气①。除了根据用户的数字资料推荐内容，算法还可以根据内容的受欢迎程度来明确其推荐决定②。

3. 内容优化

算法还运用于预测内容在用户中的表现并加以优化。比如《纽约时报》，预测算法有助于预测特定类型内容的表现，告知编辑是否应决定在其社交渠道上宣传特定文章③。用户与内容的互动（例如分享、评论）通常由机器记录和汇总，以告知编辑该做出何种决策。因此，越来越多的分析工具使编辑人员可以实时监控受众中新闻报道的表现④。内容优化的另一种常用方法是在不同的受众群体中测试故事标题的多个变体，以确定哪个可能吸引最多的用户参与。这种做法通常被称为 A/B 标题测试，它使用算法来收集和分析数据，并根据诸如点击率之类的指标来确定效果最佳的标题⑤。标题测试完成后，通过算法发现效果最好的标题，显示给新闻网的未来访问者，并在不同的社交媒体账户上分享效果好的标题。通常同一事件都会有多个版本的报道，它们同时在网上争夺用户的注意力，因此制作选用吸引用户注意力的有效标题是内容优化的关键。标题是用户接触到文章的第一要素，并且会严重影响用户阅读文

---

① Graefe, A. (2016), "Guide to Automated Journalism-Columbia Journalism Review", Retrieved January 20, 2020, https：//www.cjr.org/tow_center_reports/guide_to_automated_journalism.php.

② Bodó, B. (2019), "Selling News to Audiences-A Qualitative Inquiry into the Emerging Logics of Algorithmic News Personalization in European Quality News Media", *Digital Journalism*, 1 - 22. https：//doi：10.1080/21670811.2019.1624185.

③ Diakopoulos, N. (2019), *Automating the News：How Algorithms are Rewriting the Media*, Cambridge, MA：Harvard University Press.

④ Lee, E.-J., & Tandoc, E. C. (2017), "When News Meets the Audience：How Audience Feedback Online Affects News Production and Consumption", *Human Communication Research*, 43 (4)：436 - 449, https：//doi.org/10.1111/hcre.12123.

⑤ Hagar, N., & Diakopoulos, N. (2019), "Optimizing Content with A/B Headline Testing：Changing Newsroom Practices", *Media and Communication*, 7 (1 *Emerging Technologies*), 117 - 127, https：//doi.org/10.17645/mac.v7i1.1801.

章的决定①。

随着内容个性化和优化的新模型不断发展,卡尔森预测,"自动化新闻的未来表明,有能力为单个用户创建同一故事的多个定制版本",这是"读者级别的个性化"②。然而,随着自动化在新闻学中日渐普及,媒体专业人士、学者和其他观察者已经提出了一些严肃的伦理上的问题。

二 智能运用于新闻业的伦理问题

人工智能仍处于起步阶段,其对经济各个部门的影响仍然难以衡量③④⑤,但智能伦理的话题已经引起了决策者、跨学科和跨国界学者的共同关注。

(一)为所有领域的"可信赖人工智能"提出的关注框架

与人工智能运用相关的伦理问题,在不同国家、地区基于其对不同主题而产生的价值观和观点各有不同⑥。为了应对一般情况下采用人工智能所

---

① Kuiken, J., Schuth, A., Spitters, M., & Marx, M. (2017), "Effective Headlines of Newspaper Articles in a Digital Environment", *Digital Journalism*, 5 (10): 1300 - 1314, https://doi.org/10.1080/21670811.2017.1279978.

② Carlson, M. (2014), "The Robotic Reporter", *Digital Journalism*, 3 (3): 416 - 431, https://doi: 10.1080/21670811.2014.976412.

③ Brynjolfsson, E., & Mitchell, T. (2017), "What can Machine Learning Do? Workforce Implications", *Science*, 358 (6370), pp.1530 - 1534, https://doi: 10.1126/science.aap8062.

④ Hunter, A. P., Sheppard, L. R., Hunter, A. P., & Balieiro, L. (2018), "Project Director Robert Karlén the Importance of the AI Ecosystem AI Ecosystem", Retrieved May 30, 2020, https://csis-prod.s3.amazonaws.com/s3fs-public/publication/181102_AI_interior.pdf? 6jofgIIR0rJ2qFc3.TCg8jQ8p.Mpc81X.

⑤ Mittelstadt, B. D., Allo, P., Taddeo, M., Wachter, S., & Floridi, L. (2016), "The Ethics of Algorithms: Mapping the Debate", *Big Data & Society*, 3 (2), https://doi.org/10.1177/2053951716679679.

⑥ Hunter, A. P., Sheppard, L. R., Hunter, A. P., & Balieiro, L. (2018), "Project Director Robert Karlén the Importance of the AI Ecosystem AI Ecosystem", Retrieved May 30, 2020, https://csis-prod.s3.amazonaws.com/s3fs-public/publication/181102_AI_interior.pdf? 6jofgIIR0rJ2qFc3.TCg8jQ8p.Mpc81X.

带来的各种伦理挑战，欧盟委员会的人工智能高级别专家组（AI HLEG）呼吁采用"以人为本的人工智能方法"，他们将其称为"可信赖的人工智能"。他们的模型包括三个维度：首先，人工智能应遵守现行法律法规。其次，人工智能应该以伦理为导向。也就是说，它应该尊重基本权利并遵守核心原则和价值观。最后，可信赖的人工智能要求算法具有技术上的稳健性和算法的可靠性[1]。

此外，基于基本权利，欧盟委员会的人工智能高级别专家组为建立可信赖的人工智能确定了应遵循的四个伦理原则：1）尊重人类自治的原则，即确保维护人类的自决权，这意味着人工智能技术增强了人类在工作中的能力，并且人类保持了对这些技术操作的控制。2）预防损害的原则，其中包括确保人工智能可靠且技术上稳健，以避免复制出现实世界中可能存在的偏见和不平等，还避免了对生命体与环境的潜在伤害。3）公平原则，要求在人工智能的开发、部署和使用中享有平等机会，要求明确识别负责人工智能行为的实体，并且清楚地理解算法决策过程。4）可解释性原则，强调必须公开披露有关算法目的和行为的信息，以便建立和维护信任。

按照欧盟委员会的人工智能高级别专家组的意见，为满足人工智能系统生命周期，这些原则可以遵循七个要求，包括人为代理和监督，技术稳健性和安全性，隐私和数据治理，透明度，多样性、非歧视性和公平性，社会和环境福祉，以及问责制。

（二）在媒体中使用人工智能的伦理问题

人工智能对既有的媒体伦理带来了极大的挑战和冲击。运用上述所列的对可信赖的人工智能的要求，以及在人工智能背景下有关媒体伦理方面的相关文献，本文接下来将讨论在新闻界使用人工智能引发的伦理问题。人工智能减少了人的代理和自主权、算法可靠性，产生不透明性，需要确保问责制、透明性和隐私性。

---

[1] High Level Expert Group on Artificial Intelligence（2019），Ethics Guidelines for Trustworthy AI, Retrieved January 20, 2020, https：//ec. europa. eu/digital-single-market/en/news/ethics-guidelines-trustworthy-ai.

1. 人为代理减少

人们可能希望机器像人类一样思考和推理，其实这至今仍是一种理想和愿望而已。迄今为止机器只能执行特定任务，仍然需要不同级别的人类干预以识别问题、定义目标并确保交付质量[1][2]。例如，机器学习工具在执行复杂的任务时，在需要了解算法没有的上下文信息时，似乎是受到局限[3]。因此，他们将完成简单的技术任务，而留给人类执行那些需要长时间推理和背景复杂的任务[4]。

尽管算法在执行任务方面仍受到局限，但诸多有关机器代理、人类代理以及媒体自主性的问题已经显现了。这主要因为机器学习的进步，使得算法越来越少地依赖预设的决策规则，并在决策过程中获得更多的代理权[5]。确实，现在算法已经通过预测模型[6]来为社会中的重要决策提供信息，比如在刑事司法、食品安全、社会服务和交通运输领域。新闻业也相似，预测算法可为编辑决策提供信息，而谷歌新闻等新闻聚合商使用的推荐算法，可以通过某种方式来影响用户决定消费哪些

---

[1] Brynjolfsson, E., & Mitchell, T. (2017), "What can Machine Learning Do? Workforce Implications", *Science*, 358 (6370), pp. 1530–1534, https://doi:10.1126/science.aap8062.

[2] Hunter, A. P., Sheppard, L. R., Hunter, A. P., & Balieiro, L. (2018), "Project Director Robert Karlén the Importance of the AI Ecosystem AI Ecosystem", Retrieved May 30, 2020, https://csis-prod.s3.amazonaws.com/s3fs-public/publication/181102_AI_interior.pdf?6jofgIIR0rJ2qFc3.TCg8jQ8p.Mpc81X.

[3] Brynjolfsson, E., & Mitchell, T. (2017), "What can Machine Learning Do? Workforce Implications", *Science*, 358 (6370), pp. 1530–1534, https://doi:10.1126/science.aap8062.

[4] Hunter, A. P., Sheppard, L. R., Hunter, A. P., & Balieiro, L. (2018), "Project Director Robert Karlén the Importance of the AI Ecosystem AI Ecosystem", Retrieved May 30, 2020, https://csis-prod.s3.amazonaws.com/s3fs-public/publication/181102_AI_interior.pdf?6jofgIIR0rJ2qFc3.TCg8jQ8p.Mpc81X.

[5] Mittelstadt, B. D., Allo, P., Taddeo, M., Wachter, S., & Floridi, L. (2016), "The Ethics of Algorithms: Mapping the Debate", *Big Data & Society*, 3 (2), https://doi.org/10.1177/2053951716679679.

[6] Brauneis, R. & Goodman, E. (2018), "Algorithmic Transparency for the Smart City", *Yale Journal of Law and Technology* 20, 103–176, http://dx.doi.org/10.2139/ssrn.3012499.

内容①、控制用户的注意力方向②，并且，有一些用户不知道在这些过程中有算法的介入③。这些都增加了算法带来的行动的潜在风险。比如说，如果内容个性化和推荐真的会产生"信息茧房"（information cocoons）、"回音室"效应（echo-chambers），那么"过滤气泡"（filter bubbles）以及政治观点的进一步分化就是真实存在的，或者在将来变为现实。

然而，关于人工智能在这些过程中的日益参与目前在多大程度上有助于增强或减少人的代理权，目前尚无明确的共识④。西方学界尚没有证实"信息茧房"存在的有力研究。事实上，造成"信息茧房"的单纯信息环境很难在现实中出现。不少研究表明，几乎没有经验证据可以证实"信息茧房"的存在；公众对政治的更大兴趣和媒体的多样性，都降低了其在回音室中的可能性；在对美国以外的地方如西班牙的实证研究，也并没有发现"信息茧房"的存在；政治学和宗教社会学的理论与实证还发现回音室并非必然有害，互联网并非回音室形成的同谋；计算机领域的专家发现强化性意见和挑战性意见在促使用户关注新闻报道方面并没有多少量的区别，无法证明回音室的负面性，相反他们还证明了强化性信息丰富了大家的政治认知和参与度而不是形成了信息茧房。Web 2.0 技术提供了与志同道合的人讨论问题的机会，也增加了与那些持不同观点的人讨论问题的可能性，很难形成信息茧房和回音室⑤。

---

① Trielli, D. & Diakopoulos N. (2019), Search as News Curator: The Role of Google in Shaping Attention to News Information, Proc, Conference on Human Factors in Computing Systems (CHI).

② Diakopoulos, N. (2019), *Automating the News: How Algorithms are Rewriting the Media*, Cambridge, MA: Harvard University Press.

③ Graefe, A. (2016), "Guide to Automated Journalism-Columbia Journalism Review", Retrieved January 20, 2020, https://www.cjr.org/tow_center_reports/guide_to_automated_journalism.php.

④ Mittelstadt, B. D., Allo, P., Taddeo, M., Wachter, S., & Floridi, L. (2016), "The Ethics of Algorithms: Mapping the Debate", *Big Data & Society*, 3 (2), https://doi.org/10.1177/2053951716679679.

⑤ Trielli, D. & Diakopoulos N. (2019), Search as News Curator: The Role of Google in Shaping Attention to News Information, Proc, Conference on Human Factors in Computing Systems (CHI).

但是，越来越多的人担心，未来改进的当前技术形式可能会降低人类对 AI 的控制和人类的决策能力，甚至进一步提高机器的代理权。

2. 可靠性

在决策过程中，与人工智能代理机构加强有关的一个关键问题是算法输出的可靠性和准确性的不确定性。为了实现理想的结果并达到创建算法所要实现的目标，算法必须可靠且有效①。但是，数据质量在确定人工智能是否无错误方面起着重要作用。人工智能根据数据的分析和处理告知决策。因此，作为来源的数据必须可靠，这一点至关重要②。例如，《洛杉矶时报》的 Quakebot 在 2015 年发布了错误的地震警报，原因是来自美国地质调查局（USGS）地震通知服务的警报具有误导性（Graefe，2016）。

此外，数据质量对算法输出是否公平和无偏差的影响，也是一个重要的问题。除面临设计者的主观判断和偏见之外③，机器学习技术严重依赖用于训练算法的数据。算法使用的数据中可能包括了现实世界存在的偏差，如果在训练过程中使用了不可靠或有局限的数据，则算法的工作更有可能加剧这些偏见并在某些情况下导致歧视④⑤。

3. 不透明性和问责制

关于使用人工智能的担忧，也源自算法的不透明特性，尤其是在机器

---

① Brauneis, R. & Goodman, E. (2018), "Algorithmic Transparency for the Smart City", *Yale Journal of Law and Technology* 20, 103-176, http://dx.doi.org/10.2139/ssrn.3012499.

② Hunter, A. P., Sheppard, L. R., Hunter, A. P., & Baileiro, L. (2018), "Project Director Robert Karlén the Importance of the AI Ecosystem AI Ecosystem", Retrieved May 30, 2020, https://csis-prod.s3.amazonaws.com/s3fs-public/publication/181102_AI_interior.pdf? 6jofgIIR0rJ2qFc3.TCg8jQ8p.Mpc81X.

③ Graefe, A. (2016), "Guide to Automated Journalism-Columbia Journalism Review", Retrieved January 20, 2020, https://www.cjr.org/tow_center_reports/guide_to_automated_journalism.php.

④ Mittelstadt, B. D., Allo, P., Taddeo, M., Wachter, S., & Floridi, L. (2016), "The Ethics of Algorithms: Mapping the Debate", *Big Data & Society*, 3 (2), https://doi.org/10.1177/2053951716679679.

⑤ 陈昌凤、仇筠茜：《"信息茧房"在西方：似是而非的概念与算法的"破茧"求解》，《新闻大学》2020 年第 1 期。

学习领域。机器学习算法是不透明的,从某种意义上来说,人类有时很难理解从输入数据到确定结论并以输出形式发布结论的复杂过程。"如果连它的创造者也不知道机器学习产生的算法是如何运行的,那么我们怎么知道它的运行是否符合伦理?"①"黑箱"(black box)的观点反映了这个问题,因为人类在某些情况下无法完全理解算法的原理。媒体在使用人工智能时,这种不透明性挑战了人工智能可以被信任和透明的希望②。

算法的不透明性也引发了问责制的问题。谁应对算法错误造成的潜在危害负责?是否应该由机器负责并承担责任?机器可以合乎伦理吗?如何教给机器伦理规则?在新闻业中,算法错误的责任归咎于人类,通常是归咎于新闻工作者或发行人③。然而,由于算法过程难以理解且其动作难以控制,除算法过程涉及来自广泛领域的利益相关者这一事实之外,关于谁应该对算法的行为负责的问题,仍然存在④。

4. 透明度

可理解性和问责制都是透明度的关键⑤。尽管上述所论及的不透明性和责任制的一些论点仍在被挑战,但一些研究强调了透明度对智能伦理的重要性⑥,因为透明度有助于减少自动化输出中潜在的偏见对使用者

---

① Boddington, P. (2017), *Towards a Code of Ethics for Artificial Lntelligence*, Cham: Springer, p. 20.

② Hunter, A. P., Sheppard, L. R., Hunter, A. P., & Balieiro, L. (2018), "Project Director Robert Karlén the Importance of the AI Ecosystem AI Ecosystem", Retrieved May 30, 2020, https://csis-prod.s3.amazonaws.com/s3fs-public/publication/181102_ AI_ interior.pdf? 6jofgIIR0rJ2qFc3. TCg8jQ8p. Mpc81X.

③ Graefe, A. (2016), "Guide to Automated Journalism-Columbia Journalism Review", Retrieved January 20, 2020, https://www.cjr.org/tow_ center_ reports/guide_ to_ automated_ journalism. php.

④ Mittelstadt, B. D., Allo, P., Taddeo, M., Wachter, S., & Floridi, L. (2016), "The Ethics of Algorithms: Mapping the Debate", *Big Data & Society*, 3 (2), https://doi.org/10.1177/2053951716679679.

⑤ Boddington, P. (2017), *Towards a Code of Ethics for Artificial Lntelligence*, Cham: Springer.

⑥ Hunter, A. P., Sheppard, L. R., Hunter, A. P., & Balieiro, L. (2018), "Project Director Robert Karlén the Importance of the AI Ecosystem AI Ecosystem", Retrieved May 30, 2020, https://csis-prod.s3.amazonaws.com/s3fs-public/publication/181102_ AI_ interior.pdf? 6jofgIIR0rJ2qFc3. TCg8jQ8p. Mpc81X.

的影响①。此外，它允许用户"检查、质疑和纠正数据中不正确的标签"，从而提高"机器学习应用程序的整体数据质量"②。透明度已开始被视为新闻业的核心价值观，并已成为提高新闻媒体的信誉和信任的一种手段③。

但是，算法的操作中应该透明化哪些元素，目前存在分歧④，并且用户是否会对所公开的信息感兴趣还存在不确定性⑤。但是，披露算法有助于作品的生产，不过，这被当作新闻机构在透明度方面敷衍了事。例如，在其智能工具 Tobi 制作的文章中，Tamedia 使用了标语 "Tobi your text-bot"⑥，以透明地呈现该文章是自动化的结果。但是，媒体受众也可能对学习过程感兴趣，例如人类参与过程的程度（编辑过程的背景）、算法使用的数据的来源和质量、模型（算法使用了哪些变量）、推论（预测或分类的准确率或误差幅度）以及非常算法的存在（如果存在，那么何时使用了非常算法）⑦⑧⑨。

---

① Stark, J. A., & Diakopoulos, N. (2016), Towards Editorial Transparency in Computational Journalism, Proc, Computation + Journalism Symposium.

② Diakopoulos, N. (2016), "Accountability in Algorithmic Decision Making", *Communications of the ACM*, 59 (2): 56 – 62, https://doi.org/10.1145/2844110.

③ Diakopoulos, N., & Koliska, M. (2017), "Algorithmic Transparency in the News Media", *Digital Journalism*, 5 (7): 809 – 828, https://doi.org/10.1080/21670811.2016.1208053.

④ Graefe, A. (2016), "Guide to Automated Journalism-Columbia Journalism Review", Retrieved January 20, 2020, https://www.cjr.org/tow_center_reports/guide_to_automated_journalism.php.

⑤ Diakopoulos, N. (2016), "Accountability in Algorithmic Decision Making", *Communications of the ACM*, 59 (2): 56 – 62, https://doi.org/10.1145/2844110.

⑥ Plattner, T., Orel, D., & Steiner, O. (2016), Flexible Data Scraping, Multi-language Indexing, Entity Extraction and Taxonomies: Tadam, a Swiss Tool to Deal with Huge Amounts of Unstructured Data, Paper Presented at Computation + Journalism Symposium, Palo Alto, CA: Standford University.

⑦ Graefe, A. (2016), "Guide to Automated Journalism-Columbia Journalism Review", Retrieved January 20, 2020, https://www.cjr.org/tow_center_reports/guide_to_automated_journalism.php.

⑧ Diakopoulos, N. (2016), "Accountability in Algorithmic Decision Making", *Communications of the ACM*, 59 (2): 56 – 62, https://doi.org/10.1145/2844110.

⑨ Stark, J. A., & Diakopoulos, N. (2016), Towards Editorial Transparency in Computational Journalism, Proc, Computation + Journalism Symposium.

5. 隐私

隐私与上述预防伤害的原则密切相关①，可以被视为一项个人权利——西方国家视为尤其重要的问题②。

数据对算法至关重要。前面讨论的个性化和优化算法在很大程度上取决于用户的个人信息，从中才得以发现用户的偏好和行为。确实，算法能够收集和处理的数据越多，算法可以执行的功能就越有用和精确，并且可以更好地实现其个性化目标。但是，在这种情况下，实用程序和隐私相互矛盾，实用程序越多，隐私越少。例如，未提供足够信息的数据往往不如提供更多信息的数据对研究更有用③，而需要大量数据的操作可能会妨碍隐私。比如，用于内容优化和个性化的算法取决于用户的个人数据，想要实现最佳性能就需要更大量的个人数据。

作者：陈昌凤，清华大学新闻与传播学院教授、常务副院长。

Ayamou Chekam Gaelle Patricia，清华大学新闻与传播学院博士生。

本文节选、译自：Changfeng Chen and Ayamou Chekam Gaelle Patricia, "Algorithms and Media Ethics in the AI Age", THE HANDBOOK OF GLOBAL MEDIA ETHICS, ed. Stephen J. A. Ward, Section 2, Chapter 8. Cham, Switzerland：Springer Publications, forthcoming.

---

① High Level Expert Group on Artificial Intelligence (2019), Ethics Guidelines for Trustworthy AI, Retrieved January 20, 2020, https：//ec.europa.eu/digital-single-market/en/news/ethics-guidelines-trustworthy-ai.

② Zevenbergen, B., Brown, I., Wright, J., & Erdos, D. (2013), "Ethical Privacy Guidelines for Mobile Connectivity Measurements", http：//dx.doi.org/10.2139/ssrn.2356824.

③ Zevenbergen, B., Brown, I., Wright, J., & Erdos, D. (2013), "Ethical Privacy Guidelines for Mobile Connectivity Measurements", http：//dx.doi.org/10.2139/ssrn.2356824.

国际智能传播研究的现状、热点与趋势

师　文　陈昌凤

【摘要】人工智能技术深刻地嵌入媒体生产、分发、互动反馈的各个环节，机器人写作、新闻推荐系统、自动化事实核查、智能广告近年得到更广泛的应用，智能技术带来的理念与原有的行业理念和实践发生了深度交互。本文梳理了2018—2019年国际主流期刊上近两百余篇关于智能媒体的研究成果，对目前的研究热点和潜在趋势进行了解剖。我们发现，2018—2019年学术界对智能媒体的研究主要集中于五大前沿主题，涉及智能技术与职业新闻理念、智能化技术参与互联网信息治理、智能驯化、人机传播、算法善用，其中算法善用涉及算法的公共性、正当性、透明度等多个方面。学术界较多采用诠释经验主义范式，阐释人类在日常新闻实践中对算法的意义解读，还原媒体、平台、算法与用户之间动态的相处机制；越来越多的学者开始探讨算法对于既有的传播理论体系的补充，反思智能媒体在公共性、正当性层面扮演的角色，以及围绕智能技术产生的权力角逐。

【关键词】智能传播媒介伦理；算法善用；透明度；人机关系互联网治理

人工智能技术与新闻传播界正在发生深度融合，全方位地介入信息生产、分发、互动反馈流程，掀起行业理念与业态实践的变革，促进信息更有效地传播。同时,新兴智能媒介的扩张也引发了新闻传播学者的种种担忧,学者开始对新技术形态下人与算法的相处模式进行深入诠释,对算法的价值观风险、公共性与正当性等问题进行批判性反思。本文综合了2018—2019年国内外两百余篇关于智能媒体的前沿研究,选择其中较有影响的作品进行整合综述。

一 智能技术与职业新闻理念

智能媒介技术对传统媒体和新媒体平台的渗透如何重塑行业理念和操作准则,人工记者编辑对智能化技术的适应与抗拒成为学术研究的兴趣所在。算法一定程度上迫使专业新闻机构和从业者进行"适应性"调整。社交平台脸书(Facebook)调整其News Feed算法以优先考虑原生视频的行为不仅改变了平台内部的运作逻辑,也对传统上由新闻业运作方式约束的新闻机构产生影响。研究者发现新闻机构显著地调整了自己的发布行为以迎合非新闻机构——脸书的算法规则调整[1]。社交媒体的新闻编辑会将脸书的算法规则与自己挑选新闻的标准相结合,在投放新闻的过程中突出情感和惊奇的叙事元素以符合用户偏好和News Feed算法的逻辑[2]。

但是,新闻工作者仍然警惕并抗拒智能技术对新闻生产规则的改写。常江聚焦位于"新旧媒体交合地带"的美国门户新闻网站[3],访谈研究从业者在人工智能影响下的职业理念形态,发现门户新闻网站的从业者对人工智能持有策略化逃避的立场。从业者们认为算法破坏了传统新闻网站超链接文化下用户阐释、探索新闻的自主性;使新闻发现与新闻生成之间的

---

[1] Tandoc Jr., E. C., & Maitra, J. (2018), "News Organizations' Use of Native Videos on Facebook: Tweaking the Journalistic Field One Algorithm Change at a Time", *New Media & Society*, 20 (5): 1679 – 1696.

[2] Lischka, J. A. (2018), "Logics in Social Media News Making: How Social Media Editors Marry the Facebook Logic with Journalistic Standards", *Journalism*, https://doi.org/10.1177%2F464884918788372.

[3] 常江:《策略化逃避:门户新闻网站在人工智能时代的实践理念转型》,《编辑之友》2018年第12期。

时距几乎消失,强化了人类记者编辑对"即时性"的焦虑;使用户陷入单向被动的信息流,压缩了读者与内容的交互空间,降低了公共参与精神被培育的可能性,因而批评智能技术破坏了第一代网络新闻培育出的民主气质和协商性空间。此外,智能化技术正驱使智能媒体与专业新闻机构建立合作,这会消弭地区报纸形态上的个性①。

新闻工作者对新闻生产过程中人机共生关系的认知较为矛盾。胡翼青和朱晓颖采用问卷方法调查了国内职业新闻从业者对 AI 的看法,发现新闻从业者的认知与情感之间存在不协调,一方面对 AI 认知呈现浅层化的样态,缺乏系统学习和实践体验,一方面却对 AI 的发展呈现积极、乐观的正面情感②。而基于行动者网络理论(Actor Network Theory)的研究发现,虽然算法已经深刻地介入了新闻采访和新闻发布环节,并正加深对新闻写作阶段的渗透,但是新闻工作者坚持认为自己仍然处于新闻制作过程的各个阶段,特别是新闻选择和编辑阶段,这表明他们希望保护自己作为意义最终仲裁者的角色③。

记者编辑"新闻文化"和算法"技术文化"交融被学者看作智能时代新闻行业理念发展的方向。通过对 59 个开源移动新闻的源代码进行内容分析,研究者观察了代码在 I—T—O 中(Input-Throughput-Output)中展现出的特性和决策结构如何影响新闻,并指出虽然存在多层黑箱嵌套的问题,但算法本质上仍是执行程序员决策意志的一组代码,试图用自动化评估方式替代人类记者编辑在编辑会上的内容排序。因而程序员和记者之间的"交流区"对于未来的移动应用程序开发很重要④。

---

① 常江:《原子化未来:技术变迁对报纸编辑室文化的重塑》,《编辑之友》2018 年第 10 期。
② 胡翼青、朱晓颖:《人工智能的"幻影公众"》,《中国出版》2018 年第 19 期。
③ Wu, S., Tandoc Jr., E. C., & Salmon, C. T. (2018), "Journalism Reconfigured: Assessing Human-machine Relations and the Autonomous Power of Automation in News production", *Journalism Studies*, 1 – 18.
④ Weber, M. S., & Kosterich, A. (2018), "Coding the News: The Role of Computer Code in Filtering and Distributing News", *Digital Journalism*, 6 (3): 310 – 329.

二 智能化技术参与互联网信息治理

虚假新闻仍然是困扰互联网用户和新闻传播学者的难题。Science 杂志发布假新闻研究[1],通过观察 2006 年至 2017 年在 Twitter 上发布的所有经过验证的真实新闻和虚假新闻的扩散行为,发现不论新闻的主题为何,虚假信息的传播范围远远超过真实新闻。此外,假新闻被证明具有强大的议程设置功能[2]。面对互联网信息环境中泛滥的假新闻和捉襟见肘的人工核查,智能化技术被广泛应用到假新闻的识别和传播阻断中。2018 年 1 月,脸书宣布改变其算法,优先考虑可信赖的新闻,以回应关于其算法是否促进了垃圾内容的社会讨论。今日头条于 3 月 15 日披露"资讯打假"技术路线图,将 NLP 技术引入自动化谣言识别工程,阻断假新闻传播[3]。

虽然在新闻界并未获得太多关注,但在计算机界,如何用智能化技术实现对失实新闻的核查已经成为最热门的新闻学问题。2018 年,采用算法进行自动化事实核查的大量研究成果涌现[4][5][6],智能化技术可以根据新闻

---

[1] Vosoughi, S., Roy, D., & Aral, S. (2018), "The Spread of True and False News Online", *Science*, 359 (6380): 1146 – 1151.

[2] Vargo, C. J., Guo, L., & Amazeen, M. A. (2018), "The Agenda-setting Power of Fake News: A Big Data Analysis of the Online Media Landscape from 2014 to 2016", *new media & society*, 20 (5): 2028 – 2049.

[3] 《今日头条披露反谣言技术路线图》,人民网,2018 年 3 月 16 日,http://it.people.com.cn/n1/2018/0316/c196085-29872273.html。

[4] Conforti, C., Pilehvar, M. T., & Collier, N. (2018), Towards Automatic Fake News Detection: Cross-Level Stance Detection in News Articles, In Proceedings of the First Workshop on Fact Extraction and VERification (FEVER) (pp. 40 – 49).

[5] Hanselowski, A., PVS, A., Schiller, B., Caspelherr, F., Chaudhuri, D., Meyer, C. M., & Gurevych, I. (2018), "A Retrospective Analysis of the Fake News Challenge Stance Detection Task", https://arxiv.org/abs/1806.05180.

[6] 刘知远、宋长河、杨成:《社交媒体平台谣言的早期自动检测》,《全球传媒学刊》2018 年第 4 期。

的来源①、文本特征②、传播网络③、用户反馈④、演变规律⑤进行可信度判断,以实现谣言检测、谣言跟踪、谣言立场分类和谣言准确性分类。

除了假新闻,通过误导、欺骗、夸张的表述来激发用户好奇心,以增加阅读量和广告收入的标题党(clickbait)也成为算法侦查的对象。计算机科学家采用机器学习算法从社交媒体的帖子中提取文本特征,完成对标题党信息的识别⑥⑦。此外,算法还被用于过滤恐怖主义言论、图像和视频,挖掘恐怖组织社会网络⑧。

但是,目前对智能化事实核查算法解决假新闻的有效性评估仅局限于

---

① Sarr, E. N., Sall, O., & Diallo, A. (2018, October), SnVera: A New Algorithm for Automation of Fact-Checking in Web Journalism Context, In 2018 Fifth International Conference on Social Networks Analysis, Management and Security (SNAMS) (pp. 342 – 348). IEEE.

② Della Vedova, M. L., Tacchini, E., Moret, S., Ballarin, G., DiPierro, M., & de Alfaro, L. (2018, May), Automatic Online Fake News Detection Combining Content and Social Signals, In 2018 22nd Conference of Open Innovations Association (FRUCT) (pp. 272 – 279). IEEE.

③ Shu, K., Bernard, H. R., & Liu, H. (2019), Studying Fake News via Network Analysis: Detection and Mitigation, In Emerging Research Challenges and Opportunities in Computational Social Network Analysis and Mining (pp. 43 – 65). Springer, Cham.

④ Tschiatschek, S., Singla, A., Gomez Rodriguez, M., Merchant, A., & Krause, A. (2018, April), Fake News Detection in Social Networks via Crowd Signals, In Companion of the Web Conference 2018 on the Web Conference 2018 (pp. 517 – 524). International World Wide Web Conferences Steering Committee.

⑤ Jang, S. M., Geng, T., Li, J. Y. Q., Xia, R., Huang, C. T., Kim, H., & Tang, J. (2018), "A Computational Approach for Examining the Roots and Spreading Patterns of Fake News: Evolution Tree Analysis", *Computers in Human Behavior*, 84: 103 – 113.

⑥ Khater, S. R., Al-sahlee, O. H., Daoud, D. M., & El-Seoud, M. (2018, May), Clickbait Detection, In Proceedings of the 7th International Conference on Software and Information Engineering (pp. 111 – 115). ACM.

⑦ Pandey, S., & Kaur, G. (2018, September), Curious to Click It? -Identifying Clickbait using Deep Learning and Evolutionary Algorithm, In 2018 International Conference on Advances in Computing, Communications and Informatics (ICACCI) (pp. 1481 – 1487). IEEE.

⑧ 李龙、支庭荣:《"算法反恐":恐怖主义媒介化与人工智能应对》,《现代传播》2018年第9期。

计算机科学家在特定数据集上的查全率和查准率，鉴于算法模型的逻辑缺陷和假新闻的复杂性，通过技术手段解决假新闻问题在实际社会系统下的有效性值得商榷。正如密歇根大学信息学院副教授梅俏竹所说，"反谣言并不是一个单纯的人工智能问题，并非有大数据和精深算法就能解决。它需要对各种复杂的因素有深刻的理解，上至国家政策，中有信息的生命周期，下至个人的心理和行为"。在当前的信息生态中，通过智能化技术解决假新闻问题的有效性和局限性尚待进一步探讨。

三 智能驯化

驯化（domestication），又称家居化，最早源自对电视媒介的讨论，用来分析电视作为商品，被购买、占有、安置、使用，在家居空间中发挥文化功能的过程。随着媒介形态变迁，该概念的观照对象不再局限于"电视媒介"和狭隘的"家居"情境，而被用于研究当新媒介技术成为日常生活的有机组成部分时，其如何在被使用的过程中发挥媒体功能、形塑人们日常生活。由于人工智能技术在新闻传播领域的广泛应用，算法已经进入人们的日常生活，成为处理个人生活、社交、职场信息不可避免的中介，若干研究呼应驯化视角，研究日常实践中内容生产者、平台和算法实践之间的复杂关系。

佩德森认为，此前关于算法的研究大多只关注平台算法对于内容流行度的支配，但鉴于算法已经对人们日常生活形成了持续且密切的影响，算法还可以被看作一种文化，关注内容生产者对算法含义与价值的理解至关重要。其对 Youtube 上内容生产者的研究发现，视频播主往往事后根据视频的流行程度推断算法的运作逻辑，进而形成对算法的三重拟人化认知：决定播主能否得到青睐的"经纪人"、影响信息流通的"把关人"和使消费者欲罢不能的"毒贩"，借此实现对算法文化意义的构建[①]。采用了类似

[①] Pedersen, E. (2019), "My Videos are at the Mercy of the You Tube Algorithm": How Content Creators Craft Algorithmic Personas and Perceive the Algorithm that Dictates their Work.

的视角，发现 Youtube 上的美妆播主们尽管表面上缺乏技术知识，但可以通过彼此共享对于平台算法的理解（algorithmic gossip），协作形成对算法的集体感知，进而调整内容生产以驾驭分发算法。该学者从权力的角度理解这种互动关系，即算法结构生产者的行为，生产者借此对平台高高在上的权力进行回应，用户、平台和算法之间得以形成相互依存的复杂关系[1]。无独有偶，对 Instagram 上讨论的研究发现，用户会与算法产生有意识的、工具性的交互，围绕算法的规则构造一个提升信息可见性的游戏[2]。

值得注意的是，以上研究均不认为平台上的内容生产者只是被动地接受算法的支配，而将其视为能动的算法适应者和使用者，并试图诠释使用行为背后的意义。因而在研究算法对于人们生活的渗入时，未像其他研究一样采用技术方法逆向推断客观上 Youtube 算法如何运作，而是通过访谈法关注内容生产者对算法运作逻辑的主观感知乃至想象，解读人类基于个人或集体的感知驯化算法的社会实践[3]。这类基于文化视角的研究一定程度上平衡了智能媒体兴起以来数字逻辑和技术逻辑在算法研究领域的主导地位，唤起对算法结构下人类能动性的思考。

四 人机传播

传统意义上的传播理论将传播限定为人类之间的交互，机器仅被视为中介，因而人机之间的交流在很长时间内被排斥在传播理论研究的视野之外。但随着人工智能技术的发展，不论是不断涌现的 Siri 等智能助手，还是模仿人类开展传播行为的社交机器人，都反映出人与机器之间的差别逐渐缩小，机器开始拥有更强的交流性。旧有的"以人为中心"的传播理论

---

[1] Bishop, S. (2019), "Managing Visibility on YouTube through Algorithmic Gossip", *New Media & Society*, https://doi.org/10.1177%2F1461444819854731.

[2] Cotter, K. (2019), "Playing the Visibility Game: How Digital Influencers and Algorithms Negotiate Influence on Lnstagram", *New Media & Society*, 21 (4), pp. 895–913.

[3] Wilson, L. (2019), "Clickbait Works! The Secret to Getting Views with the YouTube Algorithm", *The Secret to Getting Views with the You Tube Algorithm* (April 9, 2019).

难以回应新问题，越来越多的研究者开始采用人机传播（Human-machine-communication）视角重新定义传播主体的范畴，以弥补新兴技术和传统传播理论之间的脱节。人机传播认为机器逐渐开始扮演传统意义上人类的角色，人与机器之间的传播也会建立和影响社会关系[1]。值得一提的是，人机传播（HMC）并不等同于早先的人机互动（HCI）概念，在后者讨论的"交互"（Interaction）中，机器只是根据记住的若干静态命令，机械式地产生确定的输出，并不具备了解人类的能力，也无法根据人类的行为动态调整交互行为。

古兹曼和刘易斯认为，在 NLP（自然语言处理）和 NLG（自然语言生成）技术兴起的背景下，机器不再仅仅扮演辅助交流的"媒介"角色，也开始成为动态参与传播的主体，因而有必要反思"传播"的定义。这种反思首先体现在思考机器作为传播者的功能，借鉴传统传播体系中可以用于研究人机传播的理论和方法，并寻求原有研究边界的突破；此外，鉴于传播是一个社会性活动，传播学也应体察智能技术作为传播者与人类的交互在关系层面上的意义；最终，人机传播还需深入形而上层面，重新审视传统传播理论设置在人与技术之间的本体论鸿沟[2]。

HMC 不仅挑战了传播理论的传统范式，也一定程度上折射出新闻理论界研究智能技术的思路分野。目前，面对人工智能与新闻界结合的种种应用，新闻学界主流研究范式是从智能技术中介传播（AI-mediated communication）角度展开[3]。比如，当下不乏针对新闻消费者对自动化新闻态度的研究，如，在解释用户对于自动化新闻生产的新闻态度时，研究者往往从

---

[1] Spence, P. R. (2019), Searching for Questions, Original Thoughts, or Advancing Theory: Human-machine communication, In: Elsevier. https://doi.org/10.1016/j.chb.2018.09.014.

[2] Guzman, A. L., & Lewis, S. C. (2019), "Artificial Intelligence and Communication: A Human-Machine Communication Research Agenda", *New Media & Society*, 1461444819858691.

[3] Jakesch, M., French, M., Ma, X., Hancock, J. T., & Naaman, M. (2019), *AI-Mediated Communication: How the Perception that Profile Text was Written by AI Affects Trustworthiness*, Paper presented at the Proceedings of the 2019 CHI Conference on Human Factors in Computing Systems.

工具性的角度讨论影响算法效能的变量①。即便在对话新闻机器人的研究中，研究者纵然会意识到机器人会进行大量的交流行为，并借此与人类建立一种非正式的、亲密的关系，但仍将机器人视为新闻从业者所操纵的工具，认为其本质上只对用户和新闻从业者之间的关系起到了中介作用②。中国学者从新闻规律的角度对算法新闻主体划分为"创设主体"、"运用主体"和"收受主体"③，也未将算法本身作为一个主体进行审视。而路易斯等则试图借由将 HMC 引入新闻理论挑战这一当前主流的思考范式。其认为，目前新闻学界在解释用户对自动化新闻的态度时，甚少关注人如何对算法进行概念化，也罕见颠覆了"技术只是中介"的思维定式，未能将智能技术作为真正意义上的传播主体来看待④。而从本体论角度反思新闻理论中以人为中心的假设，可以帮助新闻理论界正视日渐模糊的人机界限，与时俱进地审视智能时代的人机关系，为研究自动化新闻、聊天机器人等应用提供新的理论工具。

五　算法善用

（一）算法主体

心理学学者曾指出，道德是影响人类对机器人接受度的终极性因素，一方面，人们认为机器人不是道德决策的适格主体，但另一方面，机器人不得不做出道德决策⑤，即算法的道德决策行为与道德决策能力存在错位。

---

① Wu, Y. (2019), "Is Automated Journalistic Writing Less Biased? An Experimental Test of Auto-Written and Human-Written News Stories", *Journalism Practice*, https://doi.org/10.1080/17512786.2019.1682940.

② Ford, H., & Hutchinson, J. (2019), "Newsbots That Mediate Journalist and Audience Relationships", *Digital Journalism*, https://doi.org/10.1080/21670811.2019.1626752.

③ 杨保军、李泓江：《论算法新闻中的主体关系》，《编辑之友》2019 年第 8 期。

④ Lewis, S. C., Guzman, A. L., & Schmidt, T. R. (2019), "Automation, Journalism, and Human-Machine Communication: Rethinking Roles and Relationships of Humans and Machines in News", *Digital Journalism*, 7 (4): 409 – 427.

⑤ 喻丰、许丽颖：《如何做出道德的人工智能体？——心理学的视角》，《全球传媒学刊》2018 年第 4 期。

如今，随着人工智能技术不断冲击越来越高的准确率和迭代性能，算法逻辑得以深刻地嵌入新闻业的诸多环节，辅助乃至替代职业新闻人进行决策，但是新闻作为公共产品，承担着公正、善良、自由等伦理价值，不仅需要算法在统计学意义上更加精准优质，也需要伦理学层面的道德无缺[1]。2019 年，算法中潜藏的伦理风险和道德瑕疵成为热点话题，以期减少算法偏见，增加个体自主性，完善算法问责机制，最大化实现算法善用。

全球媒体伦理学的开拓者克利福德·克里斯蒂安（Clifford Christian）在其出版的新书 *Media Ethics and Global Justice in the Digital Age* 中，将社会公正奉为媒介技术的最重要道德标准[2]。有学者认为，相比人工编辑，算法可以降低读者对于偏见的担忧，故而算法似乎可以对新闻可信度产生积极的影响[3]。但来自计算机科学、哲学和传播学的三位学者联合审查了 12 个公开的事实核查算法数据集[4]，发现所有被标注的算法数据集都存在偏差。标注者的政治倾向与人口统计学特征、标注数据集的来源、标注的流程等因素均会对标注的公正性产生影响。尽管作者倡议通过增加数据集的多元性和透明性来减少偏差，但不论在理论上还是在实践上，偏差都不可能完全被规避。

由于算法作为责任主体的地位十分模糊，一旦算法做出有悖伦理的行为，其棘手的主体地位便向人类既有的伦理法律体系发出挑战。路易斯等就算法生产诽谤性新闻的情况进行分析，发现虽然算法是直接做出侵权行为的主体，但由于难以证明算法具有美国法律关注的"实际恶意"，法院

---

[1] 陈昌凤、虞鑫：《智能时代的信息价值观研究：技术属性、媒介语境与价值范畴》，《编辑之友》2019 年第 6 期。

[2] Christians, C. G. (2019), *Media Ethics and Global Justice in the Digital Age*, Cambridge University Press.

[3] Waddell, T. F. (2019), "Can an Algorithm Reduce the Perceived Bias of News? Testing the Effect of Machine Attribution on News Readers' Evaluations of Bias, Anthropomorphism, and Credibility", *Journalism & Mass Communication Quarterly*, 96 (1): 82–100.

[4] Bountouridis, D., Makhortykh, M., Sullivan, E., Harambam, J., Tintarev, N., & Hauff, C. (2019), Annotating Credibility: Identifying and Mitigating Bias in Credibility Datasets. https://www.academia.edu/39937560/Annotating_ Credibility_ Identifying_ and_ Mitigating_ Bias_ in_ Credibility_ Datasets.

难以界定新闻机构是否承担责任①。类似的问题也存在于写作机器人侵犯版权、收集事实数据等情况上②。

作为直接参与算法制作的重要主体，算法工程师在算法伦理方面的责任引发关注。然而，研究发现，这些工程师大多缺乏从伦理层面评估智能媒体的意识，倾向于低估算法中的伦理问题，并不认为自己比较能对当下的算法在伦理层面进行改进，因而被学者称为"局内的外人"③。实证研究表明，道德培训会对算法工程师的道德决策和道德推理产生积极影响，但是工程师所属机构的道德领导对二者未产生明显影响，受教育水平在以上两组关系中均未起到中介作用④。这表明作为影响算法价值的关键一环，算法工程师仅接受一般意义上的教育是不够的，接受专门的道德培训十分必要。

计算机协会 ACM（Association for Computing Machinery）2019 年也收录了若干与算法伦理有关的论文，倡议将伦理学纳入机器学习课程及整个计算机科学教育体系⑤。事实上，早在 2018 年，就曾有个别计算机学者尝试从算法善用的目标层面优化算法，比如跳脱出以用户满意度为代表的传统的新闻推荐系统评价体系，转而以社会公共价值为算法使命，设计针对事实核查新闻的推荐系统，以识别群体中积极的新闻核查者并激励其参与更

---

① Lewis, S. C., Sanders, A. K., & Carmody, C. (2019), "Libel by Algorithm? Automated Journalism and the Threat of Legal Liability", *Journalism & Mass Communication Quarterly*, 96 (1): 60–81.

② Monti, M. (2019), "Automated Journalism and Freedom of Information: Ethical and Juridical Problems Related to AI in the Press Field", *Opinio Juris in Comparatione*, 1.

③ 严三九、袁帆：《局内的外人：新闻传播领域算法工程师的伦理责任考察》，《现代传播》（中国传媒大学学报）2019 年第 9 期。

④ Wood, K. L. (2019), *An Exploration into the Relationships of Ethical Decision Making and Moral Reasoning Among IT Specialists with Ethics Training, Education, and Ethical Leadership*, Paper presented at the Proceedings of the 2019 on Computers and People Research Conference.

⑤ Saltz, J., Skirpan, M., Fiesler, C., Gorelick, M., Yeh, T., Heckman, R., Beard, N. (2019), "Integrating Ethics within Machine-learning Courses", *ACM Transactions on Computing Education* (*TOCE*), 19 (4): 32.

多事实核查活动①。有学者尝试增强用户控制以限制算法决策的空间，通过加强用户配置个人偏好、选择算法以及过滤推荐结果的权力，新闻推荐系统的设计者帮助用户回归到信息筛选的决策中，避免算法完全取代人进行决策，推进以人为本的算法善用②。

（二）算法可信度

2018年的皮尤数据表明，约一半的脸书用户表示他们在看到平台如何对其进行分类时感到心理不适，27%的用户认为网站的分类并不能准确地代表自己。作为新闻产品消费的主体，用户对算法应用的反馈会影响自动化工具的商业推广程度，因而用户对自动化新闻、个性化推荐系统的态度成为2018—2019年度智能媒体受众研究的重点。

在机器人写作的相关研究中，多位学者试图探讨机器作者身份如何影响新闻"可信度"，但是尚未达成一致的结论。有研究指出，用户认为自动化新闻不如人类记者的新闻可信③，将算法新闻"拟人化"成为"机器人新闻"不利于自动化新闻的推广，但是从过去的媒介使用中回忆自动化实体可以增加受读者对自动化新闻的接受度。还有研究通过实验法探究文章的"宣称"作者和"实际"作者是否对读者评价产生影响④，发现不论文章实际上是由机器还是人类写作，受试者对"被宣称"为人类写作的文章评价更高。但是，"实际上"由计算机生成的文章虽然可读性稍低，但

---

① Vo, N., & Lee, K. (2018), *The Rise of Guardians: Fact-checking url Recommendation to Combat Fake News*, Paper Presented at the the 41st International ACM SIGIR Conference on Research & Development in Information Retrieval.

② Harambam, J., Bountouridis, D., Makhortykh, M., & Van Hoboken, J. (2019), *Designing for the Better by Taking Users into Account: a Qualitative Evaluation of User Control Mechanisms in (news) Recommender Systems*, Paper Presented at the Proceedings of the 13th ACM Conference on Recommender Systems.

③ Waddell, T. F. (2019), "Can an Algorithm Reduce the Perceived Bias of News? Testing the Effect of Machine Attribution on News Readers' Evaluations of Bias, Anthropomorphism, and Credibility", *Journalism & Mass Communication Quarterly*, 96 (1): 82–100.

④ Graefe, A., Haim, M., Haarmann, B., & Brosius, H. B. (2018), "Readers' Perception of Computer-generated News: Credibility, Expertise, and Readability", *Journalism*, 19 (5): 595–610.

是却被认为更可靠、有更多的新闻专业知识。而针对欧洲读者的实验表明自动化、人类、混合来源的新闻可信度感知相等，对于体育文章而言，自动化内容甚至比人类消息更可信。

在个性化推荐系统方面，较多研究探讨了用户对个性化新闻和非个性化新闻之间的偏好。对 26 个国家用户的统计得出，虽然存在个体差异，但是总体而言，用户认为基于历史消费行为的算法是比人工编辑更好的新闻推荐方式。年龄、对新闻的信任、对隐私的关注、移动新闻使用程度等变量都对这种偏好有影响①。荷兰读者对个性化新闻的态度取决于对新闻推荐系统的多样性和公共新闻领域的在意程度，而不是隐私等因素。同时，用户在对待个性化新闻的态度方面是异质的，年轻、受教育程度低的用户十分青睐个性化新闻，较少接触公共媒体提供的多样化信息服务②。

除了专业新闻机构的自动化新闻生产和分发，社交媒体上的信息流算法也成为受众研究的语境。研究发现，大多数人在社交媒体上浏览新闻的方式是基于"普遍的怀疑主义"，用户经常无法准确理解他们收到的信息是如何被过滤的，但也不会不加批判地接受它。用户在社交媒体上的新闻消费呈现怀疑主义和日常实用主义结合的悖论③。

（三）算法公共性

在算法善用的话题下，一个重要的方向是"算法公共性"。学术界担心个性化的算法分发会导致用户完全根据个人偏好定制信息环境，难以拥有聚合异质化声音的公共论坛。2019 年，若干学者测量算法分发、算法策

---

① Thurman, N., Moeller, J., Helberger, N., & Trilling, D. (2018), "My Friends, Editors, Algorithms, and I: Examining Audience Attitudes to News Selection", *Digital Journalism*, 1–23.

② Bodó, B., Helberger, N., Eskens, S., & Möller, J. (2018), "Interested in Diversity: The role of User Attitudes, Algorithmic Feedback Loops, and Policy in News Personalization", *Digital Journalism*, 1–24.

③ Fletcher, R., & Nielsen, R. K. (2018), "Generalised Scepticism: How People Navigate News on Social Media", *Information, Communication & Society*, https://doi.org/10.1080/1369118x.2018.1450887.

展对新闻信息多样性的影响①②③，并基于不同的政治理论思考算法的使用如何催生符合民主期待的新闻推荐系统。海尔伯格区分了不同的民主理论指导下新闻推荐系统的不同样态，并指出，自由论认为新闻推荐系统应该将用户的偏好视为新闻推荐的最高原则，参与论认为新闻推荐算法应该尽可能包容地促成公民对公共事务的多元参与，协商论认为新闻推荐算法应该主动地将用户置于可以挑战其观点的信息环境中④。

对于社交媒体来说，削弱公共性的信息可能以智能广告的形态存在。社交媒体上大量的用户基础为广告投放提供了土壤，用户留下的大量数字痕迹为策略化的定向投放提供了数据支持。此前学者多从广告学范畴关注这一现象，但事实上，智能广告并非中性地提升了广告商与用户匹配的效率，实质上是赋予广告主以选择广告受众的权力。2019 年若干研究试图探究向特定群体针对性投放信息以改变态度和行为是否会引发社交媒体公共性危机。

对 Facebook 上广告生态的考察发现，大量的广告涉及新闻、政治、宗教等敏感领域，并通过入侵性、不透明的策略进行定向投放⑤。对 Facebook 上定向广告的案例分析发现⑥，智能化的广告投放可能被恶意广告商滥

---

① Bandy, J., & Diakopoulos, N. (2019), "Auditing News Curation Systems: A Case Study Examining Algorithmic and Editorial Logic in Apple News", https://arxiv.org/abs/1908.00456.

② Le, H., Maragh, R., Ekdale, B., High, A., Havens, T., & Shafiq, Z. (2019), *Measuring Political Personalization of Google News Search*, Paper presented at the The World Wide Web Conference.

③ Trielli, D., & Diakopoulos, N. (2019), *Search as News Curator: the Role of Google in Shaping Attention to News Information*, Paper presented at the Proceedings of the 2019 CHI Conference on Human Factors in Computing Systems.

④ Helberger, N. (2019), "On the Democratic Role of News Recommenders", *Digital Journalism*, 1 – 20.

⑤ Andreou, A., Silva, M., Benevenuto, F., Goga, O., Loiseau, P., & Mislove, A. (2019), *Measuring the Facebook Advertising Ecosystem*, https://lig-membres.imag.fr/gogao/papers/Facebook-NDSS.pdf.

⑥ Ribeiro, F. N., Saha, K., Babaei, M., Henrique, L., Messias, J., Benevenuto, F., Redmiles, E. M. (2019), *On Microtargeting Socially Divisive Ads: A Case Study of Russia-linked ad Campaigns on Facebook*, Paper Presented at the Proceedings of the Conference on Fairness, Accountability, and Transparency.

用,针对容易受到假新闻、偏见影响的人群,投放增加社会分裂的信息。由于广告的投放对象被限定在此类易感人群中,此类恶意广告有较低的概率被察觉,长此以往,公共对话的事实基础和价值基础被智能广告削弱。

也有学者针对 Face book、Google、Twitter 上的政治广告进行研究,认为虽然各平台 2018 年都出台政策以提高广告投放的透明度,但是仍存在广告赞助商身份不清等问题[1],并借此呼吁更高程度的信息披露。但是另外一项从受众端展开的研究表明,与非常详细的广告说明相比,具有中等详细程度的广告说明更受用户青睐[2]。这从侧面印证了另一个研究的发现——受众对智能广告呈现矛盾的态度,一方面他们对平台通过追踪个人动态生成个性化广告感到不安,另一方面他们希望广告能够体现或预测他们的需求[3]。

(四) 算法正当性

算法善用的另一个方向,是算法的正当性。一部分研究立足于受众视角,用量化方法分析当新闻产品的作者分别是算法和人类时,新闻阅读者对新闻稿件的态度[4]。另一部分研究则采用质化方法,从正当性角度,探讨传统的传播主体对算法进场的正当性构建。在对英、德、美三国职业新闻从业者的访谈中,记者编辑们明确表达了人类面对技术时的主导地位,认为算法技术的出现是为了解放新闻工作者,而不是领导新闻工作者[5]。由于使用个性化推荐算法的媒介组织性质不同,新闻界催生了"个性化的

---

[1] Edelson, L., Sakhuja, S., Dey, R., & McCoy, D. (2019), "An Analysis of United States Online Political Advertising Transparency", https://arxiv.org/abs/1902.04385.

[2] Eslami, M., Vaccaro, K., Lee, M. K., Elazari Bar On, A., Gilbert, E., & Karahalios, K. (2019), *User Attitudes towards Algorithmic Opacity and Transparency in Online Reviewing Platforms*, Paper presented at the Proceedings of the 2019 CHI Conference on Human Factors in Computing Systems.

[3] Ruckenstein, M., & Granroth, J. (2019), "Algorithms, Advertising and the Intimacy of Surveillance", *Journal of Cultural Economy*, 1–13.

[4] 郑越、杨帆:《记者和算法谁更值得信任:"机器人新闻"可信度的影响因素探析》,《现代传播》(中国传媒大学学报) 2019 年第 6 期。

[5] Milosavljević, M., & Vobič, I. (2019), "'Our Task is to Demystify Fears': Analysing Newsroom Management of Automation in Journalism", *Journalism*, https://doi.org/10.1177%2F1464884919861598.

平台逻辑"和"个性化的新闻逻辑"①。前者基于以量的用户数据形成的广告销售的业务模式,追求用户的短期黏性;后者是基于付费或者公共新闻体系的新闻售卖业务模式,追求用户的长期黏性。笔者认为,媒介机构在两种算法角色之间的选择空间表明,算法分发已从新闻机构满足受众需求的工具变为了控制需求的工具。在中国语境下,这个问题更加复杂,白红义分析了 2016 年来国内有关算法的讨论,认为媒体对算法的规训背后并不仅仅是新闻逻辑和技术逻辑的争斗,隐藏在媒体背后的政治逻辑具有更加决定性的作用,意味着"价值表达"超越"价值无涉"取得胜利②。张志安也以今日头条算法的争议为例,指出围绕算法产生的正当性争议并不单单源于技术权威与人本精神的矛盾,而是由于算法对新闻界的渗入动摇了传统的传播权力分布态势,意识形态驱动传统的新闻生产主体和新兴的技术平台就传播效果展开争夺③。

(五)算法透明度与问责机制

2018 年 3 月,社交网站 Facebook 被曝出泄露用户数据,涉嫌影响大选。微软首席研究员、数据与社会研究所创始人兼总裁 Danah Boyd 指出,就像有人将 AI 用于科学和人道主义工作一样,也会有人将 AI 用于追求权力④。鉴于算法在决策过程中占有越来越重要的权重,算法的不透明性及监管缺失被推上舆论的风口浪尖,学者们试图回应"如何做出道德的人工智能体"之问⑤。

---

① Bodó, B. (2019), "Selling News to Audiences-A Qualitative Inquiry into the Emerging Logics of Algorithmic News Personalization in European Quality News Media", *Digital Journalism*, 1 – 22.

② 白红义、李拓:《算法的"学思":基于新闻分发平台"今日头条"的无新闻话语研究》,《新闻大学》2019 年第 1 期。

③ 张志安、周嘉琳:《基于算法正当性的话语构建与传播权力重构研究》,《现代传播》2019 年第 1 期。

④ Anderson, Janna & Lee Rainie (December 10, 2018), "Artificial Intelligence and the Future of Humans", Received from http://www.pewinternet.org/2018/12/10/artificial-intelligence-and-the-future-of-humans/.

⑤ 喻丰、许丽颖:《如何做出道德的人工智能体?——心理学的视角》,《全球传媒学刊》2018 年第 4 期。

建立算法的问责机制以保证算法决策的正当性成为学界和业界共识。2018 年，第 40 届数据保护与隐私专员国际大会（ICDPPC）发布《人工智能伦理与数据保护宣言》，限制人工智能对隐私数据的使用；欧盟委员会组建人工智能高级专家组，发布《关于可信赖人工智能的伦理准则》（草案）①，指出可信赖的 AI 应该遵守可问责性、非歧视性、透明性、尊重人类自主性等十大原则。尤其强调人工智能系统应该记录他们所做的决定以及产生这些决定的整个过程，以最大化透明度和可解释性。

使算法对设计者、用户和所有受算法结果影响的人透明被很多学者认为是建立算法问责机制的前提。数据显示，相当多的 Facebook 用户不了解平台 News Feed 运作机制，认为普通用户几乎无法控制其中出现的内容，也未曾尝试主动影响推送给自己的新闻流②，美国学者试图借助《信息自由法案》敦促算法公开③。仇筠茜、陈昌凤认为，算法将新闻生产、流通中的各个环节推入"黑箱"，其真实度、可信度、透明度难以判断。一方面，以无监督学习代表的机器学习算法的运作逻辑无法为人类所知晓，却被科学神话"崇高化"，发挥着主导在线讨论、决定新闻样态、定义用户信息环境的功能④。另一方面，人工智能对技术的强依赖导致技术公司通过承包业务、垄断新闻分发渠道，实现了对传统媒体的收编。技术本身和技术商业化共同构成了人工智能的黑箱，需要通过公开 I－T－O 环节、逆向工程、强调"可理解的透明度"打开算法黑箱⑤。不过，透明并不限于

---

① European Commission's High-level Expert Group on Artificial Intelligence（December 18, 2018）, Draft Ethics Guideline for Trustworthy AI, Received from https：//ec. europa. eu/futurium/en/system/files/ged/ai_ hleg_ draft_ ethics_ guidelines_ 18_ december. pdf.

② Aaron Smith（September 5, 2018）, Many Facebook Users don't Understand How the Site's News Feed works, Received from http：//www. pewresearch. org/fact-tank/2018/09/05/many-facebook-users-dont-understand-how-the-sites-news-feed-works/.

③ Fink K., "Opening the Government's Black Boxes：Freedom of Information and Algorithmic Accountability", *Information, Communication & Society*, 2018, 21（10）：1453 – 1471.

④ 仇筠茜、陈昌凤：《黑箱：人工智能与新闻生产格局嬗变》，《新闻界》2018 年第 1 期。

⑤ 仇筠茜、陈昌凤：《基于人工智能与算法透明度的"黑箱"打开方式选择》，《郑州大学学报》（哲学社会科学版）2018 年第 5 期。

"开源",对算法的讨论离不开其被设计、实践的社会政治经济语境。公众的专业知识和批判意识、模型的复杂性等因素决定了这种透明度意义①。MIT 比较媒体研究教授 William Uricchio 甚至提出"AI-literate"一词,认为教育部门和媒体应该致力于培养有"AI 素养"的公众,在公众及其制定的法律监管制度能够适应这些技术成果之前,我们需要对人工智能的发展保持谨慎态度②。

但同时,也有学者质疑提升算法透明度是否真的意味着算法监管的可行性。有学者认为,由于对透明性的强调陷入完全公开与完全不公开的二元逻辑、强调可见而非可理解、算法更新迭代速度快、目前科技对于算法的解释力有限等原因,通过增加"透明性"实现算法监管有一定的局限性③。政治经济学学者也认为将构建负责算法的希望寄托在"透明性"上是一种过于理想化的想法,对数据经纪行业的案例研究发现,在政治经济学视野中,透明性与不可逾越的结构性限制相抵触,个人信息的商品化才是权力不平衡的根源。

六 结语

人工智能技术在新闻业的应用日趋成熟,智能技术+新闻成为业界新常态。智能媒体研究呈现出两个总体规律。

首先,对智能媒体的研究呈现经验研究与批判研究相结合的样态。一方面,面对智能媒体运作逻辑对人类认知的超越,大量关于从业者理念、信息环境多样性等议题的实证研究涌现,学者们除了采用传统意义上的问

---

① Kemper, J., & Kolkman, D. (2018), "Transparent to Whom? No Algorithmic Accountability without a Critical Audience", *Information, Communication & Society*, 1–16.

② Anderson, Janna & Lee Rainie (December 10, 2018), "Artificial Intelligence and the Future of Humans", Received from http://www.pewinternet.org/2018/12/10/artificial-intelligence-and-the-future-of-humans/.

③ Ananny, M., & Crawford, K. (2018), "Seeing without Knowing: Limitations of the Transparency Ideal and Its Application to Algorithmic Accountability", *New Media & Society*, 20 (3): 973–989.

卷法、实验法、访谈法，还依托自主设计推荐系统、对源代码进行内容分析、收集账户电子痕迹等新方法展开研究，拓展了智能媒体研究的想象力。另一方面，学者们采用政治经济学、批判算法研究等视角，对算法带来的权力迁移、算法中隐藏的信息价值观、算法问责机制予以探讨，为制定人机深度融合格局下的社会规范提供参考。

其次，对智能媒体的研究呈现跨学科的趋势。在智能媒体的学术场上，不仅有新闻学、传播学学者的身影，也活跃着大量来自计算机学、管理学、哲学等学科的学者，借助各自学科的专业知识和研究视角，对算法的运作机理、法律监管、伦理风险等问题进行探讨，这表明智能媒体对信息传播乃至整个社会带来的系统性问题超越了单一学科范畴，需要多个学科合力参与。

全球范围内的智媒研究趋势或可为未来的新闻传播研究者产生启示。鉴于在可见的未来内，智能技术将持续深远地对新闻业产生影响，学界当与业界协力，积极应对算法对新闻生产、公共生活、人类价值观以及传统学科体系之间产生的影响，致力于发掘智能媒体技术与新闻业乃至社会公共生活的相处之道。

作者：师文，清华大学理学院地球系统科学系博士生。

陈昌凤，清华大学新闻与传播学院教授、常务副院长。

本文摘编自两篇文章：1. 师文、陈昌凤：《驯化、人机传播与算法善用：2019年智能媒体研究》，《新闻界》2020年第1期；2. 师文、陈昌凤：《新闻专业性、算法与权力、信息价值：2018全球智能媒体研究综述》，《全球传媒学刊》2019年第1期。两篇文章为国家社科基金重大项目"智能时代的信息价值观引领研究"的阶段性成果，项目编号：18ZDA307。

国内智能传播研究的现状、热点与趋势

孟令晋

【摘要】 本文选取 CNKI 收录的关于人工智能运用于新闻传播的 258 篇 CSSCI 论文，运用文献计量法对发文数量、发文作者、发文机构、发文期刊、研究基金和高被引情况进行分析，并根据高频关键词矩阵绘制出网络聚类图。本文发现，相关研究已从起步阶段进入快速发展阶段，亟待深入；"技术应用研究"、"智能媒体研究"和"人文反思"是既有研究的三大研究热点；研究的跨学科化、量化研究、技术驱动下的理论创新是未来的三大研究趋势，提出研究要超越技术的想象，为人工智能助推行业发展贡献智慧。

【关键词】 人工智能；智能传播；社会网络

人工智能技术正在被广泛运用到新闻传播领域中的内容生产、内容分发、人机交互、广告投放和用户管理等生产与运营的各个环节，其推动新闻行业从光电时代走向智能时代，即内容生产从单一（专业生产）走向多元化（专业生产＋用户生产＋机器生产），传播方式由粗放走向精准，运营模式从单一走向全产业链运作。[①]

---

① 唐瑜伟、刘勇峰：《人工智能在新闻传播领域的发展研究综述》，《西部广播电视》2018 年第 5 期。

以人工智能技术为内核的机器人写作、新闻推荐系统、自动化事实核查、智能广告在 2019 年得到更广泛的应用，智能技术带来的理念重塑和实践变革在新闻界产生了持久而深刻的影响。① 与此同时，为了促进人工智能技术在新闻传播领域快速应用，相关研究机构应运而生，如：Facebook 人工智能研究院、《人民日报》智慧媒体研究院、中国传媒大学脑科学与智能媒体研究院。显然，人工智能技术不仅重塑了整个新闻传播行业的业态面貌，也在微观上重塑了传媒产业的业务链，② 并成为推动新闻传播不断变革发展的重要动力。鉴于人工智能已成为新闻传播领域未来发展的重要技术支撑，更是媒体走向深度融合发展的重要保障，亟须科研领域重点关注并加大研究力度。

人工智能在新闻传播领域的应用研究起步较晚，但发展迅猛，研究成果逐渐丰硕，研究内容主要围绕 AI 技术对新闻行业带来的积极影响、AI 技术在新闻行业的应用以及对新闻行业的冲击。此外从学科视角来看，以新闻与传播学科视角研究为主。但就目前的综述类研究而言，未见研究者在 CSSCI 期刊发文，有极少数学者在非 CSSCI 期刊发文对此进行研究，如丁晓蔚、王雪莹从三个方面探究了人工智能技术对新闻出版行业带来的积极影响；③ 李钰琪运用文献归纳法和内容分析法总结机器新闻写作的热点和趋势；④ 唐瑜伟、刘勇峰通过梳理 2016 年和 2017 年两年的相关文献，研究发现人工智能在新闻传播领域应用主要集中在传播者、传播过程、传媒业格局的影响、人工智能应用案例研究和人工智能与法治化进程等五个方面。⑤ 然而，以上研究主要以微观层面作为视角，他们的研究在文献的选取和评价方面缺乏科学标准与数据支撑，在说服力上难免不足。此外，

---

① 师文、陈昌凤：《驯化、人机传播与算法善用：2019 年智能媒体研究》，《新闻界》2020 年第 1 期。

② 喻国明、兰美娜、李玮：《智能化：未来传播模式创新的核心逻辑——兼论"人工智能+媒体"的基本运作范式》，《新闻与写作》2017 年第 3 期。

③ 丁晓蔚、王雪莹：《科技的渗透与融入——大数据、人工智能应用于新闻出版的研究综述》，《西南民族大学学报》（人文社会科学版）2019 年第 7 期。

④ 李钰琪：《关于机器新闻写作的文献综述》，《传播与版权》2018 年第 7 期。

⑤ 唐瑜伟、刘勇峰：《人工智能在新闻传播领域的发展研究综述》，《西部广播电视》2018 年第 5 期。

现有的研究尚无法回答以下问题：该领域的研究脉络是什么？哪些研究机构、哪些学者、哪些期刊是该领域研究的核心力量？形成了哪些研究热点？未来的研究趋势是什么？

为此，为了进一步探究人工智能技术对新闻传播领域影响的研究情况，本文采用文献计量法和内容分析法相结合的方式，对国内该领域研究的发文量、作者、机构等情况梳理，并运用社会网络方法绘制高频词共现网络图以及结合有关重要研究文献对该领域的研究热点和趋势进行分析和预测，希望能够回答本文提出的上述问题。

一 数据来源和研究方法

（一）数据来源

以 CNKI 数据库为数据来源，为了使检索的文献更为全面，经过反复试验，最终选择了"人工智能"、"AI"、"智能媒体"、"智媒体"、"智媒"、"人工智能新闻"和"智能+"为关键词进行检索，勾选"新闻与传媒类"期刊，期刊勾选 CSSCI，不限发表时间，截至 2020 年 5 月 17 日。通过对文章的筛选，剔除会议通知、征稿启事、低相关度的文章，最后选择了 258 篇 CSSCI 期刊文章作为研究样本。

（二）研究方法

采用文献计量法和内容分析法对 258 篇文章进行统计分析，利用描述性统计对文章的核心作者、时空分布、期刊分布进行可视化呈现，通过 citespace 软件对文章关键词的频次进行计算，并绘制高频关键网络聚类图。在此基础上，对人工智能技术在新闻全产业链中应用的研究热点趋势进行分析。

二 研究现状

（一）发文数量

由表 1 可知，(1) 从 2008 年至今，期刊发文量整体呈现逐年增多的趋势，尤其是 2018 年相对 2017 年呈现爆发式增长；(2) 领域研究的第一篇论文是张雷于2008年发表于《当代传播》的《从"地球村"到"地球脑"——智能媒体对生命的融合》，他在文中认为，互联网和人工智能技术会促使人类"进化"，是国内较早对人工智能技术的理论阐释。① 从总发文量和发文时间来看，该领域的研究目前刚刚走过起步阶段，正进入快速发展阶段。

表1　　　　　　　　　发文量统计（2008—2020.5）

	2008	2014	2015	2016	2017	2018	2019	2020.5	总计
期刊论文（篇）	1	1	1	11	21	85	100	38	258
百分比（%）	0.3	0.3	0.3	4.2	8.1	32.9	38.7	14.7	99.5

（二）研究作者

研究样本中发文量最多的是喻国明和陈昌凤（6篇），根据普赖斯定律，计算出发文量2篇以及2篇以上的作者（第一作者）为该领域的核心作者，共有35位学者（第一作者）发文量达到2篇及以上，统计发文量前十的作者见表2。

表2　　　　　统计发文量前十作者一览（第一作者）　　　　单位：年

序号	作者	作者单位	篇数	发文持续时间
1	喻国明	北京师范大学、中国人民大学	6	2017—2019
2	陈昌凤	清华大学	6	2016—2020
3	匡文波	中国人民大学	5	2016—2019
4	彭兰	清华大学	5	2016—2020
5	吕尚斌	武汉大学	4	2016—2019
6	张洪忠	北京师范大学	3	2018—2020
7	仇筠茜	中国传媒大学	3	2018—2019
8	靖鸣	南京师范大学	3	2018—2019
9	张志安	中山大学	3	2017—2019
10	张新新	地质出版社	3	2017—2019

---

① 张雷：《从"地球村"到"地球脑"——智能媒体对生命的融合》，《当代传播》2008年第6期。

由统计可知，（1）以第一作者在 CSSCI 期刊上发文的共计 199 人，其中核心作者 35 人，占作者总数的 17.6%，期刊发文 258 篇，其中核心作者发文 91 篇，占发文总量的 35.3%；（2）发文最多的是喻国明和陈昌凤的 6 篇，其次是匡文波和彭兰的 5 篇，发文量前十的作者除了张新新是地质出版社的业内研究者，其余学者均来自高校；（3）陈昌凤、彭兰清华大学的两位学者发文持续时间最长，均为 5 年（2016—2020）。

（三）研究机构

同理，该领域核心研究机构最低发文量为 4 篇，对期刊发文不少于 4 篇的研究机构进行统计，见表 3。

表 3　　　　　　　　　　核心研究机构

序号	机构名称	篇数	序号	机构名称	篇数
1	清华大学	20	8	中国社会科学院	8
2	中国人民大学	19	9	南京大学	7
3	中国传媒大学	19	10	中山大学	5
4	北京师范大学	13	11	华东师范大学	4
5	武汉大学	11	12	北京邮电大学	4
6	上海交通大学	8	13	上海社会科学院	4
7	暨南大学	8	——		

研究发现，（1）核心研究机构全部为高校和研究机构，说明该领域的研究以学界为主。（2）发文量最多的是清华大学的 20 篇，占到发文总数的 7.8%，中国人民大学、中国传媒大学、北京师范大学、武汉大学的发文量均在 10 篇以上。究其原因，中国人民大学、中国传媒大学、清华大学、上海交通大学、武汉大学、暨南大学、华东师范大学等 7 所高校的新闻传播学一级学科在第四轮学科评估中均进入全国前十，说明该领域研究的层次较高，研究力量加强。（3）该领域的研究以新闻与传播学科排名全国前 10 位的双一流高校为主，且初步形成了以清华大学、中国人民大学、中国传媒大学、北京师范大学北京高校为主的研究重镇。

（四）发文期刊

258 篇发文中发文期刊一共 50 种，由于期刊种类较多，为了突出研究重点，本文只统计了发文量不少于 10 篇（包含 10 篇）的期刊，总共 9 种。

表 4　　　　　　　　主要发文期刊（≥5 篇）　　　　　单位：篇，年

序号	期刊名称	发文量	发文持续时间	期刊类别
1	《新闻与写作》	34	2016—2020	新闻与传播
2	《编辑之友》	23	2014—2020	出版
3	《出版广角》	20	2018—2020	出版
4	《中国出版》	19	2016—2019	出版
5	《现代传播》	17	2017—2020	新闻与传播
6	《电视研究》	13	2017—2019	新闻与传播
7	《新闻界》	11	2017—2020	新闻与传播
8	《当代传播》	10	2008—2020	新闻与传播
9	《传媒》	10	2018—2020	新闻与传播
	总计	157	——	——

由表 4 可知，（1）发文量不少于 10 篇的期刊共 9 种，占到总数的 20%，发文量共计 157 篇，占到发文总量的 60.9%，说明这 9 本期刊是该领域研究的核心阵地；（2）发文量最多的期刊是《新闻与写作》的 34 篇；（3）发文持续时间最长的是《当代传播》，持续时间为 12 年，涵盖了整个研究时段，其次是《编辑之友》的 6 年；（4）发文期刊类别以新闻与传播类和出版类为主。

（五）研究资助基金

统计各类基金资助研究发现，共有 133 篇文章收到研究资助基金，占发文总量的 51.6%，超过半数，各类研究基金资助情况见表 5。

表 5　　　　　　各类研究基金资助情况统计　　　　　　单位：篇

类别 数量	2016	2017	2018	2019	2020（前五个月）	总计
国家级项目	4	3	20	25	14	66
省部级项目	1	3	16	12	7	39
市厅级项目	1	0	1	1	0	3
校级项目	0	1	10	9	3	23
其他	1	0	1	0	0	2
总计	7	7	48	47	24	133

由表 5 可知，（1） 2014—2015 年间该主题的研究未有任何类别的基金进行资助，但从 2016 年起，国家级基金和省部级基金首次对该主题研究进行资助；（2） 2018—2019 年间该主题研究有大约 51.3% 的研究得到有关基金资助，说明各类研究基金对该领域较为重视；（3） 国家级基金和省部级基金对该主题研究的资助占研究总量的 78.9%，说明该领域研究得到国家级和省部级层面基金的重视。

（六）高被引论文

表 6　　　　　　　　　　高被引论文

序号	论文题目	作者	期刊名称	发表时间	被引频次	共引频次
1	《智媒化：未来媒体浪潮——新媒体发展趋势报告（2016）》	彭兰	《国际新闻界》	2016 年 11 月	237	10
2	《智能化：未来传播模式创新的核心逻辑——兼论"人工智能+媒体"的基本运作范式》	喻国明、兰美娜、李玮	《新闻与写作》	2017 年 3 月	116	10
3	《智能化：未来媒体的发展方向》	胡正荣	《现代传播》	2017 年 6 月	72	4
4	《数据新闻：价值与局限》	丁柏铨	《编辑之友》	2014 年 7 月	72	0
5	《算法即权力：算法范式在新闻传播中的权力革命》	喻国明、杨莹莹、闫巧妹	《编辑之友》	2018 年 5 月	69	4
6	《智能时代的新内容革命》	彭兰	《国际新闻界》	2018 年 6 月	64	5
7	《黑箱：人工智能技术与新闻生产格局嬗变》	仇筠茜、陈昌凤	《新闻界》	2018 年 1 月	62	9
8	《更好的新闻业，还是更坏的新闻业？——人工智能时代传媒业的新挑战》	彭兰	《中国出版》	2017 年 12 月	53	0
9	《人工智能与新闻业：技术驱动与价值反思》	张志安、刘杰	《新闻与写作》	2017 年 11 月	52	3
10	《智媒时代的新闻生产：自动化新闻的实践与思考》	许向东、郭萌萌	《国际新闻界》	2017 年 5 月	51	2

学术论文的被引频次是评价其学术价值的重要量化指标，为突出研究重点，本文只统计被引频次前十的期刊论文，10 篇论文共被引 848 次，篇均被引 84.8 次，在 258 篇文献中，这 10 篇论文共被引 47 次，篇均共被引 4.7 次，见表 6。由表 6 可知，彭兰的《智媒化：未来媒体浪潮——新媒体

发展趋势报告（2016）》①被引最多，达到237次，位列前十的文章中，以彭兰为第一作者的文章共3篇，共被引354次，篇均被引118次；以喻国明为第一作者的文章共2篇，共被引185次，篇均被引92.5次，均高于平均被引频次，说明彭兰、喻国明是该领域研究被引用率最多的学者，《国际新闻界》虽然发文较少，但有3篇文章是被引前十。此外，从这10篇高被引论文可以粗略看出该领域的演变逻辑，即从数据新闻（2014）—算法新闻（2017）—智能媒体（2018）的一个发展路径。

三 研究热点

根据弗里曼的中心性理论，通过提取高频关键词构建高频关键词矩阵，采用社会网络分析软件（citespace）绘制高频关键词社会网络图，并对边缘词语进行人工剔除，得到图1。

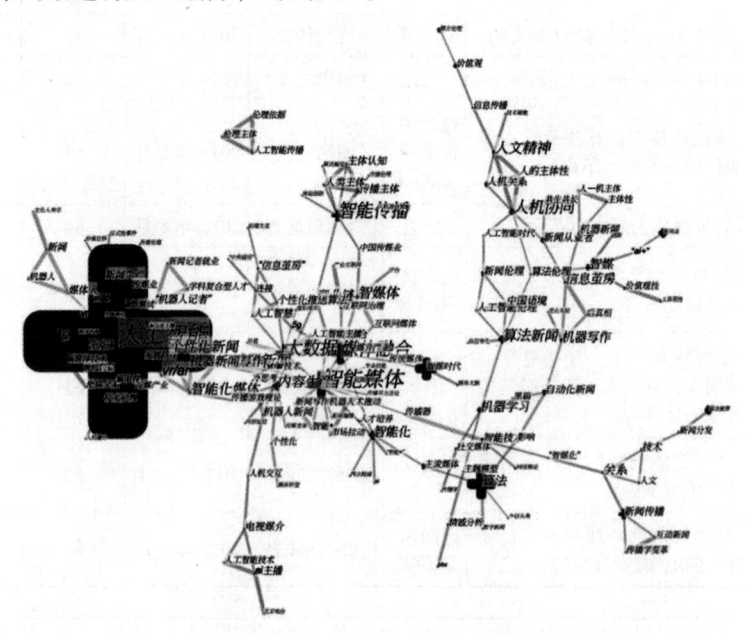

图1 高频关键词社会网络

---

① 彭兰：《智媒化：未来媒体浪潮——新媒体发展趋势报告（2016）》，《国际新闻界》2016年第11期。

由图1可以看出,"人工智能"占据绝对核心地位,"智能媒体""媒体融合""算法"等关键词同样占据关键位置,整体体现了该领域研究以技术为中心的学科知识结构。

绘制高频关键词时序图谱,分析不同年份关键词的研究进展,并将前十的关键词列出,见图2。

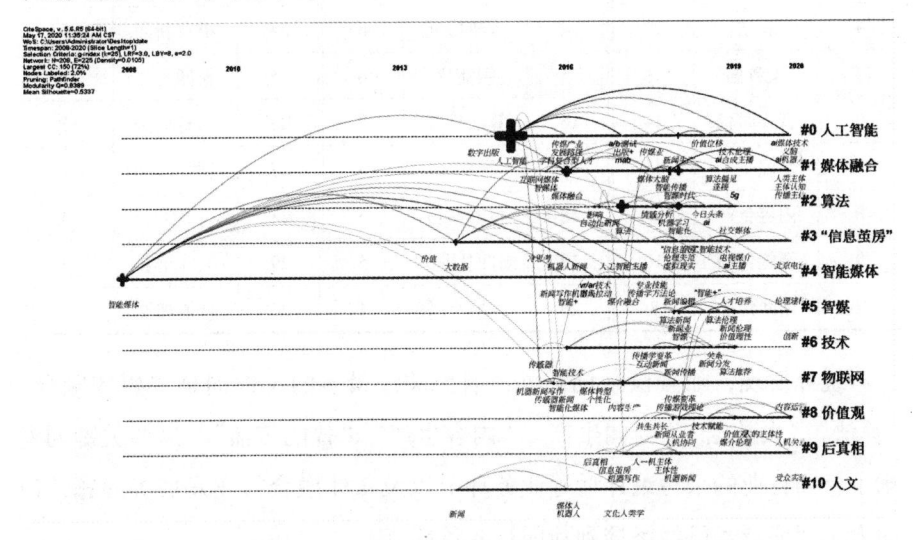

图2 人工智能在新闻领域研究 TOP10 关键词时序图谱

经过关键词分析,人工智能在新闻领域呈现3个凸显节点和集群,第一个节点是2016年以前,这一阶段的关键词是"人文""信息茧房",这一阶段对技术的认识不足,研究主要围绕"技术反思"展开;第二节点为2016—2018年,这一阶段的关键词是"技术""算法""媒体融合"等,研究主要围绕"技术发展"展开;第三节点是2019年至今,这一阶段"人文反思"与"技术发展"两条路径同时展开,研究进一步深化。

对研究样本运用citespace软件进行关键词提取,共得到207个关键词。以关键词词频进行降序排序,抽取40个频率较高的关键词,随后合并意思表述一致的关键词,最终得到30个高频关键词,最低频次为3(见表7)。

表7　　　　　　　　　高频关键词统计

序号	关键词	频次	序号	关键词	频次	序号	关键词	频次
1	人工智能	153	11	新闻业	7	21	智能技术	4
2	智能媒体	24	12	智媒	7	22	机器写作	4
3	媒体融合	21	13	算法新闻	6	23	人文	4
4	算法	20	14	人机协同	6	24	机器新闻	3
5	大数据	16	15	智能化	6	25	新闻写作	3
6	智媒时代	14	16	算法推荐	5	26	信息茧房	3
7	新闻生产	11	17	智媒体	5	27	机器人新闻	3
8	内容生产	10	18	机器学习	5	28	5G	3
9	智能传播	10	19	新闻从业者	5	29	人才培养	3
10	新闻传播	8	20	自动化新闻	4	30	价值理性	3

统计发现，除去检索词汇外，研究关注最多的关键词是"媒体融合""算法""大数据""新闻生产""内容生产""智能传播"。这些关键词囊括了新闻行业的采写编评播等业务环节以及媒体融合行业发展等问题，说明人工智能技术已经渗透到新闻行业各环节。

综上，经过高频关键词社会网络图、关键词时序图谱、关键词词频统计，初步呈现自2008年以来人工智能对新闻传播研究基本面貌，即呈现"人文反思"与"技术发展"两条研究脉络。综合以上分析，中国人工智能对新闻行业影响研究的热点可以归纳如下。

（一）技术应用研究

研究从技术视角出发，关注人工智能技术在行业的应用，这一阶段人工智能技术重塑传媒产业的业务链，[①] 对新闻生产的各个领域和环节带来全方位的变革。从宏观层面看，学者对人工智能技术在新闻出版、广电媒体、融合媒体等领域研究较为丰硕；从微观层面上看，无论是机器人写作、AI主播、算法推送等技术应用，还是个人日报、媒体大脑等融合产

[①] 喻国明、兰美娜、李玮：《智能化：未来传播模式创新的核心逻辑——兼论"人工智能+媒体"的基本运作范式》，《新闻与写作》2017年第3期。

物，都是学界关注的热点。

研究者围绕技术的应用、发展方向和影响三方面进行探讨。技术应用方面，人工智能技术使机器拥有类似于人的意识，致力于让机器变得智能[1]，在媒体的各个领域得到广泛应用，汤雪梅较早提出了 AI 技术在数字出版行业的应用，对机器人写作和精准推送进行分析，并提出行业的盈利模式和服务领域，[2] 但是该研究是基于对国外行业的观察，其本土适应性有待考察。另外学界还重点关注播音主持、受众沟通、机器人内容生产等领域，研究对象也扩展了国内技术应用。技术发展方向方面，是对技术发展趋势的预测，这类研究出现重复性研究，例如 AI 主播的发展，张蓝姗[3]和朱丹青[4]都在总结技术优劣势的基础上提出了提升互动、加强把关、增加深度的发展方向。另外，这类研究还停留在以人文反思为主导的范式上，缺乏对技术的想象力。技术影响方面，研究将更多的关注放在技术对新闻生产的影响，赵鑫[5]认为，人工智能会使得新闻采写速度更快更准、新闻编辑更加自动化和拟人化、用户将参与新闻建构等，这类研究没有涉及媒体人价值、媒介伦理、媒介风险等更深层次的研究，研究方法全部为质化研究。

（二）智能媒体研究

虽然 2017 年是行业公认的"AI 元年"，但国内对于智能媒体研究早已开始。郭全中[6]最早提出了智媒体的概念，即基于移动互联、大数据、虚拟现实、人机交互等新技术，形成了多元化、可持续的商业模式和盈利模式，实现信息与用户需求的智能匹配的媒体形态，这个概念是在原有的全

---

[1] Nils J. Nilsson, "Principle of Artificial Intelligence"，转引自陈昌凤、霍婕《以人为本：人工智能技术在新闻传播领域的应用》，《新闻与写作》2018 年第 8 期。
[2] 汤雪梅：《人工智能与数字出版的创新应用》，《编辑之友》2015 年第 3 期。
[3] 张蓝姗、任雪：《AI 主播在电视媒介中的应用与发展策略》，《中国电视》2019 年第 11 期。
[4] 朱丹青：《智媒时代下 AI 合成主播的发展探讨》，《出版广角》2020 年第 2 期。
[5] 赵鑫、赵盼超：《文化人类学视野下人工智能新闻内容生产再思考》，《中国出版》2017 年第 9 期。
[6] 郭全中：《智媒体的特点及其构建》，《新闻与写作》2016 年第 3 期。

媒体、融媒体、新媒体的概念上扩展而来,并不能适应快速发展的技术媒介形态。因此,有学者提出,智能媒体是媒体融合的未来,① 刘庆振②认为,相比与传统媒体和新媒体的融合,更高级的媒介融合表现为智能媒体。从中央级媒体到地方级媒体,AI技术正在改变媒体融合生态,探索媒体发展的"AI+"的媒体融合之路,成为当前需要我们深思的问题。③ 除了媒体融合,学者还在智能媒体的发展模式、④ 设计思维、⑤ 媒介管理⑥等方面进行研究,全面描画智能媒体轮廓。

但目前的智能媒体发展仍面临巨大挑战。首先是电脑无法替代人脑,人工智能技术发展还处于初级阶段,⑦ 智能媒体的发展并不是一蹴而就,现阶段的新闻生产不能完全交给机器,人的主观作用在智能媒体时代不是被削弱而是增强。张洪忠⑧认为,技术只是对内容生产的迭代,而不是将人替代。其次是存在"旧瓶装新酒"问题,即媒体依旧用传统新闻业的思维来运用人工智能,⑨ 管理思维滞后于技术发展,以对话机器人为例,这种基于AI技术生产内容,在与用户的互动中营造沉浸式场景的信息传播模式,受众既是内容接受者也是生产者,是对传统的媒体与受众的线性传播模式的颠覆,也就无法用传统的新闻思维去管理新

---

① 胡正荣:《传媒业的未来属于智能媒体》,《光明日报》2016年6月18日。
② 刘庆振:《媒介融合新业态:智能媒体时代的媒介产业重构》,《编辑之友》2017年第2期。
③ 沈浩、袁璐:《人工智能:重塑媒体融合新生态》,《现代传播》(中国传媒大学学报)2018年第7期。
④ 许志强:《智能媒体创新发展模式研究》,《中国出版》2016年第12期。
⑤ 李戈、郑旭军:《智能媒体特征分析与设计思维重构》,《中国出版》2018年第2期。
⑥ 卢迪、韩银丽、徐玥:《后移动互联网背景下的智能媒体发展与管理》,《现代传播》(中国传媒大学学报)2018年第5期。
⑦ 陈昌凤、霍婕:《以人为本:人工智能技术在新闻传播领域的应用》,《新闻与写作》2018年第8期。
⑧ 张洪忠、石韦颖、刘力铭:《如何从技术逻辑认识人工智能对传媒业的影响》,《新闻界》2018年第2期。
⑨ 陈昌凤、霍婕:《以人为本:人工智能技术在新闻传播领域的应用》,《新闻与写作》2018年第8期。

技术。最后是平台型媒体何去何从的问题，作为集数据、算法、社交网络、新闻专业编辑于一体的媒体形态，以"今日头条"为代表的平台型媒体成为内容分发的重要渠道，新闻从业人员应该充当"策展人"的角色，需要培养对用户的洞察能力、对数据的分析能力和对新闻的敏锐直觉。①

（三）人文反思研究

技术是一把双刃剑，人工智能技术在给新闻业带来巨大变革的同时，也带来很多新的新闻伦理失范的问题，② 因此，如何规避这些技术带来的新问题，成为人工智能时代必须面对的问题。对于人文反思，最早来源于地球脑学派。他们认为，网络与人工智能的发展已经把"地球村"变成了"地球脑"，人类在趋于融合中面临价值冲突需要"反省"，③ 这种反思仅仅是停留在理论思考层面。随着人工智能技术的发展，学者开始从实践层面对大数据、算法、机器人写作等具体技术进行技术追问，并对人工智能时代的媒介伦理、信息价值观、新闻教育等领域深入探讨，同时不断拓展学科思路，从技术哲学、技术伦理、技术中介等理论视角出发，借鉴法学、哲学、文化学等学科知识丰富技术反思研究，形成了较为完善的研究体系。

目前人文反思主要有三点方向，首先是算法研究，算法作为人工智能的底层技术，其本质还是人为设计，算法设计者会利用"算法知沟"来达成他们的目的，④ 因此算法本身就是一种权力，⑤ 应对在算法黑箱中形成

---

① 王斌、顾天成：《智媒时代新闻从业者的职业角色转型》，《新闻与写作》2019年第4期。

② 靖鸣、娄翠：《人工智能技术在新闻传播中伦理失范的思考》，《出版广角》2018年第1期。

③ 张雷：《从"地球村"到"地球脑"——智能媒体对生命的融合》，《当代传播》2008年第6期。

④ 张超：《新闻生产中的算法风险：成因、类型与对策》，《中国出版》2018年第13期。

⑤ 喻国明、杨莹莹、闫巧妹：《算法即权力：算法范式在新闻传播中的权力革命》，《编辑之友》2018年第5期。

的侵犯版权、① 假消息泛滥、② 算法偏见③等问题，是当下主要研究方向。其次是人工智能时代信息价值观的构建，人工智能技术正在重塑传统的媒体行业，因而无法避免新的价值观的建构。陈昌凤认为，智能时代价值观的研究需要将智能技术放在媒介信息传播的环境下加以考察，进而探讨信息价值观在其中是如何形塑技术，又如何被技术形塑的互动关系和过程。④ 最后是方法论研究，即如何规避技术所带来的伦理失范现象，一种是基于新闻传播规律的思辨性总结，新闻从业者要善用技术，服务受众；新闻机构要树立责任意识，加强舆论引导等。另一种是借鉴法学学科的理论，提出基于法律视角的版权保护、⑤ 监管路径建设⑥等。

四 研究趋势分析

（一）研究的跨学科化

人工智能对新闻行业的影响研究是基于计算机科学、新闻传播学等学科的综合性研究领域，但是目前的研究大都还是基于新闻传播学单一学科，研究视野较为狭隘，难以突破固有研究模式的桎梏，因此，需要进行跨学科研究。近年来，只有少量学者进行跨学科研究，比如，吴小坤⑦基于计算机科学对内容挖掘技术化趋势的研究、张凌寒⑧基于法学对监管路

---

① 王海霞：《人工智能时代算法新闻的版权保护机制研究》，《出版发行研究》2020年第2期。
② 匡文波：《人工智能时代假新闻的"共谋"及其规避路径》，《上海师范大学学报》（哲学社会科学版）2019年第4期。
③ 林爱珺、刘运红：《智能新闻信息分发中的算法偏见与伦理规制》，《新闻大学》2020年第1期。
④ 陈昌凤、虞鑫：《智能时代的信息价值观研究：技术属性、媒介语境与价值范畴》，《编辑之友》2019年第6期。
⑤ 王海霞：《人工智能时代算法新闻的版权保护机制研究》，《出版发行研究》2020年第2期。
⑥ 张凌寒：《风险防范下算法的监管路径研究》，《交大法学》2018年第4期。
⑦ 吴小坤：《计算智能在媒体内容挖掘领域的前沿应用与新趋势》，《南京社会科学》2018年第7期。
⑧ 张凌寒：《风险防范下算法的监管路径研究》，《交大法学》2018年第4期。

径的研究、赵鑫①基于文化人类学对人工智能新闻生产的研究等等。随着研究的深入，研究者已经注意到跨学科研究的重要性。未来研究的跨学科化应该如何发展？笔者认为，第一，需要加强与计算机科学的跨学科研究，从技术路径研究 AI 技术在新闻行业中的发展；第二，加强与法学、社会学等学科的跨学科研究，对 AI 技术对受众的影响，尤其是负面影响的研究；第三，加强与哲学，尤其是科学技术哲学的跨学科研究，加强技术干预下的新闻伦理建设。

（二）量化研究兴起

通过对文献的研究方法进行统计，人工智能对新闻行业的影响研究中质化研究 232 篇，占比超过九成，个案研究 20 篇，混合研究方法 4 篇，量化研究仅 2 篇，是牟怡②和刘茜③对受众对人工智能创作内容的态度进行测量的研究。在中国现代新闻传播学研究中，量化分析文本时有所见，④ 但在人工智能技术发展前期，理论概念比较模糊，难以形成明晰的测量指标，加之新闻传播学科研究者大都出身于文史哲学科，并不擅长量化研究，因而形成了以质化研究为主的研究范式。但随着研究的跨学科化，以计算传播学为代表的新领域拓展，量化研究在智能时代的用户分析、⑤ 传播效果、⑥ 网络舆情⑦等领域中将得到广泛的应用。

---

① 赵鑫、赵盼超：《文化人类学视野下人工智能新闻内容生产再思考》，《中国出版》2017 年第 9 期。

② 牟怡、夏凯、Ekaterina Novozhilova 等：《人工智能创作内容的信息加工与态度认知——基于信息双重加工理论的实验研究》，《新闻大学》2019 年第 8 期。

③ 刘茜：《人工智能机器写作受众态度实验研究》，《西南民族大学学报》（人文社会科学版）2020 年第 3 期。

④ 胡正强：《论中国现代新闻传播学中的量化研究传统》，《国际新闻界》2010 年第 3 期。

⑤ 周葆华：《算法推荐类 APP 的使用及其影响——基于全国受众调查的实证分析》，《新闻记者》2019 年第 12 期。

⑥ 喻国明、王文轩、冯菲：《智能传播时代合成语音传播的效应测试——以语速为变量的效果测定》，《当代传播》2020 年第 1 期。

⑦ 罗平、武斌：《基于人工智能的网络舆情大数据传播特征挖掘系统》，《现代电子技术》2020 年第 4 期。

（三）技术驱动下理论边界拓展

人工智能对新闻行业的影响研究兴起较晚，前期研究中存在大量思辨研究和经验总结，面对不断发展的媒介技术，传统的研究经验需要重新思考其适用性，[①] 学界开始更多地关注经典理论在智能时代的变化，例如传播学的把关理论[②]和媒介场景理论[③]社会学的场域理论[④]等。另外也有学者提出新的理论分析框架，[⑤] 理论研究已经进入多元主义，但目前还存在研究完全根植于西方理论、学理探讨较少、理论创新不足等问题，随着人工智能技术的发展，受众的交流行为发生了更多变化，基于科技人类学范式的社会建构主义微观研究将成为重要研究方向，[⑥] 同时，也要加强本土化智能新闻传播理论创新，增加学理探讨、做扎根理论研究。

（四）超越技术的想象

在科幻电影中，将人工智能技术作为"超他者"，展开大胆想象，予以生动描绘，[⑦] 电影的想象超越技术的发展。随着5G、混合现实、类人机器人等新技术的应用，技术带给人类无限的想象，技术的创新也需要研究的想象力，这种想象力来源于受众和业内的需求驱动，也来源于研究的创新，未来的研究需要突破现有的技术研究范式，展开对新语境、新范式的想象，特别是对本土化特色研究规律的总结和模式的创新。同时，增加中

[①] 王昀：《新媒介研究拐点：人工智能时代传播学的现貌与反思》，《编辑之友》2018年第2期。

[②] 罗昕、肖恬：《范式转型：算法时代把关理论的结构性考察》，《新闻界》2019年第3期。

[③] 国秋华、余蕾：《消失与重构：智能化新闻生产的场景叙事》，《中国编辑》2020年第4期。

[④] 高慧敏、殷乐：《智媒时代新闻场域身体"在场"与"离场"问题考——基于智能化新闻实践的考察》，《西安交通大学学报》（社会科学版）2020年第2期。

[⑤] 白红义：《当新闻业遇上人工智能：一个"劳动—知识—权威"的分析框架》，《中国出版》2018年第19期。

[⑥] 吴舫、崔迪：《智能媒体时代的传播学研究：元问题与方法论》，《出版发行研究》2018年第2期。

[⑦] 黄鸣奋：《超他者：中国电影里的人工智能想象》，《江西师范大学学报》（哲学社会科学版）2019年第4期。

外对比研究,为人工智能技术如何更好地助推中国新闻行业发展转型展开想象。

五　结论

当前国内人工智能对新闻行业的影响已形成多视角、多范式并存的研究现状,国内知名新闻学院的知名新闻学者成为该领域研究的引领者,同时国家级和省部级科研基金对该领域的资助数量逐年增多,呈现出"技术发展研究"、"智能媒体研究"和"人文反思"三个研究热点。但总体来看,该领域现有的研究存在明显的不足,如研究平台方面,新闻与传播领域的权威期刊刊文量极少、国家级重大基金资助量极少;研究方法上,既有研究多以思辨研究和实践案例分析为主;研究学科上,多以新闻与传播为主,跨学科研究较为缺乏等。因此,目前该领域的研究已走过启蒙阶段进入发展阶段,越来越多的业界和学界人士开始关注,预计未来的研究将进入快车道。一方面,把握人工智能对助推新闻行业融合发展的现实意义,进一步拓展研究主题,深度挖掘新闻业务链各环节与人工智能技术融合的问题,如机器新闻与用户阅读行为、虚假新闻治理、机器新闻与用户情感等。另一方面,积极推进具有中国特色的新闻理论研究与智慧媒体实践研究的紧密结合,特别是在一些新理念、新做法和新业态的基础上,进一步提高理论研究的水平,坚持科学精神对话经典理论,重视规范化的研究。

作者:孟令晋,贵州民族大学传媒学院硕士研究生。

本文为 2019 年 11 月"智能时代的信息价值观研究高层论坛"的投稿论文。论坛由清华大学新闻与传播学院、国家社科基金重大课题"智能时代的信息价值观引领研究"课题组等联合主办。

智能理论篇

哲学视野中的人工智能:语言的视角

克利福德·G. 克里斯琴斯

【编者按语】

克利福德·G. 克里斯琴斯教授是享誉世界的著名媒介伦理学专家、传播学者,是当代世界主流媒介伦理学学术体系的主要建构者。克里斯琴斯现为伊利诺伊大学厄巴那-香槟分校(University of Illinois at Urbana-Champaign)传播研究中心、媒介与电影研究中心与新闻研究中心特聘教授,他是继詹姆斯·W. 凯瑞(James W. Carey)之后伊利诺伊大学传播学研究所的第4任主任(首任主任为威尔伯·施拉姆),对传播学教育与研究有杰出贡献,他的学术视野广阔,数十年来从事传播学与媒介伦理学的研究,著作颇丰。他的主要学术著作包括《大众传播的责任》(Responsibility in Mass Communication, 1980)、《媒介伦理与教会》(Media Ethics and Church, 1981)、《媒介伦理:案例与道德推理》(Media Ethics: Cases and Moral Reasoning, 1983)、《传播伦理和普世价值》(Communication Ethics and Universal Values, 1997)、《批判文化研究的关键概念》(Key Concepts in Critical Cultural Studies, 2010)、《公共传播伦理》(Ethics for Public Communication, 2012)、《多元文化世界中的传播理论》(Communication Theories in a Multicultural World, 2014)、《数字时代的媒体伦理与全球正义》(Media Ethics and Global Justice in the Digital Age, 2019)等有重要影响的著作,其中《媒介伦理:案例与道德推理》是迄今全球运用最广泛的媒介伦理学教材之一，目前该书已经更新至第十版，并被翻译为数十种语言，包括两个中文译本。

克里斯琴斯教授热心于推动世界范围内的学术交流与对话。他于 2010 年 8 月首次到访中国，参加清华大学新闻与传播学院、联合国教科文组织、牛津大学媒介政策与法律研究中心和美中教育基金会等联合举办的"媒介伦理与法治理论与实践高端论坛"，此后他应清华大学、武汉大学、北京外国语大学等多所大学之邀每年来中国参加学术活动。以他为主要发起人开创的全球媒介伦理圆桌会议（Roundtable in Global Media Ethics）曾在南非、阿联酋、印度等国举办，2014 年该圆桌会议来到中国，由清华大学举办，他与核心成员悉数出席。2017 年克里斯琴斯教授被中国新闻史学会（中国新闻与传播学界唯一国家级学会）聘为顾问委员会委员，2018 年在中国新闻史学会学术年会发表主旨演讲。

这篇文章是克里斯琴斯教授 2019 年 11 月 18 日在清华大学参加"智能时代的信息价值观研究高层论坛"发表的主旨演讲。论坛由清华大学新闻与传播学院、国家社科基金重大课题"智能时代的信息价值观引领研究"课题组等联合主办，来自新闻传播学、哲学/伦理学、心理学、计算机科学、艺术学、社会学、管理学等不同学科领域的 50 余名中外专家学者参加了这次论坛。

对于人工智能新时代的传播理论与实践而言，保持人的独特性是首要问题。我提出了一个论点，即由于使用错误的语言理论，基于计算机智能的生产者和研究人员降低了我们的人性。如今基本的信息网络传播观将道德决策定义为与人类存在无关的概念。在这次关于智能时代媒体伦理的研讨会上，我提出一种语言哲学的视角，以评估人工智能（AI）对人类的影响，尤其是对道德行动能力的影响。我试图论证，一种基于符号语言的人文主义哲学将为基于计算机的智能及其引发的存在论问题提供可供选择的另一种途径。从哲学诠释学的大量文献中（Gadamer, 2008），我总结出，关于基于计算机的传播本质，存在两个截然对立的传统：语言理性主义是一种未经批判的预设观点，我提出符号语言哲学作为它的替代。

语言理性主义是西方语言理论的主流范式。对于它的创立者勒内·笛卡儿（Rene Descartes）来说，自我是分离的个体。主体首先是一个心灵，"一个能够处理表象的内部空间"（Taylor，1995）。笛卡儿的《第一哲学沉思集Ⅱ》（*Meditations* Ⅱ，1641）主张客观和中立的真实性。在他的《方法论》（1637）的数理逻辑中，真正的知识是无语境的抽象，并基本预设了事实和价值的分离。在这种语言的数学版本中，技术是信号的功能性发送器。重点是硬件和软件。

这种认为信息技术是中立的观点假定了主客体的二元论。技术被视为可以被控制主体积极或消极使用的人工物。例如，在香农（Shannon）和韦弗（Weaver）的《通信的数学理论》（*Mathematical Theory of Communication*，1949）中，通信所传输的数据是中性的想法被认为是不证自明的。它为发明媒体技术，并提高从电话线到光基光纤的工程能力提供了理论基础。这种中立模式认为，我们只需要消除有缺陷的部分或适当地平衡政治和经济力量就足够了。

对于20世纪的西方来说，语言理性主义的传统普遍地创立了电子传播，并特别地创立了网络传播。一个突出的例子就是，正是受益于并应用了笛卡儿的语言数学理论，麻省理工学院数学教授诺伯特·维纳（Norbert Wiener）天才般地发明了控制论。

在维纳（Wiener）的《控制论》（1948）中，他的语言理性主义通过数学方法将有机的、液压的和电子的物理状态都综合化为具有连续电流的电路轴来指导技术企业。在他的公式中，电子技术遵循热力学第二定律。在将信息定义为熵的负对数时，维纳指出，信息可以发出命令、进行控制、提出需求，并进行规定。在六年后的《人有人的用处》（1954）一书中，维纳对其理论中信息的命令控制特征威胁人的独特性感到担忧。尽管这种忧虑与他的理论本身背道而驰，但他必须为人类坚持独立的主体性。

维纳的控制论所代表的基本的语言哲学，以其内在的系统逻辑，迫使维纳必须诉诸不同的理由进行论证，由此认识到控制论的根本局限性。结果是，维纳允许语言理性主义的传统，继续其错误的事实价值二分法，主体的自主性在其中成了工程模型和科学探究的基础。他坚持认为技术是与价值相分离的无意识的工具的概念。他没有排斥这种技术中立主义，因此，他的《人有人的用处》并没有为永恒价值提出解决办法。

我提出的符号语言哲学避免了维纳的语言理性主义中的控制难题和事实价值二元论。人类生存的互动世界是准则性的，而不是维纳在其《人有人的用处》中所宣称的理性选择的个人主义的。维纳的控制论将人类置于一种矛盾的境地，即人类创造一个世界，而这个世界却谴责它的创造者在控制它方面的诸多不足。人类由于自身在存在论上的缺陷而创造了技术机制。罗伯特·梅加（Robert Mejia, 2012）用神话中的邪恶孪生概念来描述维纳控制论中受控的因此也是人造的自我的生成。一个邪恶孪生的"原力副身"（Doppelgänger，德语，副本的意思）的可能性意味着初始主体协助了其自身的死亡。他们首先上传自己的智力架构，然后对一个完成了的"原力副身"赋予更强能力。就这样，人类通过创造他们所需而将自己废弃了。

第一位研究计算机智能的权威专家，约瑟夫·魏森鲍姆（Joseph Weizenbaum, 1976），曾对将情感和智慧等非数学因素从计算机智能中排除出去持矛盾态度（Spence, 2011）。然而，考虑到控制论理论的数学特性之后，他们对控制和人类判断的担忧都消失了。

我提出的符号语言哲学既避免了控制难题，也避免了"原力副身"的悖论。作为道德主体的人类是准则性的，而不是基于笛卡儿传统的理性选择的个人主义的。

牛津大学哲学家卢西亚诺·弗洛里迪（Luciano Floridi）从语言理性主义的角度对当今的数字技术进行了多层次的描述。他在 2011 年发表的《信息哲学》从数学逻辑的角度对诺伯特·维纳所奠基的信息技术进行论证，并进一步发展了波特兰·罗素和阿弗烈·诺夫·怀特海合著的《数学原理》（1910—1913）中的理性构想。弗洛里迪将信息革命界定为对人类在宇宙中位置的根本性重估。正如弗洛里迪所说，自弗洛伊德开始，人类就把自己视为超越的思考者。"我们把自己置于信息圈的中心，没有任何其他地球生物能与之匹敌。"（Floridi, 2014）然而，这种对人类的不可或缺的独特性的宣称已不再可信。毋宁说，人类只是被网络化进一个信息环境中（信息圈）的信息实体（信息体），在其中，人类的自然和人工代理彼此共享。数字革命让人类物种在宇宙中的角色发生了革命性的转变。在弗洛里迪《信息哲学》的总体框架中，我们对智能时代现实的理解从物质转向信息。

在弗洛里迪对当今数字世界的信息体—信息圈特征的描述中，人类的自我被赋予了一种信息化解释（Floridi, 2013）。尽管弗洛里迪的哲学探讨了理性的实存性，不过，批评人士反对他将技术决定论作为信息圈中的信息体的理论基础，这是正确的。弗洛里迪将信息体定义为与信息能量装置相连的数据处理实体，这反映了语言理性主义范式的心身二元论。从不同的角度来说，技术化的身体都从属于心灵的认知投射。历史上关于人类能动性的理论引发了围绕心智动因和身体反应之间关系的复杂争论，弗洛里迪关于信息圈中的信息体的思想并不需要对所有争论做出解释。但是，如果（像弗洛里迪这样）在社会科学和自然科学中将心身二元论不加丝毫辨别地放在主导地位，导致主要的心灵和次要的身体之间的对立未经批判地持续下去，这就限制了弗洛里迪在计算机智能时代对基本问题的影响。

自摩尔（G. E. Moore）1903年的一个多世纪以来，人们一直认为从"是"中推导出"应该"是一种谬误。是与应当、手段与目的，代表两个不同的领域，把它们混为一谈在逻辑上是错误的。弗洛里迪关于信息圈中的信息体的语言理性主义传统，实际上通过否认它来消除这种谬误。但是在界定"是与应该"的区别时，这种实证主义遭遇了一个难题。就其自身而言也是由交流构成的人类，在逻辑上如何可能完全解释他们被赋予解释能力的过程？这是一个穿着新衣服的古老悖论：一个没有非理论领域的理论怎么可能容纳其自身？因此，在弗洛里迪的信息哲学里，其所否定的内容是准确的，而其肯定的内容却是错误的。[①]

关于基于计算机的智能，大卫·冈克尔（David Gunkel）的《机器问

[①] 这是克里斯琴斯教授对弗洛里迪的实证主义的批评。由于没有进一步的解释，试作如下思考：应该与哥德尔不完备定理（Godel incompleteness theorem，即每个数学逻辑系统总有一些语句在其自身内永远无法被证明，因而在逻辑上是不完备）有关系，这是逻辑实证主义（logical positivism）被批判诟病的不足之处。校译者李凌注。

题》（The Machine Question Gritical Perspectives on AI，2012）是迄今为止对基本问题很有影响力的研究。语言理性主义，也就是冈克尔所说的工具主义，是贯穿始终的中心问题。智能机器和机器人具有有机的特性，以确保智慧机器的道德性或其反面是一个有意义的问题。人工智能使得机器能够从经验中学习，适应新的输入，并执行类似人类的任务。通过这样做，人工智能给算法模型一个新的数量级，但是在他们的操作排序中，计算却遵循数学逻辑。算法按照海德格尔（Heidegger，1962）所谓可订造之物的订造，列举了一组难题是如何被解决的。算法遵循准确的形式化语言，可以用于计算功能、处理数据，但不能用于促进美好生活或生活目标感。为了增强技术性，道德承诺和伦理目标都被牺牲了。

在强人工智能（Artificial General Intelligence，AGI）的技术化中介中，无须对人类信号进行任何刻意的处理，工具性符号就占据了用户和生产者的位置。技术化中介的整齐划一随着技术的操作而完成，使得他们所处的环境对其他机器更具操作性。来自人类世界的扰动包含了很多重复模式，这些模式被视为需要提取和补偿的原材料，如此一来，它们就能为机器间的通信提供交换价值。强人工智能（AGI）技术能够为了互操作而自主地改变自身参数，以响应外部源的影子动态。在联网过程中，机器系统所遵循的规则可以被改变，但只在机器对机器的干预方面才这样做。

总之，从笛卡儿到维纳和弗洛里迪，再到基于计算机的智能，语言理性主义主导了数学模型。但其在认知上的缺陷和还原论，迫使我们必须运用另一种语言理论来理解智能时代。我现在所提出的符号语言哲学，反对事实与价值的二元对立（fact-value dichotomy），反对技术决定论（technological determinism）的预设，反对心身二元论（mind-body dualism）的持续存在，反对将人工语言和自然语言混为一谈，反对其漫无目的的工具性手段。我认为人文主义的语言哲学将呼唤智能时代传播伦理的到来，用以驳斥那些关于什么才是对人类有意义的东西的误导。

语言哲学的另一个传统，也就是恩斯特·卡西尔（Ernst Cassirer，1960）称为"人文主义的逻辑"（The Logic of the Humanities）所描述的那样，从不同的角度来推动智能时代。语言之所以富有意义，是因为人类生活于共同的语言世界中，而不是因为个体理性言语行为的聚集才创造了这个世界。语言系统并不仅是中性数据的组合，而是被规范引领的，当人类的存在被理解成主体间的特征时，处于关系之中的主体就必然蕴含道德义务。让我们意识到自己是屹立世间的独特实体，也是源自我们的语言关系，通过这种语言关系，使得我们成为一个属于"智人"的独特物种。人类的概念框架并不会显现出个体理性的价值，而是反映了人类生活的价值，这些价值是由如今正生活着的存在者以及历史上继续存在于艺术、音乐、文学和哲学中的文明所构成的。而人类作为创造符号物种的内在价值正是人类的立身之本。正如保罗·利科（Paul Ricoeur, 2005）所言，将人类紧密联系在一起的统一性是对认同和尊重的共同追求。

对于苏珊·朗格（Suzanne Langer）来说，在她基于语言即符号进行理论建构的《哲学新解》一书中，符号化被认为是人类心智的核心属性，符号的转化是人类物种的独特特征。通过多元互动的语言，人类能够在物种广度的文化创造活动中去重构特定的信息。在符号语言的范式中，不是语言和人类的截然二分，而是两者相互依存。在《情感与形式》（Feeling and Form, 1953）一书中，朗格分析了叙事以及绘画、雕塑、建筑、音乐、舞蹈、小说、戏剧和电影的符号结构和功能，发现这些交际形式中的意义实际上来源于人类自己创造的神话和隐喻的诠释语境。朗格主张，语言的对话特性将一个新的问题置于人类探究的中心：符号表征的特点是什么？它的各种转换是如何在人类生活中发挥作用的？

人文主义语言哲学在认识到人机学术研究在各个层面拥有重要性的同时，将聚焦于人类理解中所存在的问题和矛盾。因此，与笛卡儿、维纳、弗洛里迪，以及人工智能将技术视为中立的观念相对比，我们将技术视为一个文化过程，在其进程中人类的存在要么被增强，要么被削弱。互联网时代的媒体技术，则被当作具体制度、历史和文化背景下的符号系统来进行分析。

人文主义语言哲学指引我们应该对媒介中立的传播理论提出质疑，而不仅仅是重新设计它的某些功能。我们的工作将理智地从人类生活世界和人的生活重新开始，而不是以机器为主并且从它的术语来定义人性。就像汉斯·格奥尔格·伽达默尔（Hans Georg Gadamer, 1989）在他的著作《真理与方法》中所阐述的那样，语言是人类用以揭示其人性基本状况的原初能力。因此，自然语言，而不是数学逻辑的人工语言，才是人类理解的模式。

尽管主宰连接与分离问题的语言理性主义模式是西方化的，但是语言是一种符号互动的定义却指向了人类作为一个整体的自然能力。语言作为一种符号系统，蕴含意义和意义性。人类除了有生存的需要，还有对人际交往中意义性的需要（Cassirer, 1953—1957, 1966）。我们通过解释我们生活的世界所呈现出来的符号意义来理解我们自身，以及我们的自然栖居地。这种意义解释所指向的问题和结论，与语言理性主义截然不同。

从语言是一种符号系统的方面来理解数字网络，智能时代对传播学的研究则要求用多媒体的多元性，来取代计算机信息对知识的垄断性。

南茜·弗雷泽（Nancy Fraser, 1992, 1997）提出了退避空间（location of withdrawal）的观点，认为反公共性是有助于解放的。在这些"诠释社群"（interpretive communities, Benson, 2014; Zelizer, 1993）中，社会群体对那些被社会政治精英忽视或置之不理的问题发展出一种判断能力（Benson, 2014; Zelizer, 1993）。克莱门西亚·罗德里格斯（Clemencia Rodriguez, 2001, 2011）通过研究地方运动，发现他们具有一种自下而上的叙事方式，用以抵制主流话语。这意味着，在这个时代，我们需要重建因智能机器的价值处于霸权而萎缩的中介形式。在这些"诠释社群"之中，智能时代的伦理学便宣告完成。这也是索尔·阿林斯基（Saul Alinski, 1971）关于人民运动的学术变种。

在强人工智能之中，机器可以智能地推理、学习和行动，由此引发的基本问题，绝大多数能够在"诠释社群"之中通过使用符号语言得以充分解决。当我们为智能时代构建媒介伦理时，这些基本问题包括：

——具有学习能力的机器并不具备与人类相同的道德行动能力，但从某些合法性或正当性来考虑，它们是否应该承担责任呢？

——在道德关怀的情境中，机器在什么程度上能够被视为另一个他者，并因此获得应该被尊重的正当权利？

——强人工智能对公平正义、共同利益和文化资本的重新定义是否正当？

——在将人类作为节点接入基于计算机的学习机器的神经网络连接中，我们传输的只是数据还是意识本身？

语言理性主义范式太过于初级，以至于没有办法提出正确的问题。基于这个视角的分析，只有将基于计算机的学习机器简化为事实——价值类型学的中性工具，才能取得进展。例如，弗洛里迪的《信息伦理学》(Ethics of Information) 中就包含了四条道德法则，如："信息福利应该通过扩大（信息量）、提高（信息质量）、丰富（信息种类）信息圈的方式促进。"我认为这是一种不能引起任何智慧兴趣的极简的功利主义。

在海德格尔《诗歌、语言、思想》(Poetry, Language, Thought, 1971) 一书中，艺术开辟了言说存在的新方式。海德格尔对符号、艺术和诗歌的研究，指引他寄期望于艺术家能有一个富有意义的生活栖居地。这种符号语言的反公共性的栖居，扩大了人存在的视野，这样我们就能以不同的方式看待世界，深化我们的人性（海德格尔，1977）。存在的奥秘藏在由艺术语言构成的诠释社群之中，而不在机器对机器无所不在的计算网络之中，符号语言哲学丰富了智能时代人类的存在，语言理性主义则将人类存在占为己有。符号领域的预设，自然语言的赋予，都是人类繁荣得以实现的条件。

汉娜·阿伦特（Hannah Arendt）在其著作《人的条件》(1998) 中提出的前政治的公共关系，与维纳和弗洛里迪基于计算机智能的理论形成了对比。阿伦特所言的"积极生活"(vita activa) 就是那种物种为了保持生存而过的生物生活。人类生而投入"积极生活"，并主要通过口耳交流而处于这种生活的支配之中，至死方休。"积极生活"是人理所当然的条件。在所有人都能得到应有尊重的群体里，也就满足了人际关系领域多元平等的必要条件。阿伦特关于人的存在的思想反映出一种人文主义的语言哲学，与语言理性主义范式的个人主义形成对比。

对在其中道德行动能力至关重要的多媒体"诠释社群"而言，它以人文科学为基础并通过文学、艺术、音乐、哲学和人文社会科学来明确发展智能时代的人类议题。就像我们正在进行这样的学术会议，以及我们的教室也可以成为教授和学习符号语言世界观的替代场所。

翻译：陈威霖、张程喆

校译：李凌

参考文献：

Alinsky, Saul D. (1971), *Rules for Radicals*, New York: Random House.

Arendt, Hannah (1998), *The Human Condition*, 2nd ed. Chicago: University of Chicago Press, Original publication, 1958.

Benson, Rodney (2014), "Shaping the Public Sphere: Habermas and Beyond", *The American Sociologist*, 40 (3): 175 – 197.

Cassirer, Ernst (1953—1957, 1966), *The Philosophy of Symbolic Forms* (4 vols.), Trans. R. Manheim & J. M. Krois, New Haven, CT: Yale University Press, Original publication, 1923—1929.

Cassirer, Ernst (1960), *The Logic of the Humanities*, Trans. C. S. Howe, New Haven, CT: Yale University Press.

Descartes, René (1938), *Discourse on Method*, Chicago: Open Court Publishing, Original Work Published, 1637.

Descartes, René (1993), *Meditations on First Philosophy: Second Meditations* (S. Tweyman, Ed.), London: Routledge, Original Work Published, 1641.

Floridi, Luciano (2011), *The Philosophy of Information*, Oxford, UK: Oxford University Press.

Floridi, Luciano (2013), *The Ethics of Information*, Oxford, UK: Oxford University Press.

Floridi, Luciano (2014), *The Fourth Revolution: How the Infosphere is Reshaping Human Reality*, Oxford, UK: Oxford University Press.

Fraser, Nancy (1992), "Rethinking the Public Sphere: A Contribution to the Critique of Actually Existing Democracy", In C. Calhoun, ed., *Habermas and the Public Sphere*, Cambridge, MA: MIT Press.

Fraser, Nancy (1997), *Justus Interruptus*, New York: Routledge.

Gadamer, Hans-Georg (1989), *Truth and Method* [*Wahrheit und methode*: *Grunzuge Einer Philosophischen Hermeneutic*] (2nd ed.), Trans. J. Weinsheimer & D. G. Marshall, New York: Seabury Press, Original work published, 1978.

Gadamer, Hans-Georg (2008), *Philosophical Hermeneutics*, Trans. D. E. Linge, Berkeley: University of California Press, Original work published, 1978.

Gunkel, David (2012), *The Machine Question*: *Critical Perspectives on AI, Robots and Ethics*, Cambridge, MA: MIT Press.

Heidegger, Martin (1962), *Being and Time* [*Sein und Zeit*], Trans. John Macquarrie & Edward Robinson, New York: Harper & Row, Original publication, 1927.

Heidegger, Martin (1971), *Poetry, Language, Thought*, Trans. A. Hofstadter, New York: Harper & Row.

Heidegger, Martin (1977), "Building Dwelling Being", in his *Basic Writings*, Trans. D. F. Krell, pp. 319 – 339. New York: Harper & Row.

Langer, Suzanne (1942), *Philosophy in a New Key*: *A Study in the Symbolism of Reason, Rite, and Art*, Cambridge, MA: Harvard University Press.

Langer, Suzanne (1953), *Feeling and Form*, New York: Scribner's.

Mejia, Robert (2012), "Posthuman, Postrights?", *Explorations in Media Ecology*, 11 (1): 27 – 44.

Moore, George Edward (1903), *Principia Ethica*, Cambridge, UK: Cambridge University Press.

Ricoeur, Paul (2005), *The Course of Recognition*, Trans. D. Pellauer. Cambridge, MA: Harvard University Press.

Rodriguez, Clemencia (2001), *Fissures in the Public Sphere*: *An International Study of Citizen's Media*, Cresskill, NJ: Hampton.

Rodriguez, Clemencia (2011), *Media Against Armed Conflict*: *Disrupting Violence in Colombia*, Minneapolis: University of Minnesota Press.

Russell, Bertrand, and Whitehead, Alfred North (1910—1913), *Principia Mathematica* (3 vols.), London: Cambridge University Press.

Shannon, Claude, & Weaver, Warren (1949), *Mathematical Theory of Communication*, Urbana: University of Illinois Press.

Spence, Edward H. (2011), "Information, Knowledge and Wisdom: Groundwork for the

Normative Evaluation of Digital Information and Its Relation to the Good Life", *Ethics and Inforamtion Technology*, 13 (3): 261 – 275.

Taylor, Charles (1995), "The Dialogical Self", In R. Goodman & W. Fisher (Eds.), *Reflections Across the Disciplines* (pp. 57 – 66), Albany, NY: State University of New York Press.

Weizenbaum, Joseph (1976), *Computer Power and Human Reason*, San Francisco: W. H. Freeman.

Wiener, Norbert (1948), *Cybernetics or Control and Communication in the Animal and Machine*, New York: Wiley and Sons.

Wiener, Norbert (1954), *Human Use of Human Beings: Cybernetics and Society*, 2nd edition, Garden City, NY: Doubleday Anchor.

Zelizer, Barbie (1993), "Journalists As Interpretive Communities", *Critical Studies in Media Communication*, 10 (3): 219 – 237.

人工智能与人的存在发展

——基于休伯特·德雷福斯技术现代性思想的考察

杨晓东

【摘要】 美国哲学家休伯特·德雷福斯在他的著作《炼金术与人工智能》中展开讨论了当代人工智能发展引发的社会问题，以及现代性表征问题。在当下高速发展的技术时代背景之下，讨论机器能否全方位操控并代替人类生活的问题持续升温却没有统一的看法。然而"工具理性"与"技术现代性"是法兰克福学派乃至整个马克思主义思潮中的核心议题，由此我们有必要从马克思主义哲学的角度去分析人工智能的极限与未来导向。休伯特·德雷福斯从技术现代性视域分析人工智能、考察表征现象、解答现代性的合理化问题，他指明了未来哲学与具体科学技术研究进行交互的方向。然而辩证地来说，休伯特·德雷福斯对现象学的解读并不是没有缺陷的，这主要表现在他对意识现象学和表征问题的低估上。总而言之，人工智能的未来不应该是取代人类，而应该是人机共生。

【关键词】 人工智能；现代性；合理化；马克思主义

休伯特·德雷福斯（Hubert L. Dreyfus, 1929—2017，以下简称德雷福斯）在1972年出版了一本有争议的书《计算机不能做什么》。首先，德雷福斯不仅质疑了迄今为止人机竞赛的研发成果，还批评了人工智能的概念性假设，"人"和"机"之间的比拼是毫无意义的，我们应当尊重机器对世界和生活的改变,智能化机器是由人类创造,但人类达不到智能化机器的分析计算能力。其次,德雷福斯澄清了一个问题:机器代替和分担了人的体力,但不需要完全按照人的智力与体力去做事情,机器去做人类做不到的事情,这些论点非常具有研究价值和现实意义,这些问题的批判符合当下时代发展的需求。

他对萨特的存在主义现象学和随后的辩证哲学的批判评论和近代思想的影响的消亡问题发挥了重要作用。接下来的部分我们将着重从德雷福斯的视角来探讨当代人工智能的技术伦理问题,再从马克思主义哲学层面论述他的思想是否具有合理性以及综合评析这一社会问题。

一　从技术现代性层面看人工智能

德雷福斯对人工智能的批判与他对人工智能研究的两个主要批判性假设有关。这两个假设是他所说的"认识论"假设和"心理学"假设。认识论上的假设是,大脑与计算机硬件类似,而大脑与计算机软件却无法比拟,而智能技术是否会带给人思维惰性、导致人思维退化的可能性,而这种消极的可能性根源在于人类对机器的认识上。心理学的假设是,大脑通过离散的表示或符号来执行离散的计算,主要以算法规则的形式识别人类心理活动。智能化技术走进人类生活出现人类不可控的局面,反而反作用于人类,成为人类生活的阻碍。我们从技术伦理角度来分析这两种假设的理论逻辑,首先围绕人类对机器的依赖关系展开讨论,其次展开讨论生命的物体与非生命的物体的活动关系。

从思想的合理性来看,其一,"认识论"假设主要围绕人类与机器之间的依赖关系来展开,人力求工具带给人便捷的生活,这种"依赖"是有的,但是否会成为绝对化依赖?其二,"心理学"假设是基于论证生命物体与仿生非生命物体是否具有独立思维意志的问题,然后讨论人类对事物表象性意志的理解以及人类思维与机器思维之间的交互关系。德雷福斯认为,"心理学"假设的合理性在于认识论和本体论假设。认识论的假设是,生命的物体与非生命的物体的所有活动都已预测规则或数学形式化。本体论假设是，现实完全由一组相互独立的原子、不可分割的事实组成，所有的人类的知识和活动完全是由现实的内部表象所构成的。德雷福斯"心理学"假设的论点来自现象学和解释学的传统。他认为海德格尔存在主义哲学倡导存在与认知主义观点相反（人工智能是基于此观点），人类的存在事实上是在现象学维度上内外统一的。德雷福斯并没有否认我们可以选择将人类或任何活动看作"法律治理"的，就像我们可以选择将现实看成不可分割的原子的事实，法律规则是无法触及生活世界的技术伦理问题。如果我们的愿望是想在工具理性和技术伦理间有一个巨大的飞跃，那么我们就需要用生活世界的技术伦理这种方式看待事物。我们主观上不愿意任由技术成为人类不可控的局面出现。事实上，德雷福斯认为，任何假设它们的研究项目将很快陷入深奥的理论和实践问题。因此，目前人工智能领域滥用出现伦理道德问题和人道主义问题，那么人们的努力注定要失败。在这两个假设的基础上得知认知是内部规则对内部符号的操纵，因此，在很大程度上，人类行为是自由的语境主义。因此，真正的科学心理学是有可能的，它将详细描述人类心灵的"内部"规则，就像物理定律详细描述物理世界的"外在"法则一样。这是德雷福斯所论证的关键性假设。换句话说，他认为，我们现在和未来都不能够完全理解自己的行为，例如物理或化学的世界，就是人通过考虑自己与外界东西之间的互动，预测行为与客观世界之间的自然科学定律。在这个过程中，人类无法说清楚自身是改变物理或化学的世界，还是自身受制于物理或化学的世界。同样人工智能改变着我们的生活，是它服务于人类生活世界还是支配着人类生活。德雷福斯说，要想获得一种具有人类智能的设备设施，就需要他们像人类一样拥有一个像人类一样的世界，并且拥有或多或少像我们一样的身体，从而更加形象化地参与到人类的社会活动当中。这一观点后来被心理学家 Lakoff 和 Johnson 借鉴和采用，于 1999 年提出了分布式认知传统。休伯特·德雷福斯的观点与机器人研究人员对机器社会性领域的思考恰恰相似。

从思想的前瞻性来看，他还原了人类和机器的分工，明确了大数据时代是让人类回归人类自身，人类活动范畴和机器活动范畴是独立而不相冲突的。人应当对每一个问题的看法有不同的深度、不同的广度和不同的角度，比如就"人工智能"这个词来说，我们人总是把人类自身看得很高大，将人置于智能的前面，而实际上默认的理解应当为"世界智能"的看法。对于人来讲，人讲求智慧，机器讲求智能，动物讲究本能，机器代替和分担了人的体力，但不一定非模仿人的臂力与体力所承受的范围去做事情，计算机分担了人的脑力但没有必要完全按照人类思考问题的方式去做。人类必须敬畏尊重机器的智能，机器必须要有自己独特的思考。人类幻想自己可以和鸟类一样拥有翅膀可以飞行，而实际上我们可以通过飞机来承载人类的飞行。所谓的智能世界不应该让万物像人一样。互联网是生产关系，云计算是一种生产力，大数据是生产资料，智能世界是一个多元化人机共生的世界，而不是单一的受人类可操控的系统。我们的世界不可能是全面智能的，智能生活只是人的一部分，所有的数据都是基于互联网为基础设施，基于互联网是一个生产关系，基于所有的数据联通，基于强大的计算能力。只有基于这种可能性的前提，才会进入所谓的智能世界。美国一些脑科学的专家号称要进军人工智能，这是非常愚蠢的做法，我们应当让机器去做人办不到的事情而不是只控制让机器做人能做到的一部分劳力。未来人应该做人应该做的事情，机器承担机器的事情，这是有明确分工的，社会的变革远远超过人的想象。信息可以垄断，而数据不可以垄断，也不可能做到垄断。

  从思想的局限性来看，德雷福斯否定当下哲学的作用是不对的。"德雷福斯积极地让哲学接入到人工智能领域，成为人工智能哲学和专长哲学的重要开创者之一，在学术上具有广泛的影响和声望！"[①] 当今高度发展的技术世界改变着我们的生活，机器是为了帮助我们人类做我们办不到的事情，而现在就产生了一种关于技术伦理思想的质疑声音。首先，质疑的声音在于：人工智能领域的技术还不够成熟，如果技术成熟了对人类社会可能会产生危害。这种错误的质疑是没有正确认识技术在生活世界和社会伦

---

  ① 王颖吉：《作为形而上学遗产的人工智能——休伯特·德雷福斯对人工智能的现象学批判》，《南京社会科学》2018 年第 3 期。

理中充当的角色。其次，质疑的声音在于：任何对技术进行社会层面的思考都不应该对技术进行干预，人工智能能引发什么样的社会问题？从哲学维度进行技术伦理层面的思考非常多余，其他学科不能超出自己的范围。德雷福斯正好澄清了这一反对声音，用胡塞尔现象学说明了这一问题，哲学界如果受社会反对声音限制，只是变成形而上的东西，那么社会就会出问题。"从心理学出发进入现象学的超越论哲学的道路，超验哲学历史不是尝试新的历史，而是把人引向开端，康德哥白尼式的转向，康德的这种转向没有彻底摆脱一切科学和前科学的传统。"[1] 科学的危机是哲学出了问题，胡塞尔的内时间意识现象学提出：从笛卡儿起，科学的新理念就开始支配哲学运动的整个发展，并成为一种内在动因的张力。这种变革发端于古代遗传下来的欧几里得几何学和其他希腊数学，以及希腊的自然科学。这些特殊科学都是发达科学的起点。在那个时候哲学就是科学，科学本来就和哲学是相辅相成的关系。同样，技术伦理思想为解决技术带来的社会问题提供了有力帮助，德雷福斯认为把技术伦理思想看成一种发展的阻碍是不成立的。胡塞尔在《欧洲科学危机和超验现象学》中阐明数字化的近代自然科学的生活世界在现在更不应该把技术伦理思想看作限制自然科学发展的羁绊，关于这些不合逻辑的思想是应该提出批判的。胡塞尔强调生活世界是个非客观化的世界，远离生活世界会造成一定程度的科学危机，主张消除科学危机的途径就是让哲学回归生活世界。德雷福斯借用胡塞尔的观点来说明这一问题，他认为现在对于技术伦理思想的无端指责只会让哲学越来越背离我们的生活世界。鉴于技术在历史上取得的不断突破性进展，造福于人类社会，那么科学危机真的存在吗？历史上战争引发的科学危机和历史事件引发的哲学危机已经给出了答案，胡塞尔认为哲学在我们的时代有屈从于怀疑论、非理性主义和神秘主义的危险，纯数学和自然主义的实证科学都存在危机。他认为科学陷入危机没有可靠的基础就要以超验现象学来指导，要靠主观、自明的观点出发来解答这一问题。"我们处

---

[1] [奥]胡塞尔：《欧洲科学危机和超验现象学》，王炳文译，商务印书馆2001年版，第243—245页。

处想把'原初的直觉'提到首位,也即想把本身包括一切实际生活的(其中也包括科学的思想生活),和作为源泉滋养技术意义形成的,前于科学和处于科学的生活世界提到首位。"①

二 从技术现代性层面考察表征现象

德雷福斯使用的现象学论证的依据不是足够充分。这不仅体现在他仅涉及梅洛-庞蒂思想,还体现在对某些具体问题的描述上。德雷福斯也意识到意向弧等现象学概念太过虚幻不容易把握,所以他转向神经科学的解释,但这些科学解释是否真的与无表征智能的现象学描述是否同构,这也是一个重要的问题。

根据梅洛-庞蒂的现象学思想和神经科学的解释,德雷福斯提出了"无特征智能"的概念。德雷福斯强调,根据对梅洛-庞蒂的理解,当熟练行为流陷于停止,意向便会引发行为。② 自20世纪80年代以来,在对传统认知科学研究的表征——计算核心程序的批判性反思中,人们试图从不同的理论方法中提出反表征主义的思想。德雷福斯认为存在某些人类智能形式是无表征不典型的。他专门研究了成人学习技巧的智能行为,特别是驾驶和下棋等专家技能水平是一种非常特殊的智能形式。无表征智能的概念设想揭示了人类智慧的一些深刻特征。发展心理学和人类学研究表明,人类的一些原始智力可能就是无表征性的。大脑动态系统引导着专家级别的熟练技能行为,这不需要对于特定状态的表征,就像一条河从山上恣意流淌,它不需要表征低处的目标就能找到最佳的河道。③

德雷福斯讨论的智能形式既不是原始智能,也不是某种基于表征的反

---

① [德] 胡塞尔:《欧洲科学危机和超验现象学》,张庆熊译,上海译文出版社1988年版,第70页。
② Hubert Dreyfus, "Intelligence without Representation Mer-leau-ponty's Critique of Mental Representation: the Rele-vance of Phenomenology to Scientific Explanaion", *Phe-nomenology and the Cognitive science*, 2002 (1): 367-383.
③ Ibid..

射或反思行为，而是专业层面的技能行为。正是在这种智能形式下，德雷福斯受到了强烈的质疑。首先，表征主义者认为德雷福斯没有完全消除大脑表征。其次，当前技术是无法完全取代人的行为活动的。不仅表征主义者指出德雷福斯的反对立场并不彻底，即使是德雷福斯技术伦理思想的支持者克拉克也指出，德雷福斯的概念存在问题，主要是在技术批判问题上没有做一个限定。再次，机器取代了人类的一部分运动机能是肯定的，而人类的运动锻炼行为是纯粹主观上的行为，是不受外界影响的，所以批判人工智能对人的行为活动的替代作用，这种思想对于未来非常具有前瞻性，但是对于当下时代未免太过牵强，就算是人类的体育锻炼是否需要表征本身也值得怀疑。最后，德雷福斯区分了代表的意向性和运动的意向性，这也面临着一些挑战，因为机器在人类生活世界的融入是人类的需求也是发展的一种趋势，对于人类生活的负面影响是肯定的，对于当下人工智能才刚刚起步，未能表现出如生化武器般的威胁，对于他的假设不论在社会层面还是学术层面都引发了很大的争议。因此德雷福斯的这些假设终究不能成为坚实的理论基础，人工智能遇到困难是无法避免的。目前的困难和停滞并不意味着之前对 AI 的投入完全浪费，而是应该调整到聚焦人类独特的三种信息加工形式上来。辩证地来说，他的批判思想主要是想告诉人们要将技术用于人类综合体更全面、更多元、更有益的方向去开发和挖掘，"炼金术士不再关注曲颈瓶和五角器皿，而把时间花在寻找问题的深层结构，如果人从树上下来开始着手发明火与车轮，事情就会向一个更令人鼓舞的方向发展"。[①]

三 从马克思主义哲学层面看技术意识形态

基于人们对人工智能对日常生活的理解误区，我们有必要从马克思主义哲学层面来考察技术现代性问题并解答技术合理化问题。

[①] Hubert L. Dreyfus, *Alchemy and Artificial Intelligence*, Santa Monica: RAND Corporation, 1965, p.330.

（一）技术现代性问题的反思

20世纪诸多思想家从技术理性角度进行了探讨，韦伯关注工具理性和价值理性、齐美尔的技术批判理论基于合理化和物化的分析、胡塞尔的质疑基于对实证主义科学世界的反思。再到法兰克福学派历代哲学家对于工具理性探讨和技术意识形态的批判都有独到的认识。西方文化基于古希腊文明与希伯来文明的碰撞，理性和上帝，构成西方人的两大文化支柱。追溯到古希腊时期，哲学家的关注焦点不是认识论和人本学，而是本体论和宇宙论层面。亚里士多德认为，宇宙万物是由低级基础的纯粹质料再上升到纯形式的存在，由质料可抽象化到形而上的理念世界。实际上西方的历史观念中有追问朴素唯物本体的传统，这种固有的认识论传统到了文艺复兴之后才有所改变，技术工具为生产手段，以人的交往行为活动为目的。科学的唯物主义世界观认为，要从社会历史观点出发来理解人的本质，在人的创造活动中，发现人的本质。

人工智能在我们的生活世界中占据决定的位置，但技术是可靠的理性的活动，还是带有偶然性的社会建构？这是哲学家一直以来关注而未有统一的结论。其一，人工智能发展在人类活动中有重要地位，是伴随人类生活需要和时代需要而发展的，人工智能具有自我超越的属性。其二，人类对现代性技术的不可知领域要持理性开发的态度。人的认识能力是有限的，无论是哲学还是科学，人的能动作用无法涵盖整个自然事物的整个真理。其三，哲学的方法对自然科学提供认识方法和规范作用。培根的净化学说、笛卡儿的怀疑哲学、卡尔纳普的抽象分析，这些思想中严密的思辨逻辑本应是一种认识论方法，而人们的错误认知是哲学方法无法直接让人的认知获得纯粹理性和实在、语言与世界、知识与科学的同一，就妄下结论：哲学与科学是对立的。然而，另一个重要方面就是哲学对技术具有约束规范作用，技术一旦不受约束，从人的道德伦理关系中抽离，会引发严重的社会问题。可见，人类对人工智能的错误认知，是出于对科学与哲学关系的错误认知。人类的所有信仰，无论是技术理性为信仰，还是万物有灵论、图腾崇拜，当它们发挥作用时，信仰都是合理的，都是帮助人类物种存活下去的合理化条件，当这样的信仰不存在，他们便不再具有合理化。

(二) 从技术现代性层面解答技术合理化问题

20世纪中叶人工智能有了一定的技术雏形和理论基础，直到现在人工智能在生活中的运用和突破达到了前所未有的高度。然而这些讨论根本就是西方哲学传统本体论和宇宙论的思考和马克思对于技术和社会的交往关系的探讨。在西方哲学传统来看，西方文化基于古希腊文明与希伯来文明的碰撞，理性和上帝宗教构成西方人的两大文化支柱。古希腊哲学家的关注焦点不是认识论和人本学，而是本体论和宇宙论层面，亚里士多德认为，宇宙万物是由低级基础的纯粹质料再上升到纯形式的存在，由质料可抽象化到形而上的理念世界，当然这是后来技术科学发展引发人道危机的根源。

马克思认为，历史上决定人本质发展的是现有的技术和社会的交往关系。以科学唯物主义的视角来考察人，让我们有新的方式来考察生活的意义问题。实际上，发达资本主义下生活世界殖民化问题和技术异化问题在马克思那里早有解答，一切创造性活动在一定的社会形态阶段中都会有这样或那样的问题，人类对自然的创造性才能的发挥"不是力求停留在某种变成的东西上，而是处在绝对的运动之中"。① 法兰克福学派技术理性批判思想是马克思关于技术伦理问题探讨的集中体现，对于技术合理化问题的探讨我们有必要着重与法兰克福学派技术理性批判思想做一个比较性论述。德雷福斯的技术伦理思想与法兰克福学派技术理性批判思想有着重叠的内容。目前尚不能确定他是否和法兰克福学派有一定关系或者是他对法兰克福学派是否有一定研究，总之，我们有必要对他的人工智能的技术伦理思想和工具理性批判思想比较分析，以便于区别和理解理论内涵和现实意义。科学技术直接影响着社会运行机制和社会历史理论，能够在很大程度上改善人们的物质生活水平，推动社会物质财富的增长。然而关于技术理性批判和意识形态批判，法兰克福学派诸多学者探讨过这一问题。霍克海默曾对科学危机做出预设，马尔库塞认为，技术异化和技术理性统治下

---

① 《马克思恩格斯全集》第46卷，人民出版社1960年版，第486页。

人的生存状态是异化的。同样，德雷福斯也是在哲学角度讨论人的状况是异化的还是可持续的，对人工智能的担忧也是基于西方工业革命之后技术统治问题的再探讨。技术进步无疑改变着人类生产和生活方式，技术是社会发展的主要推动力量，同时技术人为的非人道利用会成为一种统治形式，进而成为一种新形式的意识形态。哈贝马斯所指的"技术"，特指资本主义社会形态下的机器工业和工具技术，与社会主义条件下的"科学技术"是不同的概念。科学技术的功能体现了替现状辩护，论证现存统治的合法性。"从前社会暴力直接为资本家和雇用工人之间的关系奠定了基础。今天，私有经济的价值增值形式确定了维护社会制度的任务"，① 然而德雷福斯所探讨的技术伦理问题，没有对社会形态加以限定。我们知道，无论当下最前沿的人工智能还是普遍意义上的科学技术双面属性，主要在于人类主观上如何认识这一问题。在 20 世纪 30 年代初，霍克海默提出了科学危机问题，指出科学技术是意识形态的可能。也就是科学技术也有其局限性，意识形态的异化性质和统治功能使其陷入了危机。马尔库塞在《单向度的人》中指出，科学技术不仅是物质财富的源泉，也是一种统治形式，它使政治统治合法化，一定程度上发挥了政治层面所具有的统治功能。哈贝马斯继承了上述基本观点，他指出传统的统治是政治的统治，今天的统治是技术的统治，是以技术和科学为合法性基础的统治。在某种程度上，技术统治的意识形态和传统的意识形态相比，摆脱了阶级利益制造的骗局。德雷福斯提出消除人工智能的统治功能，从而扬弃技术异化，最核心的观点就是考察表征现象与科学技术相统一来解答现代性的合理化问题；哈贝马斯主张把价值整合到科学中，使得科学向形而上学倒转，形成科学、技术、艺术、价值相结合的新理性，不得不说两种思想有着相近的观点。德雷福斯和哈贝马斯都认为，劳动主要是一种工具行为，一种目的理性活动，是一种强调行为目的、行为手段与行为结果之间的内在一致性的行为。我们可以按照目的活动理性与相互作用在社会诸系统中的地位来区

---

① ［德］哈贝马斯：《作为"意识形态"的技术与科学》，李黎、郭官义译，学林出版社 1999 年版，第 69—70 页。

别不同的社会系统或社会类别。在晚期资本主义，由于科学技术的飞速发展，劳动的合理化已经实现，它越来越符合科学技术的要求。他提出扬弃技术异化的思路，真正建立起主体间的理解，实现交往行为的合理化。他们的思想不同点在于，德雷福斯认为人工智能的技术伦理危机在于人的劳动惰性，而哈贝马斯认为导致技术理性成为一种统治人的力量在于现阶段的劳动组织方式出了毛病，其最主要的问题在于否定理性为肯定理性所取代，或者说价值理性被工具理性取代。德雷福斯的担忧不在于技术意识形态形成，而是在于人依赖于机器思维，人的思维惰性盲从于人工智能的处理方式，不考虑价值观念方面的因素，而是倾向于便捷化思维方式，这就是人的一种异化。哈贝马斯认为，人的异化在于人失去了超越维度和批判维度，人变为无批判精神的人，认同盲从于现有世界，不论与价值观念相悖与否。德雷福斯认为，基于现代科学技术发展为背景的人工智能代替了劳动中的体力强度，传统制造者对劳动生存的认识态度发生了变化。但是他不认为，这种支配力量是一种意识形态，而哈贝马斯认为，自动化技术体系中工人地位和身份的提高，工人对生产技术体系的认识态度也发生了变化，工人被自愿整合到生产和技术体系，而不再是现存生产体系的否定力量。"工人主动加入到用自己的智慧投身到生产和技术问题相关的行业。他们甚至是炫耀自己在这个机构中所获得的利益。"[①] 所以二者的观点也存在一定的异同。

  总之，德雷福斯通过技能获得模型以及人工智能运用所揭示出的技术伦理观点，实际上是把马尔库塞和哈贝马斯对技术理性问题的考察与海德格尔、梅洛－庞蒂现象学进行了有机结合。首先，从扬弃技术异化角度探讨消除技术理性的统治功能。其次，在技术和日常生活融为一体时，如何控制个体的日常行为，不让个体行为活动受制于机器，再从行为应对的解释层面推广到人类的所有技能活动当中，主要观点就是如何平衡技术的社会化与技术的负影响问题。

---

① [美]马尔库塞：《单向度的人》，张峰、吕世平译，重庆出版社1988年版，第26页。

四　结语

在休伯特·德雷福斯看来，这些不是简单的科学假设，而是建立在假设之上的信条。人工智能的终极目标就是使计算机获得智能。而所有计算机存储的信息都是明晰的、离散的、线性的、以规则为基础和确定的，但是没有任何证据表明人类思想亦是如此。人工智能和认知科学这样研究人类自身心灵和思维能力的工程学科和交叉学科，为传统哲学与这些新兴尖端学科的对话提供了一个正面示例。事实上，技术问题的探讨主要还是人类给予技术问题合理化的过程。让技术在人类可控和合理范围下，作为发展为目的的充分性条件。在当下时代，技术显示了变化的能力，技术及工具与一切人类的所属物类似，皆是昙花一现的东西。尽管如此，我们可以防止技术异化带给人的侵害，从技术伦理层面进行控制，改变我们的生存方式。

作者：杨晓东，青海民族大学马克思主义学院马克思主义基本原理教研室教师。

本文为 2019 年 11 月"智能时代的信息价值观研究高层论坛"的投稿论文。论坛由清华大学新闻与传播学院、国家社科基金重大课题"智能时代的信息价值观引领研究"课题组等联合主办。

信息社会智能化

陈 曦

【摘要】 信息社会进入智能化阶段，技术的发展向全方位替代人力的方向演进，智能化的边界即是人的边界与社会的边界。智能化产生发展的过程与道家"无为向化，道法自然"的思想存在契合。由于社会系统中智能化权力的分布不均衡，智能化必须成为设定边界基础之上的自发演进过程，而边界的制定又成为交叉学科视角下的系统性课题。智能化发展边界的观念需要纳入智能时代的信息价值观中，要将社会系统整体的协同与平衡作为对智能化发展实施调控的基本准则。

【关键词】 信息社会；智能化边界；边界观

人类社会的发展始终伴随着新型劳动生产工具的出现，及其对于某种人力的替代。计算机技术飞速发展，信息技术和互联网日益深刻地融入了人们的现实社会生活。人工智能是研究开发能够模拟、延伸和扩展人类智能的理论、方法、技术及应用系统的一门新的技术科学。[①] 随着大数据和人工智能技术的崛起，信息技术智能化正成为推动人类进入智能时代的决定性力量。现代人工智能不再是简单地用计算机模拟人的智能，而是基于网络空间发展的数据智能，即智能机器、人和网络相互融合的智能系统。智能化的崛起，

[①] 谭铁牛：《人工智能的历史、现状与未来》，《求是》2019年第4期。

是以数据和计算为"关键生产要素"的新型生产组织形态,互联网发展过程中创造出的数据生态优势是以中国人工智能发展的前提为基础的。①

人工智能跟人类劳动有着密切的联系,智能化与人力的关系成为备受关注和争议的焦点。有学者持支持的观点,认为人工智能就是为了人类劳动解放而被发明的,其问世就是为了代替和减轻人类劳动强度,② 对智能时代劳动力的全面解放保有良好预期。也有学者谨慎分析了智能化带来的挑战,认为人工智能也会使就业机会稀缺,从而取代技术层面的庸人或大众,造成大量人口失业,由此产生竞争力不足等劣势,而且可能会代际传递,导致阶层固化。③ 在智能化媒介成为人类社会活动的主要载体,人与人之间的关系受到技术应用的影响,被机器体系阻隔开,成为物质的、数量的关系。④

目前人工智能尚处于初级阶段,只能替代和扩展人力的部分智能。至于人的想象、情感、直觉、潜能、意会知识等通用智能的发展,还只是处于尝试模拟阶段,目前还难以对人力的这些智能进行替代。⑤ 但随着智能技术的进步与迭代,机器对人力的替代能力会得到逐步升级,从目前主要集中在低端服务业、制造业和金融等行业,逐步渗透到医疗、教育、养老等行业。智能化对未来劳动力就业的消极和积极影响以及短期和长期影响都需要给予深刻的认识,⑥ 由此产生的失业以及收入差距扩大的问题应引起足够关注。⑦

---

① 刘刚:《中国智能经济的涌现机制》,《重庆邮电大学学报》(社会科学版)2019年第5期。

② 薛峰、何云峰:《马克思主义劳动理论视域下人工智能诠释的三个维度》,《重庆社会科学》2019年第9期。

③ 邓曦泽:《行走在人与超人的边界上——一个外行关于人工智能的初步思考》,《西南民族大学学报》(人文社会科学版)2017年第10期。

④ 朱巧玲、李敏:《人工智能、技术进步与劳动力结构优化对策研究》,《科技进步与对策》2018年第6期。

⑤ 胡敏中、王满林:《人工智能与人的智能》,《北京师范大学学报》(社会科学版)2019年第5期。

⑥ 谢璐、韩文龙、陈鸶:《人工智能对就业的多重效应及影响》,《当代经济研究》2019年第9期。

⑦ 何勤:《人工智能与就业变革》,《中国劳动关系学院学报》2019年第3期。

本文从劳动生产工具的演化、机器资本对劳动资本的替代，以及复杂社会系统平衡观三个视角探讨智能化发展的边界问题。从工具演化的视角来看，智能化是技术与人类劳动力的融合，其边界即是人类智慧意义上的边界，并且这个边界存在超越人类认知掌控的可能性。从资源配置效率的视角来看，智能化的边界是技术资源与人力资源协调发展前提下的资源配置效率的边界。从社会系统平衡发展的视角来看，智能化的边界是社会复杂系统中各个要素协同演进、均衡发展的基本准则。

一　工具发展的边界：技术革命与劳动力解放

18世纪以来，人类社会先后出现了六次技术革命，一波接着一波的技术浪潮，推动人类社会进入现代化的进程。这六次技术革命的表现形式，均以劳动生产工具的创新及技术对于人力的某种扩展形式为代表（如表1）。

表1　　　　　　　技术革命与技术对人力的扩展

技术革命及特征	企业生产组织形式的发展	技术对于人力的扩展
第一次技术革命——棉、铁和水力时代	集中化生产、专业化、现代经济出现、机械化、工厂生产体系出现	手工生产转向机器大生产、技能化、手工劳动逐渐被机器取代
第二次技术革命——铁路和蒸汽时代	工厂生产制度出现、体力劳动者的数量减少、层级组织结构	延伸了人的体力劳动
第三次技术革命——钢铁、重工业和电气化时代	科学管理——泰勒制、资本密集型重工业、现代工业技术体系劳动形式	开始解放人的体力劳动，劳动形式开始向脑力活动转变
第四次技术革命——石油、汽车和大规模生产时代	大规模生产、大规模消费、流水线生产	人力资源的多样性增加、劳动分工进一步细化、产量和消费急剧提升
第五次技术革命——信息和远程通信时代	大规模定制与弹性生产、个性化需求、组织向柔性网络化发展	脑力劳动成为主要劳动形式，创造性劳动增加
第六次技术革命——工业智能化和人工智能时代	精益化生产、智能化生产	智力劳动和创新劳动成为社会主要生产力，人力资本向着流动化和创新化发展

注：根据文献资料整理。

进入智能时代，智能技术的发展同样存在由人工体能向人工智能的变迁。① 早期出现的自动化生产机器是用于替代人类体能的工具,能够大规模、快速、高效地替代人的体力劳动。但这些机器需要人的操作才能运转,生产自动化机器虽然是人工体能,但并不能替代人的技能和经验,更不能替代人的智能。通用人工智能是智能技术发展的高级阶段,目前尚处于起步阶段。人的大脑是一个通用的智能系统,能举一反三、融会贯通,可以处理复杂的问题,并根据经历不断学习成长。真正意义上完备的人工智能系统应该是一个功能类似于大脑的通用智能系统。②

技术对人的替代,是从替代人的体力到替代人的脑力,到替代人的社会连接关系,智能系统已经日益接近于人的本质。③ 智能化构建规则中隐含涌现秩序的逻辑,与中国传统道家思想所强调的"无为向化""道法自然"存在某种程度上的一致性。真正的智能往往超出人的感知和刻意的处置。智能化本身就是环境,为人类的优质生活提供承载,让人的言行能够向着更好的方向发展。智能化蕴含深刻的道,而道的"无为"就是要保证万物的自主性和自动性,同时将自身的优势"向化"到万物的运行中,让万物在自身的影响下得到改善,向着更加和谐顺畅的方向发展。"无为向化"可以作为智能化这种"道"的运行逻辑和功能表示。

"道法自然"的本意则是要"道"遵循"万物"之自然。④ "道"运行的规律来自自然,其规则同样可以从客观存在中窥见。高等级的智能技术产生于对于人类认知和决策模式的模拟。经过机器训练而产生的人工智能,需要对大量客观数据中潜在的结构模式和影响机制进行学习。从这个意义来看,智能产生于自然、学习于自然、训练于自然的观点,是有据可

---

① 胡敏中、王满林:《人工智能与人的智能》,《北京师范大学学报》(社会科学版)2019 年第 5 期。

② 谢璐、韩文龙、陈鸁:《人工智能对就业的多重效应及影响》,《当代经济研究》2019 年第 9 期。

③ 马克思《1848 年经济学哲学手稿》记载"人的类特性恰恰就是自由的自觉的活动"。马克思在《关于费尔巴哈的提纲》中指出:"人的本质不是单个人所固有的抽象物,在其现实性上,它是一切社会关系的总和。"

④ 王中江:《道与事物的自然:老子"道法自然"实义考论》,《哲学研究》2010 年第 8 期。

依的。人的大脑由数十亿个神经元组成，意识流产生于大脑的过程，是一种基于特定神经元连接模式的涌现过程。产生认知和决策智能的计算机神经元网络，需要通过大量的学习和训练，以让计算机的神经元以更为合理的模式连接起来，让信息通过神经元网络的过程，产生智能化的决策结果。

如图1所示，阿尔法狗对于围棋的对弈智能来自"两个大脑"的支撑，策略网络和价值网络。这两个网络的训练主要有两种途径，学习经验和自我训练。① 可见，智能体学习人的认知和决策模式，实现自动进化成长的过程是一种同化过程。实际上，目前人工智能通过模拟和强化人脑的部分机能来获得，因此其认知和思维并不具备主体性，其本质上依然是人脑功能的具体对象化，尚未对人的主体地位构成实质性的威胁。② 因此，从技术的视角而言，人工智能的发展是为人力所控的，毕竟技术掌握在人的手中。人类需要预见到人工智能可能对主体自身能力和主体间交往带来伤害。其一，人工智能技术发展和使用的控制权掌握在社会精英手中，如果没有恰当的制度设计，其带来的技术和社会红利将为少数既得利益者收割殆尽。其二，智能技术的发展进入高级阶段，往往会进入自我迭代的模式。比阿尔法狗更高阶的阿尔法零通过从零开始，自我对弈强化学习，成为世界上最令人叹为观止的智能体。人工智能的自我发展进化，存在超越人类控制的可能。科幻作家阿西莫夫机器人第零定律③的提出就探讨了这种状况的出现。

---

① 学习经验：通过千万级人类网络围棋对弈的棋局数据进行学习。自我训练：展开"左右互搏"，自己和自己对弈以提升技巧，即优化智能决策支撑网络的连接模式。
② 陈文捷、解彩霞：《人工智能对人主体性影响的思考》，《学术论坛》2019年第3期。
③ 阿西莫夫先提出机器人三定律，第一定律：机器人不得伤害人类个体，或者目睹人类个体将遭受危险而袖手不管。第二定律：机器人必须服从人给予它的命令，当该命令与第零、第一定律冲突时例外。第三定律：机器人在不违反第零、第一、第二定律的情况下，要尽可能保护自己。后来为了弥补机器进化可能产生的漏洞，补充提出了机器人第零定律：机器人不得伤害人类整体，或者目睹人类整体将遭受危险而袖手不管，电影《我，机器人》对此进行了诠释。

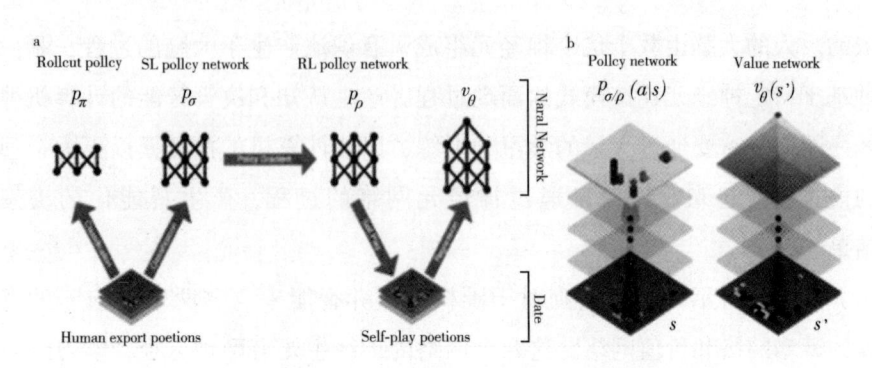

图 1　围棋智能阿尔法狗的两个决策脑：策略网和价值网①

因此从工具演化的视角来看，智能化是技术与人类劳动力的融合，其边界即是人类智慧意义上的边界，并且这个边界存在超越人类认知掌控的可能性。

二　资源配置效率的边界：机器资本与劳动力的关系

互联网中的大数据是人类社会活动的痕迹，因此，大数据未尝不属于另一种形式的"自然"。智能技术首先是对自然规律的把握，之后才是人工的创造。人工智能首先是一个技术性的存在，是计算机技术对于大规模数据的操作。在这个创造的过程中，人工智能进步的标志即是人工性水准的不断提高，对人力智能的模仿程度也不断提高。② 因此，人工智能技术虽然可以增强部分人类的劳动技能，但其存在并发展的根本目的还在于逐步替代劳动力。机器人对于劳动力替代的根本驱动力是成本变化。当一种要素的成本发生持续变动时，组织即存在使用成本低的生产要素对成本高的生产要素进行替代的激励。随着经济发展和技术进步，劳动力的成本会上升，而技术的成本则会下降。

---

①　图片来自 Silver, D., Huang, A., Maddison, C., et al., "Mastering the Game of Go with Deep Neural Networks and Tree Search", Nature, 529, 484 – 489 (2016), https://doi.org/10.1038/nature16961.

②　王治东:《人工智能研究路径的四重哲学维度》,《南京社会科学》2019 年第 9 期。

在智能时代，人工技术的应用是资本投入中重要的组成部分。资本和劳动相互替代的理论基础可以追溯到第二次工业革命晚期。在组织的实际运营中，资本和劳动力是两种重要的生产资源。生产函数是美国数学家C. W. 柯布和经济学家保罗·H. 道格拉斯共同探讨投入和产出的关系时创造的经济数学模型，认为资本和劳动是可以相互替代的。他们提出了著名的生产函数理论，该理论得到持续的发展，其核心观点认为要素之间的关系可以用替代弹性加以反映。弹性是一个经济学概念，反映一个变量因另一个变量发生变化而改变的程度。要素替代弹性是生产函数非常重要的性质，它描述投入要素之间的替代性质和替代能力的大小。[①] 为了研究要素之间的替代性质，学者们构造了生产函数模型，基于一定的前提假设、参数设计，并通过对现实的模拟，以计量模型的形式估算要素之间替代弹性的具体数值，再根据替代弹性判断要素之间的替代或互补关系。

以目前被智能化渗透较为典型的物流企业作为实证对象，[②] 发现中国物流企业中资本对于劳动的替代弹性小于1，处于互补区间，资本进步的增长率小于劳动进步的增长率。美国的物流经济中资本对于劳动的替代弹性大于1。要素替代弹性越大，资本越容易替代劳动力，从而资本推动技术不断更迭。[③] 美国物流经济中的智能化水平优于中国，资本的效率更高，从而促使企业越发重视资本要素，使得资本对于劳动力产生很强的替代性。目前中国的物流企业仍然呈现劳动密集型的状态。对于进入智能时代的中国企业，随着技术进步，技术资本的劳动生产效率将会持续提高。可以预见，机器人对劳动力的替代效应将会日益显现。

机器人的替代效应可以划分为创造性替代效应、补偿效应，以及破坏性

---

① Joan Robinson, *The Economics of Imperfect Competition*, London: MacMilllian and Co Ltd., 1933.

② 物流业是典型的劳动密集型产业，物流自动化技术近年发展迅速并得到运用。京东总裁刘强东先生在不同场合反复表达出对于使用人力还是使用机器的矛盾性观点，使我们认为物流企业的转型是智能时代值得关注的现象。

③ 韩彪、王云霞、汪行东、段杰鑫：《中国物流产业要素替代及技术进步偏向选择》，《软科学》2017年第10期。

的替代效应。① 对于一些工作岗位而言，人工智能对于劳动力的创造性替代能够在一定程度上解除异化劳动的桎梏，节省人力在从事社会生产中耗费的精力和时间，使得人们可以凭借自己的兴趣爱好从事"自由自觉"的劳动，充分发挥主体的独立性和创造性。② 人工智能对就业的补偿效应主要指通过人工智能的大量使用，形成新行业和新需求，相应的增加对新技术劳动者的需要，提升劳动者的岗位技能，进而增加高技术劳动力的就业。人工智能对就业的破坏性的替代效应主要是指随着人工智能的大量使用，会对原有的就业人群和就业结构产生冲击，造成技术性失业或结构性失业。这三种效应将分别存在于不同的群体，越是相对精英、具备创造力的人群，在智能化的时代浪潮中受益就越大。而相对低端的人群，在智能化的浪潮中存在信息的缺失。由于数字鸿沟的存在，受智能化影响最大的群体，却有可能最晚才认识到智能化给他们带来的影响。

在社会智能化的进程中，技术与劳动的宏观转移规律都遵从体力到脑力、从简单到复杂的演进规律。从替代效应产生的时间维度来看，人工智能对于人力就业存在时间上的跨期效应。人工智能的发展和应用的规模和范围，存在短期和长期之间的差异，导致技术的应用对于就业的影响存在长期和短期的差异。③ 这种差异导致智能化技术替代人力的速度，与劳动力转移的速度存在不平衡的现象。当智能化的替代效应推进过快，劳动力转移的速度相对较慢，破坏性的替代效应就会出现，给社会系统带来不稳定因素。

智能化是一个系统性的工程，所有人都是这个工程中不可忽视的一个部分。智能化的进程必然为社会的精英阶层所推动，智能化也将赋予社会的精英阶层更强的掌控力，以及逐利的能力。从经济资源配置的视角，智能化的边界是技术资源与人力资源优化配置的边界，但此边界的设定必须以社会

---

① 谢璐、韩文龙、陈鸯：《人工智能对就业的多重效应及影响》，《当代经济研究》2019 年第 9 期。
② 陈文捷、解彩霞：《人工智能对人主体性影响的思考》，《学术论坛》2019 年第 3 期。
③ 谢璐、韩文龙、陈鸯：《人工智能对就业的多重效应及影响》，《当代经济研究》2019 年第 9 期。

系统协调发展的普适价值为根本前提。除了技术的进步与完善，智能化对人力资源的替代进程需要将劳动力的总体转移速率纳入重点规划的内容。在此视角下，智能化的边界观是让技术资源与人力资源协调发展的资源配置均衡点。

三　社会系统平衡的边界：来自第四个世界的调控

　　智能化对于世界的影响是一个系统性的工程，对于人类社会整体以及其中的每一个个体都会带来巨大影响。以智能化为代表的信息技术，日益成为未来信息社会运行的基础设施。1967 年，哲学家卡尔·波普在国际学术会议上首次提出了"三世界理论"，将世界划分为物理的世界、心理的世界，以及客观知识的世界，并在 1976 年与艾尔克斯合著的《自我及其大脑——一个相互作用论的论证》中系统论证了三个世界理论。[①]

　　在波普的"三世界理论"正式面世后的半个世纪，人类逐步进入信息文明，互联网将人类社会连接在了一起，形成了规模巨大的网络社会。美国社会学家卡斯特曾深刻剖析计算机网络所构建出的这种新型社会形态，网络之中的节点，以及每个网络节点相对于其他网络节点的动态关系，都是这个新的社会受到支配，或发生变迁的关键根源。可见，卡斯特对于网络社会的定义强调网络社会节点间的互联性和影响性。网络社会是现实社会在网络空间中的映射，具备现实世界的基础，但网络空间中行为主体之间的交互则通过虚拟的数字信息来承载。[②] 由互联网构成的复杂信息系统中，客观存在人类社会活动的所有记录。个体精神维度的世界、社会互动维度的世界、客观存在的世界，以及人类所创造的客观知识的世界都包含在互联网构成的世界中。因此，网络的世界无法归类于"波普三世界"中的任何一个，而是这三个世界的数字化映射与整合。互联网将物的世界、

[①] 张卓民：《波普的"世界 1·2·3"理论评介》，《哲学研究》1981 年第 2 期。
[②] 陈曦、李钢、贺景：《网络社会对中国传统社会关系的重构》，《北京邮电大学学报》（社会科学版）2016 年第 5 期。

心的世界，以及客观知识的世界连在了一起，形成了由实体物质，虚拟数字化的光、电、影、声音、文字、图片，以及人内心的认知、情感、意识，连接起来的第四个世界——比特的世界。

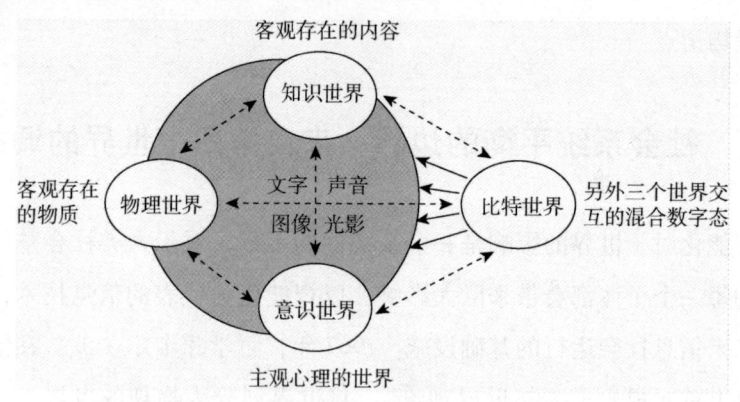

图2 波普的"三世界"与比特世界信息交互示意

"第四个世界"，即比特世界，是由其构成形式而命名的。比特是数字信息的最小单位，是二进制的位数。在互联网的世界中，所有的信息都以比特序列的形式进行加工、存储，以及传递。比特世界是一个数字化的世界，是另外三个世界的交互活动在互联网空间中的映射。1992年，人类每天传送的数据量是100GB；预计到2020年，人类传送的数据将达到每秒61000GB。① 这些数据与人类社会中群体与个体的行为、意向、需求，以及环境的变化息息相关。基于互联网形成第四个世界，比特的世界是民众社会生活表达的场域，是交往互动的场域，也是向现实世界输入控制调解信息的场域，成为维系各个系统有效互动、平衡发展的关键控制结构。在2016年的美国总统大选中，新任总统特朗普获胜的关键因素就在于通过对智能化竞选方案的综合运用，在美国各大网络社交媒体开展系列营销宣传活动。进入智能时代，社会系统的治理开始向着综合运用现代智能化技术的方向演进。② 在比特的世界中，大规模数据成为理解社会、群体和个体

---

① 数据来自星河研究院在线发布的研究报告《"AI+"成功的五要素》。
② 杨学山：《信息化的核心是智能化》，《解放军报》2017年1月24日。

的资料,智能化通过自动适应机制、主动响应机制,以及闭环反馈机制,成为调解控制的途径和手段。①

产生并维持秩序是社会这个大型复杂系统运行的基本目的。对于社会系统而言,边界不仅是约束,也是催生秩序的有效激励。边界是规章制度,是社会系统中各个角色行为博弈产生的均衡,是人们对特定事件所达成的共识。随着人类对于自然环境改造能力以及数据信息控制能力的持续提升,客观世界和比特世界日益开始显著地契合人类精神世界中的偏好,尤其是掌控着信息权力的"社会精英"②们的偏好。智能化放大了精英们控制社会的能力,一方面表现为更强的逐利能力,另一方面则表现为改善他人生活状态的能力。在奉行"能力越大,责任越大"价值观的精英手中,智能化会成为改善世界的利器,而那些"能力越大,欲望越大"的投机者,则会将智能化变成牟取暴利的手段。汪丁丁老师曾撰文对精英和精英意识进行讨论,他认为精英应该是那些能够被称为社会楷模的人,将这类所应具有的内在意识定义为:第一,对重要性的感受能力,也就是对具有重要意义的公共问题的敏感性;第二,在足够广泛的公共领域揭示出被感受到的重要性时必须具备的表达能力和道德勇气。③ 在智能变革启动之初,我们应该致力于改善当前社会中普遍存在的对于精英名利化的误解,让具有社会影响力的人能够思考并承担更多公共性责任。智能化的话语权、决定权,以及发展控制权,应该成为一种社会公共品,掌控在那些真正具备内在精英意识的人手中。

进入智能时代,智能化作为一个被各方寄予了厚望的历史进程,对于人类社会的影响必将深刻而长远。机器对于人力的替代是持续发生的必然过程,人工智能也必然至少使部分社会群体的生活得到改善。部分的优化,并不一定会让社会系统最终走向全体的优化。倘若缺乏有效的协调和控制,摩擦性失业将会成为社会智能化转型过程中难以避免的代价。从世

---

① 陈曦:《论网络治理信息机制的智能化构建》,《中州学刊》2017年第8期。
② 百度百科上将社会精英定义为社会中处于优越地位的社会群体,体现出这个群体对于资源的掌握。
③ 汪丁丁:《什么是"精英意识"》,《IT经理世界》2007年第24期。

界总体平衡有序的发展来看，智能化的边界是以各个社会子结构协同共进为目标的系统性观念。比特的世界作为智能化实施协调控制的主要阵地，需要将社会系统整体的协同、平衡发展作为实施控制与协调的重要价值观。

四　结语

　　人类社会一直经历着新技术对于劳动力扩展并替代的过程。然而，人工智能技术与以往的技术存在根本性的区别。虽然人工智能技术仍然是一种高级的以提高人类劳动生产效率为目的的工具，但其向着替代人类心智模式的方向发展，并且有着极高的更新迭代速率。人类能够多大程度，在社会系统整体的意义上，对其发展应用的利弊进行有效控制，尚需拭目以待。对于专用型人工智能系统而言，任务单一、功能明确、应用领域明晰，其边界的界定相对清晰。而对于通用人工智能系统这类具有分析、判断、推理等高级人类智能的系统，[1] 其发展应用的边界则必须加以界定。

　　技术的边界与人的底线成为相伴而生的问题。人的底线即是技术的边界；技术的发展应用不应该超越人的底线，不能违背社会规约，亦不能因为技术的发展给社会中的弱势群体造成困扰。人工智能有利于人的劳动解放、人的劳动尊严和人的全面发展的实现。[2] 人工智能和人的智能既保持一定距离，又深度合作，人是智能机器的主人，是万物之灵，智能机器是为人服务的工具，人工智能和人的智能相互促进，[3] 共生演进，应该是人工智能和人的智能发展的前景。然而，这种促进和演进，若无与之相适应的发展节奏，以及社会系统相应的要求和规范作为约束，则有可能产生创

---

[1]　陈俊波、高杨帆：《系统论视角下的人工智能与人类智能》，《自然辩证法研究》2019年第9期。

[2]　薛峰、何云峰：《马克思主义劳动理论视域下人工智能诠释的三个维度》，《重庆社会科学》2019年第9期。

[3]　刘敏华：《人机互动推动科技进步　阿尔法围棋激发人类潜力》，中国日报网，2016年3月16日。

造性的破坏效应。让原本可以令天下大同的技术沦为少数人实现野心的工具。因此，对于智能化边界的界定，对于智能化在社会中各个系统中发展节奏的控制，应该作为一种"公共品"来提供。

对于智能化边界的探讨难以在一篇文章中详尽其言。本文思源于多年来在商学院从事管理信息系统课程教学，产生了的对于企业信息化和智能化过程中人与技术关系的一点粗浅感悟；成稿于有幸参加清华大学"智能时代的信息价值观研究高层论坛"的契机，从工具演化、替代效率，以及系统平衡的视角对智能化的边界进行刍议，认为智能化的边界设定应该被纳入，但不仅仅限于本文所探讨的三界边界观，对于人类认知、技术与人力协调发展下的资源配置效率，以及社会系统整体协同平衡发展的考虑。希望这些初步的思考为智能时代信息价值观的确立起到抛砖引玉的作用。

作者：陈曦，云南大学工商管理与旅游管理学院副教授。

本文为 2019 年 11 月"智能时代的信息价值观研究高层论坛"的投稿论文。论坛由清华大学新闻与传播学院、国家社科基金重大课题"智能时代的信息价值观引领研究"课题组等联合主办。

"媒体信息价值观"的历史源流、内在结构与观测维度

俞逆思

【摘要】 智能技术的出现使得原本以人为主体的生产关系逐渐向"人—机器人"相互协作迈进,这一根本性的变化也使得媒体场域内的主导信念发生了重要转变。本文将"信息价值观"视作当前媒体场域内价值观的主要表现形式,分析这一概念与"新闻价值观"和"记者职业价值观"的历史演进关系,并从主、客观维度建立起了"信息价值观"的内在结构,从而进一步提出利用实证方法、解释性方法与现象学方法观测信息生产全过程中生产者的价值考量、深层动机和复杂结果。

【关键词】 信息价值观;智能化媒体;行动者信念

什么是"信息价值观"?陈昌凤和虞鑫将其定义为,"(人们)对信息及信息技术与人之间的价值关系、价值大小的立场与态度的总和"。① 具体到媒介生产领域,综合多位研究者②③的成果,本文将"信息价值观"界

---

① 陈昌凤、虞鑫:《智能时代的信息价值观研究:技术属性、媒介语境与价值范畴》,《编辑之友》2019年第6期。

② Kluckhohn, Florence R. and Strodtbeck, Fred L., *Variations in Value Orientations*, Peterson: Row, 1961.

③ Longstaff, Francis A. and Eduardo S. Schwartz, "A Two-factor Interest Rate Model and Contingent Claims Valuation", *The Journal of Fixed Income*, Vol. 2, No. 3, December 1992, pp. 16–23.

定为利用信息技术进行信息生产和分发的传播者在使用信息的方式、手段和目标方面的价值选择与判断标准。

当前，学者们已经从哲学、法学和伦理学等多个视角对"信息价值观"的概念和规范性①②以及操作化层面上的挑战及应对策略③④进行过分析。但整体上看，"信息价值观"的历史源流、理论路径、内在结构和观测维度仍然有很大的探讨空间。

本文从理论历史源流出发，尝试系统性地梳理"信息价值观"的内在结构与观测维度，并视"信息价值观"为"新闻价值观"和"记者职业价值观"在全新的媒介场域中的行动者"信念"，⑤ 并试图理解公共意识、政治意识、商业意识、专业意识、技术意识与"信息价值观"的关联，且进一步对照"新闻价值观"与"记者职业价值观"的内涵框架，搭建起"信息价值观"内容的"主""客"观两个维度及其对应的七个部分——信息价值、职业规范、社会价值观、组织/集体价值观、高科技文化价值观、商业价值观和职业认同。最后，依照罗伯斯·S. 泰勒（Robert S. Taylor）提出的信息系统的价值观嵌入模型，⑥ 建立"智能化媒体信息价值观"观测的纵、横维度。

一 "信息价值观"的历史源流

从"场域理论"的视角来看，价值观即是场域内部的共同信念，它

---

① 陈昌凤、虞鑫：《智能时代的信息价值观研究：技术属性、媒介语境与价值范畴》，《编辑之友》2019 年第 6 期。

② Iggers Jeremy, *Good News, Bad News: Journalism Ethics and the Public Interest*, London: Routledge, 2018.

③ 仇筠茜、陈昌凤：《基于人工智能与算法新闻透明度的"黑箱"打开方式选择》，《郑州大学学报》（哲学社会科学版）2018 年第 5 期。

④ Tom Kent, "An Ethical Checklist for Robot Journalism", (2015), https://medium.com/@tjrkent/an-ethical-checklist-for-robot-journalism-1f41dcbd7be2.

⑤ [法] 皮埃尔·布迪厄、华康德：《实践与反思——反思社会学导引》，李猛、李康译，中央编译出版社 1989 年版，第 155、139、161、221、227 页。

⑥ Taylor, Robert S., "Value-added Processes in the Information Life Cycle", *Journal of the American Society for Information Science*, Vol. 33, No. 5, September 1982, pp. 341 – 346.

"超越了具体情景而存在,可作为一系列行为方式的选择和判断标准"①②,影响着场域内部行动者的行为方式、手段和目标选择,使得他们并不需要明文规定就能产生有组织的行动。③ 就媒介场域而言,"媒体价值观"就是指导这一场域进行实践的重要信念,它是媒体人的共同意志,也是媒体行业运行稳定、发挥有效功能的重要保障。④

一直以来,"媒体价值观"的所指丰富,相关研究也不胜枚举,但与内涵演进和结构变化方面有关的梳理性研究较少。本文试图通过文献梳理对"媒体价值观"进行溯源,以求找寻"信息价值观"的历史渊源,并寻求理论切口,推陈出新,尝试建立"信息价值观"的基本框架。

总的来看,与"媒体价值观"有关的讨论大致经历了三个阶段:新闻价值观(News Values)、记者职业价值观(Journalistic Values)和信息价值观(Information Values)。

早期的"媒体价值观"即"新闻价值观",是为了回答"新闻是什么"这一经典的社会科学命题而提出的。这一概念最早可追溯到李普曼的相关观点,即"要建立一套客观的价值判断标准以确定什么才是新闻的价值(News Worthiness)"。⑤ 其后,学者们逐渐开始用"新闻价值观"一词来指代这种"判断新闻价值的标准"。到 1965 年,新闻价值判断的具体维度首次被完整地总结,包括"新鲜性"、"准确性"、"公正性"、"相关性"和"需要性"等。⑥ 后继的学者以他们的研究作为起点,又从伦理学、法

---

① Longstaff, Francis A. and Eduardo S. Schwartz, "A Two-factor Interest Rate Model and Contingent Claims Valuation", *The Journal of Fixed Income*, Vol. 2, No. 3, December 1992, pp. 16–23.

② Rokeach Milton, *The Nature of Human Values*, New York: Free Press, 1973, p. 3.

③ Walther Joseph B., "The Merger of Mass and Interpersonal Communication via New Media: Integrating Metaconstructs", *Human Communication Research*, Vol. 43, No. 4, October 2017, pp. 559–572.

④ 李良荣:《新闻学概论》(第四版),复旦大学出版社 2018 年版,第 59 页。

⑤ Walter Lippmann, *Public Opinion*, New York: Macmillan, 1922, p. 223.

⑥ Galtung Johan and Mari Holmboe Ruge, "The Structure of Foreign News: The Presentation of the Congo, Cuba and Cyprus Crises in Four Norwegian Newspapers", *Journal of Peace Research*, Vol. 2, No. 1, March 1965, pp. 64–90.

学等角度提出了对新闻价值特征以及从业者道德规范等一系列应然性要求，逐渐完善了关于新闻价值判断的标准体系。①

然而，除了客观的标准体系，许多关于"新闻应当如何"的判断存在于从业者的大脑中，这些主观意识被部分学者认为是影响记者采取各项行动的直接因素。② 有学者因此提出，"媒体价值观"除应包括一些客观的标准外（"新闻价值观"、职业行为规范等），还应考虑到处于记者内在意识中的主观判断，即新闻从业者的"职业价值观"。③

新闻从业者的"职业价值观"简要来说就是新闻工作者对其职业意义的认知，是对"新闻工作应当扮演什么样的角色、实现什么样的价值"的一种主观判断。④ 将"新闻价值观"置于职业意识层面进行研究的学者，大多采用实证的研究方法，通过深度采访和田野调查观测新闻从业者的内在信念以及其对新闻角色、职业价值的集体认可。⑤ 与客观存在的新闻价值标准不同，这种处于意识层面的"职业价值观"易随着媒介生态、社会环境的不断变化而发生调整，⑥ 可以说始终处于动态的变化过程。通过对文献的梳理，我们大致可以总结出记者的"职业价值观"受到以下五种意识形态的影响。

公共服务观（Public Service）：认为新闻媒体应自觉承担起为社会服务的角色，要求媒体从业者为公民提供有效的信息、成为"把关人"和社会

---

① Helen Caple and Monika Bednarek (2013), "Delving into the Discourse: Approaches to News Values in Journalism Studies and Beyond", *Reuters Institure for the Study of Journalism*, December 2013, pp. 1 – 29.

② Palmer Jerry, *Spinning into Control: News Values and Source Strategies*, London: Leicester University Press, 2000, p. 2.

③ Donsbach Wolfgang, "Psychology of News Decisions: Factors Behind Journalists' Professional Behaviour", *Journalism*, Vol. 5, No. 2, May 2004, pp. 131 – 157.

④ Mark Deuze, "What is Journalism? Professional Identity and Ideology of Journalists Reconsidered", *Journalism*, Vol. 6, No. 4, November 2005, pp. 442 – 464.

⑤ Eilders Christiane, "News Factors and News Decisions, Theoretical and Methodological Advances in Germany", *Communications*, Vol. 31, No. 1, April 2006, pp. 5 – 24.

⑥ Rosen Jay, *What are Journalists for?*, New Haven, CT: Yale University Press, 1999, p. 89.

的推动者等。①②

政治服务（Political Service）：认为新闻传播具有很强烈的政治属性。它直接宣传与传播政党的政治路线、方针政策，鲜明地表现出一定阶级的政治倾向和世界观，通过对事实的传播与评论引导社会舆论，影响人们的思想行动。

专业主义（Professionalism）：认为从事新闻工作不仅需要具备特定的专业技能、行为规范，还需要具备一套定义媒介社会功能的信念，一系列规范新闻工作的职业伦理以及一种服从政治和经济权力之外的更高权威的精神。③④⑤

商业主义（Commercialism）：认为媒体有很强的商业属性，应当以追求经济利益为目标。受众是传播效果的唯一检验者，新闻从业者生产的内容应主要满足受众的需求。⑥⑦

技术统治（Technocracy）：认为技术是新闻传播事业变革的决定性因素，媒介技术的发展能够给予人平等的权利和真正的观点自由市场。技术主义将社会变迁的潜力集中在特定的传播科技上，认为技术的进步必将带领人民进入一个高度民主、平等、自由的理想社会（代表性思潮如"网络乌托邦"）。

---

① Woodstock Louise, "Public Journalism's Talking Cure: An Analysis of the Movement's 'Problem' and 'Solution' Narratives", *Journalism*, Vol. 3, No. 1, April 2002, pp. 37 – 55.

② Schudson Michael (2003), *Sociology of News*, New York: W. W. Norton, 2003, p. 59.

③ 陆晔、潘忠党：《成名的想象：中国社会转型过程中新闻从业者的专业主义话语建构》，《新闻学研究》2002年第7期。

④ Allison Marianne, "A Literature Review of Approaches to the Professionalism of Journalists", *Journal of Mass Media Ethics*, Vol. 1, No. 2, February 2009, pp. 5 – 19.

⑤ Josephi Beate, "Journalistic Professionalism in the Digital Age", *Brazilian Journalism Research*, Vol. 12, No. 3, December 2016, pp. 8 – 13.

⑥ 王卉：《商业化背景下的新闻伦理》，上海三联书店2015年版，第2—15页。

⑦ Allern Sigurd, "Journalistic and Commercial News Values News Organizations as Patrons of Aninstitution and Market Actors", *Nordicom Review*, Vol. 23, No. 1 – 2, February 2017, pp. 137 – 152.

这五种意识形态，在不同地区、不同时期都不同程度地主导了媒体生产者的职业意识。但随着全球化程度不断提高，各种意识形态经过长期的碰撞交流后形成了融合之势，不再有一种意识形态能够完全主导某个地区、某个媒体的价值体系。

"信息价值观"则是作为信息化社会中的重要价值观念被提出的，但迄今为止，将"信息价值观"与媒介生产者结合的研究较少。本文则认为应当把"信息价值观"引入当前的媒体实践场域，替代原有的"新闻价值观"和"记者职业价值观"，作为媒体从业者全新的价值理念进行研究。这是由于一方面，信息技术的不断发展使得人们对"信息"的认知范围不断扩大，"信息"涌现出的不同形态已经超出了"新闻"所讨论的范畴；另一方面，单纯思考媒介内容与社会之间的关系已经不再能满足媒体工作者的实际需要，在以计算机技术、通信技术为主导的信息化、智能化的社会中，媒体工作者更需要一种全新的价值体系引领其工作方向。因此，针对"媒体价值观"的研究应当还原"新闻即信息"这一本质属性，将讨论置于更大的"信息价值观"范畴。同时，还应当建立起"人与信息"、"人与信息技术"、"信息与社会"和"信息技术与社会"等全新的价值关系，用以理解媒介发展的新形态，才能够为媒体场域的实践提供进一步的指导。

二 "信息价值观"的内在结构：客观性和主观性

长期的新闻实践催生出了"媒体价值观"的两个重要属性——客观性（"新闻价值观"）及主观性（"记者职业价值观"）。客观属性的"媒体价值观"是指某些已经被化约成行动者标准的话语体系，如新闻价值、职业规范，是被公认的所有媒体从业者在从事新闻及信息服务过程中可以参考并在很大程度上必须遵守的基本原则，其发展虽然是动态的，但基本思潮、逻辑仍是有迹可循的。而主观属性的"媒介价值观"则留存在行动者的个人意识中，并未形成完整的话语以供参考，其表现的形式大多很抽象，动态性明显，难以捕捉。本文尝试以文献梳理的方式归纳"信息价值观"的客观属性；再以行动者身份作为分类原则，通过分析"公共服务观"、"政治观"、"专业主义"、"商业主义"和"技术主义"在媒介场域中的"在场"影响，归纳"信息价值观"的主观属性，形成"信息价值观"的内在维度及框架。

（一）"信息价值观"的客观属性："以何为信息"与"何以为信息"

狭义的"新闻价值观"指的是"定义事件可被报道为新闻的一系列标准"。[1][2] 这一系列标准被广泛地应用在新闻材料的筛选、编辑过程中，本质上是在回答"以何为新闻"的问题，因此也有学者将其称为新闻材料观（Material Perspective）。[3] 一些学者通过个人实践总结出新闻价值观的判断标准，[4] 也有部分学者参考哲学、心理学等学科的研究框架类比归纳新闻价值观，[5][6] 少部分学者在田野调查、访谈的基础上梳理新闻价值判断标准。[7][8]

最新的一项有关新闻价值判断体系的研究则顺应社交媒体新闻的大背景，在传统的研究基础上更新了一套新闻价值判断标准，其中包括独特性、显著性、相关性、重要性、冲突性、规模性、戏剧性、视听效果、可

---

[1] Palmer Jerry, *Spinning into Control: News Values and Source Strategies*, London: Leicester University Press, 2000, p. 2.

[2] Westerstahl Jorgen and Johansson Folke, "Foreign News: News Values and Ideologies", *European Journal of Communication*, Vol. 9, March 1994, pp. 71–89.

[3] Caple Helen and Bednarek Monika, "Rethinking News Values: What a Discursive Approach Can Tell Us about the Construction of News Discourse and News Photography", *Journalism*, Vol. 17, No. 4, February 2015, pp. 435–455.

[4] Harcup Tony and O'neill Deirdre, "What is News? News Values Revisited (again)", *Journalism studies*, Vol. 18, No. 12, March 2016, pp. 1470–1488.

[5] Ibid..

[6] Helen Caple and Monika Bednarek (2013), "Delving into the Discourse: Approaches to News Values in Journalism Studies and Beyond", *Reuters Institute for the Study of Journalism*, December 2013, pp. 1–29.

[7] Schultz, P. Wesley, Nolan Jessica, M., Cialdini Robert, B., Goldstein Noah, J. and Griskevicius Vladas, "The Constructive, Destructive, and Reconstructive Power of Social Norms", *Psychological Science*, Vol. 18, No. 5, May 2017, pp. 429–434.

[8] Dick Philip, K., *Do Androids Dream of Electric Sheep? (Mandarin Edition)*, New York: Simon and Schuster, 2014, p. 68.

分享性和议程性。① 考虑到智能化媒介环境中所具有的社交化、视听化和碎片化等特征，在此研究的基础上本文提出了"何以为新闻"所对应的"何以为信息"的概念——信息价值（Information Worthiness）作为"信息价值观"的客观属性中的重要一部分，其包括：

独特性（Exclusivity）：一手来源、一手资料、一手生成；

显著性（Significance）：有关重要人物、重大事件的信息；

相关性（Relevance）：与特定组织、群体产生关联的信息；

重要性（Importance）：对个人生活、社会生活产生重大影响的信息；

冲突性（Conflict）：具有多个对立主体间矛盾冲突的信息；

规模性（Magnitude）：在大量的人中被认为具有足够重要意义的信息；

戏剧性（Drama）：正在发生且具有戏剧化的信息，如逃跑、意外、搜查等；

视听效果（Audio-visuals）：引人注目的视频、音频信息；

可分享性（Shareability）：可被社交媒体分享的信息；

议程性（Agenda）：符合新闻机构议程的信息；

娱乐性（Entertainment）：信息应该满足大众的娱乐需求。

"何以为信息"回答了什么能成为信息的问题，而"以何为信息"则对如何编辑、发布信息提供了参考标准。而反观"新闻价值"，虽然回答了"什么是新闻"的重大命题，却无法回答"怎样制作新闻"或是"新闻应该如何制作"这一问题。因而为了进一步归纳、总结和指导新闻实践，学者们通过总结形成了一套规范新闻工作者的行为规范，即新闻工作者的职业规范。

新闻工作者的职业规范是随着新闻事业的出现而产生的，② 大多以"记者操作手册"的形式存留，因此也就很难对其做具体时间上的溯源。大多数的研究采用了案例分析的方法，对具体的某个报社或某项报道中记

---

① Caple Helen and Bednarek Monika, "Rethinking News Values: What a Discursive Approach Can Tell Us about the Construction of News Discourse and News Photography", *Journalism*, Vol. 17, No. 4, February 2015, pp. 435 – 455.

② 李良荣：《新闻学概论》（第四版），复旦大学出版社2018年版，第59页。

者、编辑们奉行的立场、观点进行总结归纳，包括记者编辑在报道中需要遵守的真实、准确、公正、客观和完整等原则。① 本文参照上述研究，提出对应的"信息职业规范观"，包括：

真实性（Authenticity）：信息来源于事实，反映事实；

准确性（Accuracy）：信息必须有明确的时间、地点、人物、起因、经过、结果，并能够进行核对；

公正性（Fairness）：信息必须能够平衡主体间的观点，不能带有主观偏向；

客观性（Objectivity）：一切结论必须来源于客观事实的推理；

完整性（Completeness）：信息必须尽可能全面地反映事件的全貌；

高制作水平（Good Production）：信息的制作应尽可能地提升质量；

多元性（Diversity）：尽可能多地提供一个事件的信息，包括问题、观点和评价。

（二）"信息价值观"的主观属性：信息职业价值观

行动者身份是推测行动者主观价值观的重要依据。近年来，媒体人的价值理念随着媒介环境的变化而不断调整，行动者身份成为解读传媒领域价值观变迁和重构的重要理论依据。例如学者艾德森和詹金斯借助"场域理论"解释了不同身份的传统新闻媒体人如何因 Buzzfeed 的出现改变了对新闻生产的观念。② 本文将借助这一思路，分析媒介场域内的行动者身份及其所关联的核心理念，从而大致归纳出信息从业者的"职业价值观"。③

从行动者的身份来分析，智能化媒体场域中的行动者仍然以传统媒体中的新闻编辑为主。这一主体在长期的新闻工作中不仅形成了独立的职业

---

① Brighton Paul and Foy Dennis, *News Values*, London: SAGE, 2007, p. 98.

② Tandoc Edson C. and Jenkins Jr. Joy, "The Buzzfeedication of Journalism? How Traditional News Organizations are Talking about a New Entrant to the Journalistic Field Will Surprise you!", *Journalism*, Vol. 18, No. 4, December 2015, pp. 482 – 500.

③ Wu Shangyuan, Tandoc Jr. Edson C. and Salmon Charles T., "Journalism Reconfigured: Assessing Human-machine Relations and the Autonomous Power of Automation in News Production", *Journalism Studies*, Vol. 20, No. 10, September 2018, pp. 1440 – 1457.

行为规范、判断标准,还构成了一套定义媒介社会功能的信念,即"新闻专业主义"。① 而"新闻专业主义"实际上是新闻生产者围绕媒介与社会这一核心关系形成的价值判断和价值体系,诸如"把关人""守望者"等话语都是对这一关系的探讨。因此,本文引用其中的核心内涵——服务公众、服务社会,归纳出这一群体的重要价值精神——"社会义务观"(Social Commitment),其中便包括:关注公共事务、平衡报道、深度报道、非歧视原则、非伤害原则、维护社会稳定、受到社会认可、树立社会道德楷模与贡献社会。②③

  第二类的信息行动者身份则具有组织意义。所谓的组织身份即行动者身上具备某一组织的重要特征,其行动受到这一组织的压力及规范,因此在信息的生产过程中受到组织、集体价值观(Organizational Values)的影响。第三类的信息行动者身份具有商业意义。商业意义赋予了媒介经济属性,因此在任何的媒介中都存在以商品化为目标促进媒介发展的群体。④由于在市场经济条件下,媒介独立生存、自负盈亏,因此商业意义也就对媒介生产构成了重要影响,由此,媒介场域中便形成了一种"商业价值观"(Commercial Values)。"商业价值观"源于资本主义工业时期的重商主义(Mercantilism),是以盈利为目的指导生产和实践的价值看法,其在媒介场域中的主要特点包括:提供吸引人的、新奇的、情绪性的报道,制造噱头,取悦受众,观点从众,提供优质服务以及保持竞争优势。第四类的信息行动者身份具有浓厚的技术背景。随着媒介智能化趋势的不断加剧,技术正在不断"代理"媒体人的工作,而技术的设计者、操纵者则成

---

① 陆晔、潘忠党:《成名的想象:中国社会转型过程中新闻从业者的专业主义话语建构》,《新闻学研究》2002 年第 7 期。

② Holland, P. and Benton, S., "Pride and Prejudice", *New Statesman and Society*, February 1989, Vol. 2, No. 19, p. 38.

③ Iggers Jeremy, *Good News, Bad News: Journalism Ethics and the Public Interest*, London: Routledge, 2018.

④ Caple Helen and Bednarek Monika, "Rethinking News Values: What a Discursive Approach Can Tell Us about the Construction of News Discourse and News Photography", *Journalism*, Vol. 17, No. 4, February 2015, pp. 435 – 455.

为不可忽视的重要行动者,技术人员的价值观便参与到了信息生产到分发的全流程。本文以"硅谷价值观"(Silicon Values)作为重要参照,提出媒介场域中的重要价值观——"高科技价值观"(High-tech Values),其中包括信息发展意识、技术乐观主义、信息流通自由、信息共享、信息解决社会问题、提供高附加值信息、拒绝服从权威、个性化/定制化信息以及信息精英意识。第五类则是考虑到任何从业者都具备职业身份意识,因而信息从业者的职业认同意识(Occupational Identity)可包括工作自主性、工作满意度、职业安全感、高生活品质、个体尊严、自我满足、专业知识以及审美意识。① 值得注意的是,行动者的身份有可能相互叠加,在高度合作性的信息工作中互相影响,因此其所具备的价值观也同样在信息活动中紧密相连,不可被分割看待。

综上,本文通过对"新闻价值观""记者职业价值观"的参照,提出了"信息价值观"的具体框架(见表1)。

表1   "信息价值观"与"新闻价值观"的内容对照

客观属性		主观属性	
新闻价值观	信息价值观	记者职业价值观	信息价值观
新闻价值 (News Worthiness)	信息价值 (Information Worthiness)	新闻专业主义 (Journalistic Professionalism)	社会义务观 (Social Commitment)
职业规范 (Professional Norms)	职业规范 (Professional Norms)	新闻政治观 (Political Service)	组织/集体价值观 (Organizational Values)
		新闻技术主义 (Journalistic Technocracy)	高科技文化价值观 (High-tech Culture Values)
		新闻商业主义 (Journalistic Commercialism)	商业价值观 (Commercial Values)
		职业认同 (Professional Identity)	职业认同 (Professional Identity)

---

① 王晓红、俞逆思:《我国城市广电媒体从业者职业认同现状及影响因素分析》,《新闻记者》2019年第9期。

通过上述分析和归纳，本文最终建立"媒体信息价值观"的观测量表如下（见表2）。

表2　　　　　　　　"媒体信息价值观"观测量表

维度	内容	中文表述
Information Value 信息价值判断	Truth	真实性①
	Accurate	准确性②
	Relevant	相关性③
	Timeliness	时效性④
	Fairness	公正性⑤
	Objective	客观性⑥
	Diversity	多元性⑦
	Completeness	完整性⑧
	Good Writing/Production	高写作/制作水平⑨

---

① Holland, P. and Benton, S., "Pride and Prejudice", *New Statesman and Society*, February 1989, Vol. 2, No. 19, p. 38.

② Elliott Elaine, S. and Carol, S. Dweck, "Goals: An Approach to Motivation and Achievement", *Journal of Personality and Social Psychology*, Vol. 54, No. 1, 1988, pp. 5 – 12.

③ Ibid..

④ Caple Helen and Bednarek Monika, "Rethinking News Values: What a Discursive Approach Can Tell Us About the Construction of News Discourse and News Photography", *Journalism*, Vol. 17, No. 4, February 2015, pp. 435 – 455.

⑤ Brighton Paul and Foy Dennis, *News Values*, London: SAGE, 2007, p. 98.

⑥ Harcup Tony and Deirdre O'Neill, "News Values and Selectivity", *The Handbook of Journalism Studies*, London: Routledge, 2009, pp. 161 – 174.

⑦ Morley Donald Dean, Pamela Shockley-Zalabak and Ruggero Cesaria, "Organizational Communication and Culture: A Study of 10 Italian High-technology Companies", *The Journal of Business Communication* (1973), Vol. 34, No. 3, July 1997, pp. 253 – 268.

⑧ Sallot Lynne M., Thomas M. Steinfatt and Michael B. Salwen, "Journalists' and Public Relations Practitioners' News Values: Perceptions and Cross-perceptions", *Journalism & Mass Communication Quarterly*, Vol. 75, No. 2, June 1998, pp. 366 – 377.

⑨ Allern Sigurd, "Journalistic and Commercial News Values News Organizations as Patrons of Aninstitution and Market Actors", *Nordicom Review*, Vol. 23, No. 1 – 2, February 2017, pp. 137 – 152.

续表

维度	内容	中文表述
Social Commitment 社会价值观	Balanced Editorials	平衡报道①
	Analytical Coverage	深度报道②
	Factual Reporting	实事求是③
	Unbiased Reporting	非歧视原则④
	Seriousness	严肃报道⑤
	Without Hurting People	非伤害原则⑥
	Public Affairs	关注的公共事务⑦
	Community Cohesion/Stability	维护社会稳定⑧
	Being Accepted	受到社会认可⑨
	Information in Need	提供有用的信息⑩
	Moral Stand	媒体树立社会道德楷模⑪

---

① Holland, P. and Benton, S., "Pride and Prejudice", *New Statesman and Society*, February 1989, Vol. 2, No. 19, p. 38.

② Ibid..

③ Picard Robert G., "Measuring and Interpreting Productivity of Journalists", *Newspaper Research Journal*, Vol. 19, No. 4, September 1998, pp. 71 – 84.

④ Ibid..

⑤ Brighton Paul and Foy Dennis, *News Values*, London: SAGE, 2007, p. 98.

⑥ Elliott Elaine, S. and Carol, S. Dweck, "Goals: An Approach to Motivation and Achievement", *Journal of Personality and Social Psychology*, Vol. 54, No. 1, 1988, pp. 5 – 12.

⑦ Dennis Alan R., George Joey F., Jessup Len M., Nunamaker Jr. Jay F. and Vogel Douglas R., "Information Technology to Support Electronic Meetings", *MIS Quarterly*, December 1988, pp. 591 – 624.

⑧ Harcup Tony and Deirdre O'Neill, *News Values and Selectivity*, The Handbook of Journalism Studies, London: Routledge, 2009, pp. 161 – 174.

⑨ Ibid..

⑩ Weiss Joseph and Andre Delbecq, "High-technology Cultures and Management: Silicon Valley and Route 128", *Group & Organization Studies*, Vol. 12, No. 1, March 1987, pp. 39 – 54.

⑪ Holland, P. and Benton, S., "Pride and Prejudice", *New Statesman and Society*, February 1989, Vol. 2, No. 19, p. 38.

续表

维度	内容	中文表述
Organizational Values 组织/集体价值观	Watch Dogs	成为政府喉舌①
	Positive Reporting	正面宣传/正面报道
	Third Power	舆论监督②
	Image of Political Leader/Celebrities	绘制政治人物形象
	Faithful to Supervisor	服从上级命令③
	Cooperation	协作生产④
	Rewarded for Taking Risk	高风险高回报⑤
	Highly Responsible	对自己的工作绝对负责⑥
High-Tech Culture 高科技文化价值观 ("硅谷"价值观)	Developmentalism	信息发展主义⑦
	Technicalism	信息工具主义⑧
	Information Freedom	信息流通自由⑨
	Information Sharing	信息共享⑩

① Harcup Tony and Deirdre O'Neill, *News Values and Selectivity*, The Handbook of Journalism Studies, London: Routledge, 2009, pp. 161 – 174.

② Donsbach Wolfgang, "Psychology of News Decisions: Factors behind Journalists' Professional Behaviour", *Journalism*, Vol. 5, No. 2, May 2004, pp. 131 – 157.

③ Morley Donald Dean, Pamela Shockley-Zalabak and Ruggero Cesaria, "Organizational Communication and Culture: A Study of 10 Italian Bigh-technology Companies", *The Journal of Business Communication* (1973), Vol. 34, No. 3, July 1997, pp. 253 – 268.

④ Ibid..

⑤ Ibid..

⑥ Vassilevski, K. V., Wright, N. G., Nikitina, I. P., Horsfall, A. B., O'neill, A. G., Uren, M. J. and Johnson, C. M., "Protection of Selectively Implanted and Patterned Silicon Carbide Surfaces with Graphite Capping Layer during Post-Implantation Annealing", *Semiconductor Science and Technology*, Vol. 20, No. 3, February 2005, p. 271.

⑦ Morley Donald Dean, Pamela Shockley-Zalabak and Ruggero Cesaria, "Organizational Communication and Culture: A Study of 10 Italian high-technology Companies", *The Journal of Business Communication* (1973), Vol. 34, No. 3, July 1997, pp. 253 – 268.

⑧ Ibid..

⑨ Caple Helen and Bednarek Monika, "Rethinking News Values: What a Discursive Approach Can Tell Us about the Construction of News Discourse and News Photography", *Journalism*, Vol. 17, No. 4, February 2015, pp. 435 – 455.

⑩ Ibid..

续表

维度	内容	中文表述
High-Tech Culture 高科技文化价值观 （"硅谷"价值观）	Analyze Problems	媒体分析社会问题①
	Value Added	提供高附加值的信息②
	Avoid Comforting the Afflicted	拒绝服从权威③
	Being a Mover/Shaker	成为社会推动者④
	Personalized	个性化/定制的
	Elitism	精英主义意识⑤
Commercial Values 商业价值观	Appealing	提供吸引人的报道⑥
	Novelty	提供新奇的报道⑦
	Emotion	情绪性报道⑧
	Sterotypical Aspects	制造噱头⑨
	Entertainment	提供娱乐⑩
	Pleasing Readers	取悦受众

---

① Morley Donald Dean, Pamela Shockley-Zalabak and Ruggero Cesaria, "Organizational Communication and Culture: A Study of 10 Italian high-technology Companies", *The Journal of Business Communication* (1973), Vol. 34, No. 3, July 1997, pp. 253 – 268.

② Weiss Joseph and Andre Delbecq, "High-technology Cultures and Management: Silicon Valley and Route 128", *Group & Organization Studies*, Vol. 12, No. 1, March 1987, pp. 39 – 54.

③ Harcup Tony and Deirdre O'Neill, "News Values and Selectivity", *The Handbook of Journalism Studies*, London: Routledge, 2009, pp. 161 – 174.

④ Ibid..

⑤ Andre'L. Delbecq and Joseph Weiss, "The Business Culture of Silicon Valley: A Turn-of-the-Century reflection", *Journal of Management Inquiry*, Vol. 9, No. 1, March 2000, pp. 37 – 44.

⑥ Ibid..

⑦ Caple Helen and Bednarek Monika, "Rethinking News Values: What a Discursive Approach Can Tell Us about the Construction of News Discourse and News Photography", *Journalism*, Vol. 17, No. 4, February 2015, pp. 435 – 455.

⑧ Ibid..

⑨ Ibid..

⑩ Holland, P. and Benton, S., "Pride and Prejudice", *New Statesman and Society*, February 1989, Vol. 2, No. 19, p. 38.

续表

维度	内容	中文表述
Commercial Values 商业价值观	Depicts Subject in Favorable Light	观点从众①
	Good Service	提供优质的服务②
	Profitable	盈利性③
	Competitive	保持竞争优势④
	Stable Advertising and Circulation Base	保证可观的收入⑤
Occupational Identity 职业认同 （包括：职业角色、职业目标、职业满足）	Problem-Solution	成为社会问题的解决者⑥
	Liberal Publishment	自由出版/自由言论⑦
	Autonomy to Report	工作自主性⑧
	Job Satisfaction	工作满意度⑨
	Good Pay	职业收入付出比⑩

---

① Sallot Lynne M., Thomas M. Steinfatt and Michael B. Salwen, "Journalists' and Public Relations Practitioners' News Values: Perceptions and Cross-perceptions", *Journalism & Mass Communication Quarterly*, Vol. 75, No. 2, June 1998, pp. 366 – 377.

② Weiss Joseph and Andre Delbecq, "High-technology Cultures and Management: Silicon Valley and Route 128", *Group & Organization Studies*, Vol. 12, No. 1, March 1987, pp. 39 – 54.

③ Ibid..

④ Harcup Tony and Deirdre O'Neill, *News Values and Selectivity*, The Handbook of Journalism Studies, London: Routledge, 2009, pp. 161 – 174.

⑤ Ibid..

⑥ Schultz Ida, "The Journalistic Gut Feeling: Journalistic Doxa, News Habitus and Orthodox News Values", *Journalism practice*, Vol. 1, No. 2, April 2007, pp. 190 – 207.

⑦ Harcup Tony and Deirdre O'Neill, *News Values and Selectivity*, The Handbook of Journalism Studies, London: Routledge, 2009, pp. 161 – 174.

⑧ Grubenmann Stephanie and Miriam Meckel, "Journalists' Professional Identity: A Resource to Cope with Change in the Industry?", *Journalism Studies*, Vol. 18, No. 6, October 2017, pp. 732 – 748.

⑨ Jane Singer and Ian Ashman, "User-generated Content and Journalistic Values", In: Allan, S. and Thorsen, E. (Eds.), *Citizen Journalism: Global Perspectives, Global Crises and the Media* (1) (pp. 233 – 242), New York, USA: Peter Lang.

⑩ Harcup Tony and Deirdre O'Neill, "News Values and Selectivity", *The Handbook of Journalism Studies*, London: Routledge, 2009, pp. 161 – 174.

续表

维度	内容	中文表述
Occupational Identity 职业认同 （包括：职业角色、 职业目标、职业满足）	Job Security	职业安全感①
	Enjoyable/Leisurely Life	拥有良好的生活品质②
	Credibility	个人信用③
	Self-Esteem	个体尊严④
	Self Achievement	自我满足⑤
	In-Depth Knowledge and Insight	专业的知识和洞见⑥
	Aesthetically	审美意识⑦

三 信息的价值嵌入过程与"信息价值观"的观测维度

对"信息价值观"的内在结构进行层次性分析，有助于研究者确定媒介行动者意识形态的多个维度。但随着媒介生产的分工越来越细化，多种意识形态呈现出了相互交织的景观。如何关注智能化时代媒体从业者的价值观成为一个复杂的命题。

---

① Harcup Tony and Deirdre O'Neill, *News Values and Selectivity*, The Handbook of Journalism Studies, London: Routledge, 2009, pp. 161 – 174.

② H. H. Goltz and M. L., "Forming and Developing Your Professional Identity: Easy as PI", *Health Promotion Practice*, Vol. 15, No. 6, July 2014, pp. 785 – 789.

③ Ibid..

④ Joel A. DeLisa, Patrick M. Foye, Sudesh Sheela Jain, S. Kirshblum and C. Christodoulou, "Measuring Professionalism in a Physiatry Residency Training Program", *American Journal of Physical Medicine & Rehabilitation*, Vol. 803, No. 3, March 2001, pp. 225 – 229.

⑤ Grubenmann Stephanie and Miriam Meckel, "Journalists' Professional Identity: A Resource to Cope with Change in the Industry?", *Journalism Studies*, Vol. 18, No. 6, October 2017, pp. 732 – 748.

⑥ Joel A. DeLisa, Patrick M. Foye, Sudesh Sheela Jain, S. Kirshblum and C. Christodoulou, "Measuring Professionalism in a Physiatry Residency Training Program", *American Journal of Physical Medicine & Rehabilitation*, Vol. 803, No. 3, March 2001, pp. 225 – 229.

⑦ Harcup Tony and Deirdre O'Neill, "News Values and Selectivity", *The Handbook of Journalism Studies*, London: Routledge, 2009, pp. 161 – 174.

已有的针对媒体工作者价值观的研究大致有两种取径。其一，通过信息生产的流程观察价值观如何被"植入"媒介工作。简单来说，就是观察不同形态的价值观如何影响了生产、编辑、分发和互动反馈等环节。此方法之益处在于能够清晰地将媒介生产的各个阶段同相关的价值形态联结，弊处则在于某种价值形态的排列组合并不能很好地解释说明某个生产环节，最后导致的是不同阶段的信息价值观的绝对多元化。例如，相关的研究或许可以洞见信息的生产受到了政治意识、专业意识和商业意识的多重影响，却很难回答究竟是哪一种意识形态在哪一阶段占据了何种地位，因为在不同的媒介语境之下，价值观会产生各种各样的多元性。其二则是对价值观进行归类，从而分析价值观的对立和冲突。例如，将价值观纳入韦伯所说的"工具理性—价值理性"的经典框架，分析不同价值观的属性，从而分析价值的矛盾统一。这种方法能够有效地辨别差异，但简单的二分法却很难对复杂的价值观进行全局式的解释，特别是在工具理性和价值理性的中间地带很难做"一刀切"式的判断。

本文认为，对"信息价值观"的观测，首先应当遵循信息生产的流程，但信息生产的流程并不完全等同于媒介生产的流程。罗伯特·泰勒指出，信息生产的本质是将数据通过特定的价值体系转换为适应媒介传播的信息的过程。[1] 而正如塔克曼（Tuchman）所言，媒介生产是一种"常规化"（Routinization）的机制，在操作可行性的前提下将各个步骤"类型化"，因此，媒介生产本质上是信息生产社会化的过程，但不应该将其视为信息生产的必要逻辑。[2]

其次，针对"信息价值观"的观测不必拘泥于某种特定的价值框架，应遵循韦伯式的研究——从了解行动者的解释开始，用学者的洞察力和概括力了解价值观的"相关结构"（Relevance Structure），用"深描"的方法解释层叠的复杂意义。

---

[1] Taylor Robert S., "Value-added Processes in the Information Life Cycle", *Journal of the American Society for Information Science*, Vol. 33, No. 5, September 1982, pp. 341-346.

[2] Gaye Tuchman, *Making News: A Study in the Construction of Reality*, New York: Free press, 1978, p. 5.

（一）信息的生产流程及价值观的嵌入

罗伯特·泰勒建立起了一套有效的模型用于理解信息生产的流程，并指出数据通过结合、关联以及赋予意义产生了信息，而信息通过证实（Validated）、合成（Synthesized）以及植入语境（Put into Context）形成知识，而记者的生产本质是赋予数据以信息价值，再赋予信息以知识价值，而在创造信息价值的过程中记者的价值观被嵌入。[1]

更具体的，罗伯特·泰勒提出了记者对信息赋予了四个维度的价值，即质量（Quality）、可用性（Usability）、降噪功能（Noise Reduction）和匹配性（Adaptability），认为信息的质量是一切数据能够转换为社会所接受的信息的重要前提，其质量价值包括了信息的准确性、全面性、可信度和有效性（如严谨性、逻辑性等）；当数据转换为信息之后，首要考虑的是将信息转化为可方便获取的形式，即赋予信息以可用性，且这种可用性既包括将信息转化为容易获取和搜索的形式，又包含在编辑上增强信息的特征以便于受众解读（如倒金字塔形的写作结构）；而当信息变得可供获取理解后，信息生产者要考虑的便是如何加强信息在传播过程中的辨识度与显著性，因而媒体生产者的主要工作就是判断哪些信息、哪种形式更能获得受众的注意力，从而剔除无关的信息和无助于信息接收的模式，即信息的降噪；最后，信息工作者创造出针对特定人群、特定问题、富有个性化的信息，使信息适应受众精准化的需求，最终被"消费"。[2]

因此，媒体生产者的工作本质，就是在信息生产的过程中不断提升数据的信息价值与社会价值。随着数据被逐步提炼成为精准化的信息，人对信息的价值赋予程度不断加深，生产者的"信息价值观"对信息的作用不断凸显，也意味着不同意识形态的"信息价值观"之间的矛盾随着信息生产的逐步推进而变得更加复杂和深刻。

（二）重构因果与意义："信息价值观"的观测维度

本文提倡重归信息生产流程以建立起观测"信息价值观"的纵向维

---

[1] Taylor Robert S.，"Value-added Processes in the Information Life Cycle"，*Journal of the American Society for Information Science*，Vol. 33，No. 5，September 1982，pp. 341 – 346.

[2] Ibid. .

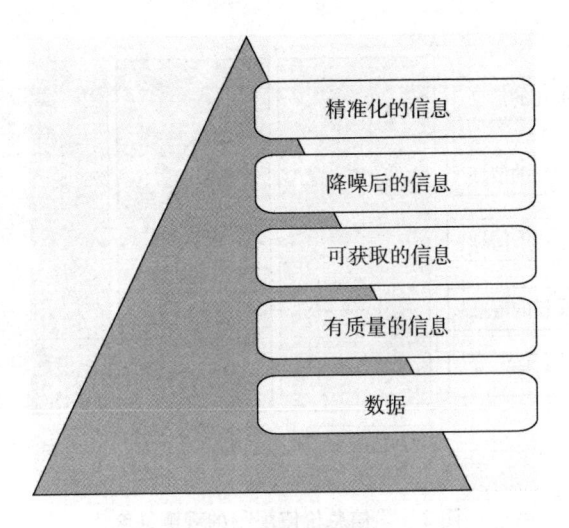

```
        精准化的信息
        降噪后的信息
        可获取的信息
        有质量的信息
          数据
```

图 1　信息生产流程

资料来源：Robert Taylor, 1986。

度。但反对将上一节所归纳的价值形态简单地划归于某个具体的生产步骤。或许我们可以提出一系列的假设，例如，在将数据过滤为有质量的信息时，信息价值、职业规范与社会价值发挥了重要作用；在将有质量的信息转换为可获取的信息时，技术价值、商业价值旋即加入；在信息的降噪阶段，政治价值则被考虑在内；而到了精准化的阶段，信息所服务对象的价值等多重价值属性则可能被重新纳入考量。但"信息价值观"究竟如何与信息生产流程发生联系？哪些价值形态显著影响了信息生产的各个步骤？回答这些问题时，需要回归实证科学的研究方法，利用前文提出的"信息价值观"的内在结构模型和信息生产模型作为变量，建立其间的因果关系。当然在此之前，还需要对"信息价值观"的内在结构做实证性的检验，剔除与实践不符的价值观维度。

在对不同的"信息价值观"作横向的比较和分析时，可以尝试从韦伯的现象学取径，先由媒体行动者入手，解释他们在不同的信息生产阶段对于价值观的考量，描写深层的动机及复杂多端的结果，再利用学者的洞察力和具有概括力的学术概念，协助媒体行动者在更大的脉络下重释"信息价值观"的意义，将主观解释进一步客观化。

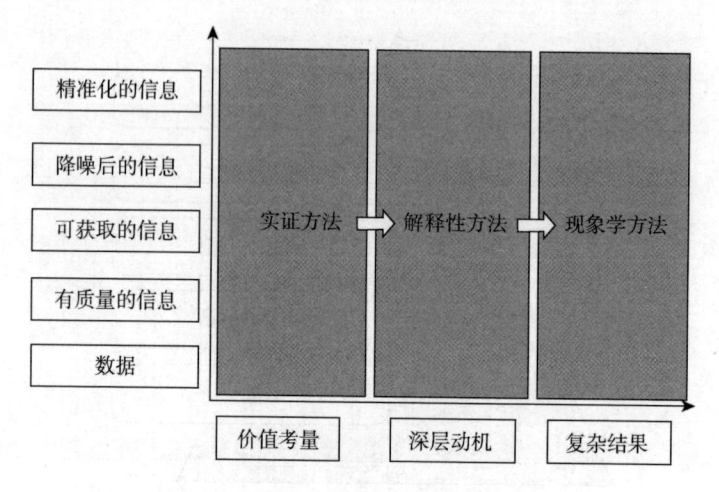

图 2 "信息价值观"的观测维度

四 论文盲点与思考

"信息价值观"是复杂的时代性命题，需要有历史视野与现代视角，结合宏观、中观和微观的分析办法，以便剥解其层层意义，井然有序地呈现出丰富的结构。

本文在已有研究基础上提出了"信息价值观"的基本框架，试图厘清脉络，为后续研究提供参照。然而缺乏实践证据的论述不免使得本文缺乏解释力。另外，本文对信息生产流程与价值植入、实证方法、解释性方法和现象学取径的阐释力不足，这也需要后续研究进行完善。

作者：俞逆思，清华大学新闻与传播学院博士生。
本文为 2019 年 11 月"智能时代的信息价值观研究高层论坛"的投稿论文。论坛由清华大学新闻与传播学院、国家社科基金重大课题"智能时代的信息价值观引领研究"课题组等联合主办。

技术神话与伦理反思

——基于媒介话语空间语境下影像新闻的传播价值研究

姜 博

【摘要】 在当今信息媒介相互交融的时代，新闻信息赖以呈现的传播载体已由起初的纸媒转变为影像，媒介话语空间环境正嬗迭涌动。影像在新闻中的运用强化了电视新闻语言的感染力，弥补了传统新闻中解说词过多的不足，逐渐成为新闻报道中的主流形式。随着影视制作手法的日益成熟，影像新闻的生产正不断触及技术神话的巅峰，但其传递核心思想内容的背后却日益面临着伦理反思。传媒的快捷性、交互性、广泛性、公正性、批判性，传媒工作者受职业影响所具有的高尚性、权威性等，均使传媒成为公众对正义与公平的依托和希望。但在现实生活中，传媒的双刃性、不确定性、隐匿性和经济性，又无时无刻不在冲击着社会的向善与和平。技术神话下影像新闻的真实性该如何传递？伦理反思中影像新闻的客观性又面临何种重构？在已经来临的 5G 时代与媒介深度融合的环境下，研究影像新闻的传播价值具有不同以往的传播学意义。

【关键词】 媒介话语；影像新闻；技术神话；伦理反思；5G 时代

影像新闻，即指以影像为主要媒介传递讯息的新闻报道形式。其内容形态呈现多元化，如摄影影像、电影影像（早期的新闻电影）、电视影像、DV 影像、网络视频影像、手机短视频影像等。影像作为电视新闻传播的基本元素之一，被视为对现实的透明反映。在视觉修辞理论中，新闻影像除了"映照现实"功能，还具有情感诉求的作用，是新闻制作方传达情感信息的载体。制作方通过剪辑，在影像与反映的客体之间，建立起一套注解体系。这套体系的起承转合，将观念和价值判断传递给受众。[①] 随着影视制作手段的不断成熟及通信技术的快速发展，"影像"的制作手法日益精良，传递速度及时迅猛，逐渐成为新闻信息传递的主要话语。

基于影像的创作产出而言，21世纪后制作者的采编设备更新换代频率加剧。20世纪90年代，中国新闻摄影器材基本为卡带机，所呈现画质基本为720P标清；到千禧年后，摄影机器逐步转换为数字摄影机，画质也提升为1080P高清；如今数位时代下，摄影机所呈现的画质更是实现了2.7K超高清到4K超清水准的突飞猛进。同时，反观新闻影像制作的非线性编辑设备，20世纪前，大洋（U-EDIT100HD）、EDIUS等传统编辑系统被投入使用，可以满足影像基本的片段剪接与字幕解说使用；而2010年前后，随着美国Adobe软件公司不断对其剪辑特效软件的更新与完善，中国的影像新闻编辑软件也开始更新为Premiere Pro、After Effects CC以及美国苹果公司的Fina Cut Pro等集剪辑、特效、三维动画合成于一体的影像编辑制作软件。这意味着影像新闻也具备了电影画面的观赏美感，其画质可媲美电影级水平，画面呈现也越发精美生动。值得注意的是，2016年后全景拍摄手法辅助AR（Augmented Reality）与VR（Virtual Reality）等新型人工智能技术在影像新闻报道中开始逐步被运用。AR及VR技术将观众从新闻事件的"观望者"转化为事件的"现场目击者"，更是赋予影像新闻带给观众前所未有的"沉浸式"新感官体验。

技术的推进使得影像新闻的制作手法日益精良的同时，传媒伦理显得愈加重要。所谓传媒伦理，即是媒介从业人员在特定的媒介关系中形成的有关媒介活动的行为规范，是调节各种媒介关系、规范媒介从业人员媒介行为的手段。新闻从业者该选择什么样的信息进行传播，如何使信息的传

---

① ［法］罗兰·巴尔特、让·鲍德里亚等：《形象的修辞》，吴琼、杜予译，中国人民大学出版社2005年版，第56—60页。

播内容和方式不会对社会伦理道德造成伤害，传播的信息如何可以不断推进社会向善，已成为一个无法回避的问题。不可置疑，影像新闻信息的制作流程中"二次编辑"无法避免，其或多或少会夹杂制作方的主观意愿与组织导向。在当代影像新闻的传播环境中，技术与伦理的介入使得新闻内容的制作与传递具有双重内涵，在更容易呈现与还原影像新闻中真情实感的同时，也更容易混淆影像传递的伦理与道德。

一 现实与虚拟：技术神话下影像新闻的真实性传达

Seeing is believing，受众总是倾向于相信自己所看到的事物。在影像新闻中，画面作为具象符号，较作为抽象符号的文字而言更为直白真实，同时具有现场感。穿插影像画面的新闻内容表述手法也许并不新颖，却总能以"真实性"博得人心。随着信息技术神话下影像传播的媒介载体发生多维度的巨变，影像新闻中流露的真情实感往往直接取材于现实题材，而新闻发生的背景空间则可以运用计算机技术辅助搭建出一个虚拟视觉场景，进而更好地进行真实新闻事件的再现。

（一）真情实感下的现实题材选取

新闻的真实性原则要求传播的内容必须真实、准确、可靠，其体现在新闻报道中对于现实题材的选取及真实情感的传达。在2019年春节期间央视《新春走基层》节目组所制作的新闻节目《相约在零点三十七分》中，凭借影片真情实感的画面打动了亿万观众。故事讲述了春节期间坚守在各自工作岗位的两名铁路工作者，在仅有短暂的一分五十二秒相聚时间里团聚的故事。主人公郝康手拎着煲好的热汤，怀揣着戒指跑过一节又一节车厢，只为能争取到与恋人团聚一分多钟。新闻片采用平行拍摄双线叙事手法，运用影像的优势可以使观众在同一时空看到二人的动作行为。雷杰用力关上车门，隔着车窗向郝康用手比心，而此时郝康的眼角处已经泛起泪花。爱情是人类感情生活中亘古不变的主题，在奔波相聚的实拍场景背后折射出的则是二人相爱的真情实感。影像所打动的并不只是铁路人，更是无数个在流动中坚持梦想、坚守岗位、忠贞爱情的平凡个体。

无独有偶，2019年3月《江西晨报》推送了一则名为《南昌—清洁工患癌去世 留下2.8万元回馈社会》的影像新闻。影片将清洁工刘军的图片与视频影像素材搭配呈现，清洁工刘军癌症复发自知时日不多，他决定不占用社会资源主动放弃治疗，反而拿出自己的全部积蓄换来四十张购物卡，用来回馈社会。人在生命的结尾所考虑的事情不是自己，而是整个社会，观众看后无不为之动容。此类正能量的影像新闻并没有花哨的感情渲染与包装，而是通过平淡的影像叙事真实还原了个人事迹，其背后折射出的是每一个观众对新闻事件的真情实感。

（二）虚拟空间下的真实事件还原

信息传递所运用的媒介话语在影像时代已因影视后期技术的运用以及新闻编导议程设置的安排所演变为多次再造的产物，而VR影像新闻作为影像话语的拓展，其亦是运用最新的数字技术及通信技术对社会现实进行某种再现。① VR影像（虚拟现实）即指一种建立在计算机模型和沉浸式多媒体技术基础之上的新型科技，其主要特点在于高度仿真地模拟现实情境。虚拟影像新闻报道中以高仿真的方式实现对现实时空环境的重组，将以往报道中单纯的线性叙事结构转换为全方位、多角度、立体式、跨时空叙事的维度。②

在美国南加州大学互动媒体实验室所研究的VR影像新闻项目"Project Syria"中，负责人Rober Hernandez利用虚拟现实技术对于内战中的叙利亚进行深层次影像浸入式报道。观众穿戴VR眼镜设备即可进入体验模式，置身于叙利亚爆炸前热闹的街道上，穿梭于忙碌嘈杂的集市及熙熙攘攘的人群之中。随着"砰"的一声巨响，观众可感受到身边腾起了烟雾以及爆炸特有的硫黄味，短暂的耳鸣和近乎晕厥的体验使得观众近乎亲临爆炸现场。爆炸后的叙利亚街道上可以看到慌乱奔走的大人和儿童，甚至可以闻到受伤者血液的味道混杂着焦土特有的阵阵恶臭。③ 此类虚拟影像新

---

① 徐睫亮：《媒介技术视野下VR新闻生产与传播的实践探究》，硕士学位论文，湖北大学，2017年。
② 孙祥飞：《机器人新闻研究的新命题》，《新闻论坛》2017年第1期。
③ 刘冰：《融合新闻：互联网时代新闻样式重塑》，《中国出版》2017年第22期。

闻高度还原了战争场景，运用计算机将时空进行重新虚拟复刻，搭配声音及影像的同步呈现，使人们不需要走出家门便可以感受到战争的残酷，进而唤起受众内心对于和平的渴望。

然而对于战争新闻报道而言，过度真实的场景再现又是否真的符合新闻报道的价值期待？如果此类战争VR影像新闻的受众为PTSD（创伤后应激障碍）患者，再度体验真实的血腥残酷战争画面，无异于是对用户的二次伤害。作为VR影像新闻的从业者，其职业立场就是尊重受众的知晓权，其伦理职责亦为让受众知道事情的真相。如果强调目标的合乎道德性，它要求人们必须虑及被报道对象及受众在整个新闻事件中产生的影响，把人文关怀置于提供真实报道还原之上。基于虚拟现实技术下的浸入式新闻固然再次重新定义了影像新闻中的"真实场景""真实情感"，然而在抛去技术包装下的信息内容该如何秉承传媒伦理中的人文关怀，仍需要经历伦理的拷问。

二　危机与重构：传媒伦理下影像新闻的客观性呈现

麦克卢汉将媒介视为信息，是将信息技术及媒介形态的变化视为一种社会变迁的反映以及新媒介技术所带来的无限可能性。[1] 广义而言，信息的内容呈现因为媒介载体发展而变得复杂多元化。正如佛雷德里克·费雷所说，我们所生活的技术环境就像鱼儿赖以生存的水。随着数字技术与通信技术发展，影像新闻制作与产出的流程同时面临危机与机遇。对于传统影像新闻而言，其在影像内容的产出阶段更多笼罩了一层"人化"的面纱，以编辑主导的价值内容输入使得新闻内容的客观性面临危机；而对于新型影像新闻来讲，人工智能技术的介入为影像新闻在生产环境中赋予了机器理性，其影像内容的客观性得以重构。

（一）声画结合下新闻影像的价值观输出危机

伴随受众对视觉体验要求的不断提高，电视新闻的影像制作逐渐从记

---

[1]　胡泳：《理解麦克卢汉》，《国际新闻界》2019年第1期。

录式转为导演式。美国新闻学者安德烈·古德温在《电视的真相》一书中曾对于电视新闻提出质疑，他提出"电视新闻是真正公正的吗？信息生产与意识形态密切相关，每一种信息产品都先天带有某种价值判断或观念形态。电视是现代化的大众传播媒介，电视新闻报道是社会成员了解社会、形成观念做出判断的工具。除了实时现场直播，电视新闻影像都是二次声画结合剪辑的结果，是作者意识操控下的符号"。① 影像新闻展现给受众的，既是社会百态，也是作者要传递和表达的立场、意图。

2016 年 2 月，影像新闻《26 年后才知被"辞退"，谁造就了"黑户"教师？》播出，讲述河南省鲁山县民办教师丁学玉工作 26 年之后才知道已被教育局辞退的故事。影片中丁学玉失去工作百般委屈，还怀疑当年转正遭到"顶替"。相关责任人一边回答记者问题，一边往脸上抹护肤膏。年过花甲的丁学玉老泪纵横，与当地负责人抹脸护肤的画面形成鲜明对比，影片播出后舆论直接导向支持丁老师，痛斥当地干部麻木不仁。然而随着更多媒体的深度调查，真相逐渐浮出水面。原来丁学玉在办理民办教师转正时因有超生情况，政审环节未通过，同时相关责任人事后也澄清其在接待记者采访时，并不知道对方偷拍。② 编导有意将偷拍当地负责人涂抹护肤品的画面剪辑在追问丁老师为何被辞退的语义环境后，借助观众"关注弱者，维护公平"的同理心有意引导舆论导向。编导一味地迎合受众的情绪，使得此则影像新闻的客观性在制作产出阶段就陷入危机。大众传媒工作者有责任报道事件真相，描述客观世界的真实发展状态。新闻报道不仅要在信息方面有足够的广度和深度，更需要围绕游离于社会发展、生产实践的事件去创新挖掘，进而突出本质。新闻工作者在采访中应紧扣事件的性质，报道的主题，切不可把新闻创作者自身的主观臆想强加于受众，为了博人眼球而模糊甚至歪曲事实真相，给受众传递错误的讯息，误导受众。

---

① 赵民：《无所不在的"偏见"——〈电视的真相〉阅读札记》，《新闻记者》2007 年第 6 期。

② 谭耿彬：《论电视影像"弦外之音"的真实性》，《西部广播电视》2017 年第 3 期。

(二) 人工智能下的影像新闻的生产客观性重构

党的十八大以来，党中央高度重视传统媒体和新兴媒体的融合发展，习近平总书记在不同场合多次强调要利用新技术、新应用创新媒体传播方式。① 伴随着人工智能技术在新闻报道中的应用，影像新闻在数字化技术的辅助下演变出"机器人影像新闻"，俨然成为学界与业界共同关注的话题。"机器人影像新闻"，实际上是计算机辅助新闻生产的一种通俗化表述方式，人工智能技术介入影像新闻的生产创作环境，无疑为其添加了一层"机器理性"。② 如今，人工智能新闻生产平台正在从新闻的产出源头将事实和议论分开，重塑影像新闻的客观性。

2018 年底，中国第一个媒体人工智能平台 MAGIC 短视频智能生产平台正式面向市场开放使用，是人工智能技术首次在媒体领域集成化、产品化、商业化的应用。媒体大脑 MAGIC 智能生产平台最先应用于俄罗斯世界杯报道，2018 年 6 月 14 日俄罗斯世界杯开赛至 7 月 16 日，MAGIC 共生产短视频 37581 条，占主要视频网站世界杯中文短视频总产量的 58.6%，获得了巨大的影响力。数字技术的不断推动从新闻生产源头改变了传统影像新闻的生产方式。运用计算机算法分析制作完成的影像新闻最大程度脱离了人为主观情绪干扰，最大限度地保障影像新闻内容的客观性，其之后也多次运用在中国大型会议的新闻报道中。在 2018 年 11 月 5 日举办的中国国际进口博览会中，MAGIC 智能生产平台通过智能剪辑前方记者传回的素材，生产播发视频 500 多条；在 2019 年 3 月的两会期间，中央广播电台总台首次启用机器人记者，其可以通过搜索全网相关的文章及网友评论回答记者提出的问题、预测本场记者招待会的热词等，辅助新闻消息的生产与报道。③ 基于计算机算法的"机器思维"更加理性地将事实与议论分开，

---

① 张仁华：《创新机制优化管理 把新媒体打造成党报集团的新支柱》，《传媒评论》2016 年第 12 期。
② 孙作军：《"机器人记者"对新闻记者行业的冲击》，《记者摇篮》2018 年第 3 期。
③ 陈毅华、张静：《从概念到集成化、产品化、商业化实践——从媒体大脑看人工智能技术与媒体业态的融合》，《中国记者》2019 年第 2 期。

使其新闻报道更加客观中立,接近于事实真相。

此外,随着 5G 通信技术深度推进,其更高速、低延迟和更安全的创新连接结构以及每秒达数 10GB 的传播速度,使观众可以在任意终端收看高保真的节目以及无卡顿的新闻信息,为智能新闻的客观产出及时送达提供着保障。① 数字技术与人文科学在影像新闻中的结合运用也被誉为社会科学家和新闻工作者之间的有效合作,在新闻信息采集制作的源头重新定义了新闻的客观性。

三 拷问与反思:媒介场域范式下影像新闻工作者的普适性坚守

法国社会学家皮埃尔·布尔迪厄在长期的人类文化学研究过程中,为了消解主客观二元对立、超越传统的结构主义与行动理论,依托资本、惯习等基础性概念,提出了"场域理论"。所谓场域,即是在各个位置之间存在的客观关系的一个网络或是构型。在《关于电视》一书中,他认为"新闻界是一个独立的小世界,有着自身的法则,但同时又为它在整个世界所处的位置所限制,受到其他小世界的牵制与推动。媒介场域作为一种特殊的'子场域',是一种各种力量不断斗争的场所,其生成是该场域特有的新闻价值观和职业道德标准的形成过程"。② 在当今人工智能与 5G 时代的新型媒介话语空间中,谈及新闻从业人员面临何种拷问与反思,又该如何秉持"把关人"的角色时,还需回归新闻工作者所处的经济场域、政治场域及社会场域中的普适性坚守。

(一)经济场域乱象下强化新闻工作者的道德心理制约

在谈及生产关系时,马克思指出经济基础决定上层建筑的产出与性质。经济场域在社会大场域中往往处于基础性的支配地位,媒介场域中的

---

① 韩春苗:《5G 时代与媒体融合》,《新闻战线》2017 年第 21 期。
② [法]皮埃尔·布尔迪厄:《实践与反思——反思社会学导引》,李猛、李康译,中央编译出版社 2004 年版,第 134 页。

参与者依靠手中掌握的经济总量和资本结构在很多时候占据着主导性位置，影响和左右着新闻报道的走向。①"影像"作为新闻信息的主流传递载体，其直观的画面内容呈现与及时的传播速度很大程度上影响着受众对于信息的接收传递及对于事件的价值判断。而近年来所出现的失真新闻、有偿新闻、低俗新闻，无一例外都是经济场域下媒体组织一味追求"关注度""点击量"等流量指标的产物。

认知传播学认为，分析任何一种文化讯息的背后，都离不开创作主体的身影，即文化及"人化"。新闻工作者，即是新闻信息传播方的主体，亦是追逐名利与物欲横流的经济场域所拉拢的对象，其对于受众具有大众媒介信息生产与转达的"培养特质"，对受众世界观、价值观的形成产生了极大影响。这也就意味着在经济场域乱象下，强化新闻工作者自身的道德心理制约格外重要。

道德心理是社会道德要求在人的心理上的反映和积淀，其内容和形式通过多重整合形成道德运作的潜在机制，制约着人的行为取向乃至于整个社会的生成与转换，促使新闻工作者自觉积极地行使传媒权力，追求新闻内容传递中普适的价值观念，进而推动社会形成良好的文化氛围。新闻工作者作为新闻信息生产与传播活动的双重主体，强化其义务感、责任感、荣誉感所形成的包含道德认知、道德意志、道德思维的道德心理制约，可使其在经济场域下仍旧坚守"客观中立，公正平衡"的新闻信仰。

（二）政治场域推演下明确新闻工作者的创作立场

新闻生产与意识形态紧密相关，政治场域是影响媒介场域的重要因素。随着数字技术时代的到来，二进制使得传播与接收的中间环节消失，政治媒介逐渐由组织向个人下移，新闻工作者的话语权力比重逐渐增大。②早在 2016 年 11 月召开的中华全国新闻工作者协会第九届理事会全体代表会议中，习近平总书记就发表了"做党和人民信赖的新闻工作者"的重要

---

① 张铁云：《媒介场域范式下新闻客观性之实践悖谬与价值推演研究》，《新闻传播》2014 年第 8 期。

② 张雨涵：《场域理论视域下媒介融合新闻生产的批判研究》，硕士学位论文，四川外国语大学，2018 年。

讲话。会议中要求，"新闻工作者要始终坚持党和人民相统一，把握社会发展的主方向。在凝聚观众最大公约数、在舆论场激发最大正能量、在群众心中描绘最大同心圆"。中国媒体处于党的领导下，主张用事实说话，从不讳言自己的党性原则是新闻工作者根本的创作立场。

而 2019 年 1 月，中共中央政治局就全媒体时代和媒体融合发展举行集体学习，习近平总书记再次提出，"我们要增强紧迫感和使命感，探索将人工智能运用在新闻采集、生产、分发、接收、反馈中，全面提高舆论引导能力"。坚持正确的舆论导向，与发挥新闻工作者自身的创造性、主动性是一致的。在 5G 智媒时代到来之时，对新闻专业理念的恪守与践行也是新闻工作者创作立场的伦理需求。

新闻专业理念，即新闻媒介必须以服务大众为宗旨，新闻工作必须遵循客观、真实、全面、公正的原则。① 在影像新闻中，新闻工作者在影像的后期制作过程中应该忠于事件内容本身，将事实隔离于个人观点之外，从而避免个人的偏见。同时，作为新闻报道的生产主体，新闻工作者的立场应该是客观中立的，以客观性的方法报道新闻、反映观点。同时，在其明确自己角色立场后，也必须考虑到自己行为的可能后果。既要在大众传播活动中明确道德义务立场，也要注重对影像主体内涵及教育意义的深挖。新闻工作者在积极呈现与大众精神文化相适应的积极元素时，也要力求在政治场域中明确自身客观公正的创作立场。

（三）社会场域嬗变下提升新闻工作者的传媒伦理追求

社会场域从属于媒介场域及文化生产场域，自虚拟现实技术被大量地应用于影像新闻领域以来，计算机技术注入传媒业无可争辩地带来一场新闻业的社会变革。不论是从传统影像新闻生产的技术应用层次还是其信息内容背后所折射的伦理价值层面都面临一定的冲击。

西方新闻从业者多运用虚拟现实技术来制作一些关于战乱、饥荒等内容的 VR 纪录片，例如南加州大学互动媒体实验室所制作的虚拟影像新闻"Project Syria"，美国《新闻周刊》前记者 Nonny 所制作的虚拟影像新闻

---

① 郭镇之：《舆论监督、客观性与新闻专业主义》，《电视研究》2000 年第 3 期。

"Hunger in Los Angeles"等，以让观众身临其境地感受自己生活环境之外的人们所经历的悲惨遭遇。[①] 然而此类虚拟影像新闻中客观性与真实性取舍的呈现仍面临着伦理道德拷问。以色列海法大学教授、网络信息传播专家布里埃尔·魏曼认为，媒介现实同社会现实相比，更为戏剧化，更为激烈，更为积极，也比现实生活变得更快。这样也许能让参与者获得一种超乎寻常的在场感，但在场（Presence）只是一种主观体验，并非客观实在。这意味着新闻工作者在传媒伦理追求中须要求新闻价值与社会价值的平衡。

从新闻价值方面来看，影像新闻需要吸引更多受众并产生广泛的社会影像；而从社会价值来谈，影像新闻则需要对社会大众产生影响并满足受众需求和社会发展需求。事实上，影像新闻中所呈现的新闻价值与社会价值是互相统一的，只有实现二者的平衡，才能推动影像内容提升。[②] 在战争灾难性事件的报道中，影像新闻不仅要保持内容客观性，也应该运用后期制作技术合理地实现"屏幕净化"。对于暴力血腥场景的新闻内容呈现应经过适当的后期技术处理并进行有选择性的传播，同时综合考虑受众的不同年龄群体。新闻内容应最大限度地避免所呈现的影像刺激大众眼球或是给受众带来心灵创伤，在其内容的制作源头平衡新闻价值与社会价值，自动担负起作为媒介信息的传播方所应承担的社会责任。

四　结语

在媒介深度融合的话语空间生态下，影像新闻的制作手段与信息呈现形态正发生着巨变。随着数字技术与通信技术的快速发展，影像的内容制作与画面呈现不断探索着技术边界，同时日益面临着伦理反思。影视后期制作为受众呈现大量精美细致的画面观感，计算机虚拟现实技术的大量运

[①] 郝瀚：《后现代视域下的 VR/AR 新闻及其引发的媒介伦理问题研究》，硕士学位论文，苏州大学，2017 年。
[②] 王书瑞：《论影像表现在电视民生新闻中的运用》，《新闻战线》2016 年第 2 期。

用亦为我们搭建还原了身临其境的背景空间。但是新闻信息中真实客观的核心内容仍不可避免地面临新闻工作者的二次诠释。当前中国新闻事业的发展正处于科技红利下的发轫期，然而与之相适应的伦理价值体系还没有完全建立起来。技术神话下的新闻影像对受众的思想和精神文化活动均产生了广泛而深刻的影响，然而其在改变受众认知和把握世界方式的同时也带来了信息传播中的伦理难题。基于技术神话与伦理反思的认知接受模式下研究影像新闻的传播价值，将为新时代下中国新闻事业的长足发展提供致思路径。

作者：姜博，华东师范大学传播学院博士研究生。

本文为 2019 年 11 月"智能时代的信息价值观研究高层论坛"的投稿论文。论坛由清华大学新闻与传播学院、国家社科基金重大课题"智能时代的信息价值观引领研究"课题组等联合主办。

权力迁移与人本精神：算法式新闻分发的技术伦理

陈昌凤 霍 婕

【摘要】 以算法技术进行分发的新闻在人们的信息接触中扮演着越来越重要的角色，在满足个性化需求、增加用户黏性的同时，算法式分发新闻也引发了假新闻泛滥、信息偏食、信息茧房、回音室等不良后果，并带来争议。作为新兴信息技术的算法究竟是由什么因素决定的？算法的技术实践与公共信息生产之间的关系该如何处理？本文试图从算法式分发新闻的现状入手，挖掘潜藏在技术黑箱背后的价值理念。

【关键词】 智能化；算法；伦理；新闻

一 无人为假新闻负责的世界

2017年10月拉斯维加斯大规模枪击案发生后，在最初新闻信息传播的关键时期，以 Google、Facebook 为代表的算法推荐网站上假新闻泛滥。虚假信息在这些网站上阅读量甚至高达几百万。在 Google 的新闻版块，被排在前列进行推广的是一条来自右翼网站 4chan 的信息，该信息错误地将凶手指认为一个无辜之人，并称之为反特朗普者，为枪击案着上政治色彩。而在 Facebook 上，来自右翼新闻网站 Gateway Pundit 和 Blogspot 上的错误信息被推送至顶端，一些消息错误地宣称枪击射手为 ISIS 恐怖组织成员，引发了民众更大规模的恐慌情绪。Google 很快做出回应："今天早上，我们的搜索结果中短暂地出现了一个来自 4chan 网站的不准确信息。几小时之后，算法就将其他相关的结果取代了 4chan 的信息。我们将继续进行算法改进，以防止这种情况再度发生。"① 这种回应将传播假信息的责任推给了算法、归咎于技术上的不完善。据 CBS 报道，被社交媒体误传为嫌犯的 Geary Danley 的生活受到严重影响，他女儿 Dionne Waltrip 接受采访时说："Danley 已经受到了死亡威胁，我希望人们能够知道社交媒体使得虚假信息彻底失控。"②

为什么这样一条经不起推敲的虚假信息能引发如此恶劣的连锁后果？可以说，渠道在其中起到了关键作用。正是借助 Google、Facebook 庞大的网络渠道，迅速传播的假新闻才具有了如此强大的破坏力。从实际情况来看，Google、Facebook 等信息科技公司已经成为全球规模最大、用户最多的信息分发者，但他们仍然拒绝承担作为"媒体"的社会责任，拒绝在保护公众信息方面发挥相应作用。

算法和信息传播的议题在国内也正被热烈讨论。以算法新技术为卖点的新平台，一直毁誉参半。Facebook、Google、"今日头条"均已深度介入新闻信息的分发中，算法是这些科技公司参与新闻传播最重要的工具。全球范围内，由算法式分发新闻导致的问题愈演愈烈。2017 年 4 月，Google 工程副总裁戈麦斯（Gomes）在个人博客中也承认："虚假新闻的现象目前非常引人注目，算法新闻网站的确导致了具有误导性、冒犯性、低质量甚至是虚假信息的传播。"③ 澳大利亚竞争监管机构表示，将会对 Facebook 和 Google 两家美国互联网巨头发起调查："我们将会调查这些线上平台是

---

① Google Displayed Fake News in Wake of Las Vegas Shooting, Gerrit De Vynck, Bloomberg, Oct. 2, 2017.

② In Wake of Las Vegas Shooting, Fake News on Social Media Takes Personal Toll, CBS NEWS, Oct. 4, 2017.

③ Google Acts Against Fake News on Search Engine, the Guardian, Alex Hern, April. 25, 2017.

否在商业交易中通过对市场的影响而做出有损消费者、媒体内容创建者和广告的行为。"①

在怀疑和争论之中,各大科技公司开始做出让步和转变。为了打击假消息,Facebook 与一些媒体机构合作,包括 Snopes 和 ABC News,前者是由佛罗里达州圣彼得堡一家非营利性新闻学校所管理的国际事实核查网络组织的一个分支机构。② 同时 Facebook 也声称,他们进一步更新了算法,设计了一套"实施审核"算法,可以标注出可疑消息并对消息进行降权处理。然而,又有一些人认为,观点和假新闻之间的界限是相对模糊的,如果仅用算法进行简单粗暴的过滤,很可能会伤害言论自由。Facebook 的举措是布莱恩·阿瑟所描述的"技术的自我循环",因为有未解决的老问题所以研发新技术去克服弊端,而新技术的出现又引起了新问题,那么新问题的解决又要诉诸更新的技术,以此循环,陷入黑洞。③

二 打开新闻分发的算法"黑箱"

算法技术可以从远超出个人处理能力的庞大的信息洪流中挑选出最符合每一个用户趣味的定制信息,这种模式受到越来越多的认可,在我们的信息接触中所占比例也越来越大,全球网民都正在面临算法推荐资讯的围堵。

2016 年是算法编辑超越人工的拐点之年,据美国皮尤研究中心《2016 美国社交媒体平台新闻使用报告》显示,Facebook 已成为人们阅读新闻的最大入口。④ 从 2017 年 6 月易观数据发布的《中国移动互联网网民行为分

---

① ACCC to Investigate Google, Facebook Advertising Secrets, the Australian, Dec. 4, 2017.

② "Facebook is Going to Use Snopes and Other Fact-checkers to Combat and Bury 'Fake News'", *Alex Heath*, Dec. 15, 2016.

③ [美] 布莱恩·阿瑟:《技术的本质》,曹东溟、王健译,浙江人民出版社 2014 年版。

④ Mitchell, A., Holcomb, J., *State of the News Media* 2016, Pew Research Center, 2016.

析》中可以看出（如图1），2016年中国信息市场也出现了算法推荐超越人工推送的现象，[①] 而2017年后，算法推荐进一步抢占用户注意力市场，远远将人工推送甩在身后。在中国，这种算法推荐的模式正在越来越多地被公司采用，不仅包括"今日头条"、一点资讯等科技信息公司，也包括如腾讯、网易等传统的信息分发公司。

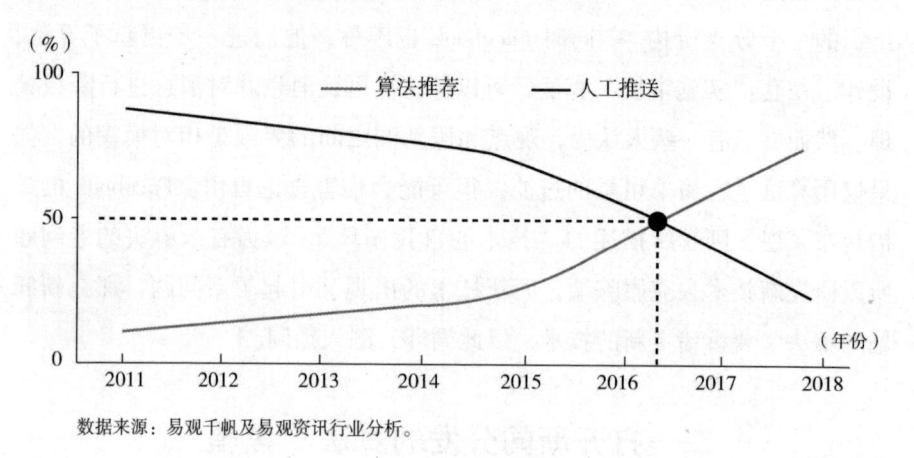

数据来源：易观千帆及易观资讯行业分析。

图1　2011—2018年资讯信息分发市场内容推送百分比

《中国移动互联网网民行为分析》，易观数据，2017年版，网址：https://www.analysys.cn/article/detail/1000785。

纵览目前主流的算法式新闻分发网站，其算法目前大多处于架构搭建完成、规则不断完善的阶段。已经成型的平台基本的逻辑是类似的，"收集数据、算法预测、个性化推送"的方式成为标配，但是每个科技信息公司的算法结果又不甚相同，这是因为迥异的算法在整个新闻内容的聚合和分发过程中扮演着核心角色，这也是每个科技信息公司的核心技术。

从更广阔的层面来看，现代生活本质上是一个决策权由人向技术系统进行转移的过程。在这个过程中，我们把权力逐步交递给技术造就的种种智能系统，并把越来越多的信任赋予这些系统，这一点和吉登斯所认为的现代社会形成的最重要动力为"信任"是不谋而合的。

---

① 《中国移动互联网网民行为分析》，易观数据，2017年版。

然而对于普通新闻用户而言，他们仅能看到算法输出的结果，对于其中起到新闻过滤、推荐信息作用的算法，从设计思路到运行逻辑都一无所知。从这一角度来看，算法对信息处理的过程已经形成了一个"技术黑箱"。在这种权力的转移过程中，数字环境中的新闻业随之发生巨变。新闻的分发权由大众媒体转移到了算法平台，新闻的把关权由"前置"变为"后移"，新闻的选择权由受众部分转移到了算法平台。

在"算法黑箱"之外，算法处理后所呈现出的智能结果究竟可不可信？究竟哪一种算法才值得信任？这一系列问题进入了我们的视野。这也正如凯撒医疗机构的首席医学信息官 John Mattsion 所说的那样，21 世纪的最大难题将变为"你信任哪一个黑箱？"。①

目前，用于新闻分发的算法主要包括四种：基于内容的推荐系统（Content-based）、协同过滤系统（Collaborative Filterring）、基于用户—产品二部图网络结构（Network-based）和混合推荐系统（Hybrid）。② 基于内容的推荐系统是最简洁的推荐算法，关注核心在于"内容"。这种算法以信息细化分类为基础，计算核心是通过建模计算两个信息之间的相似度。这种算法只考虑信息本身的性质，不进行用户画像。协同过滤系统的关注核心在于"用户行为"，通过对用户信息的偏好进行跟踪记录，在所有的行为记录数据中寻找发现与当前用户信息选择偏好最为相似的若干用户，并基于这些用户的历史偏好，为当前用户进行信息推荐，即"近邻推荐"。基于用户—产品二部图网络结构的算法关注核心在于"连接"，算法利用的数据是连接用户和产品之间的选择关系。混合推荐系统是将多个方法通过加权、切换、分层等方式混合起来，从而达到一种更优化的推荐组合方法。选择哪一种算法、如何使用算法都蕴含平台媒体的操作逻辑，下文以 Google 和 Facebook 为例展开讨论。

Google 的新闻栏目 Google News 以"新闻流"的方式呈现。在这一栏目中，哪些新闻被呈现、新闻排名高低就是新闻算法的结果。笔者在美国专

---

① *WTF?: What's the Future and Why It's Up to Us*, Tim O'Reilly, 2017.
② 项亮：《推荐系统实践》，人民邮电出版社 2012 年版。

利网站（uspto）查询到了 Google 公司为其新闻算法所申请的专利项目书——Systems and Methods for Improving the Ranking of News Articles,[1] 从中我们可以窥见 Google 新闻算法的一些情况。Google 的新闻栏目主要采用协同过滤与用户—产品二部图网络结构相结合的混合型算法。该算法基于用户点击形成的日志分析，构建其"贝叶斯框架"，以此预测用户兴趣，探索新闻趋势。同时结合协同式信息过滤的方式提升推荐的精准度。Google 的新闻排名计入了 13 个因素的加权：新闻机构生产新闻的数量，新闻信息平均长度，新闻机构产生重要报道的频率，新闻机构带动的网络流量，新闻信息的原创程度，新闻机构的评价可靠性等。可以认为，Google 判断新闻排名的核心取向是"新闻价值"，同时比较重视新闻源的质量。

　　Facebook 的新闻栏目 News Feed 则带有强烈的社交网站风格，十分注重点对点的人际传播。News Feed 于 2006 年 9 月创办至今已经经历过数次重大调整，试图不断改进动态消息推送算法。最初的算法为 "Edge Rank Algorithm"（边际排名算法），类似于用户—产品二部图网络结构算法,[2] 算法系统根据用户与 Feed 信息之间的连接展开计算，决定边际的有三个基本值——亲密度（即用户与内容/来源之间的关系有多接近）、行动权重（即用户对内容采取了哪些行动）和时间衰退（即内容的近期/当前状况如何），累加数值越高的信息在时间线上排名越靠前。2011 年之后，Facebook 的新闻推荐算法得到大幅度革新,[3] 新算法引入了超过 100000 个新的权重值，比如 Facebook 仍然将"亲密度"放在权重的最高位置上，但测量方式则由多个子类别构成，这个度量不仅包括个人交互的频度，还包括互动类型、人际外多层交互乃至全球交互。2013 年，Facebook 新增了 "Story

---

[1] Curtiss, M., Bharat, K. A., Schmitt, M., *Systems and Methods for Improving the Ranking of News Articles*, US9037575, 2015.

[2] Birkbak, A., Carlsen, H. B., *The World of Edgerank: Rhetorical Justifications of Facebook's News Feed Algorithm*, Social Science Electronic Publishing, 2016.

[3] EdgeRank Is Dead: Facebook's News Feed Algorithm Now Has Close to 100K Weight Factors, Matt McGee, MarTech.org.com, August 16, 2013.

Bumping"（信息凸起）和"Last Actor"（最新行动者），进一步增强了个性化兴趣推送和对遗漏新闻的补充推送。① 2014 年起，Facebook 开始设置协同过滤机制为基础的算法，在注重人际关系的基础上，不断增强新闻推送的精度。2016 年 8 月 Facebook 宣布"趋势话题"（Trending Topic）撤掉人工编辑 Facebook，从此由 AI 接管。负责 *News feed* 产品管理的副总裁莫瑟芮（Adam Mosseri）第一次公开了公司新闻信息推送算法的核心价值观——"Friends and Family First"（朋友和家人第一），② 表示要更好地理解用户的个人兴趣和信息、注重娱乐化信息、提升用户阅读体验以及强调对各种信息的包容性，对于误导性、煽情性和垃圾信息，算法则会努力降低它们的权重。

从 Google 和 Facebook 对算法的设计以及逐步改进的过程，我们不难看出，不同的商业公司采用研发、改良的算法的出发点和落脚点都是不尽相同的，这种算法的设计与改进凸显了商业公司天然的逐利倾向，也与每个公司所秉持的价值观息息相关。

三 算法式分发新闻导致的权力迁移

1. 新闻分发权移交

自 Web 2.0 时代以来，原来被传统媒体垄断的渠道出现分散的趋势，带来了内容与渠道分离，新闻分发权部分由传统媒体的专业性编辑移交到了互联网编辑、自媒体手中，内容方和渠道方是一种竞争合作的博弈关系，前期凸显竞争，后期凸显合作。算法则带来新闻分发权力的第二次移交，这一次的方向是由人移交至机器。这是效率的体现，是人工智能取代人类智能的体现。而新的媒体形式不仅会造就新的产品形态、更新传播方式，对于媒体和信息公司而言，这也会形成一种新的游戏规则。在新的游

---

① Facebook Updates News Feed Algorithm With New "Story Bumping" & "Last Actor" Factors, Matt McGee, August 6, 2013.

② Facebook News Feed: Friends and Family First, Core Values, David Cohen AD week, June 29, 2016.

戏规则下,新闻生产过程依然由传统媒体执行,他们仍以传统新闻价值观为指导。而渠道交给了商业公司,分发主要依赖算法,对商业利益和科技进步的追逐所形成的多重价值观掺杂其中。至此,新闻的内容方和渠道方被彻底割裂,新闻生产的各个环节之间没有一个统一价值观的指导,形成了各自为政、各行其是的局面。

2. 新闻把关权后移

把关权力的后移是由注意力经济和算法分发两者合力而成的。在去中心化的新一轮争夺中,"在网络经济中,唯一稀缺的资源,是人类的注意力"。① 从信息生产的视角看,传统媒体时代,把关者所关注的判断新闻价值的标准是时新性、重要性、接近性、显著性、趣味性五个要素,工作原则则是新闻真实性。而在"注意力经济"之下,把关者关注的是受众的注意力。

算法推荐在信息传播中是注意力经济中的一个优化解决工具:算法能够处理人工编辑无法掌控的海量信息、速度迅猛、能实现定制性推送。在这种模式下,用户所接触到的信息是那些十分"抓人眼球"的打开率高的信息、是他们感兴趣的狭小领域的信息、是与他们观点意见相一致的"溺爱式"的信息。信息的把关权为算法所掌控,但算法的事实核查能力、信息质量的辨别力的发展还远达不到足以处理信息内容真伪和价值判断的程度。

3. 公民参与受到损害

如今的公民参与主要是通过社交媒体达成的,算法主导的信息分发却不利于公民参与。首先,"被算法喂食的受众"很容易被困在"信息茧房"之内,沉浸在定制化信息的满足之中,失去了接触不同领域、不同观点信息的机会,个人的精神世界也会因此变得狭窄化、程式化,缺乏思辨和质疑的精神。其次,"信息茧房"不仅仅会对个人的认识产生不良影响,也会引发群体极化和社会分裂。② 网络空间内相似兴趣的人群之间由于信息

---

① [美] 凯文·凯利:《新经济 新规则》,刘仲涛译,电子工业出版社2014年版。
② 喻国明:《"信息茧房"禁锢了我们的双眼》,《领导科学》2016年第36期。

茧房的控制，内部统一度不断上升，网络部落化形成。由于部落中群体内的认同程度非常高，在群体极化心理的影响下，网络部落会将一些偏见固化为群体内真理并拒绝接纳其他意见。而在群体分化程度足够高的时候，群体分裂是不可避免的，至此，社会对个人的黏性则会逐渐被剥离，因而难以构建起一个用于理性讨论的公共空间。

2016年的美国大选将Facebook推上了风口浪尖，批评者指责Facebook算法过滤会将符合用户倾向的结果源源不断地推送给个人，因此使用者完全看不到与他们意见相左的观点或资讯，从而不断自我确认、形成极化的单向认知。

四 智能时代的人本精神

今天人机关系的强度、深度已经超越了以往任何一个时代，社会中的每个人的利益都与此休戚相关。而传统的科学理论、伦理观和前沿的技术实践之间的关系在不断重构。由于技术和人文两种文化之间的隔阂，前沿的技术伦理的讨论存在一定滞后性。

埃吕尔（Jacques Ellul）等学者认为技术具有自主性；加拿大学者斯迈思（Dallas Smythe）则认为技术的研发与应用，是一个具有意识形态色彩的政治过程；布莱恩·阿瑟（Brian Arthur）则认为，"技术是对现象的有目的的编程，技术是一种有目的性的系统"。[1] 阿瑟的观点颇有道理，因为技术的发明往往以实用性为导向，技术被发明的初衷就是实现某种功能，因此，我们不能认为技术是孤立的；技术的演进好像是自行发展的、不断自我优化的，但是都源自人类的某种心理期望，也就是被人们在黑箱之外的思考决定的。技术进化也是一个不断被选择、被发展、被强化的过程，起决定作用、掌握进化方向的还是人。研究技术的进化，必须关注技术背后渗透的人类的价值观。

---

[1] ［美］布莱恩·阿瑟：《技术的本质》，曹东溟、王健译，浙江人民出版社2014年版。

新闻推送算法也渗透着多层的价值观。首先是目的最大化、利益先行的商业价值观，现在主流的新闻推送算法均由商业公司开发，追求极致的流量价值从而获得资本回报是其目标。其次，公司自身的企业文化也会左右其算法设计。如 Facebook 作为社交媒体，注重互动的 "Friends and Family First" 原则，在算法设计的体现上就表现为不断为用户推送与其互动关系强的用户的相关信息。再次，算法设计团队对于人们偏好的认知包含价值观。在进行用户画像描绘时，设计者选择将哪些因素纳入其中体现其对人群划分的价值认知。在进行信息排位时，设计者对人们信息的需求认知体现其价值观，如设计者认为人们对信息的需求是多样化的还是单一化的、是包容不同观点的还是仅接纳与自己观点一致的等都体现了算法的价值认知。最后，价值观不仅体现在给用户展现什么信息，还体现在算法系统过滤了什么信息。这一点经常为政治因素所影响，也体现了算法潜在的价值指向。因此，算法是带有价值观的，常受到来自经济、政治等非技术力量的影响，在代码运行之下潜藏着各种力量之间的博弈。

新闻推送算法需要重视人和人性的核心地位。首先，新闻推送算法的设计者、建造者，是技术进行使用、误用所产生相关道德影响的直接参与者，他们要有社会责任感。其次，新闻推送算法应该在设计和操作之时注重新闻价值观，必须和真实、专业的新闻理想相一致。再次，新闻推送算法的运行团队必须有相应的机制对算法结果进行监督和控制。最后，用户的隐私问题也值得关注，算法团队不得不经个人允许窃取其数据。智能时代，在技术大发展的同时，同样应该被彰显的是人的价值、人的精神，新时代的新闻领域必将是在人主导之下人类智慧与机械智能高度融合的结果。

本文刊发于《新闻与写作》2018 年第 1 期。

参考文献：

达拉斯·斯迈思、王洪喆：《自行车之后是什么？——技术的政治与意识形态属性》，《开放时代》2014 年第 4 期。

贾自艳、何清、张海俊等：《一种基于动态进化模型的事件探测和追踪算法》，《计算机研究与发展》2004 年第 7 期。

［美］迈克尔·舒德森：《新闻社会学》，徐桂权译，华夏出版社 2010 年版。

Brake, D. R., "The Invisible Hand of the Unaccountable Algorithm: How Google, Facebook and Other Tech Companies are Changing Journalism", *Digital Technology and Journalism*, 2017.

智能应用篇:新闻

黑箱：人工智能技术与新闻生产格局嬗变

陈昌凤　仇筠茜

【摘要】与新闻相关的人工智能技术包括机器人、视觉信息处理、语音处理、自然语言处理和机器学习等技术。本文通过梳理美、德、英、中等国对这些人工智能技术在新闻生产中的实际运用，发现技术本身和技术商业化运作一道，将新闻线索发掘、新闻文本写作、评论策展、标题制作、网页编辑、新闻分发渠道的诸多流程推向了"黑箱"——新闻生产的幕后——人类现有认知水平对其真实度、可信度、透明度难以判断。又由于人工智能技术有"科学""客观"光环的加持，黑箱化的过程不仅改变了新闻的样态、新闻生产的格局，而且带来了"流量工厂"驱逐优质新闻、定制推送固化社会分层、技术平台反收编新闻机构等社会格局的变化。

【关键词】人工智能；机器学习；新闻生产；黑箱

高盛（Goldman Sachs）2017年7月发布报告称，政府的顶层设计和注资支持，巨大规模的移动互联网用户，以及阿里巴巴、腾讯、百度、滴滴出行、美团一点评等应用产生的海量数据，使中国成为在人工智能发展方面最具潜力的国家。[①]在新闻生产和研究中，人工智能技术与大数据、云存

[①] Saheli Roy Choudhury, "China's Artificial Intelligence Technology is Fast Catching up to the US, Goldman Sachs says", CNBC, Sept. 2017, https：//www.cnbc.com/2017/09/01/goldman-says-china-has-talent-data-and-infrastructure-to-embrace-ai.html?＿lrsc=3ed9ef af-7f66-4fc6-a015-81a1409a4306.

储、虚拟/增强现实等新兴科技一起，带来新闻内容生产和分发的变革。具体到新闻实践及研究中，"人工智能"具体指的是什么或哪些技术？是从 AlphaGo 人机对弈引发的想象，还是从风险投资流向看到的利润驱使？"人机共生"的传媒生态需要预见什么变革？厘清与新闻相关的"人工智能"技术及其功能的边界是相关学术讨论的基础。

一 与新闻生产及分发相关的"人工智能技术"

人工智能（Artificial Intelligence，AI）与自然智能（Natural Intelligence，NI）相对应，在计算机科学中，该领域研究根据环境处理信息的"智能主体"（Intelligent Agents）如何最优化决策的过程，涉及的子领域包括大数据、机器学习、图像识别、神经网络。[①] 通俗来说，人工智能就是指使机器具备人类的认知、学习、分析、解决问题的智能，因此人工智能也被称为机器智能（Machine Intelligence，MI）。

与新闻相关的人工智能技术有什么？美联社公布《增强新闻的未来：智能机器时代新闻编辑室手册》（*The Future of Augmented Journalism: A Guide for Newsrooms in the Age of Smart Machines*），总揽介绍了人工智能系统对新闻业的影响，甚至连这份报告的各章节摘要都是一个名为 Agolo 的自然语言处理技术自动提取写作的。[②]以美联社报告为基础，本文总结了目前与新闻生产相关的人工智能技术、机构及应用场景，从表 1 中可以看出，中文相关研究感兴趣的"机器人写新闻"和"算法推荐"只是与新闻相关的人工智能技术的冰山一角，人工智能的真正愿景是人类制造并运用和超越人类智慧。

---

① Russell, Stuart J., Norvig, Peter (2003), Artificial Intelligence: A Modern Approach (2nd ed.), Upper Saddle River, New Jersey: Prentice Hall.

② The Future of Augmented Journalism (2017), https://insights.ap.org/industry-trends/report-how-artificial-intelligence-will-impact-journalism.

表1　　　　与新闻生产相关的人工智能技术、机构及应用场景

人工智能技术	机器学习 Machine Learning		自然语言 Natural Language		语音处理 Speech		视觉信息 Vision		机器人 Robotics
	监督式机器学习	无监督式机器学习	自然语言生成（NLG）	自然语言处理（NLP）	语音转文本	文本转语音	图像识别	图像计算	
从事新闻相关业务的技术公司/媒体	Quartz	美联社的Data Journalism Team	Automated Insights	Agolo	Amazon Echo；Apple Siri	Reynolds Journalism Institute（RJI）Future Lab；AutoEdit	Clarifai；Vidrovr；Google Cloud Vision API	Wibbitz	德国Earth TV卫星电视公司
新闻生产场景的运用	采访对象情绪判断；海量数据发现新闻线索		结构化消息的自动写作；非结构化数据中提取摘要		新闻消费的语音交互界面；自动听写采访录音；自动抓取视频引用制作标题		面部（微）表情识别；卫星高清图像辨认；视频及照片自动加注标签		自动化写作；无人机非常规角度拍摄；传感器数据收集

国际上，美国、德国、法国、英国自2012年开始涌现一批技术公司从事自动化写作的软件开发，其应用范围包括体育、金融、天气、政治选举方面的消息写作。① 在中国，腾讯财经、新华社、第一财经（联合阿里巴巴）以及今日头条等媒体机构自2015年起先后推出了自动化写作软件，集中于财经、体育领域的简单消息写作。相应的，国内学术研究也集中于"自动化写作"这一现象的实现途径及其可能引发的伦理问题。②

在人与机器的关系上，"增强新闻"是各国的新闻从业者及技术部门负责人基本可就此达成的共识，人将与机器合作完成新闻报道，现阶段无

---

① Dorr, K. N., "Mapping the Field of Algorithmic Journalism", *Digital Journalism*, 2016, 4 (6): 700-722.

② 许向东、郭萌萌：《智媒时代的新闻生产：自动化新闻的实践与思考》，《国际新闻界》2017年第5期。

须考虑机器完全取代人的可能性。①

对上述表格中各项技术的运用场景的理解,《哥伦比亚新闻研究》对未来的假设场景进行了较为生动的描绘。该报告这样展望十年后环境议题记者的一天：早晨8点，记者坐上无人驾驶车前往办公室的路上，位于Springfield路上的传感器（Sensor）发回空气质量超标的警告，记者随即派出两架无人机（Sample Drones），到现场分别采回水、空气的标本。半小时后，跟踪社交媒体话题趋势的算法（Trending Algorithm）提醒记者，空气质量及儿童呼吸困难成为热点话题。早晨9点，记者抵达办公室，通过人机对话调出该地区历史空气数据，确认污染指数高于历史同期，同时，无人机带回的标本，经仪器检测确认污染确实存在；然后记者通过推特联系一位母亲接受采访，这位女士刚发布推特陈述自己孩子的呼吸不适。早晨10点，记者戴上增强现实眼镜（Augmented Reality Headset），浏览上百个社交媒体上的现场图片及视频，发现新建工厂附近空气能见度较低，他进而调用算法，将机器人相机（Robot Cameras）拍摄的照片按时间顺序进行排列比照，确认空气能见度的变化。上午11点，文本分析（Text Analysis）程序扫描政府公开文件、公函、公告、数据等，记者的智能助手（Automated Assistant）将与该工厂相关的违规操作、公开谴责、执照撤销等信息高亮显示。记者联系该工厂的公关公司，语音文本分析（Voice Analysis Technology）显示其接线代表的语气情感为"迟疑、紧张"，记者怀疑其隐藏详情。下午1点，智能助手通过公开文本分析发现，工厂CEO与环保部负责检测的公务员为远亲关系，自然语言处理（Natural Language Process）绘制了他们的家谱关系图。下午2点，该地区的红外热力图（Heat Map）显示，安保人员集中在工厂的一处，疑似发生泄漏的管道所在，记者前往现场采访被拒绝进入，但采访到部分撤离中的工人。下午3点，回办公室路上与早晨预约采访对象面谈，该母亲描述孩子病情，语音文本分析其情绪为"真诚的、分析的"。下午5时，记者完稿，计算机自

---

① 刘康：《媒体行业也要适应人机交互》，腾讯网，http://www.ftchinese.com/story/001073979?page=1。

动纠错，人工编辑审核，将文章签发到若干"智能"（Smart）平台。①

然而，"签发"不再是媒体工作的终点，在当下智媒化传播技术条件下，写作完成只是新闻工作的一个节点。稿件将没有最终定稿的状态，将处于不断的人为干预的半自动化迭代过程中。而在这个生产和分发过程中，从事新闻内容生产的专业媒体机构不再占据主导地位，技术供应商、社交媒体平台、广告公司、个人写手等多方介入，形成内容生态的矩阵，将新闻生产的过程、各相关利益方的操作都推向"黑箱"，其操作流程更加难以辨识。

二 算法深度介入新闻生产各环节

（一）监督式机器学习，新闻写作规则与创造力的倒置

机器学习是人工智能的核心技术，包括监督式和无监督式两种。监督式学习有固定的模板，输入和输出都是已知信息，通过将数据"喂"给算法后，自动按照给定的规则填充公式化的表达，生成稿件。例如在一组现存的交易记录中，先通过人工标注出违规记录，"训练"机器习得这一技能后，就可以自动标注违规记录，减轻人工成本。目前中国媒体主要运用这一种算法方式进行自动化新闻写作，运用于数据容易结构化的体育报道和财经新闻数字报道（如各项经济指数）中。不过，算法生产新闻并非停留在格式化填充上。哥伦比亚大学数据分析专家Amir Imani解释，机器学习与婴儿逐渐学会识别面部表情的原理类似，都是通过不间断地"输入"表情、微表情、语音与口气，最终达到能够判别各类表情甚至体悟"微表情"的水平。目前，机器学习可以在人脸上布置若干"标识点"（Landmark Points），然后估算出各类情绪的概率值。这类技术可以运用到采访对象、政治演说等报道中去。2017年美国总统竞选报道中，就有媒体运用该技术对特朗普的"微表情"进行分析。

---

① "A Day in the Life of a Journalist in 2027", https://www.cjr.org/innovations/artificial-intelligence-journalism.php.

在监督式学习算法的新闻写作过程中,"规则"掌握在人的手中,而且是先有规则,后有新闻产品。但在实际操作中,记者并非按部就班地遵循闭合的规则来进行事实推敲和文本写作。正是人的创造力在弥补这其中的空白,并为文本的发展和多样性提供广阔的可能。这类似于电脑语言和口语语言之间的关系。口语语言是思维的载体,它在有意识和无意识的使用中形成,并从习惯用法中抽象出所谓"语法"然后加以明确表述,但语法永远不能成为一个完美的闭合体系。① 而电脑语言则是人类有意识创造的,一旦写进"算法"就会成为一个闭合体系固定下来,挤压创造力的空间。

(二)无监督式机器学习,新闻生产完全"黑箱化"

无监督式学习没有固定的输入—输出模板,机器自动地从数据中抽取知识。2017年10月发表于《自然》杂志(Nature)的重磅论文中,人工智能技术已经可以实现在没有任何先验知识的情况下,获得自主学习能力,达到超人的水平。②

美联社的数据小组正在试验将无监督式机器学习技术运用到新闻领域,通过人工智能的自我学习,生产知识。例如,其中一个项目是智能化处理美国枪支犯罪档案(Gun Violence Archive)的14万条记录。在没有任何人为干预的条件下简化数据,尝试寻找人力无法完成的新闻线索,枪击案件中是否有儿童死亡、是否涉及警力、枪击案是否是偶发事件等成为机器自动总结出来的主要指标。

无监督式学习的输入和输出均为未知,依赖大数据作为基础,主要寻找相关关系和趋势、表面奇异值等,不追究因果关系。这种方式将新闻生产过程推进更深的"黑箱",人们无须知晓规则,产品即是"无须推敲"的成品,编辑审稿环节(如果还保留的话)对事实的核查、对真相逻辑链的追寻将面临重重疑雾。

---

① [美]沃尔特·翁:《口语文化与书面文化:语词的技术化》,何道宽译,北京大学出版社2008年版。

② Silver, D., Schrittwieser, J., Simonyan, K., Antonoglou, I., Huang, A., Guez, A., ... & Chen, Y., "Mastering the Game of Go without Human Knowledge", *Nature*, 2017, 550 (7676): 354–359.

但实际上，在当下所有信息科技都被"崇高化"的氛围中，算法虽然披上了"科学神话"的霓裳，仍然可能存在偏见甚至事实错误，只是更不易为人所察觉。Jigsaw 公司的传播总监 Dan Keyserling 敦促从业者像审核新闻事实那样去审查算法中可能存在的偏见。他举例说，环境记者拿到了一组数据表，人工智能算法帮助他们找到了一条值得报道的线索，该地区的大量卫星图片和数据均"显示"某地区四个监控点均呈现石油开采与森林退化之间的相关关系。但当记者信心满满地前去报道时，发现二者之间并没有因果关系，森林退化是火灾、伐木场等原因造成的。①

（三）算法接管新闻评论和在线讨论

将信息告知民众，从而增进慎议民主，是专业主义视角下新闻的重要社会功能。在印刷出版时代，新闻评论主笔在报社享有崇高地位。在互联网条件下，参与讨论也一度是新闻记者的工作内容之一。Natalie 等人的经验研究结果表明，记者参与（Journalistic Engagement）到与新闻相关的在线讨论，有效地推动了讨论过程的理性，推进网络言论向更为丰富、活跃、审慎（Deliberative）的方向发展。②

不过，评论引导也在逐渐向算法这一低成本的操作转移。据 Poynter 调查，《赫芬顿邮报》采用语义分析算法工具 JULIA 来管理新闻评论。Julia 是"Just a Linguistic Algorithm"的缩写，这一机器学习的算法程序仅由两人负责，即可对《赫芬顿邮报》每天千万数量级的新闻评论做出管理和回应。而且，这一算法具备不断学习的能力，可以掌握各类语言并与不同留言会话。③ 另一款名为 Spot. IM 的机器人耗资 1300 万美元，其掌握协助管

---

① "The Future of Augmented Journalism（2017）", https：//insights. ap. org/industry-trends/report-how-artificial-intelligence-will-impact-journalism.

② Natalie Jomini Stroud, Joshua M. Scacco, Ashley Muddiman, Alexander L. Curry (2015)，"Changing Deliberative Norms on News Organizations' Facebook Sites", *Journal of Computer-Mediated Communication*, Volume 20, Issue 2, 2015（3）：188 – 203.

③ A. R. Guess，"Moderating 70M + HuffPost Comments with Julia", *DATAVERSITY*, Oct. 2012, http：//www. daversity. net/moderating-70m-huffpost-comments-with-julia/.

理网络发言、清除垃圾言论（Spam-proof）的功能。[1] 工程师和媒体希望 Spot. IM 帮助建构更为强健的网络社区。

不仅是浅层次的会话和回复，加入神经网络技术的人工智能正在获得"发现视角、引导舆情"的能力。例如，与维基百科、The Guardian、NYT、Economist 等均有业务合作关系的应用 Perspective API，可以就"气候变化"议题确认在49则留言中有47则都与"毒性"相关，进而确定讨论方向。

（四）新闻无终态

新闻标题也逐渐交由人工智能掌管，算法将根据民众的口味来判断。A/B 测试在用户研究中被广泛运用，但这一方法是否适用于承担"社会守望者"职责的新闻日常实践，学界还一直存在争议。尽管如此，网络原生媒体《赫芬顿邮报》（*Huffington post*）早在2009年就将这一方法广泛运用到发送订阅邮件、文章标题采纳等环境中，为网站的排版、点击进行优化配置。具体而言，用户在浏览同一篇文章时，随机地被分配到标题 A 或标题 B。一段时间之后，A 与 B 的点击量将出现悬殊，则确定点击量高的标题作为文章的标题。该方法还被运用于更多细小的决策，例如在页面的什么位置插入"分享"按钮可以带来更多的转发和评论，排版广告位置可以增加点击量又不关闭页面等。雅虎和谷歌在网站设计时也广泛使用 A/B 测试的方法。[2]

新闻文本也通过算法的激活，处于不断自动更新的状态，而且这种技术反过来决定了即使是人工生产的新闻，也应呈现出"无终态"的格式。2016年7月8日发生在美国达拉斯州的警察枪击案报道，从早晨6:07发布第一稿新闻开始，随着事件的跟踪和进展，文章标题先后更改12次，分别突出事

---

[1] Ben De Jarnette, "Looking Beyond Comments, Spot. IM Wants to Build a Platform for 'Deep Engagement'", *MEDIASHIF*, Sept. 2016, http: //mediashift.org/2016/09/looking-beyond-comments-spot-im-wants-build-platform-deep-engagement/.

[2] Zachary M. Seward, "How the Huffington Post Uses Real-time Testing to Write Better Headlines", *NiemanLab*, Oct. 2009, http://www.niemanlab.org/2009/10/how-the-huffington-post-uses-real-time-testing-to-write-better-headlines/.

件原因、死伤、疑犯追踪等信息，直至当天 12：59 分后不再变化。① 从此，"新闻是明天的历史"的说法将存在于不同时间线的网页脚本中，对普通读者来说，真实将处于模糊动态中，无法捉摸。现有条件下，新闻真实越来越表现为一种过程真实。

（五）大数据难掩"平庸"，生产数量井喷打造"被动"受众

五年前，《纽约时报》发文高呼"大数据时代来临"。五年后的今天，美国科技新闻网站 Slate.com 文章称"大数据"的说法不再时髦，并不是因为大数据泡沫破裂，而是因为大数据已经广为流行，逐渐成为 Netflix 视频推荐、健康跟踪、自动股票交易等各行业的运作基础，以至于它不再符合"新兴技术"的定义。② 操作层面的常态化，容易被人们忽略，却更需要学术研究谨慎追踪。

智媒化传播环境日臻成熟，传感器新闻、临场化新闻、分布式新闻等新生内容样态，需要采集全部的、整体的数据，以期拟合事件发展的普遍规律，找出奇异值。上文环境报道中遍布全城的空气质量监测传感器装置就是一例。报告总体趋势而忽略个案，片面追求"可视化"炫目效果而忽略逻辑理性，必将带来新闻的平庸化。

美联社（AP）自 2014 年开始试水人工智能与财经新闻的结合，与擅长自然语言处理的 Automated Insight 技术公司、掌握大量财经数据的 Zacks Investment Research 投资研究机构合作，专门从事公司季度报告的简明新闻（Recap）写作，实现自动化后，其公司简报类新闻的产量翻了 12 倍，达到 3700 篇。据谷歌公司负责出版合作的主管 Justin Pang 估计，每天用户生产 10 亿小时的视频、20 亿张图片。机器学习特别是深度学习的发展在处理这些非格式化的信息方面存在巨大潜力。类似的，体育消息、政治投票消息的自动化生产、模块化写作，都带来新闻"生产力"的爆发。运用算

---

① Shan Wang, "The New York Times is Trying to Narrow the Distance between Reporters and Analytics Data", NiemanLab, July 2016, http：//www.niemanlab.org/2016/07/the-new-york-times-is-trying-to-narrow-the-distance-between-reporters-and-analytics-data/.

② Will Oremus, "How Big Data Went Bust", http：//www.slate.com/articles/technology/technology/2017/10/what_happened_to_big_data.html.

法写作追求高效，成为很多媒体的目标，而生产成本的降低导致新闻数量呈井喷态势，平庸化的新闻必然出现"供大于求"。

根据每一位用户的数字档案进行智能推送（Smart Push）从而形成个性化定制，成为解决供大于求矛盾的缓兵之策。英国牛津大学预测，在未来新闻将也仍然是最不可能被替代的职业。过去150年来，新闻写作都旨在服务想象出来的"大多数"读者，但是现在，一位财经记者与人工智能合作，专门为"你"生产定制新闻。自此，你读到的财经新闻不再是宏观数据的汇总，而与你持有的投资项目密切相关，例如"市场整体上扬，但你的收益在减少，如果不是你上周卖掉了IBM的股票，你目前整体收益将会达到平均水平以上"。①

互联网带来的信息消费模式从"人找信息"向"信息找人"转变，而且由于算法公司将用户不断出让隐私用于构建"数字身份档案"，进而实现精准化推送，媒体受胁难以避免"流量工厂"的经营方式，这一次的被动将更为彻底。

三　多利益主体，技术公司反收编

（一）平台化的新闻分发打造"流量工厂"，劣币驱逐效应日渐显现

大量英美各主流媒体都投入不菲的技术和人力，为记者提供分析工具，以跟进报道的传播状况，并实时更新、调整。《纽约时报》（New York Times）开发的Stela数据分析工具，将包括点击率、浏览比例、评论数量、转发数量、流量来源等指标提供给记者。Stela挖掘出在社交媒体上活跃度较高的文章，记者会根据访问地来源，用不同的语言进行改写，扩大报道的影响力。编辑层面也更加开放，编辑根据Stela提供的社交媒体活跃度，决定是否为文章增删超链接、边框栏、视频等栏目。②

---

① https：//www.theguardian.com/media/2016/apr/03/artificla-intelligence-robot-reporter-pulitzer-prize.

② Shan Wang,"The New York Times is Trying to Narrow the Distance Between Reporters and Analytics Data", NiemanLab, July 2016, http：//www.niemanlab.org/2016/07/the-new-york-times-is-trying-to-narrow-the-distance-between-reporters-and-analytics-data/.

观察家报网（Guardian.com）在一次内部黑客大会上研发的 Ophan 数据分析引擎，引进了"注意力时间中位数"（Median Attention Time）这一指标，是供职于该媒体的记者们钟爱的分析工具。在尼日利亚的政治选举中，这一分析工具帮助报道团队发现 35% 的流量来源于尼日利亚本国，这个数据让从事国际报道的工作者很有成就感。此外，Ophan 工具"颗粒化"地记录了读者在每个段落的阅览速度、每个段落的浏览人数等信息，供记者参考决定文章的长度、何处安插二级标题等。现在，记者和编辑已经达成共识：好的文章需要推广，Facebook、Twitter 和 Google Search 是重要的流通渠道。①

Gawker Media 和 *The New York Times* 这两个都是传播效果评估平台 Chartbeat 的客户。通过对这三个公司的民族志及访谈，研究者发现，互联网对新闻产生了最为深远也最不易察觉的影响，是衡量标准（Metrics）的变化，诸如点击量、停留时间等指标，正在批量打造成"流量工厂"。更为隐匿的是新闻背后的情绪，明确表达了诸如兴奋、悲伤、确信、合法有效等"感觉化"的内容，在 Chartbeat 流量分析平台上数据就很乐观。② 类似 Chartbeat 这样的技术公司还有很多，这些公司为媒体设计的数据表盘（Dashboard），避免低流量的目标带有天然合法性。数据之下，坚持传统的新闻专业主义编辑判断面临更大的压力。

2016 年美国总统大选出现的"假新闻"事件之后，人们在呼吁更加负责任的媒体的同时，忽略了一个更为本质的因素，当下以社交媒体主导的新闻传播环境带来点击量、分享量、传播规模等评价指标，导致劣质新闻对优质新闻的驱逐，具有公民意义（Civic Values）的新闻内容在这一体系

---

① Ben Woods, "How the Guardian's Ophan Analytics Engine Helps Editors Make Better Decisions", TNW, Apr. 2015, https：//thenextweb.com/media/2015/04/13/how-the-guardians-ophan-analytics-engine-helps-editors-make-better-decisions/.

② Caitlin Petre, 2015, The Traffic Factories：Metrics at Chartbeat, Gawker Media, *The New York Times*, Columbia University Academic Commons, https：//doi.org/10.7916/D80293W1.

中受到歧视。①

（二）"数字身份档案"坐实"网络分层"（Web-lining）

在流量压力与数量竞争压力下，为开发非共性的"利基市场"、分众化的"长尾市场"，内容公司需要全部的用户行为数据，特别是用户的"关系数据",② 进而无条件"迎合"新条件下的受众需求。

在机器学习、定位服务、神经网络等技术的助推下，向精细化导流的方向发展。有"报界贵妇"之称的《纽约时报》以为读者提供"一切适合印刷的新闻"（"All The News That's Fit to Print"）为傲。今后，这一座右铭的应用将取决于是"谁"在读新闻。2017年上半年，《纽约时报》开展一系列研究，将读者身份、时间、地点等指标纳入新闻分发体系，以提供更加个性化的新闻为目标，最大化地挖掘新闻作品的利用率。③

在媒介经营者看来，人工智能的核心竞争力不仅在于新闻写作，更在于用户定位（Targeting）。所有的广告信息都会根据你的立场、页面逗留时间等具体信息进行安排。大数据支持的用户数字身份档案一旦趋于完备，人工智能甚至能了解你的政治立场，那么你看到的一切信息都是你想看到的信息，你将永远不会读到与你意见相左的观点。④

这将带来严重的社会不公问题。纽约大学社会学教授 Marshall Blonsky 认为，依据数字档案进行智能推送，是人为地给每个个体划定了边界。商业的逻辑里没有利他主义、没有信息公平。一旦你被判定为一个群体，那么你获得的新闻信息、看到的广告、购买的用品，方方面面都只会符合这

---

① Mark Hansen, Meritxell Roca-Sales, Jonathan M. Keegan, George King, 2017, Artificial Intelligence: Practice and Implications for Journalism, Columbia University Academic Commons, https://doi.org/10.7916/D8X92PRD.

② 喻国明、姚飞：《试论人工智能技术范式下的传媒变革与发展——一种对于传媒未来技术创新逻辑的探析》，《新闻界》2017年第1期。

③ Ricardo Bilton, "All the News That's Fit for You: The New York Times is Experimenting with Personalization to Find New Ways to Expose Readers to Stories", Nieman Lab, Sept. 2017, http://www.niemanlab.org/2017/09/all-the-news-thats-fit-for-you-the-new-york-times-is-experimenting-with-personalization-to-find-new-ways-to-expose-readers-to-stories/.

④ http://www.niemanlab.org/2014/10/where-you-get-yournews-depends-on-where-you-stand-on-the-issues/. 2014.

个算法为你预设的身份。① 不断增加的复杂性是人工智能自身进化的逻辑，复杂性的无法识别将使底层永远成为底层，不论"线上"还是"线下"。

（三）技术公司与金融资本夹击专业新闻生产

监控流量的技术公司、追求精准导流的媒介运营商在参与到新闻生产流程中，但远远不止如此。

媒体在主动寻找技术公司实现业务外包，一篇稿件的生产可以是全球若干公司通过网络协作的结果。与 Guardian 和 NYT 自主研发人工智能系统不同的是，美联社通过外包的方式，将"人工智能化"的战略目标分割并委托给若干科技公司。例如 2017 年与 Graphiq 公司合作，后者在人工智能领域尤其擅长信息图的制作，并且拥有大量数据。在表 1 中，除了德国 Earth TV 卫星电视公司，其余机构均为与媒体合作的技术公司。

在中国，今日头条、一点资讯、Buzz Feed 一类的新闻聚合类网站，通过精准化内容分发，对新闻渠道形成垄断式的占据，这意味着由传统媒体生产的内容，只有少量在自有的渠道完成了分发。②

在车库型技术公司、互联网公司和金融资本的夹击之下，新闻媒体开始意识到从属于技术公司的被动局面，开始注资致力于运用或研发与自身主营业务相匹配的技术，自主搭建平台，基于所谓"互联网传播逻辑"来进行新闻分发。遗憾的是，技术公司往往更容易获得风险投资，传统媒体经济则每况愈下，没有独立研发人工智能产品的资本。

对专业媒体而言，平台收编的力量来势汹汹。具有信息属性的互联网巨头如 Facebook 推出移动战略的核心产品 Instant Article（简称 IA），并向媒体机构开放整套技术标准。使用 IA 的内容加载速度更快，相比社交媒体上分享链接最终回流到媒体网站的方式，加载速度快了 50 倍。这意味着媒体内容的数字发行渠道全面外部化。③

---

① Sterpanek, Marcia, *Weblining*, Businessweek on-line, April 3, 2000.
② 陈昌凤、王宇琦：《新闻聚合语境下新闻生产、分发渠道与内容消费的变革》，《中国出版》2017 年第 12 期。
③ 瞿旭晟：《移动媒体语境下内容分发变革及其影响——以 Instant Articles 与 AMP 为例的探讨》，《新闻记者》2016 年第 1 期。

哥伦比亚大学研究者 Mark Hansen（2017）等人认为，社交媒体平台和技术对新闻生产的影响，远远超过了电子出版对印刷媒介的影响。Facebook、Snapchat、Google 和 Twitter 这样的技术平台在加速度地全面接管传统的新闻生产发行工作，但不仅限于此。随即而来的问题是：谁为新闻买单？这些平台也必须快速进化，以适应剧烈的互联网竞争。所以，互联网公司不满足于只是占有了新闻内容分发的渠道，他们逐渐掌握了让你看到什么、感觉到什么、关注什么的操纵技能，甚至改变了新闻的格式（Types and Formats）。[1]

在 20 世纪 60 年代，"新闻生产"研究将对新闻的考察从"台前"（新闻内容及效果）推到了"幕后"（新闻编辑室中的田野观察），涌现出《做新闻》（Gaye Tuchman，1978）、《决定什么是新闻》（Herbert Gans，1979）、《生产新闻》（Mark Fishman，1980）等一批经典文本，为警惕地认知"第四权利"带来洞见。当下，人工智能算法的不透明、新闻生产各环节对技术公司的强依赖、媒介属性的社交网络公司的强势收编等大趋势，亟待研究者不仅仅停留于讨论人工智能在技术层面能实现什么，而将视线转移到"幕后的幕后"，即本文所指涉的"黑箱"，审慎地观察这一过程可能的社会影响，给予其批评性的评价与反思。

作者：陈昌凤，清华大学新闻与传播学院教授、常务副院长。
仇筠茜，中国传媒大学新闻与传播学部新闻学院副教授。
本文刊发于《新闻界》2018 年第 1 期。

---

[1] Mark Hansen, Meritxell Roca-Sales, Jonathan M. Keegan, George King, 2017, Artificial Intelligence: Practice and Implications for Journalism, Columbia University Academic Commons, https：//doi.org/10.7916/D8X92PRD.

智能算法运用于新闻策展的技术逻辑与伦理风险

陈昌凤 师 文

【摘要】 面对新媒体时代新闻生产、分发、互动格局的巨变，专业新闻工作者可以将"新闻策展"作为角色转型的契机。然而由于与科学技术的隔阂，新闻界未能结合自动化新闻策展算法的发展前瞻未来的转型方向。本文通过揭示事实类策展算法和观点类策展算法的技术逻辑、进步性和局限性，将智能时代人机协作策展的角色分工进一步清晰化。除了业务层面的探讨，本文还从价值层面审视自动化算法策展技术蕴含的价值风险，并发现策展算法在公平性及新闻伦理方面存在隐忧，也难以实现对良善社会价值观的引导，媒体专业从业者用新闻专业性和人文价值完成对算法的规训，通过引领算法价值践行智媒时代的社会责任。

【关键词】 智能算法；新闻策展；媒介伦理；媒体融合

新媒体技术的广泛应用不仅提升了新闻生产和传播的效率，也使传统的新闻业角色定位发生了剧烈变化。新媒体赋权打破了职业新闻生产者作为新闻生产中心的垄断地位，多元主体的参与式、协作式信息交流成为新的生产模式；社交媒体和新闻聚合平台的社交分发、算法分发颠覆了过去由专业新闻媒体主导的信息分发格局，职业新闻工作者的把关角色弱化；在新的传播形态下，不仅专业媒体机构的业务流程被颠覆，而且技术运用中出现了价值判断问题。新闻工作者的角色,主要不是收集、整理、呈现海量开放式信息,而是对每个新闻事件进行价值判断,用新闻敏感和人文精神去发现重要的议题,引导公众进行深度发掘,在公共议程设置层面扮演指挥者的角色。因此,有人提出"新闻策展"(News Curation)或将成为职业新闻从业者的角色转型方向。[①] 媒体工作者从传统的把关人身份转型,一方面承担收集素材、事实核查的职责,统筹"目击媒体"的新闻生产,[②] 另一方面管理分众化新闻生产中有价值的内容,将碎片化的新闻事实按照逻辑线聚合,形成新闻故事包,[③] 扮演"聪明的聚合者"和"论坛组织者"的角色。[④]

然而,由于与科学技术的隔阂,我们在探讨职业新闻从业者的转型策略时,未能全面考量智能化技术对新闻业的潜在影响。目前,新闻学界对于智能化技术对新闻业的影响多集中在传感器新闻、机器人新闻写作对于媒体生产端的冲击,以及个性化推荐技术对于媒体分发端的冲击。[⑤⑥⑦⑧] 而介于生产和分发之间的编辑策划角色被认为是免受智能化技术影响的安全地带,因而,新闻编辑室中的策展功能被期待成为新媒介生态下职业新闻从业者维持公共性、履行社会责任的支撑点,[⑨] 新闻业试图通过设计信

[①] Bruns A. Gatewatching, "Not Gatekeeping: Collaborative Online News", *Media International Australia Incorporating Culture and Policy*, 2003, 107(1): 31-44.

[②] 黄雅兰、陈昌凤:《"目击媒体"革新新闻生产与把关人角色——以谷歌新闻实验室为例》,《新闻记者》2016年第1期。

[③] 仇筠茜:《新闻策展:"微媒体"环境下突发新闻报道及伦理分析——以美国马拉松爆炸案报道为例》,《国际新闻界》2013年第9期。

[④] [美]比尔、科瓦奇、汤姆·罗森斯蒂尔:《真相:信息超载时代如何知道该相信什么》,陆佳怡、孙志刚译,中国人民大学出版社2014年版。

[⑤] 郭小安、甘馨月:《"戳掉你的泡泡"——算法推荐时代"过滤气泡"的形成及消解》,《全球传媒学刊》2018年第2期。

[⑥] 仇筠茜、陈昌凤:《黑箱:人工智能技术与新闻生产格局嬗变》,《新闻界》2018年第1期。

[⑦] 王晓培:《智媒时代机器人新闻对新闻生产的再定义》,《东南传播》2018年第4期。

[⑧] 黄雅兰:《从大众媒体到个性化媒体:人工智能技术对新闻生产的影响》,《中国出版》2017年第24期。

[⑨] 陆晔、周睿鸣:《"液态"的新闻业:新传播形态与新闻专业主义再思考——以澎湃新闻"东方之星"长江沉船事故报道为个案》,《新闻与传播研究》2016年第7期。

息产品的分布，凸显事实和逻辑，谋求公共讨论主持者的合法身份。

事实上，新闻策展并不是免受自动化技术冲击的避风港。目前，计算机科学涌现了大量应用于新闻策展的算法成果，试图通过自动化的手段实现对新闻语义的理解和关系的界定，完成话题整合。一方面，对于事实性信息，依据新闻的主题汇总新闻信息，将涉及某新闻事件的一系列报道实时识别聚合为统一的新闻话题，① 涵盖该新闻的背景、历史动态和最新发展，②③④ 监测话题的演变和热度，⑤⑥ 甚至预测话题未来的走向。⑦ 另一方面，对于意见性信息去粗取精，呈现有代表性的意见和观点，实现促进公共意见交流的功能。

自动化新闻策展算法涌现的，新闻界一方面应该洞悉其技术原理，思考其对新闻界产生的影响，据此重新反思职业新闻工作者的转型方向；另一方面，鉴于计算机界对策展算法的评判标准多集中在错检率、漏检率等

---

① Xu, R. F., Peng, W. H., Xu, J., et al., *On-line New Event Detection Using Time Window Strategy*, Machine Learning and Cybernetics (ICMLC), 2011 International Conference on. IEEE, 2011, 4: 1932 – 1937.

② Gu, H., Xie, X., Lv, Q., et al., *Etree: Effective and Efficient Event Modeling for Real-time Online Social Media Networks*, Proceedings of the 2011 IEEE/WIC/ACM International Conferences on Web Intelligence and Intelligent Agent Technology-Volume 01, IEEE Computer Society, 2011: 300 – 307.

③ Dai, X. Y., Chen, Q. C., Wang, X. L., et al., *Online Topic Detection and Tracking of Financial News Based on Hierarchical Clustering*, Machine Learning and Cybernetics (ICMLC), 2010 International Conference on. IEEE, 2010, 6: 3341 – 3346.

④ Wang, C., Zhang, M., Ma, S., et al., *Automatic Online News Issue Construction in Web Environment*, Proceedings of the 17th International Conference on World Wide Web. ACM, 2008: 457 – 466.

⑤ Wang, C., Zhang, M., Ru, L., et al., *Automatic Online News Topic Ranking Using Media Focus and User Attention Based on Aging Theory*, Proceedings of the 17th ACM conference on Information and Knowledge Management. ACM, 2008: 1033 – 1042.

⑥ Cao, J., Ngo, C. W., Zhang, Y. D., et al., *Tracking Web Video Topics: Discovery, Visualization, and Monitoring*, IEEE Transactions on Circuits and Systems for Video Technology, 2011, 21 (12): 1835 – 1846.

⑦ Wang, X., Qi, L., Chen, C., et al., "Grey System Theory Based Prediction for Topic Trend on Internet", *Engineering Applications of Artificial Intelligence*, 2014, 29: 191 – 200.

量化指标上，新闻界应当从新闻专业主义和人文价值的角度，评估计算机界提供的策展算法在运用于新闻业方面产生的价值风险和新闻理论缺失，弥补工具实用主义主导下算法的天然缺陷，实现人机协作的效率和伦理最优化。

智能算法运用于新闻策展的逻辑和功能是什么？存在哪些风险和伦理问题？职业新闻工作者如何发挥人和专业的优势进行人机协作？本文从计算机与新闻传播的跨学科视角，从技术原理入手，分析智能化算法运用于新闻策展的运作逻辑和现实功能，探讨智能技术应用于新闻实践中的进步性与局限性，探讨新闻工作者未来可以担当的职能与使命。本文也将从价值观层面审视新闻策展中智能算法存在的伦理风险。

一　人工新闻策展的实践与局限

在传统媒体时代，新闻媒体凭借专业的新闻生产流程和数字技术，对客观世界发生的事实进行近乎同步的把关，控制特定内容是否可以到达受众，成为唯一的新闻代言人。然而，社交媒体的兴起挑战了专业媒体在时间和速度上的优势，[1] 使信息得以通过无影灯般的公民记者被发掘出来，并通过开放的网状平台迅速流通。时间性和遍在性上的优势使公众具备了绕开专业媒体接近事实的能力，专业新闻媒体不再具备"真相代言人"的合法性，丧失了信息流通格局中的新闻把关人（gatekeeper）功能。

面对技术环境变化带来的新闻业角色危机，有学者认为，新闻看门人（gatewatcher）或将取代把关人成为专业媒体机构在公共信息交流中的新身份。由于公民"协同合作"生产信息的模式在消灭传播时距的同时也消灭了完整的文本，[2] 大量碎片、片面、局部的信息被生产出来，专业媒体组织可以整合公民生产的碎片化信息，用清晰的逻辑编排事实，呈现新闻事

---

[1] 徐来、黄煜：《"新闻是什么"——人工智能时代的新闻模式演变与新闻学教育之思》，《全球传媒学刊》2017年第4期。

[2] 潘忠党、陆晔：《走向公共：新闻专业主义再出发》，《国际新闻界》2017年第10期。

件的完整叙事，同时，以中立客观的姿态为多元意见提供交流平台，维持观点交锋的秩序，在组织公共讨论的过程中重构职业权威。[1]

在传统意义上，策展行为由职业新闻编辑人工完成。新闻编辑可以通过策划内容框架，搭建在线新闻专题，对既有报道进行结构化组织，并随时根据用户的反馈将新报道补充其中，如在"东方之星"沉船事故的报道中，澎湃新闻通过刊发实时消息、图片新闻、记者手记、特稿、HTML5 等形式的内容对事故的后果、救援的进展进行实时还原。同时，面对《感谢你无数次游过那片忧伤的水域》和《回到母亲怀抱》这两篇引发巨大社会争议的报道，开放地接纳用来自非专业主体的互动反馈，调整后续组织报道的把关策略和设计逻辑，一定程度上革新了传统意义上单向、固定的新闻生产链。[2]

这类新闻策展虽然相比传统的生产形态有一定进步，但仍具有显而易见的局限。一方面，"新闻策展"所强调的"去组织化、去科层化"价值内核并未实现，策展组织模式和运行逻辑仍未脱离传统媒体思维主导的生产模式。虽然在这个过程中，专业媒体机构愿意将公众对新闻价值的判断作为决策的参考因素，调整内容再生产的逻辑，形成看似开放、动态的内容决策机制，但是事实上刊出的报道仍然以职业新闻人的作品为核心，较少采用多元主体的发现和判断，无法真正将海量、动态的网络信息纳入生产系统。所谓的策展与传统意义上的"专题报道策划"并没有本质上的操作性分野，职业新闻生产的专业控制远远凌驾在公众的开放参与之上，相比"公开"新闻，仍然更接近传统的"刊出"新闻。

另一方面，这类策展虽然在理念上强调受众的参与，但是在社交平台和聚合平台得到普遍使用、生产主体裂变为亿级用户节点的背景下，新闻策展依托的生产工具并未发生与时俱进的升级。信息处理能力与待处理的信息规模严重失配，自动化程度维持在较低的水平，因而运作周期长、需

---

[1] Thurman N. , "Forums for Citizen Journalists? Adoption of User Generated Content Initiatives by Online News Media", *New Media & Society*, 2008, 10 (1): 139–157.

[2] 陆晔、周睿鸣:《"液态"的新闻业：新传播形态与新闻专业主义再思考——以澎湃新闻"东方之星"长江沉船事故报道为个案》,《新闻与传播研究》2016 年第 7 期。

要较高的人力物力，限制了整合用户生产内容的能力，也束缚了策划模式的可推广性。在媒体的报道资源较为有限的情况下，只有极少数重大的主题有资格被选择设定为专题，获得被策展的资源，这样的少数新闻实践或许可以成为理想中的新闻生产范本，却注定无法推广成为职业新闻工作者角色转型的常态化实践。

二 智能化新闻策展的技术路径

与人工新闻策展日渐凸显的乏力相比，通过智能算法对大规模新闻进行自动化策展取得了大量的成果。智能化算法通过综合新闻话题的整体信息，包括背景、历史、当前进度、不同意见和讨论等，呈现事件在事实层面和意见层面的全貌。虽然自动化新闻策展技术的成果较为繁杂，但是依据策展对象和逻辑的不同，可以将其分为基于事件演化的事实策展和基于意见过滤的观点策展。下文将从技术原理入手，分析这两类自动化策展算法的进步性，以及其留给人类新闻记者编辑的角色空白。

（一）基于事件演化的事实策展

基于事实演化的新闻策展技术依托于计算机科学中"话题检测与追踪"问题（Topic Detection and Tracking），[1] 将发生在特定时间和地点的新闻定义为"事件"，将其背景、后续以及其他与事件相关的活动定义为"话题"。该算法可以通过识别报道边界、锁定新闻话题、追踪话题动态，对同一话题下的海量报道实现碎片化事实的聚合、同质化报道的过滤，将流动的在线新闻数据自动处理为主题组，把非结构化的新闻事实结构化为明确的主题。具体而言，TDT 技术包括报道切分、话题跟踪、话题检测、首次报道检测和关联检测五项任务。

在实践中，话题检测和话题跟踪的具体实现路径存在两种原则性的分野。[2]

---

[1] 洪宇、张宇、刘挺、李生：《话题检测与跟踪的评测及研究综述》，《中文信息学报》2007 年第 6 期。

[2] 陈昌凤、师文：《个性化新闻推荐算法的技术解读与价值探讨》，《中国编辑》2018 年第 10 期。

传统主题追踪算法（Traditional Topic Tracking）看重种子事件在聚合话题过程中的权重，试图基于知识和统计概率构建报道内容之间的语义联系，通过 K 近邻等算法从动态信息流中挑选出与既有事件关联最紧密的事件，后续报道的相关性判断均以最初的报道为参考标准。

第二种原则认为，随着事件的发展，话题的外延应该是流动、开放的，被称为自适应主题追踪（Adaptive Topic Tracking）。在这种原则主导下，先验的知识不具有决定性的影响力，最初的新闻事件仅构成了话题原始的轮廓，每当有新的相关事件出现，话题的模型将进行动态修正，即随着外延事件的不断出现，话题的中心逐渐出现漂移。

从新闻编辑来看，上述两种策展算法分别对应着两套策展理念。传统主题追踪算法意味着新闻策展呈现以原始事件为核心的放射状形态，依托核心事件聚合用户生产和上传的碎片化内容，使新闻生产的主体、过程具有去中心化的特征，但生产的内容依然具有中心性。一方面，该策展模式有固定的中心事件，可以将公众的爆料整合在种子事件周围，通过后续的讨论对该事件进行集中深入的阐释，有利于规避公众注意力的迅速转移和记忆的消退，形成了围绕特定事件的公共讨论模式。另一方面，围绕核心事件的延展可以从多个角度全方位展开，只要事件与核心事件存在相关关系，就可以在话题图中拥有一席之地。这种策展模式对多角度延展的包容有助于发挥社交媒体的无影灯效应，基于全面、联系的视角展开话题延展，统筹个别事实与全面情况的关系，促成"宏观真实"的实现。

自适应主题追踪算法更注重话题发展的灵活性，面对事件发展过程中出现的焦点议题变迁，可以迅速地做出响应。如在"东方之星"沉船事故的报道中，就公共讨论的价值而言，澎湃报道风波所引发的关于大众媒体该如何报道灾难的探讨，其新闻价值未必低于种子事件"东方之星"沉船事故，通过将新事件纳入模型考量，可以更真实地顺应话题的发展轨迹，追踪公共事件的外延走向。

因此，从策展的路径取向来看，以上两类算法的逻辑优势呈现出固定与灵活之间的冲突。事实上，在复杂的现实新闻实践中，与其说何种算法更具优势，不如说二者分别适用于不同的新闻情境，但是底层算法设计的分野决定了二者难以在同一套系统中调和兼顾，两种算法范式之间取舍的困境暴露出了机器逻辑的僵化，即使机器可以在语料库训练机的规训下，理解语义、构建事件关系、实现类似于人的理解能力。但是新闻价值的判断并非技术性的数据统计问题，而是价值哲学问题，机器难以通过语义、事件关系等数字化指标做出符合人类社会期许的策展选择，更无法基于这种考量灵活地决定公共讨论的切入点，配置注意力资源。

算法对事件演化的追踪毫无疑问更新了专业新闻机构策展的响应速度和信息处理规模，也会同时产生有待人类编辑发挥作用的价值空缺。参照机器逻辑优势与劣势的坐标系，新闻工作者应该意识到，其在新媒体时代并不是从事传统的收集、整合、理解、呈现海量开放式信息，而是要对每一个新闻事件进行价值判断，践行重要性、显著性、接近性、人情味儿等传统新闻价值，凭借大量的经验构建新闻敏感，锁定话题中值得讨论的议题，对报道的方向进行把关，代替公众行使注意力分配的权力，引导公众进行深度发掘，在公共议程设置层面扮演指挥者的角色。

（二）基于意见过滤的观点策展

意见几乎是所有人类活动的核心，我们的政治态度、对新事物的接受、意见表达、态度的改变，几乎都受到外部意见的影响。因而，意见性内容是新闻媒体传播的重要内容，也会对新闻媒体的社会价值产生重要影响。在互联网上，媒体发布的新闻事件通常会引发内容庞大的用户评论，越来越多的媒体在刊发的内容中选登"网友意见"提供意见交流平台，扮演意见策展人角色。[①] 事实上，并非所有的网络评论都是平等的，仅有部分用户可以提供有价值的信息、观点和建议，大量的评论是同质化、情绪化甚至攻击性的低质量内容，具有误导公众的负面社会影响。因而，计算

---

① Wang, G., Gill, K., Mohanlal, M., et al., *Wisdom in the Social Crowd: an Analysis of Quora*, Proceedings of the 22nd International Conference on World Wide Web. ACM, 2013: 1341 - 1352.

机界面设计出自动化观点策展工具,① 识别过滤低质量评论,发现并突出高质量的意见性信息,提高了媒体策展效率和质量。

目前评论策展算法主要基于两种路径实现,一种是基于用户投票的策略,通过用户的标记信息,如点赞、举报记录来对评论进行质量排序,引导公共讨论的话语实现自我优化。不过,基于用户投票的机制有导致人气偏差的风险,对社交投票机制的研究发现,② 言论收获的认同数并不是理性、均衡分布的,评论用户的粉丝量、发表评论的时间都会影响评论的受欢迎程度,并在投票机制的作用下形成强者愈强、弱者愈弱的马太效应,甚至促进了意见的极化。

另一种观点策展路径是通过自动化语义分析筛选出高质量评论,有学者通过收集《纽约时报》采纳的线上评论作为训练集(the NYT "Picks" comments),锁定了高质量评论的若干指标,包括论证质量、批判性、情感性、可读性、个人经验等,③ 算法基于以上标准对评论的语法结构、词汇使用进行分析,锁定低质量和高质量文本的语言特征。相对而言,基于语义分析的机制更加公平地聚焦于文本本身的质量,有助于媒体选择出对受众有参考意义的信息。

以上两种算法路径可以有效地针对互联网中爆炸增长的意见性信息进行观点策展,为用户打捞观点、汇总意见,使用户基于较低的阅读成本,实现高层次的信息交互。但不论是用户投票的策略还是语义分析的策略,都只能做到集成意见,使多元观点呈现在大众传播平台上。与事实型信息的策展类似,算法固然可以高效地搜集、筛选、呈现观点信息,其僵化的机器逻辑却注定无法使对立的观点之间发生"化学反应",人文价值

---

① Diakopoulos, N. A., *The Editor's Eye*: Curation and Comment Relevance on The New York Times, Proceedings of the 18th ACM Conference on Computer Supported Cooperative Work & Social Computing. ACM, 2015: 1153 - 1157.

② Diakopoulos, N., *Commenti Q*: Enhancing Journalistic Curation of Online News Comments, Proceedings of the 25th International Conference Companion on World Wide Web. International World Wide Web Conferences Steering Committee, 2016: 715 - 716.

③ Diakopoulos, N., "Picking the NYT Picks: Editorial Criteria and Automation in the Curation of Online News Comments", *ISOJ Journal*, 2015, 6 (1): 147 - 166.

的缺失导致其无法参透观点背后的诉求和价值观，面对多元的意见争鸣的困境，算法既无法提供问题的解决方案，也无法事实上促进对立观点的和解。

面对智能化技术的冲击，新闻职业工作者可以接受机器对海量内容信息的高效聚合能力，致力于谋求对立观点的和解、为冲突的利益关系和价值观寻求共识性的解决办法。在策展方面，职业新闻工作者的专业价值不应该停留在聚合与呈现观点的初级策展，只是将自己的专业性局限在对意见分布状态的还原上，更应该践行无法被机器取代的高级策展，通过敦促各利益主体之间的协商，引导公共讨论，在真正意义上促进社会整合。

三 算法策展的价值风险与引领

面对智能化算法运用于新闻策展及其对新闻业的参与，新闻界除了从人机协同角度对人类和机器进行扬长避短的分工，还应该意识到，相较于一般的精神产品，新闻产品的特殊属性决定了其在社会生活中扮演着形塑公共价值观的重要角色，机器对新闻策展的介入应该面临新闻界更严格的价值审视和观念引领。除了备受讨论的透明性等[1][2]一般意义上的算法伦理问题，策展算法特有的属性还会诱发一系列独特的风险，职业新闻工作者亟须洞悉算法的缺陷，参与到对算法的价值观引领中。

首先，智能化策展算法存在公平性隐忧。由于智能化算法普遍依赖于大量的训练数据集，其输出结果往往存在明显的输入数据的偏向，即仅能对输入数据中存在的特征进行提取和强化，而输入的数据中不包含的维度不可避免地被选择性无视。对于智能化策展算法来说，其原始数据是网络

---

[1] 仇筠茜、陈昌凤：《黑箱：人工智能技术与新闻生产格局嬗变》，《新闻界》2018年第1期。

[2] Hsueh, M., Yogeeswaran, K., Malinen, S., " 'Leave your Comment Below': Can Biased Online Comments Influence our Own Prejudicial Attitudes and Behaviors?", *Human Communication Research*, 2015, 41 (4): 557–576.

上的"数字痕迹"(Digital Trace)。① 值得注意的是，虽然新媒体技术号称可以带来用户之间的平等，让普通人拥有发言、被关注的机会，但其并不能做到均匀赋权，反而会带来与传统媒体时代"知识沟"相似的媒介使用差异。公众对互联网设备的接近权和利用媒介资源的素养的显著差异会导致不同群体留下的数字痕迹分布失衡，弱势群体的声音事实上很难具备被算法纳入策展范畴的资格。正如在法哲学中，真正的公平是"矫正的公平"而非"分配的公平"，面对社会群体之间存在的数字鸿沟，算法策展对数字痕迹的采集看似是无差别的公平做法，实际上却是对社会结构性不平等的维系和纵容。新闻界应该识破算法貌似"平等无差别"的伪装，意识到算法逻辑内部隐藏的话语霸权，通过专业化的操作矫正群体间的话语权差异，扮演真正意义上的"社会公器"角色，避免媒体在算法驱使下成为少部分优势群体的"扩音筒"。

其次，智能化算法无法对策展过程中若干新闻伦理问题进行判断。虽然算法可以通过识别事件之间的语义联系自动构建专题，但是新闻策展并非简单的信息聚合或拼接，新闻产品特性决定了各个微妙的信息片段会相加形成格式塔式的总体框架效果，正如"东方之星"事故中澎湃新闻在"深情"与"煽情"之间的逾矩，新闻事件在切入的角度和尺度上存在巨大的弹性空间。在策展过程中，新闻的不同排列组合、比例分配和版面设置会造成截然不同的传播效果。算法无意识的聚合有可能引发读者在伦理层面的不适，也有可能用隐含的偏见引导公众，② 引发公众的质疑。③ 因而，新闻工作者在被算法解放生产力之后，应该将更多精力投入新闻伦理的把关上，审视自动化策展新闻中形成的预设框架，修正算法对于各方当

---

① 陈昌凤：《人机大战时代，媒体人价值何在》，《新闻与写作》2016 年第 4 期。
② Rader, E., Gray, R., *Understanding User Beliefs about Algorithmic Curation in the Facebook News Feed*, Proceedings of the 33rd annual ACM Conference on Human Factors in Computing Systems. ACM, 2015: 173 – 182.
③ Freelon, D., "On the Interpretation of Digital Trace Data in Communication and Social Computing Research", *Journal of Broadcasting & Electronic Media*, 2014, 58 (1): 59 – 75.

事人、公众的无意识伤害，维护良好的媒介生态。

最后，智能化策展算法缺乏对良善价值观的倡导能力。虽然自然语言处理技术使得策展算法可以通过知识表示等技术建立实体之间的关系网络，但是这并不意味着算法真正理解符号背后的价值内涵，在计算过程中，语言被转换成"去价值化"的向量，善与恶只有语义层面的"距离"，却无价值层面的高低，人类社会通过语言符号建立起来的意义传达、价值倡导体系被虚无化。机器不仅无法像富有经验的人工编辑一样拿捏新闻价值，也无法对善良、美好等公共价值进行识别和倡导。由于价值并非可计算的对象，而是复杂的伦理学哲学问题，面对来势汹涌的算法策展，职业新闻工作者需要意识到，尽管机器可以在处理海量信息方面拥有无法企及的效率，却无法具备人类才有的基本价值判断能力，新闻和信息工作者需要在使用算法的过程中，发挥人文关怀和人本精神，将人类的价值观注入新闻产品，完成对算法的价值引领。

因此，媒体界需要意识到，与媒介生态变化相随的是深刻的技术革新和理念升级，新闻策展并不是躲避智能化技术浪潮的避风港。在媒介生态巨变的时代，完全由记者、编辑进行的人工新闻策展无法承担起公共信息服务、组织公共讨论的责任，更无法助力专业媒体机构的职业合法性重塑。专业媒体机构需要突破传统意义上的职业意识形态，一方面，借助计算机界关于自动化策展技术的前沿成果丰富自身职业内涵；另一方面，在反思自动化策展技术的伦理风险和媒体理论缺陷的基础上实现对算法价值观的引领。

面对策展算法对事实信息的追踪能力，媒体工作者应该将职业角色定位在对新闻价值的敏锐观察，用人文精神和职业素养发掘话题内涵和外延中具有关注价值的着力点，主导公共注意力配置。而对于算法对于海量意见信息的去粗存精的能力，媒体应该在呈现多元意见的基础上，深入意见争鸣背后的诉求冲突和价值分歧，提供突破困境的解决方案，促进社会协商与整合。只有借助自动化技术和人文精神的合力，媒体界才能化解专业危机，在促进理性、开放、平等、多元的新型公共空间形成的过程中实现新媒介生态下的角色定位。此外，抛开算法和人类在新闻策展业务层面的分工问题，我们也要意识到算法运作逻辑使算法策展存在公平性和新闻伦理层面的隐忧，并且无法实现对良善社会价值的引导。新闻和信息产品的特殊性要求职业从业者用规范的新闻专业性完成对算法的规训，实现对公平、平衡等专业价值观的坚守，在人机协作的模式下继续发挥其社会功能，通过价值引领践行智媒时代的社会责任。

作者：陈昌凤，清华大学新闻与传播学院教授、常务副院长。

师文，清华大学理学院地球系统科学系博士生。

本文刊发于《新闻界》2019年第1期。本文为2018年国家社科基金重大项目"智能时代的信息价值观引领研究"（项目编号：18ZDA307）的阶段性成果。

社交分发与算法分发融合：信息传播新规则及其价值挑战

师 文　陈昌凤

【摘要】算法与社交相结合形成的智能化社交分发模式打通了社交分发和算法分发的壁垒，继颠覆传统的大众传播模式之后，正逐渐改写人际传播和群体传播的规则。本文基于对智能化社交信息流算法原理的剖析，分析兴趣加权、关系加权、互动加权及混合加权算法的隐含逻辑及价值风险。本文发现，对兴趣的加权容易加剧用户信息环境与客观现实的错位，对关系的加权需要妥善平衡"强连接"和"弱连接"在群体传播中的角色，对互动指标加权可以促进公共讨论，但有诱发黄色新闻潮的风险，而混合型算法则最含透明性隐忧，或许会导致技术权力对社交平台公共领域的"再封建化"。

【关键词】人工智能；算法推荐；算法伦理；信息价值观

传统上依赖专业媒体组织进行广播式分发的信息传播模式，近年来频受挑战。一方面，随着网络技术的发展，以微信"朋友圈"为典型代表的社交平台聚集大量用户并将其转化为传播路径上的节点，社交关系链上每一个用户都成为热点内容的制造者和传播者，客观上起到对信息进行筛选过滤的"把关人"角色。另一方面，人工智能技术异军突起，以"今日头条"为代表的聚合类资讯平台采用个性化的新闻推荐系统，根据个人特征、环境特征等因素,为用户推送定制化内容。传统上将社交分发与算法分发孤立起来考察分发变革的方式,有明显的缺陷。本文将探讨算法与社交相结合形成的智能化社交分发模式对信息传播的影响。

一 智能化社交分发模式:算法与社交相结合

社交分发和算法分发驱动了新的内容分发革命。面对这两大新兴的信息分发逻辑,新闻学界或对其中某一种进行单独考察,[1][2] 或从比较的视野出发,从原理、流程、权力主体的角度分析二者的差异。[3][4] 这在一定程度上反映出当前学界普遍认为社交分发、算法分发是依次出现的两类截然不同的分发方式,这种思考方式固然有助于理解部分典型产品的运作机理,但是将二者分离甚至对立起来的做法实际上落后于人工智能技术在媒体行业的前沿应用,也缺乏对未来新闻分发方式的前瞻式理解。

事实上,算法分发与社交分发之间的深度融合已在业界初露端倪,算法对社交信息的干预将再次改写内容传播的模式。在社交平台上,用户往往通过社交信息流追踪社交网络中的新动态,社交平台纷纷将"社交信息流"界面作为重要的用户流量和广告营收入口。然而随着用户规模扩大,用户生产的内容出现过载,传统的按发布时间反向顺序呈现信息流的模式已经不能高效地为用户提供优质内容,也不利于平台的商业化运营,因此在"社交信息流"的呈现逻辑上,越来越多的社交平台摒弃传统的时间线

---

[1] 王茜:《打开算法分发的"黑箱"——基于今日头条新闻推送的量化研究》,《新闻记者》2017年第9期。

[2] 史安斌、刘亮:《社会化新闻:互联网思维引领全链条再造》,《青年记者》2017年第16期。

[3] 喻国明、韩婷:《算法型信息分发:技术原理、机制创新与未来发展》,《新闻爱好者》2018年第4期。

[4] 彭兰:《未来传媒生态:消失的边界与重构的版图》,《现代传播》(中国传媒大学学报)2017年第1期。

主导模式，主动介入信息流的筛选排序环节，通过人工智能算法为用户过滤形成定制化的信息流，以期促进用户信息消费和再生产，进而增加用户黏性和广告收入。

智能化社交信息流已经被业界广泛采用，Facebook 于 2009 年启用 NewsFeed，并披露其信息流算法模型 EdgeRank，Pinterest 于 2011 年采用 SmartFeed 为用户定制信息，Twitter 和 Tumblr 均于 2015 年采用"while-you-were-away"的系统为用户筛选呈现其离线期间的信息。随后，知乎、Instagram 等社交平台也引入智能化的社交流设计改变用户社交信息的流向规则。

算法与社交相结合形成的智能化社交分发模式打通了社交分发和算法分发的壁垒，继颠覆传统的大众传播模式之后，正逐渐改写人际传播和群体传播的规则。然而由于技术的樊篱，新闻学界的研究者尚未关注到算法对于社交信息的介入，也未曾深入探析社交信息流算法的内在逻辑及其对用户信息环境的影响。本文将基于对算法的剖析，聚焦社交分发与算法分发融合产生的新型分发机制，分类探讨不同的社交信息流算法对社交网络上信息流动规则带来的冲击和价值风险。

二　社交信息流原理及其算法

社交信息流（Social Stream）在计算机业界也被称为 Feed 流，Feed 指的是一种实时消息，在互联网平台上，若干消息源会分布式地生产海量级别的 Feed，汇聚成一个待筛选、排序的 Feed 池，平台则依据某种算法从池中筛选出特定的 Feed，按照某种优先级顺序推送到用户界面，形成持续更新的 Feed 流。

Feed 流本质是一种信息分发方式，其名称最早源于 RSS 订阅中接收信息更新的接口，后来用来指将用户主动订阅的若干消息源组合在一起形成内容聚合器，帮助用户持续地获取最新的订阅源内容。

由于界面简单清晰易操作、可以实时更新，Feed 流成为社交媒体最常用的信息呈现方式，微信的朋友圈、微博的好友动态均采用 Feed 流方式呈

```
  Feed源
  Feed源                      算
  Feed源  →  Feed池  →  法  →  Feed1  ⎫
  Feed源                           Feed2  ⎬ Feed流
  Feed源                           Feed3  ⎭
```

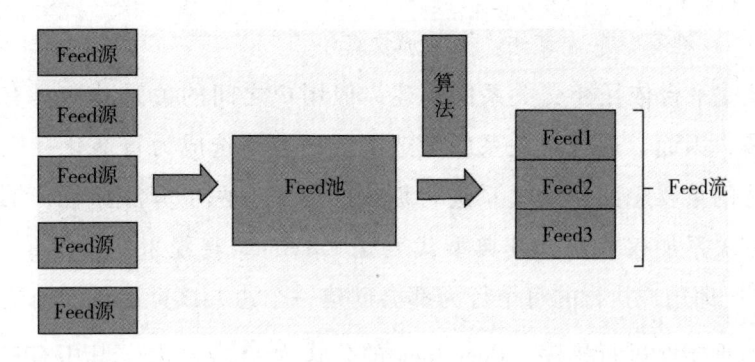

图1

现,并通过在 Feed 流中嵌入非订阅的广告内容作为营收。在实际应用中,Feed 流界面往往吸引了用户大量的注意力,对 Feed 的筛选排序机制成为调节用户信息消费行为的关键,其可以控制用户是否看到特定的内容,以及看到这些内容的顺序,优化 Feed 流的筛选排序算法成为社交平台提升内容质量、增加用户黏性的关键。

(一)社交信息流算法:传统的时间重力算法

时间重力算法也被称为 Timeline 模式,是社交平台发展初期最常采用的排序模式,其并非智能化算法,该算法假设所有关注者的动态都是同等重要的,因而在进行排序时,时间是唯一影响因素,完全按照反向时间顺序呈现社交圈中的新鲜事,其借助消息队列以"先进先出"的原则呈现信息,一旦用户关注的对象生产出新的事件,便将其添加至队列尾部,而随着新事件的加入,时间较早的事件在列表中逐渐被自然淘汰。

时间重力算法不对社交平台上的动态进行筛选,算法透明度高,用户界面上的信息列表是完整的信息环境,平台对用户信息消费的干预程度最低,通常不存在伦理层面的算法风险。

然而,从实际效果来看,筛选机制的缺失使平台缺乏"去重"操作。随着平台规模扩大和用户数量增加,大量冗余信息、无关信息重复出现,损害用户体验。同时,时间排序机制过于简单,智能化因素的缺失导致无法为内容设置优先级,用户的注意力资源未能进行最优分配,平台信息交互的效率有进一步提升的空间。

(二) 社交信息流算法：关系加权算法

社交平台依托社交关系网构建，但用户之间的关系并非具有同等的价值，因而，通过对关系的筛选实现内容筛选成为智能化社交信息流算法的重要思路。对关系进行加权的思路有两个算法路径，第一种是亲密关系加权算法，其典型代表是 Facebook 曾经采用的 Edge Rank 算法，① 即用户执行的每个行为都会创建一个边，该算法试图对边（行为）的重要性进行排序。EdgeRank 的公式为 $\sum_{edgese} u_e w_e d_e$，其中有三个因素在影响行为的重要性，其中，$u$ 是 EdgeRank 算法的核心，其表示的是行为发生者和行为观察者之间的亲密度，Facebook 通过查看用户近期采取互动的频率、二者在社会网络中的距离来计算两个用户亲密度得分；w 表示边的权重，用户此前不同的行为类型具有不同的权重，即发生深度互动的用户关系强于点赞之交；d 是与社交关系无关的客观指标，表示时间衰减因子，控制内容的时效性，使事件的重要性随着时间的流逝降低。

第二种关系加权路径是对重要关系进行加权，其代表是 PageRank 算法。② PageRank 算法由 Google 的两名创始人 Larry Page 与 Sergey Brin 提出，最早应用于搜索引擎，是通过超链接关系对网页重要性进行排序的大数据算法。PageRank 算法认为，网页的入链数量和网页质量两个因素决定了网页的重要性，如果一个网页被很多其他网页链接到，则说明这个网页比较重要，网页对应的 PageRank 值会相对较高，进一步地，如果一个 PageRank 值很高的网页链接到一个其他的网页，那么被链接到的网页的 PageRank 值会相应的因此而提高。PageRank 的计算公式是 $PR(p_i) = \frac{1-d}{N} + d \sum_{p_j \in M(p_i)} \frac{PR(p_j)}{L(p_j)}$，其中 $p_1, p_2, p_3, \cdots, p_N$ 为所有被研究的页面，d 为阻尼系数，$M(p_i)$ 指的是所有链入 p_i 的页面，$L(p_i)$ 为 p_i 链出的页面数量，N 是所有页面的总数。学者在此基础上针对 Twitter 上社交网络的拓扑结构改进提出 Twitter-

---

① http://edgerank.net.
② Page, L., Brin, S., Motwani, R., et al. *The Page Rank Citation Ranking: Bringing Order to the Web*, Stanford Info Lab, 1999.

Rank 算法,① 衡量特定用户在关系网中的地位,② 并据此为用户调整推荐权重。

EdgeRank 算法中对亲密社交关系强调符合社交平台的产品定位,但是对亲密社交关系的长期加权很容易使用户陷入相对封闭的同质化社交圈。根据社会学家的研究,③ 纵然人们可能在社交平台上拥有大量好友,但是人类智力和社会网络的特征决定人类拥有稳定、亲密的社交规模,约为150 人,算法对亲密社交圈的识别可以帮助用户进行高效信息筛选,但是势必会促使大范围的交往变成私人领地内部的互动,阻碍新的社交关系形成和维护,最终导致开放性剥落、"亲密专制"兴起。在宏观层面上,这种对社交关系的强调会进一步加剧圈层的分化,不同圈层建构出迥异的群体认同和社会感知,社会割裂成一个个隔绝甚至对立的回声室,社交平台无法通过高效的信息传播和意见送达实现社会整合功能,本应具有公共属性的社交平台变得碎片化。

PageRank 算法可以一定程度上弥合 EdgeRank 对于群体中"强连接"的片面强调,其逻辑本质是通过计算机数据结构中的有向图计算锁定社交网络中的意见领袖,发挥群体中"弱连接"的优势。这类意见领袖虽然与用户互动的频率较低,但是其社会经济地位高、教育背景良好、与大众媒体接触较频繁,通常会为群体提供高质量、非同质化的信息,强加这类节点对于信息扩散的把关能力,有助于促进信息的垂直流动,加快信息扩散。

(三) 社交信息流算法:兴趣加权算法

对兴趣进行加权的社交信息流算法试图为用户推荐与其既有兴趣相似

---

① Weng, J., Lim, E. P., Jiang, J., et al., *Twitterrank*: Finding Topic-sensitive Influential Twitterers, Proceedings of the Third ACM International Conference on Web Search and Data Mining. ACM, 2010: 261 – 270.

② Kwak, H., Lee, C., Park, H., et al., *What is Twitter, a Social Network or a News Media?*, Proceedings of the 19th International Conference on World Wide Web. AcM, 2010: 591 – 600.

③ Dunbar, R. I. M., "Neocortex Size as a Constraint on Group Size in Primates", *Journal of Human Evolution*, 1992, 22 (6): 469 – 493.

度高的新闻产品。①② 其技术路径有两种，③ 其一是基于内容的推荐，其原理为根据用户显式披露的或隐式呈现的信息偏好，通过机器学习模拟用户的兴趣模型，随后对待排序的内容文本进行特征提取形成向量，计算文本向量与已有兴趣模型的相似度，得出文本的兴趣权重。第二种对兴趣特征进行加权的方式是协同过滤算法，协同过滤算法是一种利用群体智慧的推荐方式，其进一步分为基于用户的协同过滤算法和基于物品的协同过滤算法。前者的假设是"对某条内容感兴趣的人群，有较大的概率在其他方面也有共同的兴趣"，后者的假设是"两条内容如果总是被同一个用户阅读，则对其中一条感兴趣的用户，有更大概率对另外一条内容也感兴趣"。不论是基于用户的协同过滤还是基于物品的协同过滤，其背后依托的都是属于无监督机器学习的聚类算法，无监督机器学习的训练数据集中仅有特征，没有标签，在程序员输入数据和聚类的簇数后，机器自动生成参数，将用户或者内容分成类内相似、类间不相似的若干类别，在类内展开内容推荐。

  以上两种算法均为推荐系统的经典算法，通过对用户兴趣进行建模和预测，兴趣加权算法可以推荐用户更愿意阅读的内容，提高用户的黏性。但是相比推荐系统在购物、音乐等领域的应用，其在社交平台中的应用需要面对更严格的审视。李普曼在《舆论学》中指出，人们日常生活中存在三重环境，④ 第一重环境是现实中存在的不以人的意志为转移的"客观现实"，第二重环境是传播媒介经过有选择地加工后呈现的"拟态环境"，第三重环境是存在于人们主观意识中的"关于外部世界的图像"。其中，"拟

---

① Bernstein, M. S., Suh, B., Hong, L., et al., *Eddi*: *Interactive Topic-based Browsing of Social Status Streams*, Proceedings of the 23nd Annual ACM Symposium on User Interface Software and Technology. ACM, 2010: 303 - 312.

② Garcia Esparza, S., O'Mahony, M. P., Smyth, B., *Catstream*: *Categorising Tweets for User Profiling and Stream Filtering*, Proceedings of the 2013 International Conference on Intelligent User Interfaces. ACM, 2013: 25 - 36.

③ Chen, K., Chen, T., Zheng, G., et al., *Collaborative Personalized Tweet Recommendation*, Proceedings of the 35th International ACM SIGIR Conference on Research and Development in Information Retrieval. ACM, 2012: 661 - 670.

④ ［美］沃尔特·李普曼：《舆论学》，林珊译，华夏出版社1989年版。

态环境"和客观环境一起影响受众主观意识中的世界。如今,社交平台成为越来越多人进行社会感知的信息来源,虽然传统的时间线排序方式呈现的信息环境也不意味着对客观现实的精准镜像呈现,但是基于兴趣推荐的算法会使符合用户头脑中主观期待的信息有更大概率被呈现,即算法介入之后,用户头脑中的"主观现实"得以对拟态环境施加影响,而拟态环境也反过来对"主观现实"起到持续加固作用,这种循环互动过程会导致二者日趋封闭,与客观现实环境发生更大的错位。在兴趣加权算法的介入下,传统大众传播时代的非个性化的信息环境变成"投其所好"式的定向投放,信息价值观发生偏向,大众传播的教育、整合功能在智能化社交平台上日渐被淡化。

(四)社交信息流算法:互动加权算法

虽然对内容和关系进行加权之后很大程度上可以满足用户的信息需求和人际需求,但是对于社交平台而言,二者不能解决所有的问题,一方面,基于兴趣和基于关系的加权仅增加了用户的信息消费行为,却不一定能促进评论、转发等信息再生产行为,既无法满足平台方通过增强互动提升用户黏性的需求,也无法为社会提供公共讨论的空间。另一方面,上述打破传统时间线的两种加权方式使得时间维度被降权,平台对新闻的响应能力下降,需要其他加权方式进行弥补。因而部分社交平台将互动指数引入算法,将特定内容引发的转发、评论、赞同的能力作为互动指标进行加权推荐,将在公共讨论中处于显著地位的内容优先加入社交信息流。

互动指标的引入是一把双刃剑,其在一定程度上可以增强热点议题的推荐权重,促进公共讨论,加强社交平台的公共性。但是在后真相时代,诉诸情感和信仰比陈述客观事实更能影响民意,情绪化的内容更容易引发社交平台上的互动和传播。[1] 在此基础上,算法对于互动指标的加权推崇,加剧了推荐结果陷入情绪化陷阱的风险,煽情、耸动、肤浅的内容将有更大概率获得推荐,社交平台面临电子时代的"黄色新闻潮"风险,对互联

---

[1] Berger, J., Milkman, K. L., "What Makes Online Content Viral?", *Journal of Marketing Research*, 2012, 49 (2): 192–205.

网治理,对社会责任、新闻伦理、新闻专业性形成挑战,①② 或成为信息传播中的边缘价值。

三 算法的效率与伦理缺陷

面对社交平台信息过载的问题,智能化的信息流算法可以帮助用户筛选感兴趣的高质量内容,提高用户获取内容的效率,改写传统媒体时代的大众传播规则,使原本割裂的智能分发和社交分发融合形成全新的智能化社交分发机制。但是通过对社交信息流算法的权重剖析,我们可以看出,效率意味着代价,各类加权算法均具有一定的伦理缺陷,对兴趣的加权容易加剧用户信息环境与客观现实的错位,对关系进行加权需要妥善平衡"强连接"和"弱连接"在群体传播中的角色,而对互动指标加权会助长后真相时代的弊端,甚至诱发社交媒体上的黄色新闻潮。

在实践中,社交平台多采用综合考量了各类加权指标的混合算法,这是一个有意义的努力。但是,混合算法不一定能使各种加权算法的内在缺陷消失,它是在权衡各类风险。值得注意的是,采用混合算法会进一步降低算法的透明度,正如 Facebook 一直未公布 EdgeRank 算法的进一步细节。社交平台的信息流算法属于商业机密,复杂的算法无法接受公众的详细审视,也并非工程师个人可以掌控,掌握信息分发权力的科技巨头拥有黑箱算法的完全决定权,成为名副其实的"把关人",一定程度上决定了用户的信息消费和生产行为。在算法的介入下,社交平台既可以通过屏蔽关键字使特定事件出现在公众议程上的概率降低,也可以出于商业动机为某些本不应被推荐的内容进行加权。在社交媒体日益成为人们获取信息、交换意见的重要渠道的情况下,科技权力的"信息把关权"一旦为政治、商业权力背书,即会向社交平台的公共性发起挑战,使公共领域面临"再封建

---

① Berger, J., Milkman, K. L., "What Makes Online Content Viral?", *Journal of Marketing Research*, 2012, 49 (2): 192-205.

② 李晓东:《互联网全球治理的趋势和挑战》,《全球传媒学刊》2017 年第 2 期。

化"的风险。

在传统媒体时代,新闻生产和分发的权力均由传统媒体掌控,职业新闻人的新闻专业主义为大众媒体信息传播的合法性提供保障;在社交分发时代,内容和渠道发生分离,新闻分发的权力被转移到社交平台的用户手中,传播的中心性被弱化,普通用户成为权力信息把关人;在算法分发时代,技术精英通过技术优势使传播的控制权从人类转移到机器,事实上收回了信息把关权。而算法对社交领域的介入,实则是科技精英和机器逻辑的进一步扩张,对此,新闻传播学界一方面要前瞻性地考察智能化社交信息流算法为传统分发、社交分发、算法分发的既有格局带来的变革,另一方面也要深入算法逻辑内部,对算法背后隐藏的价值观进行考量,警惕智能算法介入社交平台人际传播、群体传播之后产生的方向性偏差和价值风险,用人文关怀弥合技术逻辑背后的价值缺失。

本文刊发于《当代传播》2018年第6期。

算法驯化：个性化推荐平台的自媒体内容生产网络及其运作

黄淼 黄佩

【摘要】 本文整合 ANT 框架下的"转译"概念和驯化理论，研究面向算法推荐平台的自媒体生产实践。笔者观察了 4 个推荐平台，访谈了 6 位平台管理者和 6 位自媒体创作者，基于实证数据阐释发生在自媒体生产过程中的两次算法驯化。两次驯化构建了两个行动者网络——在平台运营实践中形成的"职责共识网络"、在自媒体创作群体中形成的"规律共识网络"，二者再共同构成自媒体内容生产网络。算法规则在两个局部网络中都是"强制通过点"，也是局部网络之间的连接点，由此成为整个网络的权力中心。

【关键词】 行动者网络；算法驯化；自媒体；内容生产；平台

一 研究缘起

互联网和数字技术赋能于内容的生产和传播，互联网平台为丰富供给而大力扶持自媒体创作，"互联网+"作为国家政策被积极推行，"内容创业"在技术、商业和政策的合力作用下成为社会热点。得到释放的内容生产力与草根流行文化相互促进，将社会热点发展为文化热潮。在此背景下，自媒体内容生产成为公共参与性、行业关注度和社会影响力都处于较高水平的社会实践。

当移动终端成为内容消费的主要渠道，基于算法推荐的内容分发平台也随之成为自媒体创作者的重要变现渠道。对于创作者而言，这类平台似乎提供了比传统博客和社交网络更好的传播效果，因为算法推荐可以实现内容供需双方的精准匹配。事实上，算法技术在提高传播效率的同时也通过隐秘的规则设计改变着包括自媒体创作者和平台运营者在内所有内容生产参与者的行为方式。由算法技术引起的传播方式变革不只是技术问题，也影响着内容生产实践、内容市场格局和社会文化趋向。

在此背景下，大型互联网平台中的算法规则和商业逻辑究竟如何形塑自媒体内容生产的价值取向？自媒体人如何通过适应数学运算法则来达成文艺创作成果的变现？不同的参与主体之间如何协商合作？本文整合"行动者网络理论"（Actor-Network Theory，ANT）的"转译"（translation）概念与"驯化"（domestication）理论，基于实证数据阐释算法规则怎样"驯化"其他行动者，塑造以算法规则为中心的自媒体生产网络。

二 文献回顾

（一）行动者网络理论

行动者网络理论在20世纪80年代由法国学者布鲁诺·拉图尔、迈克尔·卡龙和约翰·劳这三位学者提出和发展，再经后人延伸，其研究对象从科学实验室中不同主体的行动网络扩展到大范围组织系统中多元主体构成的复杂网络。[1] 在近年来的研究中，姜红等[2]提出作为"非人类行动者"的算法与人类传播活动交织在一起，挑战着传统新闻业的公共

---

[1] 吴莹、卢雨霞、陈家建等：《跟随行动者重组社会——读拉图尔的〈重组社会：行动者网络理论〉》，《社会学研究》2008年第2期。

[2] 姜红、鲁曼：《重塑"媒介"：行动者网络中的新闻"算法"》，《新闻记者》2017年第4期。

性。借助"转译"的解释框架,赵高辉[①]认为,传统媒介组织在新闻传播网络中的核心地位正在被基于算法技术的平台型媒介组织消解。Lluís Micó 等[②]基于五年的长时段跟踪,发现新闻编辑部内采编人员、新技术和融合生产方式构成行动者网络,但行动目标模糊和权力差异阻碍了行动效率。Spyridou 等[③]以行动者网络理论分析面对技术变革挑战的媒体文化,发现生产网络中新旧权力的不同代理人对技术创新效果发挥着不同作用。相较而言,基于 ANT 的中文研究关注到算法技术的介入对媒体产业格局的影响,但未充分讨论算法技术如何驯服与之相关的行动主体,从而重构行动者网络。

ANT 的"行动者"(actant)概念涵盖了人类和非人类的行动主体,适合于阐释各类新技术与人类劳动相互交织的新媒体实践。[④] 更重要的是,ANT 提供了一套动态分析的概念工具,即"转译"(translation)的四个环节:问题化(problematisation)、介入(interessement)、登记(enrollment)和动员(mobilisation)。[⑤] "问题化"是指关键行动者通过设定一个强制通行点(Obligatory Passage Point, OPP),并引导其他行动者朝向该点展开实践,从而使自身和 OPP 在网络中获得较高权力;"介入"是指其他行动者在关键行动者的引导下建立联盟(alliance),利益共同体的形成可

[①] 赵高辉:《传统媒介组织"强制性通过点"地位的消解与重构——行动者网络理论视域下的媒介融合发展探析》,《现代传播》(中国传媒大学学报)2019 年第 5 期。

[②] Micó, Josep Lluís, Pere Masip, and David Domingo, "To Wish Impossible Things ∗: Convergence as a Process of Diffusion of Innovations in an Actor-network", *International Communication Gazette*, 2013, 75 (1): 118 – 137.

[③] Spyridou, Lia-Paschalia, et al., "Journalism in a State of Flux: Journalists as Agents of Technology Innovation and Emerging News Practices", *International Communication Gazette*, 2013, 75 (1): 76 – 98.

[④] Couldry, Nick (2008), "Actor Network Theory and Media: Do They Connect and On What Terms?", In Hepp, A., Krotz, F., Moores, S. & Winter, C. (Eds.), Connectivity, Networks and Flows: Conceptualizing Contemporary Communications (pp. 93 – 110), Cresskill, NJ: Hampton Press, Inc..

[⑤] Callon, Michel, "Some Elements of a Sociology of Translation: Domestication of the Scallops and the Fishermen of St Brieuc Bay", *The Sociological Review* 32.1_suppl 1984: 196 – 233.

以反证"问题化"的合法性;"登记"是指每个行动者在互动实践中确立自己的角色,随之使网络结构稳定下来;"动员"是指作为利益共同体的网络需要一位发言人,承担网络内外的协商沟通。这一概念体系可以呈现媒介技术在互联网公共空间中兼有物质和文化双重属性的特征。[①] 在本文考察的两个行动者网络中,"介入"和"登记"分别交融于算法设计和算法适应的过程中,其共同结果都是促进行动者联盟的形成。因此,本文将"转译"概念框架调整为"问题化""联盟""动员"三个环节。

(二)驯化理论

驯化理论最初由英国学者 Roger Silverstone 在有关家庭场景中电视媒体使用的研究中提出,此后被大量应用于考察各类数字媒介技术对日常生活、社会文化的影响。[②] 驯化(domestication)的过程以消费实践为前提,而后经历四个环节:占用(appropriation)、客体化(objectification)、纳入(incorporation)和转换(conversion)。"占用"指的是媒介技术如何被引入某个具体的社会场景,"客体化"指的是新技术在该场景中被置于何种位置,"纳入"指的是新技术如何嵌入人类的生活实践,"转换"指的是消费主体如何向他人展示新技术。[③] 对比"转译"和"驯化"的四个环节——问题化与占用、客体化与登记、纳入与介入、动员与转换,每一组概念在阐释媒介技术与使用者、使用场景的关系上都具有内在一致性。在此意义上,这两个概念体系具备了理论内涵的勾连。

作为追随 ANT 之后出现的媒介技术理论,驯化理论对本文的补充意义

[①] Boczkowski, Pablo, and Leah A. Lievrouw, Bridging STS and Communication Studies: Scholarship on Media and Information Technologies, In Hackett, E. J., Amsterdamska, O., Lynch M. & Wajcman, J. (Eds.), The Handbook of Science and Technology Studies (pp. 949–977), Massachusetts, MA: The MIT Press.

[②] Berker, Thomas, et al., "Introduction", In Berker, Thomas et al. (Eds.), Domestication of Media and Techonology (pp. 1–17), New York, NY: Open University Press.

[③] Haddon, Leslie, "Roger Silverstone's Legacies: Domestication", New Media & Society, 2007, 9 (1): 25–32.

在于两方面。其一，驯化是一种持续进行、相互建构的消费过程，① 算法规则与围绕这一技术展开传播实践的其他主体之间，也是在不断地相互影响中创造新的意义、获得新的价值。其二，驯化的过程通常含有打破边界的意义。在最初有关电视的研究中，驯化过程将电视中呈现的公共空间带入电视所在的家庭（私人）空间；而在本文中，算法规则将曾经作为公共生活实践的文化消费变为"千人千面"的个性化实践。总体而言，驯化理论是中介机制中主体的策略性实践。② 由于算法规则具有自适应性和自成长性，又因商业机密和技术门槛等因素而成为难以被真正打开的"黑箱"，算法规则不宜被作为一种完全可由人类主体操控的客体。所幸 ANT 的"行动者"概念将人类与非人类作为具有同等地位的网络节点，而"转译"与"驯化"的结合更有助于揭示不同节点之间的权力差异和协商过程。

（三）算法平台研究

随着个性化推荐成为互联网内容服务平台的技术标配，算法也成为媒体研究的热点。其中，部分研究将算法技术置于平台场景中讨论其作用机制，这类聚焦于技术工具与组织结构之间关系的研究视角可以追溯到"社会技术系统"（Social Technical System，STS）的理论视域，由此与 ANT 同源。围绕算法技术与传播平台的关系，研究成果主要包括三个视角。其一，技术力量对平台的隐形赋权作用。师文和陈昌凤③在剖析四类智能化社交信息流算法原理的基础上发现，目前互联网平台普遍采用的混合型算法最含透明性隐忧，或许会导致技术权力对社交平台公共领域的"再封建化"。方师师④基于国外互联网平台 Google 和 Facebook 的技术专利文件揭

---

① Silverstone, Roger, "Domesticating Domestication, Reflections on the Life of a Concept", In Berker, Thomas et al. (Eds.), *Domestication of Media and Techonology* (pp. 229-248), New York, NY: Open University Press.

② 潘忠党：《"玩转我的 iPhone，搞掂我的世界！"——探讨新传媒技术应用中的"中介化"和"驯化"》，《苏州大学学报》（哲学社会科学版）2014 年第 4 期。

③ 师文、陈昌凤：《社交分发与算法分发融合：信息传播新规则及其价值挑战》，《当代传播》2018 年第 6 期。

④ 方师师：《双强寡头平台新闻推荐算法机制研究》，《传播与社会学刊》2018 年第 43 期。

示了算法机制与平台价值取向的结构性关联。其二，平台及其代理人以"技术中立"为依据寻求平台权力的正当性。白红义和李拓[1]通过解析近年来国内有关算法的新闻报道、评论、网络讨论等文本材料，发现不同行动主体之间话语冲突的实质是对传播权力的争夺。张志安和周嘉琳[2]则发现，在政府权力、主流媒体和商业平台围绕传播权展开的话语冲突中，互联网平台通过技术反哺主流媒体的方式巩固正当性根基。其三，基于算法透明的思路，向技术运行和组织管理的实践中寻求与公共价值相契合的进路。仇筠茜和陈昌凤[3]探讨了以不同方法增进算法透明度的可行性，认为"算法集"不仅指代码符号和体系，还包括写代码的程序员、服从代码规则的内容生产者、运行代码的智能化机器，以及这些"行动者"之间的连接机制。综上，在有关算法技术与平台组织的研究中，越来越多的学者采用ANT的"行动者"概念阐释技术与使用者、使用场景之间的关联，但尚未出现在生产和分发这两个前承后继的传播过程中考察算法规则及其影响的研究中，而这两个环节共同构成的内容供给深刻影响着公共文化趋向和个体文化体验。

（四）自媒体和内容创业研究

"自媒体"和"内容创业"实际上是两个不同研究框架下的概念，前者与公民新闻联系在一起，侧重于描摹互联网空间去中心化的公共参与，而后者是受政策导向和商业话语影响而出现的概念，常与媒体人转型、媒体商业创新等媒体管理话题相联系。但在由算法技术支撑的移动互联网内容市场中，随着社会个体成员表达和传播能力被释放，"自媒体"和"内容创业"在现实语境中趋于合流。例如，各大互联网平台都提供"自媒体创作者激励计划"。体现在概念倾向上的演变轨迹，在一定程度上表征着

---

[1] 白红义、李拓：《算法的"迷思"：基于新闻分发平台"今日头条"的元新闻话语研究》，《新闻大学》2019年第1期。

[2] 张志安、周嘉琳：《基于算法正当性的话语建构与传播权力重构研究》，《现代传播》（中国传媒大学学报）2019年第1期。

[3] 仇筠茜、陈昌凤：《基于人工智能与算法新闻透明度的"黑箱"打开方式选择》，《郑州大学学报》（哲学社会科学版）2018年第5期。

实践的价值导向。① "传媒创业"（Media Entrepreneurship）或可作为合流之后的表述，这个表述也呼应着近年西方媒体研究的热点②——*Journalism Practice* 在 2016 年刊发 *Entrepreneurial Journalism* 特刊，而 *International Journal on Media Management* 在 2017 年则刊发了 *Media Entrepreneurship* 特刊。目前自媒体与内容创业研究的关注点集中于两个视角。其一，探讨基于移动端的新兴媒介形态对内容创作者的赋权。王长潇和刘瑞一③认为，移动音频媒体使一度沉寂的播客焕发新生，带来了场景化的媒介体验。基于对快手短视频的内容分析，段鹏等④提出短视频使日常生活获得了审美和娱乐的情境建构，但也给个体用户带来了商品化和被资本收编的危机。其二，探讨基于社交场景的自媒体内容生产对创作者个体的社会化实践的影响。王昀⑤认为社群互动是自媒体生产得以持续的重要动力，也是构筑互联网公共文化的主要力量，所以自媒体研究应将对意见领袖的过度关注迁移到对中小规模创作者的关注上。朱靖江和高冬娟⑥通过对快手平台的互联网田野调研，发现自媒体创作者在虚拟社区中获得了重构自我认同的机会。以上两个视角分别指向自媒体内容生产的客体形态和主体实践。前者是诞生于移动媒介终端，又得益于算法推荐技术带来的传播效率；后者则在个性化、社交化、场景化等多种技术创新效应的交织之中获得不同以往的传播参与体验。综上，有关自媒体和内容创业的研究已经开始关注到媒体技术和平台场景对创作者的赋能作用，但仍需进一步深入探究的问题诸如：技术影响

---

① 於红梅：《从"We Media"到"自媒体"——对一个概念的知识考古》，《新闻记者》2017 年第 12 期。

② 曾繁旭、王宇琦：《传媒创业研究：一个新兴领域的研究脉络与中国议题》，《新闻记者》2019 年第 2 期。

③ 王长潇、刘瑞一：《从播客到移动音频媒体：赋权的回归与场景的凸显》，《新闻大学》2019 年第 6 期。

④ 段鹏、李嘉琪、明蔚：《情境建构和资本收编：中国短视频平台的景观社会形塑——以对乡村用户的研究为例》，《新闻与传播评论》2019 年第 4 期。

⑤ 王昀：《"日常的我们"：自媒体生产的社群化动力及其可持续性反思》，《现代传播》（中国传媒大学学报）2019 年第 1 期。

⑥ 朱靖江、高冬娟：《虚拟社区中自我认同的反身性重构——基于移动短视频应用"快手"的人类学研究》，《民族学刊》2019 年第 4 期。

内容创作的具体实现方式、不同发展水平的创作者群体所具有的权力差异。

综上，四个话题领域的前人研究成果汇聚成为本文的理论框架。首先，ANT 提供了以平等视角观察参与自媒体生产实践的人类和非人类行动者，此视角有助于发现具有自适应和自生长特征的算法规则所发挥的作用。其次，"转译"的三个环节（问题化、联盟和动员）可以揭示平台管理人和自媒体创作者这两个群体内部的权力差异。再次，"驯化理论"提供了一种理解行动主客体之间经由持续性相互建构而形成的相互依存关系。事实上，ANT 和驯化理论是媒介技术研究脉络中先后出现的理论工具，都针对技术、社会与人的关系展开讨论，所以在理论体系上具有对话和互补的可能。（Sørensen，2006）最后，算法平台和自媒体的现有研究成果则提供了这两类行动者的背景知识。

三　研究设计

为了探究面向算法推荐平台的自媒体生产网络的实践特征，笔者选择了 4 家在算法技术应用上有所差异的互联网平台作为调研对象（今日头条、凤凰新闻、快手、抖音），访谈了 6 位自媒体创作者（文字创作者 3 位、视频创作者 3 位）、3 位平台内容管理人员、2 位算法技术管理人员、1 位商业管理人员。调研和访谈在 2019 年 7 月至 10 月间完成，自媒体创作者的访谈时间平均为 30 分钟，3 类平台管理人员的访谈时间平均为 1 小时。为确保访谈数据在时间阶段上的统一性，同一类群体的访谈尽可能在相同时段内完成。但由于互联网公司管理人员接受访谈需要经层层审批，故未能在 7 月全部完成。相应的补救措施是在访谈 C3 时，涉及平台实践的数据以 7 月历史资料为准。

表 1　　　　　　　　十二位访谈对象的基本信息

群体类型	访谈对象	访谈时间
平台内容管理者	C1	2019 年 7 月 31 日
	C2	2019 年 7 月 29 日
	C3	2019 年 10 月 9 日

续表

群体类型	访谈对象	访谈时间
算法技术管理者	A1	2019年7月10日
	A2	2019年7月29日
平台商业管理者	B	2019年7月30日
文字创作者	T1	2019年8月12日
	T2	2019年8月14日
	T3	2019年8月19日
视频创作者	V1	2019年8月24日
	V2	2019年8月24日
	V3	2019年8月24日

四　研究发现

基于理论框架的实证数据分析，我们聚焦于自媒体生产网络内存在的六类行动者：算法规则、自媒体创作者、自媒体作品、内容管理者、技术管理者、商业管理者；自媒体创作者又可细分为三个子类的创作者：头部、中部和尾部。此网络包括两个局部网络：在平台运营实践中，由内容管理者引领的"职责共识网络"；在自媒体创作群体中，由头部创作者引领的"行业共识网络"。算法规则在两个局部网络中都是"强制通过点"，也是局部网络之间的连接点，由此成为整个网络的权力中心。各行动者获得技术赋能的同时也接受算法规则的驯化，技术逻辑被内化为平台职责和行业规律。

（一）平台实践的算法驯化：内容管理者引领的职责共识

算法平台的各类管理者"在其位，谋其政"，何来驯化之说？事实上，组织管理制度只能给予刚性约束，而个体管理者在日常职业行为中需要以柔性的观念认知来促进自我认同和组织内的社会交往，从而顺利履行岗位职责。更重要的是，与自媒体业务相关的平台管理者中，除技术管理人员外，在内容管理和商业管理的岗位上都常见具有传统媒体经历的转型成功者。因此，对于这一类平台管理人员来说，适应职业生涯变迁的过程就是从接受算法思维驯化到驯化他人的过程。此外，他们与技术管理人员的日常跨部门合作，也蕴含"内容逻辑"与"技术逻辑"的碰撞。

1. 问题化：内容、技术和商业的价值统合

原生于移动传播网络中的算法推荐平台对内容生产力的释放、对个性化内容需求的满足、对精准化商业营销的助力，前人研究已有诸多论述。具体到平台内容管理者的个体认知和职责实践上，如何进行内容、技术和商业的价值统合？换言之，对于没有编辑和记者的算法平台来说，内容管理者的职责意义何在？在自媒体生产网络中，平台内容管理人员相对于技术和商业同事们的引领角色并不来源于行政职级，而来源于与媒体从业相关的专业性。

C1 这样解释"媒体思维"在算法平台中发挥的作用：

在传统媒体时代，要让自家报纸在报摊中脱颖而出，抓住读者眼球，头版头条的标题至关重要。XX 里虽然没有版面限制，但用户注意力还是有限的，而且越来越稀缺，所以标题仍然重要。尤其是移动端锁屏状态下的消息推送功能，很大程度上决定着我们的打开率，所以我直接带领的团队在这个业务上投注了很多精力。（内容管理者 C1，北京，2019 年 7 月 31 日）

平台内容管理人员面临不同于编辑规范的职责要求，需要把从业经验中沉淀的主观判断依据与相对客观的算法规则进行沟通。更重要的是，作为强制通行点的算法规则，也代理着其他行动主体的利益诉求，算法系统的核心运算指标"点赞转评"的数量代表内容消费的价值取向，也是商业变现的价值尺度。因此，算法平台供给池中各类内容的比例结构是内容质量、用户偏好、商业需求、平台利益这些不同的价值标签在算法系统中的运算结果。

C3 同意算法存在偏向的观点，但他也强调平台有可持续运营的动机：

所谓"越刷越 low"是算法推荐早期不可避免的问题，但不仅是因为算法技术水平有限，也是因为平台最初的供给池中缺乏优质内容。如果总体就是质量不高，那么用户再怎么"慎独"，也刷不到好的内容。这就是为什么我们一直努力扩大内容源，提高内容质量。有人认为这是在做公共

形象，其实商业组织的可持续运营天然就有提升服务水平的动机。（内容管理者 C3，北京，2019 年 10 月 9 日）

由此可见，平台内容管理者首先完成了自身的算法驯化，无论是将媒体思维运用到新的技术环境，还是用商业逻辑重塑内容价值的标准，这些从传统内容生产体系中转型而来的媒体人，在实现身份认同的过程中也逐步积累了在新的内容生产网络中掌握主动性的话语和行动权力。

2. 联盟：内容、技术和商业的日常合作

算法规则之所以成为强制通行点，是因为它不仅决定单个行动者的实践，还影响着不同行动者之间的连接。在算法平台中，围绕"如何把内容推得更好"，内容与技术和商业三类管理人员之间的协商是工作常态。

某平台的内容和技术管理人员在共同接受访谈时展开了如下对话：

C2：内容价值的判断很多时候是难以符号化的，一个朴素的标题可能里面有一篇精彩的文章。有时自媒体作者会来找运营人员投诉，因为关系到他们的补贴金额，他们用心写的文章为什么点击量不好？如果是比较重要的创作者，我们就会去找算法团队确认原因。（内容管理者 C2，北京，2019 年 7 月 29 日）

A2：对，而且如果类似情况积累到一定数量，我们就要考虑改进推荐方式。（算法技术管理者 A2，北京，2019 年 7 月 29 日）

与之类似，商业管理者与算法团队的沟通也是例行程序，B 介绍了在一项营销计划的运行过程中，商业团队与内容和技术团队的联动：

我们需要根据客户诉求找到恰当的头部代言人和内容写手，通过 MCN 机构①会更高效，有时候软性内容可能会触发拦截，这就需要跟内容审核沟通，然后可能还要到技术团队要权限。（商业管理者 B，北京，2019 年 7 月 30 日）

在日常合作中，平台内不同部门建立了比组织制度更深层和内在的

---

① MCN 是 Multi-Channel Network 的缩写，在当下自媒体行业中指的是内容创作者或团体与内容分发平台的中间商，他们为创作者代理商业变现业务，为平台维护内容供给，其实践有助于提升从内容价值到商业价值的转化效率，但也会加深平台规则和商业逻辑对内容创作的影响。

"职责联盟"。在客观上，这种联盟的存续可以有效促进各方合作者达成自己的职责效果。内容部门维护好优质内容源，技术部门扩展标签体系、优化算法模型、提升推荐效率，而商业部门则直接兑现为客户满意度和续单意愿。

这样的协商过程在拥有媒体基因且算法推荐尚在探索的平台中显得尤为重要。A1 的日常工作就包括对曾经是网络编辑岗位的内容运营人员进行算法技术的知识培训。他所在的平台是从门户网站发展而来，内容团队中不乏经历了传统媒体和网站媒体的"两朝老臣"。相较于从传统媒体直接进入算法平台的内容管理者，这些内容精英反而不易摆脱惯习的束缚。他们有用户意识，也认同互动的力量，但无法完全接受具有草根文化特征的自媒体内容，也难以适应纯粹的"用户选择"。在此类平台中，内容、技术和商业之间的联盟就不易形成或维持。

3. 动员：平台对自媒体创作的扶持与约束

近年中各大算法平台陆续推出"自媒体激励计划"，以现金补贴激励内容创作，而从内容质量到补贴数量之间的兑换标准是不对外公开的算法规则。作为平台内容管理理念的一线践行者，内容运营人员是内部算法规则与外部创作者之间的沟通渠道，他们在内容管理者的引领下对自媒体创作者进行兼有扶持和约束效果的动员。

在提供现金奖励的同时，算法平台也提供丰富的创作培训机会。头条号官网的"学院"栏目中不断更新着头部创作者的经验分享，以及平台官方对新功能和新业务的介绍。"优质创作者服务包"中列举了多种扶持方式：创作工具、流量倾斜、签约奖励和变现渠道。字节跳动在一线城市建设线下的创作者公共空间，由内容运营人员邀请创作者参与交流活动。与之类似，"快手大学"不定期邀请头部主播到快手总部举办现场交流活动。

由于商业和技术机密，没有算法平台会公布流量倾斜和奖励标准的算法细则。"一切都只能靠跟内容运营的口头沟通。"（文字创作者 T2，北京，2019 年 8 月 14 日）与显性的扶持力相比，隐形的约束力不仅把解释权保留在平台手中，也将内容供应链上的议价砝码拨向平台一侧。而显性扶持除了吸引更多创作力量的加入，还发挥着响应"内容创业""互联网＋"

国家政策的公关效果。

综上，内容管理者通过"转译"将组织内其他岗位上的行动者引领到算法规则的驯化作用下，促使其自身、技术管理者、商业管理者达成了这样的共识——将"秘而不宣"的算法规则渗透到身体力行的岗位职责中，平台实践中的职责共识网络由此形成。

（二）自媒体创作群体的算法驯化：头部创作者引领的规律共识

头部玩家制定游戏规则似乎是不言自明的道理，但尚未到达头部的竞争参与者为实现目标而采取的行动更能体现行业共识究竟如何达成。头条号学院和快手大学中所展示的成功经验，或归因于平台赋权，或归因于网民红利，或归因于自身努力。但这些经验不足以概括普通自媒体创作者对算法规则的认知和实践。如文献回顾所示，研究者应更多关注中尾部的自媒体创作者，因为他们才是形塑行业格局和公共文化的大多数所在。因此，本部分的重点在于探讨被头部引领、被算法驯化、由中尾部创作者实践的行业规律共识的达成过程。

1. 问题化：创作动机与行动方式

与"内容创业"相关的政策导向和投资热潮在短时间内把自媒体行业从蓝海变为红海。面对复杂的算法规则体系，头部创作者有议价能力，MCN 机构代理账号有数据处理能力，普通用户发展而来的中小流量则处于弱势。笔者访谈的 6 位创作者分布在不同平台、以不同方式参与创作实践，所以难以对其流量规模进行横向比较，他们都倾向于自我定位为尾部创作者。但在有关是否有成为头部创作者的强烈愿望（功利动机）的问题上，他们持有顺其自然的一致态度。不同于对自媒体市场已成为竞争激烈的红海的刻板印象，接受访谈的 6 位创作者都认为应冷静看待自媒体创作对个人工作和生活方式的改变。

T2 有近十年的自媒体从业经验，使用过新浪微博、微信、头条等自媒体平台。他认为："算法推荐技术对创作过程的影响不大，只是带来了更多的竞争机会，内容变现的方式更多元，不同水平的内容也可以在收入上拉开层次。"（文字创作者 T2，北京，2019 年 8 月 14 日）最近一年中，因为家庭原因，T2 从一线创作转向团队管理和培训，"自己写太累了，我有了经验，就没必要那么累了"。T2 的实践经历反映出，自媒体行业已经从一蹴而就的掘金机会变为有持续成长通道的正规职业。对于此类创作者，分析头部创作者的数据，寻找长期积累和短期爆发的规律，已经内化为日常惯习。他们的职业实践也与平台内容管理者有诸多交易，形成了突破平台组织界限的稳定合作关系。

T3 属于"斜杠中年"，她身上的标签包括：70 后娃妈、跨国企业基层管理者、自媒体创作者。因此，在自媒体平台上写文章最初只是"享受个人的写作爱好，保持对生活的热情"（文字创作者 T3，北京，2019 年 8 月 19 日），后来在自媒体激励计划的促动下，她开始思考是否可以把写作发展为一项副业，随后在个人时间之外有了物质投入——招聘了一名全职助手。在投注了几乎全部业余时间研究创作技巧、算法规则和平台运营之后，自媒体号的收入才与成本持平。虽然登上过头条号青云榜，但她仍然认为自己还没掌握"爆款"的写作规律。T3 的实践代表着较大比例的业余创作者，这类行动者获益于平台激励计划的物质补贴、算法规则匹配到的目标受众。在一定程度上，他们将内容生产作为实现个人理想的一项副业，成本收益持平即可。因此，头部创作者引领下的爆款规律，对他们的具体实践方式影响不大。

在 2019 年 8 月举行的"抖音创作者"大会上，笔者访谈了三位不同内容领域的视频创作者，他们有不同的实践动机。其一，通过短视频扩大用户市场的健身教练 V1，抖音只是营销渠道之一，对算法规则的影响没有深切体验。其二，通过短视频讲授科普知识的中学老师 V2，在接受访谈时粉丝数已过百万，属于准头部创作者，有来自平台数额可观的创作补贴，他的个体经历是算法推荐对个性化文化创造力赋能的典型体现。其三，通过短视频推广非物质文化遗产的手工艺人 V3，在接受访谈时粉丝仅有数十万，属于中部创作者。虽有非遗标签，但他在商业变现方面的期待并未充分实现。

这三位创作者都是被抖音官方邀请到会的，在活动现场享有单独展示区域，并有专属的平台运营人员协助他们与参观者互动。由此推测，他们对平台而言是有一定价值的自媒体创作者。另外，受场景影响，被访者不会做出有关算法和平台规则的负面评价。笔者亦无意批判，而希望通过中尾部创作者个体访谈来呈现更具体的自媒体生产实践。这三位视频创作者的实践反映出，相较于文字创作者，视频自媒体的创作过程与其现实生活实践联系更紧密，功利诉求也从创作补贴扩展到更多元的商业变现。

2. 联盟：标签、运营和社群

中尾部创作者以建立联盟为目标的行动包括三类：发布内容时使用标签、寻找选题时联系运营人员、依附头部创作者获得导流。创作者通过这三个行动分别建立与算法规则、平台制度和创作者同行的联盟。对于创作者来说，三种行动与作为强制通行点的算法规则的连接强度逐步增大。

在个性化推荐系统中，标签维度决定内容在什么时间、以什么顺序出现在哪类用户眼前。[①]在发布时为原创内容选择恰当的标签，是短期内提高单篇内容传播效果的最直接方法（T3）。但内容进入算法系统后，创作者自选标签只是机器打标的参考依据之一，算法系统会自动解析文章的高频词、热词和所属话题领域。在一定程度上，算法规则中的标签比函数对推荐效果的影响更为直接。自媒体行业中存在大量"做号党"公司，他们雇用大量初级文化水平劳动者，用复制和粘贴的方式拼凑热点话题文章，这类信息重复的文章具有较高的标签命中率，可以快速拉高单个自媒体账号在算法体系中的信源权重，但实质上是占据供给池和推荐机会的低质内容。在此背景下，具备较高信源权重的头部账号通过"蹭热点"也许可以收获一定规模流量，但中尾部创作者则难以获得较大幅度的流量倾斜。

虽然算法规则无法完全公开，但中尾部创作者可以通过与内容运营人员建立联系，获得平台的流量扶持。T1 在 2014 年离开传统媒体投身内容创业，目前负责一家自媒体公司与各大平台运营人员的关系维护，该公司拥有十余个自媒体账号。因为平台运营人员会在职责权限内提供对传播效果和内容变现的支持，与平台内容运营人员的联系已发展为该公司稳定的商务合作业务。"对单打独斗的创作者来说，跟平台运营的联系就比较私人化，也很松散，比如积极参加线下活动、好好写运营发来的约稿。"（文

---

① 此观点来源于曹欢欢于 2018 年 1 月 16 日在今日头条总部的演讲。

字创作者 T1，北京，2019 年 8 月 12 日）由此可见，与平台运营人员的联系门槛也随着自媒体行业职业化程度加深而不断抬高，中尾部创作者以私人关系形式展开的联系，对其内容分发效果的提升效果也将越来越有限。

自媒体创作社群内部不同粉丝规模和流量水平的创作者之间存在的职业社交关系也是一种形成联盟的路径。通过快手平台直播功能中的连麦，头部大号给中小创作者导流，实现了创作者之间的资源分享。例如，"快手一哥"散打哥在一场直播中会连麦数个小主播，连麦过程中介绍小主播以及小主播正在推销的商品，散打哥会号召自己的粉丝"过去看看"；处于连麦状态的两个主播还可以现场 PK 人气，人气值由各自粉丝点赞数量决定，PK 获胜一方将获得平台奖励。无论是"过去看看"的浏览量，还是 PK 人气的点赞量以及主播的获胜率，作为强制通行点的算法规则是同业联盟建构成效最终的判断者。

3. 动员：头部创作者作为榜样的行动策略

头部创作者的成长得益于算法推荐，流量积累达到一定水平就被平台以多种方式"收编"。方式之一是前述"职责共识网络"的"动员"环节中来自平台的物质奖励和流量倾斜。其他方式还有：类似于"加 V"的"优质创作者"身份标识；受邀参加线上经验分享，成长过程被树立为典型案例；获得线下社群入口，将网络影响延展至现实世界，譬如笔者访谈到三位视频创作者的抖音创作者大会。经历收编之后，具有榜样效应的头部创作者成为算法推荐平台的代理人，不仅在创作中践行算法逻辑、在运营中紧跟平台政策，更在经验分享和社会连接中将其主动寻求流量倾斜的实践"转换"为算法平台创造的技术赋能。"榜样"对于头部创作者而言，不只是一种身份，还是引领行业规律共识网络的行动策略。在这个意义上，被算法规则驯化的头部创作者，转换为中尾部创作者的驯化者。

榜单和线上社群是以头部创作者为主角、由平台主导的动员行动。今日头条有每日更新的"青云计划获奖榜单"，T2 和 T3 都有不止一次上榜经历。在关于"是否可以预测到自己哪篇文章会上榜"的问题时，T2 简略表示："花了功夫的，一般都会有好流量。"（文字创作者 T2，北京，2019 年 8 月 14 日）而 T3 则始终表示自己还在摸索规律。在"快手大学"

的网红主播案例分享中，@罗拉快跑和@娃娃这两位不同领域的卖货达人，都表示"不知道自己究竟怎么就火了"，但他们都反复"感谢快手官方的支持"。笔者观察到，快手平台的中小流量主播常在个人介绍中写"感谢快手官方""感谢快手官方给我展示自己生活的平台"，其目的在于标识被"官方认定"的身份。如果将获得流量设定为自媒体创作社群内达成共识的行动方向，那么上述三类行动者的话语及实践可以拼接出一套行动策略：平台通过榜单和成功案例设定行动目标，头部和部分腰部创作者先作为被设定对象，而后以"现身说法"的方式将算法规则"转换"为算法平台的"普惠""赋能"等机制，尾部创作者追随这套机制（包括身份标识和采取前述"联盟"环节的行动）的过程就是在关键引领者（头部）的动员下经由强制通过点（算法规则）进入社群共识网络的过程。

综上，通过问题化、联盟和动员三个环节，头部创作者将行业同伴引领到算法体系中，共同接受算法规则的驯化。在此过程中，各流量水平的自媒体创作者达成了这样的共识——通过拓展行动诉求，建构与算法规则、平台运营和同业者的联盟，自媒体社群中的规律共识网络由此形成。

五 讨论

在智能化技术日益深入内容创作和流通领域的背景下，自媒体创作者如何与掌握市场主导权的互联网平台、掌握数据运算力的算法体系展开合作，不仅关系到创作者个体利益，也关乎内容市场的利益分配，更影响到公共文化的走向。相较于主流媒体，自媒体面对算法驯服和平台势力的博弈能力更低，在市场话语中要么作为获得平台扶持的创业者、要么作为统计数据中"沉默的大多数"。因此，本文希望整合 ANT 的"转译"概念和驯化理论，在平台实践和自媒体社群两个维度上探究算法规则如何影响内容生产实践，从而呈现在算法技术和平台制度的双重作用下自媒体内容生产网络的现实图景。

（一）自媒体内容生产网络：平台实践与社群行动的联盟

起源于社会技术系统（STS）理论视角的行动者网络理论（ANT）适

合于揭示人类与非人类相互连接、协同行动之后形成的具有权力差异的网络结构。同属于媒介技术研究源流的驯化理论有助于发现技术工具与其采用者之间相互形塑的关系，以及技术采用前后实践边界被突破的过程。基于这两个具有内在统一性的概念工具，自媒体内容生产实践中的不同行动者得以识别，行动策略、权力联盟和角色转换得以发现。

笔者将"转译"和"驯化"的分析框架整合为问题化、联盟和动员三个环节，结合实证数据论证两个局部行动网络和两次驯化过程。在平台实践中由内容管理者引领的"职责共识网络"建立在算法规则对不同岗位的平台运营人员及组织制度的驯化基础之上，而在自媒体社群中由头部创作者引领的"规律共识网络"则建立在算法规则对不同流量水平的内容创作者及行为方式的驯化基础之上。因此，算法规则是两个行动网络的强制性通过点，也是两次驯化过程的权力主体，还是两个局部行动网络的连接点。围绕算法规则这个权力中心，分发平台和创作社群形成了自媒体内容生产网络。

（二）算法规则：网内强制通行点和网间连接点

自媒体创作者希望在开放平台中发出声音、获得内容市场一席之地，被冠以客观和中立价值的算法规则似乎是最合理的评判标准。在平台组织内部涉及内容标准问题时，内容管理者可以引领技术和商业管理者通过问题化、联盟和动员的过程来实现内容标准的算法化，并将平台的价值导向和商业诉求深埋其中。而在平台组织外部，已经获得流量倾斜的额头部创作者是内容生产网络的关键行动者，他们自身的商业成功来源于算法规则的赋能，他们会主动强化与算法平台的合作，将更多数量的创作者收编到算法平台主导的价值体系中。在这个意义上，算法平台实现了贯穿平台内外、对自媒体内容生产的驯化。

作者：黄淼，北京邮电大学数字媒体与设计艺术学院传播学系讲师。
　　　黄佩，北京邮电大学数字媒体与设计艺术学院传播学系教授。
本文刊发于《新闻大学》2020年第1期。

个性化新闻推荐算法的技术解读与价值探讨

陈昌凤　师　文

【摘要】 本文打破计算机科学和新闻学的界限，从技术路径出发，针对个性化新闻推荐系统的三种主流算法的实践，分析不同类别的新闻推荐算法结构性缺陷导致的不同伦理风险。研究发现，基于内容的推荐容易导致"信息茧房"现象，基于协同过滤的算法会引发受众对阅读内容的失控，基于时序流行度的算法有诱发"黄色新闻潮"的风险。总体来看，算法的结构性缺陷和输入数据的偏向决定了其在实践中的伦理缺陷难以通过技术手段弥合，新闻产品的特殊性呼吁更为立体丰富的人文价值对算法价值观进行外部矫正。

【关键词】 算法推荐；智能新闻；智能伦理；科技伦理；价值观

个性化新闻推荐系统（Personalized News Recommender）是近年来备受学界和业界关注的新型新闻分发方式。其所依托的推荐系统技术（Recommender System）基于计算机技术、统计学知识，将数据、算法、人机交互有机结合，建立用户和资源的个性化关联机制，在信息过载时代，为用户的消费和信息摄取提供决策支持。

个性化推荐功能对于新闻产品的重要性在各大聚合类新闻 App 中可见一斑。在国内，今日头条、天天快报、一点资讯借助推荐算法对依赖人工编辑进行无差别内容分发的传统资讯巨头提出挑战,获得较高市场占有率;ZAKER依靠个性化订阅的方式,根据用户兴趣偏好进行定向推送。在国外,News Republic、Flipboard和Google News等App也会根据用户的差异和环境等约束条件的差异给出不同的阅读建议,实时流量实验表明,优良的个性化推荐算法提高了新闻推荐的质量并增加了网站流量。[1]

目前,新闻学界已关注到传统媒体到个性化媒体的转向,[2]正在重新定义新闻是什么,[3]并从产业链重构、受众心理、[4]权力迁移[5]等角度研究了个性化媒体带来的影响,并对个性化推荐所导致的信息茧房、价值嵌入等问题进行评价。[6][7]然而由于文理之间的樊篱[8],新闻界在思考个性化新闻推荐的风险时,多从人文社会科学的角度展开联想,缺乏对推荐算法原理的深度解读,因而对推荐系统蕴含的隐含风险认知较为单薄。而计算机学科从技术路径展开对推荐系统的评价时,过多关注准确率、可扩展性等计算指标,缺乏对算法人文精神和社会影响的评估。鉴于此,本文尝试打破计算机科学和新闻学的界限,从技术路径出发,针对个性化新闻推荐系统的三种主流算法——基于内容的推荐机制、基于协同过滤的推荐机制和基于时序流行度的推荐机制,解读其理论内核和伦理风险。

---

[1] Liu, J., Dolan, P., *Personalized News Recommendation Based on Click Behavior*, International Conference on Intelligent User Interfaces. ACM, 2010: 31–40.

[2] 黄雅兰:《从大众媒体到个性化媒体:人工智能技术对新闻生产的影响》,《中国出版》2017年第24期。

[3] 徐来、黄煜:《"新闻是什么"——人工智能时代的新闻模式演变与新闻学教育之思》,《全球传媒学刊》2017年第4期。

[4] 喻国明、侯伟鹏、程雪梅:《个性化新闻推送对新闻业务链的重塑》,《新闻记者》2017年第3期;熊铮铮:《用户真的需要定制新闻吗?——一项基于荷兰媒体与受众的调查》,《新闻记者》2015年第4期。

[5] 陈昌凤、霍婕:《权力迁移与人本精神:算法式新闻分发的技术伦理》,《新闻与写作》2018年第1期。

[6] 徐静茹:《别让算法制造"信息茧房"》,《人民日报》2017年9月11日。

[7] 宣言:《不能让算法决定内容》,《人民日报》2017年10月5日。

[8] 冯应谦:《论数字化时代新闻与传播学的课程发展》,《全球传媒学刊》2017年第4期。

一 个性化新闻推荐系统溯源

互联网技术使人类从信息匮乏时代步入信息过载时代,为降低信息消费者的决策成本和信息生产者的送达成本,若干种信息过滤机制被提出,其中早期的经典策略是分类目录和搜索引擎。① 分类目录以雅虎、Hao123为代表,其思路为根据主题类别、人工构建复杂的树状分层目录搜索体系,对读者的信息寻求进行导航,但是有限的目录难以适应资源量级的迅速增长,也无法对资源内容进行精准的描述,故该策略仅适用于互联网发展的初期阶段;搜索引擎以谷歌、百度为代表,针对用户主动提供的关键词,依靠自然语言处理、信息检索等技术,迅速从海量信息中过滤出与关键词相关的条目,很大程度上满足了用户的信息检索需求。但是搜索引擎是一种被动的信息过滤机制,只有在用户主动进行搜索时才能触发,无法响应用户没有明示的潜在需求,更无法给不同的用户提供个性化的信息。

针对分类目录和搜索引擎的不足,推荐系统应运而生并于20世纪末成为独立的研究领域,它模拟了人们习惯于听从外部建议进行决策的心理机制,通过与用户的交互,直接获取用户显式表达的偏好或间接从用户的行为中推断隐含的偏好,为其推荐以前并未推送过的信息,以实现用户和信息的匹配,在 Amazon、Google、② Netflix③ 等互联网应用中发挥着作用。

推荐系统一经兴起便被广泛应用于新闻领域,为读者提供个性化阅读。1993年,麻省理工学院媒体实验室的科学家为解决 BBS 新闻组上的信

---

① 项亮:《推荐系统实践》,人民邮电出版社2012年版。
② Linden, G., Smith, B., York, J., "Amazon.com Recommendations: Item-to-Item Collaborative Filtering", *IEEE Internet Computing*, 2003, 7 (1): 76 – 80; Liu, J., Dolan, P., *Personalized News Recommendation Based on Click Behavior*, International Conference on Intelligent User Interfaces. ACM, 2010: 31 – 40.
③ Volinsky, C., Volinsky, C., Volinsky, C., *Matrix Factorization Techniques for Recommender Systems*, IEEE Computer Society Press, 2009.

息过滤需求,将遗传算法和反馈学习技术相结合,开发出一种能够动态适应用户不断变化的兴趣的半自动信息过滤系统,并通过实验证明了经推荐系统过滤后的新闻具有较高召回率。① 1994 年,同样是基于 BBS 新闻组上的信息过滤任务,推荐系统领域内经典的协同过滤算法被提出,② 直接促进了整个推荐系统学科的繁荣。1995 年,斯坦福大学研发的 SIFT Netnews 允许用户维护自己的兴趣配置文件,③ 通过余弦相似度实现用户与 BBS 上新闻的匹配。同年,第一家试图使用网络报纸逼真模拟印刷报纸的网站 Krakatoa Chronicle 通过记录用户浏览新闻时的阅读时间、滚动和最大化等操作来推断阅读者的兴趣。④ 网络新闻过滤系统 NewsWeeder 让用户对每篇阅读文章进行兴趣评分(1—5 分),从而推断阅读者的口味,这样的推荐方式可以使与阅读者兴趣相匹配的文章从 14% 提高到 52%。⑤ 1996 年,Beehive 推荐系统借助用户的社交互动进行推荐,系统首先记录与目标用户发生高频互动的亲密用户,随后当某个用户发现感兴趣的新闻时,该新闻的链接会被自动分享给其亲密用户。⑥

随着时间的推移,新闻推荐系统变得越来越精致,移动设备的流行使得新闻精准推送得以和场景匹配;⑦ 用户在 Twitter 和 Facebook 等社交平台

---

① Sheth, B., Maes, P., *Evolving Agents for Personalized Information Filtering*, 1993. https://www.computer.org/csdl/proceedings-article/caia/1993/00366590/12OmNvJXeDa.

② Resnick, P., Iacovou, N., Suchak, M., et al., *GroupLens*: *an Open Architecture for Collaborative Filtering of Netnews*, ACM Conference on Computer Supported Cooperative Work. ACM, 1994: 175-186.

③ Yan, T. W., Garcia-Molina, H., *SIFT*: *a Tool for Wide-area Information Dissemination*, Usenix 1995 Technical Conference Proceedings, USENIX Association, 1995: 15-15.

④ Kamba, T., *The Krakatoa Chronicle-An Interactive*, *Personalized*, *Newspaper on the Web*, International World Wide Web Conference, 1995: 159-170.

⑤ Lang, K., "News Weeder: Learning to Filter Netnews", *Machine Learning Proceedings*, 1995: 331-339, https://cs.gmu.edu/~carlotta/teaching/INFS-795-s05/readings/NewsWeeder.ppt.

⑥ Huberman, B. A., Kaminsky, M., "Beehive: A System for Cooperative Filtering and Sharing of Information", *Computer Human Interaction*, 1996.

⑦ Son, J. W., Kim, A. Y., Park, S. B., *A Location-based News Article Recommendation with Explicit Localized Semantic Analysis*, ACM, 2013: 293-302.

中的行为记录也被用来作为推荐依据;① 综合性互联网公司 Cheetah Mobile 甚至利用迁移学习技术,打通旗下不同 App 间的数据为其新闻资讯平台 NewsRepublic 的推送提供帮助。② 此外,考虑到新闻产品的特殊性,Google 团队将用户的新闻兴趣分解为长期兴趣和短期兴趣,把当前新闻趋势的影响纳入模型以提高推荐的时效性,③ 新颖性、④ 多样性、⑤ 透明性⑥等指标也被引入评估体系。

从技术角度看,近年来随着人工智能的技术兴起,在解决推荐系统运行过程中遇到的分类和聚类问题时,除传统的 k 近邻、朴素贝叶斯、决策树、支持向量机、kmeans 算法之外,强化学习、⑦ 循环神经网络、⑧ 迁移学习⑨等深度学习技术也被用以解决具体问题,表现出较好的性能。

---

① Clarke, D., *Personalised News and Blog Recommendations Based on User Location, Facebook and Twitter User Profiling*, International ACM SIGIR Conference on Research and Development in Information Retrieval. ACM, 2016: 1129 – 1132.

② Yan, Z., Wei, L., Lu, Y., et al., *You are What Apps You Use: Transfer Learning for Personalized Content and Ad Recommendation*, the Eleventh ACM Conference. ACM, 2017: 350 – 350.

③ Liu, J., Dolan, P., *Personalized News Recommendation Based on Click Behavior*, International Conference on Intelligent User Interfaces. ACM, 2010: 31 – 40.

④ Gabrilovich, E., Dumais, S., Horvitz, E., *Newsjunkie: Providing Personalized Newsfeeds via Analysis of Information Novelty*, International Conference on World Wide Web. ACM, 2004: 482 – 490.

⑤ Li, L., Wang, D., Padmanabhan, B., et al., *SCENE: a Scalable Two-stage Personalized News Recommendation System*, International ACM SIGIR Conference on Research and Development in Information Retrieval. ACM, 2011: 125 – 134.

⑥ Ahn, J. W. Brusilovsky, P., Grady, J., et al., *Open User Profiles for Adaptive News Systems: Help or Harm?*, International Conference on World Wide Web, WWW 2007, Banff, Alberta, Canada, May. DBLP, 2007: 11 – 20.

⑦ Zheng, G., Zhang, F., Zheng, Z., et al., *DRN: A Deep Reinforcement Learning Framework for News Recommendation*, Proceedings of the 2018 World Wide Web Conference on World Wide Web. International World Wide Web Conferences Steering Committee, 2018: 167 – 176.

⑧ Song, Y., Elkahky, A. M., He, X., *Multi-rate Deep Learning for Temporal Recommendation*, Proceedings of the 39th International ACM SIGIR Conference on Research and Development in Information Retrieval. ACM, 2016: 909 – 912.

⑨ Yan, Z., Wei, L., Lu, Y., et al., *You are What Apps You Use: Transfer Learning for Personalized Content and Ad Recommendation*, the Eleventh ACM Conference. ACM, 2017: 350 – 350.

二 新闻推荐系统原理

新闻推荐系统建立了用户和内容的匹配机制，虽然其具体的实施方式受到新闻产品条件、需求和定位的差异的影响，但其原理均可被概括为以下模型：

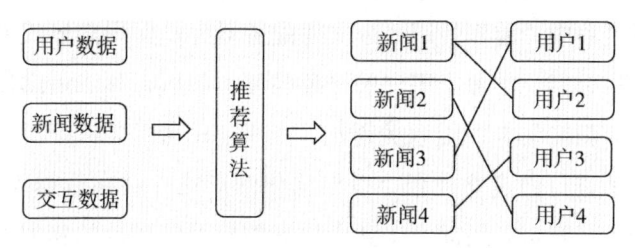

推荐系统的输入包括用户数据、新闻数据、交互数据。[①] 其中，用户数据依据采用的算法，可以有多种类型，既可以是用户的人口统计学特征，如年龄、性别、地区、职业和受教育程度等，也可以是用户的行为特征，如搜索、浏览记录，还可以是用户的关系特征，如用户的好友关系、与其他用户的互动频率。新闻数据为新闻的特定属性，如文体、主题、关键词、地点、流行度、n元组关系。交互数据指用户和推荐系统的互动记录，如用户对某条新闻的评分、点赞、分享、评论、关闭、屏蔽等操作。推荐算法依据不同的原则，处理输入数据，生成一组组新闻与用户的匹配关系作为输出。

在这个过程中，推荐算法作为新闻个性化推荐系统的核心，主导了推荐的效果和价值导向。虽然新闻推荐算法的种类繁多，但根据原理可以将其分为"基于内容的推荐""基于协同过滤的推荐""基于时序流行度的推荐"三类。下面，本文将从三类算法的原理入手，分析其技术特点和伦理风险。

---

① Ricci, F., Rokach, L., Shapira, B., et al., *Recommender Systems Handbook*, Springer US, 2011, p. 9.

三　个性化推荐算法的技术与伦理

（一）基于内容的推荐算法："信息茧房"陷阱

基于内容的推荐算法试图为用户推荐与其既有兴趣相似度高的新闻产品。具体而言，算法由兴趣文件配置器、新闻分析器、过滤器三部分构成。在运行过程中，首先使用兴趣文件配置器，根据用户显式披露的或隐式呈现的信息偏好，学习出用户的兴趣模型。随后，算法借助新闻分析器从非结构化的新闻文本中提取关键词、类型、n元组等特征，通过统计学的方法对特征进行向量化建模，以结构化的形式存储在数据库中。最后，通过过滤器，计算每个新闻文本和用户兴趣模型的属性的相似度，得出兴趣与新闻的相关性指数，选取相关性较高的新闻文本生成推荐列表。该方法的关键在于准确地建构兴趣模型、提取新闻特征、计算用户兴趣和新闻特征的相似度。

基于内容的推荐算法多见于文本内容的推荐，在多媒体内容的推荐领域应用较少。其优点是不依赖其他用户的数据，直接建立在用户兴趣与内容特征的相似度匹配上，推荐结果往往与用户过去喜欢的某条新闻具有强相关性，具有较强的可解释性。但相应的缺点是，如果既有的用户数据没有反映某种兴趣，则系统不会主动推送与该兴趣相关的新闻。因而该算法可以获得较高的匹配度，但"偶然发现"机制的缺失会导致新颖度、惊喜度不足，无法发掘用户潜在的兴趣。

从价值取向来看，基于内容的推荐算法更倾向于取悦、迎合用户，而非教育或引导用户，而新闻产品的特殊属性决定了大众媒体在人类社会中必须担除娱乐之外的社会功能。詹姆斯·凯瑞在其经典著作《传播的文化研究取向》中将传播分为作为传递的传播和作为仪式的传播，但是当基于内容的推荐算法主导新闻分发时，大众传播的这两种意义均被消减。一方面，基于内容的推荐算法越精准，用户接收的新鲜信息反而越少，本应多元化的信息流被算法拦截，代之以同质化的信息，引发大众媒体信息传递、监测环境的功能失灵，用户被封锁在无形的"信息茧房"中。另一方面，这种推荐机制使用户沉浸在个人议程中，无法为公共议程所影响，用户之间难以进行文化共享。长此以往，在构建认同和维系集体情感方面，大众媒体应有的社会整合功能会出现失灵。

（二）协同过滤算法：阅读决定权的转移

协同过滤算法（Collaborate Filtering，CF），是一种利用群体智慧的推荐方式，其进一步分为基于用户的协同过滤算法（UserCF）和基于物品的协同过滤算法[1]（ItemCF）。UserCF 的原理是"人以群分"，通过聚类分析若干用户的行为数据，将行为类似的用户编入一个隐形阅读小组，对目标用户推荐该小组中其他用户感兴趣但未被目标用户阅读过的新闻。ItemCF 的原理是"物以类聚"，如果某两则新闻总是被同一个用户阅读，则默认二者之间有更大的相关关系，因而会给阅读过其中一则的用户推荐另外一则，与基于内容的过滤不同，该算法并不直接计算两则新闻的相似度，而是通过用户对两则新闻交互行为的类似性，推断出两则新闻具有相似度。

基于协同过滤的新闻推荐算法能够反映群体偏好，将群体中其他人的行为进行传递，这种不完全依赖于目标用户既有兴趣的做法，可以发掘用户的潜在兴趣，一定程度上解决"信息茧房"的问题。

但是协同过滤算法具有透明性的隐忧，传统的用户相似度评估问题通常借助 k 近邻、朴素贝叶斯、支持向量机等基于人工提取特征的监督学习算法，虽然分类标准对普通用户不可见，但在系统中，用户尚能基于某种明确的标准被分入"隐性阅读小组"。然而近年来随着数据体量和复杂度增加，"黑箱"式的无监督机器学习在解决聚类问题时得到广泛应用，聚类算法试图将数据划分到若干簇中。在这个过程中，人类无法设置簇的类别，只能依赖机器在大量的计算和内部反馈基础上，增加属于同簇的数据相似性和不同簇的数据相异性，最终实现数据的多重切割，进行模型参数的自我修正。这就导致虽然机器可以完成对现实问题的处理并且表现出良好的效能，但机器赖以决策的参数对人类来说是意义不明的。

---

[1] Linden, G., Smith, B., York, J., "Amazon.com Recommendations: Item-to-Item Collaborative Filtering", *IEEE Internet Computing*, 2003, 7（1）: 76–80.

在协同过滤算法的作用下,人类仅知道该新闻被推荐的原因是机器认为某位具有类似品味的用户喜欢该新闻,却不知是哪个用户在影响自己,也不知道机器对于"类似品味"的定义。推荐结果解释力的缺位意味着用户失去对阅读内容的控制力,在无法获得推荐理由的情况下,被迫将信任交付给基于黑箱模型的算法和掌握技术权力的平台,这在某种意义上可以看作机器的异化。

(三) 时序流行度算法:电子媒介的"黄色新闻潮"

虽然基于内容的算法和基于协同过滤的算法在推荐系统中扮演着重要的角色,但在新闻推荐领域,二者不能够解决全部的推荐问题。一方面,两种算法缺乏对最新文本的响应能力,新闻特有的新鲜性导致系统难以完全依赖过去兴趣对新涌现的事物进行匹配,用户兴趣模型和阅读小组更新频率也难以追随新闻的时效性。另一方面,基于内容的算法和基于协同过滤的算法依赖长期积累的大规模数据,无法解决新闻平台冷启动和用户冷启动的问题,当平台用户规模较小或新用户登录系统时,系统无法对用户进行准确建模和信息推荐。因此,基于时间序列流行度的算法被引入新闻推荐系统。①

基于时间序列流行度的算法引入时间维度,将单位时间的瞬时点击率(CTR)等动态特征作为考量因素,② 同时综合考虑新闻的信息熵等指标,以便将特定时间窗口内流行度较高的新闻推荐给用户。

时序流行度算法的初衷是通过计算当前的新闻热度,降低对既有数据的依赖,提升推荐系统对实时热点的响应能力。但由于该算法输入数据较为依赖流行度指标,其推荐结果不可避免地走向"热度导向"的误区,追求感官刺激的耸动新闻比严肃新闻有更大的概率获得推荐,污染用户的信息环境。

这种算法的原理与西方历史上的自由主义新闻观的逻辑相似,通过鼓

---

① Rashid, A. M., Albert, I., Dan, C., et al., *Getting to Know You: Learning New User Preferences in Recommender Systems*, International Conference on Intelligent User Interfaces. ACM, 2002: 127-134.

② Chu, W., Park, S. T., *Personalized Recommendation on Dynamic Content Using Predictive Bilinear Models*, International Conference on World Wide Web. ACM, 2009: 691-700.

吹点击率，试图复现电子媒介中的"意见的自由市场"，以一种看似公允的方式让不同质量、不同种类的信息对用户的"个人头条"展开竞逐，以期实现理想化的"真理的自我修正"。然而历史已经证明了自由主义新闻观的内在缺陷，注意力导向的评价机制不仅无法使严肃新闻战胜耸动新闻，反而使利益驱动新闻编辑室，导致新闻生产的质量滑坡，催生著名的"黄色新闻潮"。与历史教训相比有过之而无不及的是，碎片化的移动阅读方式本就使追求耸动的"标题党"传播力获得天然加权，算法对于热门新闻的进一步推荐不仅没有矫正传播的偏差，反而助推了耸动新闻和严肃新闻之间的马太效应，放大了流量驱动下黄色新闻潮在电子媒介中复活的风险。

四　结语

纵然计算机科学家们相信，推荐系统可以通过信息的个性化匹配实现信息消费者和信息生产者的双赢，但是通过对新闻推荐系统的核心推荐算法进行解读可以发现，不同的设计思路和数据摄入会导致不同的风险，基于内容的推荐容易导致"信息茧房"现象，基于协同过滤的算法会引发受众对阅读内容的失控，基于时序流行度的算法有诱发"黄色新闻潮"的风险。虽然实践中大量的推荐系统采用混合算法，但这并不意味着每种算法导致的伦理缺陷被改善，仅代表新闻平台在以上各种风险之间进行权衡。

算法的结构性缺陷和输入数据的偏向决定了其在实践中的伦理缺陷难以通过技术手段弥合，新闻产品的特殊性呼唤更为立体丰富的人文价值对算法价值观进行外部矫正，在技术变革促进新闻界业态变革的背景下，重新明确人类价值观在算法中的位置和作用，是留给新闻学和计算机科学的时代命题。

作者：陈昌凤，清华大学新闻与传播学院教授、常务副院长。
　　　师文，清华大学理学院地球系统科学系博士生。
本文刊发于《中国编辑》2018年第10期。

算法时代的媒体策略：个性化新闻及其论争

陈昌凤　宋云天

【摘要】 个性化新闻的理念肇始于20世纪60年代尼葛洛庞帝的机器交互性，之后逐渐演变为"我的日报"（Daily Me），并于90年代通过麻省理工学院媒体实验室成为现实，如今通过智能算法，使之功能更加完备。个性化新闻是由计算机新技术催生的，技术的保障是根本；个性化新闻的定制，需要了解读者、用户的个性化特质（地理的、兴趣的、相关的），对读者的了解是前提；个性化新闻的定制需要全面丰富的数据库，才能匹配上更多人的需要，数据信息是基础；定制化信息需要有一定数量和质量的用户，他们的选择可以影响其他的人、他们的人数也对民主协商式的信息推荐产生影响。本文以《纽约时报》为案例，探讨了通过智能算法的提升改善个性化推荐的实践，并对个性化推荐带来的新闻业与伦理的争论进行了探析。

【关键词】 算法；新闻；个性化；推荐；媒介；伦理

运用算法进行个性化新闻/信息的生产和推送已经在大多数新媒体公司得以实现，但对于传统新闻媒体来说，由于缺乏足够的用户数据或丰富的专业知识，算法在媒体中的运用几乎还是一个未知领域。本文将结合《纽约时报》案例，探讨个性化新闻的缘起、发展及其面临的困难，寻求算法时代的个性化新闻策略。

一 "我的日报": 从虚拟理念到具体实践

早在 1968 年,尼古拉斯·尼葛洛庞帝(Nicholas Negroponte)在他的著作《建筑机器》(*The Architecture Machine*)中,就说到可以辨别和吸收人的会话物质、建立会话的预测模型的机器,从而讨论机器的交互性。到了 20 世纪 70 年代,尼葛洛庞帝将他的想法推向了更加灵活的语境,特别是媒体领域,比如您的报纸可以跟踪您跳过和重读的内容、您暂停的位置,然后使用这些提示演变成一个复合的"我的日报"(Daily Me),它只会呈现您最关心的新闻,广告也会通过人们的观看不断做出适应性的调整。1985 年尼葛洛庞帝后来在麻省理工学院(MIT)创设了媒体实验室,他在媒体实验室宣称"非个人将成为个人""传统的'大众媒体'将基本上消失"。① 他还提出了一个术语"我的日报",用于描述根据个人口味定制的虚拟日报。尼葛洛庞帝在其 1995 年出版的《数字化生存》(*Being Digital*)一书中讨论了"我的日报",当时其实验室有人正在进行一个信息定制化服务项目。比尔·盖茨在 1995 年出版的《未来之路》(*The Road Ahead*)中曾预言:人们设计出来的应用软件可以分析人们的需求、为人们提供更适当的建议。量身定制的信息将自然增加,你自己可以定制完全符合你的要求的"日报"。②

1993 年麻省理工学院媒体实验室的布拉德·巴特利(Brad Bartley)等 8 个新生在被称为"报纸的未来"(Newspapers of the Future)的新生导引研讨课上,发起了一个定制在线报纸新闻的服务实验项目 FishWrap,项目通过计算机不断更新。项目组建议为新生提供个人报纸服务,主要包括家乡新闻、专题新闻、校内外活动信息。麻省理工学院的教职工和学生可以通过该校网络上任何带有 www 浏览器的计算机获得定制化新闻服务(Cus-

---

① Fred Hapgood (1995), "The Media Lab at 10", https://www.wired.com/1995/11/media/.

② [美]比尔·盖茨:《未来之路》,辜正坤译,北京大学出版社 1996 年版,第 208 页。

tomized News Service）。

当年 FishWrap 的设计，是按照用户回答计算机程序提出的三个问题而加以个性化定制新闻的，三个问题分别是：家乡的邮政编码（即家乡）、学术兴趣、个人兴趣。然后计算机程序寻找相应的关键词，再从数据库中的美联社或报纸、各种信息（包括餐厅指南）和新闻供应商那里获取信息（首页上有信息源和类别目录），在网页上构建适合用户的每日新闻和信息—个人网页"我喜欢的东西"。订户关注得多的信息会动态性地被推至公共首页，新闻可以实时更新。用户看完后电脑会检索其浏览过的所有文章，并可保存，如果其退出、改变阅读选择，计算机将重新组织个性化版本。FishWrap 的用户都是 MIT 的教职员工和学生，用户若有差旅，程序会在其出发前 48 小时开始提供差旅目的地的新闻。FishWrap 还提供包括突发事件在内的一些新闻专题。[①]

MIT 在 20 世纪 90 年代初的这个应用可以说非常先进了，但那时这样的尝试只能是实验性的，因为当时美国不到十分之一的家庭连接了互联网。但是它为媒体开拓了一个新的方向，几年内从《华尔街日报》到时代华纳等主流媒体按照麻省理工学院新生的构思创造出了几十种定制化新闻的变体。《旧金山考察家》《旧金山纪事报》等报纸的网页版，实际上都使用了 MIT 开发的个性化计算机结构，连意大利和巴西的报纸也都在尝试应用。可以说，MIT 新生的实验，为个性化定制新闻的实践埋下了种子。如今个性化定制新闻层出不穷，美国还真出现了在线媒体公司 Daily Me Inc.，汇编了大约 500 个来源的新闻，业务范围是提供地方和全国性报纸、行业期刊的文章。这类提供信息的平台也不断升级，成为个性化定制新闻的供应者，比如 curlie.org。个性化信息一直是新媒体企业在探求的目标。谷歌实验室于 2004 年就提出了个性化搜索，2005 年向注册用户开放。2009 年谷歌向用户推出了 40 多种语言的全球个性化的搜索服务，它根据用户浏览器中匿名 cookie 的 180 天搜索活动，为用户自定义搜索结果。用户也可以自

---

① Harper, Christopher (April 1997), "The Daily Me", *American Journalism Review*. 文存自 https：//www.ajr.org（2009.1）.

定义结果或关闭自定义项。与此同时,谷歌还推出了 Google Social Search,目的是帮助用户从更广泛的社交圈中发现更多相关的公开内容。

从个性化新闻出现的历史、理念和早期实践可知:个性化新闻首先是由计算机新技术催生的,技术的保障是根本;个性化新闻的定制,需要了解读者、用户的个性化特质(地理的、兴趣的、相关的),对读者的了解是前提;个性化新闻的定制需要全面丰富的数据库,才能匹配上更多人的需要,数据信息是基础;最后,定制化信息需要有一定数量和质量的用户,他们的选择可以影响其他的人、他们的人数也对民主协商式的信息推荐产生影响。相应地,个性化新闻就出现了与生俱来的矛盾:技术作为根本,会否出现权力转向技术的一面,即技术控制新闻?对用户的了解为前提,那么用户的兴趣、行动这些就无法成为隐私了?什么样的数据才是全面而丰富的、可以提供平衡的没有偏向的新闻?用户的数量和质量如何才能合理和有效?民主协商有可能达成吗?

二 "新新闻"之路:从"所有适合刊载的"到"所有适合您的"

上述个性化定制新闻主要是指信息聚合平台,而不是新闻生产机构。在新闻界,由于技术的能力、数据的能力,加上对个性化新闻、定制式新闻莫衷一是,因此迄今都还是在审慎的实验式摸索之中。其中《纽约时报》的个性化新闻探索,持续多年,有所发展,受到同行的广泛关注。2019年6月,哈佛大学尼曼媒体实验室有专文介绍《纽约时报》的最新个性化新闻策略:《纽约时报》将个性化新闻置于首页和中心——只为你而存在。尽管该报知道其编辑的判断是其关键卖点之一,但如今它用个性化方式呈现更多的新闻以飨读者。[①]

[①] Newsonomics: The New York Times Puts Personalization Front and Center——Just For You, https://www.niemanlab.org/2019/06/newsonomics-the-new-york-times-puts-personalization-front-and-center-just-for-you/.

《纽约时报》的个性化新闻之路堪称险阻且漫长,该报的一些资深编辑近年来持续反对个性化新闻策略。尽管如此,《纽约时报》的个性化新闻仍在审慎中向前推进。

2011年初,《纽约时报》在经过了较长时间的酝酿之后,发布了推荐平台"推荐给你"(Recommended for You),要以更加主动的方式进行定制化、个性化推送新闻。他们介绍该报创建了一种算法,可以向用户展示他们可能没有看到过的内容,而不只是按照他们打开过的内容去推送。这是为了回应广泛地认为个性化新闻会导致"过滤泡"或"茧房效应"的质疑而创新的算法。Marshall.com 的编辑称之为"新策展模式"的一部分:该算法是我们在新闻网站上看到的最复杂的算法之一。在提供推荐时,它会计算一系列因素,包括新近度(倾向于突发新闻的访问者应该看到更及时推荐的主题)、专题/专栏、主题和关键字。[1] 它的首页与 Facebook 的社交推荐列在一起,有《纽约时报》编辑选择的报道,用户还可以导航到"最受欢迎新闻"。

为了改善个性化推荐,《纽约时报》致力于"算法"的提升。2015年《纽约时报》有专文解释过其算法的优化。该报最早使用了基于内容过滤的算法,然后也用了基于用户协同过滤的算法,如今他们跨越了两种算法。[2] 基于内容的过滤是把每篇文章的主题、作者、编辑室和相关的关键词打上标签,然后使用这些标签和用户的30天阅读历史记录进行匹配加以推荐。这种方法直观、吸引人,但是它通过语料库中的稀有性来对标签进行加权,所以稀有标签具有很强的效果,有时会降低用户体验。基于协同过滤是基于相似的读者的阅读内容加以推荐,这种方法扩大了读者的阅读范围,但无法推荐新发布的、未经探索的文章。《纽约时报》称其跨越两种技术,构建了一种协同主题建模(Collaborative Topic Modeling):首先确定模型内容,每篇报道建模为不同主题的混合体;其次,通过查看来自读者的信号来调整

---

[1] Lauren Indvik, How the New York Times Is Incorporating Social & Algorithmic Recommendations, https://mashable.com/2011/03/10/new-york-times-recommendations-2/.

[2] Alexander Spangher, Building the Next New York Times Recommendation Engine, https://open.blogs.nytimes.com/2015/08/11/building-the-next-new-york-times-recommendation-engine/.

该模型；再次，确定读者偏好模型；最后通过偏好和内容之间的相似性进行推荐。这样的算法，似乎较大程度地避免了"过滤泡"、偏向等问题。

2017年《纽约时报》在本报编辑观点不一致的情况下，仍然开始了一系列小型实验，目标是根据用户的各种信号（例如过去的使用行为、位置或时间）为个人读者定制新闻。不同的订户可能看到的网页、新闻应用界面会有所不同。《纽约时报》那句著名的口号"所有适合刊载的新闻"，将更多地取决于为谁刊载了。个性化内容取决于用户最感兴趣的特定主题、所在地和他们来网站的频率等因素。

传统媒体对读者的最大贡献就是其记者和编辑的专业性判断：新闻的不同版位都有明确的意义，如果新闻被放在头版或者网页主页，那么表示编辑们认为那是目前最重要的内容。但是负责《纽约时报》个性化新闻项目的编辑们认为，读者和信息用户的兴趣多样，用传统的"大众""广播"模式不一定能满足多数读者的兴趣。将最重要和最具吸引力的适合所有人的新闻保留在网站的中心，而对待不同的读者要按照他们独特的偏好和习惯一对一地去定制。比如在《纽约时报》智慧生活（Smarter Living）主页上，一些读者会看到编辑选择的内容，另一些会根据他们的阅读行为推送内容（如健康、婚礼和旅行）。它还根据读者访问网站的最后时间调整主页，以免读者因未及时打开而错过感兴趣的信息。此外，用户地理定位也是个性化信息的重要指标，比如一则日食新闻，只推送给能看到该现象的地理区域的用户；不同地区的用户会看到不同用语的新闻（如使用英里还是公里、华氏还是摄氏）。

2018年5月，《纽约时报》又推出了"您的每周版"，使用编辑策展和算法的混合方法，推送给每位用户量身定制的实验性新闻时事简讯，目的是为用户提供当周最重要的新闻分析和功能的个性化选择，拓宽读者的阅读兴趣、推荐最佳作品。[1] 其中一个目标是只向你展示你尚未阅读的内

---

[1] Laura Hazard Owen, All the News That's Fit for You: The New York Times' "Your Weekly Edition" is a Brand-New Newsletter Personalized for Each Recipient, https://www.niemanlab.org/2018/06/all-the-news-thats-fit-for-you-the-new-york-times-your-weekly-edition-is-a-brand-new-newsletter-personalized-for-each-recipient/.

容，并分为三组：最吸引人新闻（Best of The Times Riveting），包括视频、图形和丰富的多媒体作品；您可能错过的新闻：您可能错过的一些新闻报道、分析和解释；一些世界上最具挑衅性的思想家的意见评论、特稿亮点。

2019年6月中旬，《纽约时报》开始突出其个性化新闻的功能。在苹果手机应用主页底部导航，推出了新的应用"为你"（For You），位于Top Stories之间。"为你"成为个性化努力中的一个里程碑式转折点：更前沿更中心，让读者对自己最感兴趣、更有意义的内容一目了然。《纽约时报》多年来一直在尝试有限形式的个性化，这次是努力让个性化变得更加前沿和中心，要让读者更容易找到他们最感兴趣的东西。实际上这是重新启动2018年一项不算成功的个性化新闻试验"你的料"（Your Feed）。相较于2018年的教训，《纽约时报》通过解释数据和定性焦点小组来衡量个性化新闻，以便为"为你"提供优质信息。"为你"不仅仅是为读者提供功能、实用程序或服务，它必须是一个尝试解决过载的方法，是简单易懂、直观有效的新工具。它要提高用户的参与度，而更多的参与意味着更有效的订阅销售和留住用户。其效果如何，尚需时间检验，但是其"个性化新闻"的努力是值得肯定的。

不只美国《纽约时报》，还有《华尔街日报》、英国《卫报》等，都在开发"个性化新闻"。"个性化新闻"是新技术带来的新趋势，如果只是新媒体平台去适应它，新闻媒体机构恐怕更没有退路了。既然潮流难以阻挡，何不顺势而为？我们正在更深入地走进数字新闻时代，专业新闻人经验丰富的新闻判断与智能数据技术的结合，人机协同，是新闻业的未来之路。

三 对"个性化"的论争和批评

"个性化新闻"与算法推荐一样，似乎都带有与生俱来的缺陷，却又是无法阻挡的潮流，相关的论争就不可避免，并集中在以下几个方面。

第一，"个性化新闻"是否局限了人们的信息范围？

《纽约时报》著名主笔尼古拉斯·克里斯托夫（Nicholas Kristof）担心

个性化新闻现象会加剧观点的极化、信息气泡现象，强化原有的偏见。2009年前他在《纽约时报》撰文：传统媒体的衰落将加速"我的日报"的崛起。这种自我选择的个性化"新闻"具有麻醉作用，使人们陷入一种自信的昏迷状态。他引述一项12国研究结果称，美国人最不可能与不同观点的人讨论政治问题，而受过良好教育的人尤其如此。他说哈佛大学法学教授凯斯·桑斯坦（Cass Sunstein）进行的研究表明，当自由主义者或保守主义者与志同道合的人讨论气候变化等问题时，他们的观点很快变得比讨论前更加同质和极端，在与志趣相投的人讨论这个问题仅15分钟之后，自由派变得更加自由，保守派更加保守。① 确实，桑斯坦在2006年出版的著作《信息乌托邦：众人如何生产知识》中引用了保守派和自由派的博客主彼此影响的报告：一个保守派的博客链接的自由派博客只有25个，而链接的保守派博客却达195个；一个自由派的博客链接的保守派博客是46个，而自由派的却有292个。此外，40个最受欢迎的博客中存在大量的隔离另一派的情况。②

《纽约时报》回应此类批评的做法是优化其算法技术，做积极的而不是被动的个性化推荐，从而向用户推送他们没有浏览过、忽视了的新闻和挑衅其观点的观点。

第二，"个性化新闻"是否侵犯了用户的隐私？

正如谷歌推出个人化搜索时引来了对侵犯隐私的批评——根据皮尤2012年的调查，美国65%的受访者将个性化搜索视为坏事，73%的受访者认为它侵犯隐私，"个性化新闻"也带来了同样的批评。当算法精准地了解你的地理位置的移动，是在单位还是在家里，你的兴趣爱好和是否有婴儿、宠物时，那确实是触及了你的隐私。你也可能质疑媒体在此"读者收入时代"（Reader Revenue Age）利用了自己。

第三，"个性化新闻"损害了媒体的公共性？

---

① Nicholas Kristof, "The Daily Me", *The New York Times*, March 18, 2009, https: //www.nytimes.com/2009/03/19/opinion/19kristof.html.

② ［美］凯斯·R. 桑斯坦：《信息乌托邦：众人如何生产知识》，毕竟悦译，法律出版社2008年版，第206—208页。

2017年《纽约时报》时任公共新闻编辑李思·斯帕（Liz Spayd）在本报撰文批评"个性化新闻"是制造"一个人的社区",[①] 学者论证过社会的部分连接来自消费同一新闻的共同经验。在阅读和观看许多相同的事物之后，我们塑造了我们的世界观、我们的观点，无论它们彼此相同还是不同，无论是虚假还是稍纵即逝，我们从中获得了社区意识。"个性化新闻"会消减阅读共同新闻所带来的共同体验，消解人们的社区意识和公共性。

第四，"个性化新闻"消解了媒体的专业性影响？

早在2014年，《纽约时报》时任公共编辑玛格丽特·沙利文（Magaret Sullivan）在介绍读者投诉《纽约时报》个性化新闻推荐方面的努力时，批评说："我发现这令人反感和荒谬，因为我觉得有能力选择自己阅读的文章。"[②] 个性化新闻导致丢掉一部分编辑判断的专业优势（比如编辑对信息选择和新闻编排），本质上是把关权力的让渡，不是编辑记者决定你看什么，而是读者自己。纽约大学的克里斯托弗·哈珀（Christopher Harper）在1997年探讨定制化新闻的问题时指出，定制的在线新闻服务允许读者接收根据他们的兴趣量身定制的新闻内容。但读者是否会错过不符合其个人兴趣的重要信息？"每日我报"式的定制新闻服务是以自我为中心的，记者和编辑的作用非常有限，他们会不会过滤掉了其他信息从而与邻居孤立、与居住地和国家相隔离？[③]《纽约时报》的长期订户、雪城大学纽豪斯公共传播学院的拉斯·伟纳（Lars Willnat）说："《纽约时报》说一年前他们有一个功能Your Feed，但我从未注意到它，也未在应用程序中列为选项。就个人而言，我不喜欢他们为我策展新闻。我总是害怕错过一些重要的新闻。也许这就是Your Feed在读者中没有得到推广的原因，我觉得大

---

① Liz Spayd, "A 'Community' of One: The Times Gets Tailored", https://www.nytimes.com/2017/03/18/public-editor/a-community-of-one-the-times-gets-tailored.html.

② Margaret Sullivan, "Is There Any Escape from 'Recommended for You'?", https://publiceditor.blogs.nytimes.com/2014/02/21/is-there-any-escape-from-recommended-for-you/.

③ Harper, Christopher (April 1997), "The Daily Me", *American Journalism Review*, 文存自 https://www.ajr.org (2009.1)。

多数人都像我一样不喜欢个人新闻提要。"①

作者：陈昌凤，清华大学新闻与传播学院教授、常务副院长。

宋云天，清华大学新闻与传播学院博士生、中央广播电视总台制片人。

本文刊发于《新闻与写作》2019年第8期。本文为国家社科基金重大项目"智能时代的信息价值观引领研究"的阶段性成果，项目编号：18ZDA307。

---

① 笔者对拉尔斯·韦尔那教授的笔访，2019年7月。

智能化新闻核查技术：算法、逻辑与局限

陈昌凤　师　文

【摘要】 近年来，为解决"后真相时代"假新闻泛滥的问题，计算机界对智能化的新闻核查技术进行了大量研究。然而，由于文理的樊篱，新闻界却缺乏对智能化新闻核查技术的深入探讨，更未能前瞻性地思考智能化新闻核查技术介入媒介生态的后果。本文希望打破新闻传播学与计算机学科的隔阂，围绕智能化新闻核查主流算法——"基于内容模型的算法"和"基于社会情境的算法"，从技术路径出发，分析其技术原理、运行逻辑及与新闻界接洽所产生的价值风险。并在此基础上，跳出具体技术模型，从更为宏观的层面上反思纯粹的技术手段解决作为复杂的社会现象的虚假新闻的有效性，以及虚假新闻的复杂性及其新的表现形式对智能算法核查新闻的有效性带来的挑战。

【关键词】 智能算法；虚假新闻；新闻核查；媒介伦理

新闻真实始终是新闻实践与新闻研究的第一要义。在传统媒体时代，由于专业主义的规范，职业新闻从业者通过标准的新闻生产流程践行"真实性"原则。然而在互联网和社交媒体时代，新闻生产者的身份和新闻传播的渠道愈加多元，虚假新闻、反转新闻等新闻失范现象频频出现，新闻真实性正遭遇前所未有的危机。虚假新闻/信息由于在美国2016年政治大选中的泛滥而成为近几年的显性问题。2018年10月发布的由奈特基金会

资助的一项美国大学生媒体消费的调查显示，有近一半的美国大学生对在社交媒体上辨别虚假新闻缺乏信心，有36%的人表示错误信息带来的威胁使他们无法信任媒体，45%的人对自己是否能识别新闻的真假感到纠结，还有14%的人很自信自己能识别假新闻。[1] 包括年轻人在内的信息消费者对几乎所有内容存有戒心。许多人感觉自己深陷在一个真假难辨的信息世界中难以自拔。如何能识别新闻的真假？谁能帮助大家建设一个更清澈的信息生态？近年来，通过智能化的手段对社交媒体上的海量新闻进行大规模自动核查，成为计算机界的前沿热点，作为人工智能重要分支的自然语言处理技术在核查事实方面取得了若干重要突破。智能化的新闻核查系统（Fake News Detection System）可以通过预测特定文本被蓄意伪造的概率，自动帮助用户检测和过滤潜在的虚假新闻，并为职业新闻人核查事实提供辅助[2]。在美国2016年大选中因虚假新闻备受压力的Facebook，以及同样面临信息真实性危机的Google News，相继增加并提升其事实核查的应用。Facebook于2017年开始对可疑的信息添加了警告标签，对"有争议的"信息加上第三方事实核查网站的链接；Google News于2017年引入了事实核查标签，推出了"猫头鹰项目"[3]（Project Owl）等举措。这些网络巨头主要都是依赖第三方事实核查机构。这些机构是如何工作的呢？鲜有研究解读。

迄今新闻学界和业界只是较为密切地关注了社交媒体上假新闻泛滥的问题和各方应对策略[4]，并从逻辑[5]、功能、业界实例[6]等角度解读了已成

---

[1] How Students Engage With News, https://www.dropbox.com/s/biiptx6llly3nkn/Report%20-%20news%20study%20-%202010-1-18%5B3%5D%5B1%5D%5B2%5D%5B1%5D%5B1%5D%5B4%5D.pdf? dl=0.

[2] Chen, Y., Conroy, N. J., Rubin, V. L., "News in an Online World: the Need for an 'Automatic Crap Detector'", *Asis&t Meeting: Information Science with Impact: Research in and for the Community*, American Society for Information Science, 2015, p.81.

[3] https://searchengineland.com/googles-project-owl-attack-fake-news-273700.

[4] 史安斌、王沛楠：《假新闻阻击战：全球互联网共治的起点》，《青年记者》2018年第7期。

[5] 虞鑫、陈昌凤：《美国"事实核查新闻"的生产逻辑与效果困境》，《新闻大学》2016年第4期。

[6] 王君超、叶雨阳：《西方媒体的"事实核查"制度及其借鉴意义》，《新闻记者》2015年第8期。

为后真相时代一道景观的"事实核查新闻"。但是，由于移动终端和社交媒体使非专业的信息采集者大幅增加，信息传播渠道越发多元灵活，在面对层出不穷的假新闻时，人工新闻核查和政府惩戒措施捉襟见肘，难以解决问题。囿于技术的樊篱，新闻学界和业界极少注意到智能化新闻核查技术对后真相时代媒介生态的介入问题，更遑有对其技术原理、运行逻辑及对新闻业潜在影响的深入探讨。计算机界虽然对智能化新闻核查技术关注较多，但实用主义主导的学科基因制约了其反思能力，往往依据事实核查算法在特定测试集上表现出的查全率、查准率等量化指标来衡量算法的性能，对于在宏观社会视野下，使用智能化核查技术缓解假新闻现象的有效性，以及它作用于人类信息环境所产生的社会影响等问题缺乏透彻的思考。

要探讨以上问题，我们有必要打破计算机与新闻传播的学科界限，从技术原理入手，针对自动化的事实核查系统的算法内核，分析其与新闻界进行接合的进步性与局限性，并从宏观的社会视角出发，从更高的立足点和视角反思计算机界借助智能自动化的新闻核查手段帮助"真实性"回归新闻实践的有效性。

一 智能化新闻核查：用计算机科学鉴别信息

在传统的新闻生产模式中，"到达报社编辑部的当日新闻是事实、宣传、谣言、怀疑、线索、希望和恐惧的混合体"[1]，职业新闻从业者在专业主义的驱使下对事实进行去伪存真，以实现新闻工作对真实负责的首要使命[2]。然而，在互联网技术诱发的全民新闻时代，人人都可以通过微博、微信等自媒体平台发布新闻，新闻生产的专业性缺位使内容生产的真实性难以得到保障。同时，信息环境中越来越强的社交属性使不实信息得以在情绪裹挟下迅速传播。部分传统媒体受市场份额萎缩的影响，也放弃了真

---

[1] Lippmann, W., *Liberty and the News*, 1920. New Brunswick, Transaction, 1995.
[2] [美]比尔·科瓦齐、汤姆·罗森斯蒂尔、Bill Kovach 等：《新闻的十大基本原则》(*The Elements of Journalism*)，刘海龙、连晓东译，北京大学出版社 2014 年版。

实性的信条以追求时效性和点击率,使大量蓄意捏造的新闻事实得以广泛传播,进一步导致了公众信息环境质量的滑坡。

新闻界对此现象的解决方案基本可以归纳为民众和专业媒体两个角度。一方面,民众的媒介素养越来越被关注,新闻界寄希望于民众能意识到自己对新闻享有的权利,并主动承担相应的义务[1],使非专业的民众具有类似于职业新闻从业者的把关能力,从互相竞争的信源中过滤信息,进行高质量的信息生产、使用、消费[2]。然而根据心理学的研究成果,人类对谎言的识别能力仅为47%,甚至低于随机概率50%[3]。证实性偏见更使得民众核实新闻真实性的主观能动性存疑[4],人们更倾向于选择相信符合内心既有偏好的信息。另一方面,新闻业也呼吁新闻专业主义回归,以弥补社交媒体信息传播中专业生产和审查机制的缺失。通过对发布的信息和言论进行事后审查以纠正错误,形成了"事实核查新闻"这一独特的新闻类别,知名的事实核查新闻网站有 PolitiFact、FactChecker.org、Storyful 等。然而,在现实场景中,假新闻的传播速度要远大于真实新闻的传播速度[5],人工核查的速度在大量迅速传播的假新闻面前显得力不从心。

因此,通过智能算法对假新闻进行自动化核查成为新的方式和新的研究兴趣点,新闻核查技术(Fake News Detection)通过摄入大量的真实新闻和虚假新闻进行统计分析,根据准确性、确定性等指标对一则未知真假的新闻文本的真实性进行概率计算,评估其为假新闻的风险。新闻核查技

---

[1] [美] 比尔·科瓦齐、汤姆·罗森斯蒂尔、Bill Kovach 等:《新闻的十大基本原则》(*The Elements of Journalism*),刘海龙、连晓东译,北京大学出版社 2014 年版。

[2] 彭兰:《社会化媒体时代的三种媒介素养及其关系》,《上海师范大学学报》(哲学社会科学版)2013 年第 3 期。

[3] Jr., B. C., Depaulo, B. M., "Accuracy of Deception Judgments", *Personality & Social Psychology Review*, Vol. 10, No. 3, 2006, p. 214.

[4] Metzgar, C., "Confirmation Bias: A Ubiquitous Phenomenon in Many Guises", *Professional Safety*, Vol. 58, Issue 9, Sept 2013, pp. 175 – 220.

[5] Vosoughi, S., Roy, D., & Aral, S., "The Spread of True and False News Online", *Science*, 2018, Vol. 359, Issue 6380, pp. 1146 – 1151.

术来源于计算机科学中的欺骗检测问题（Deception Detection），最初在邮件过滤[1]、简历过滤[2]等场景中应用较多。2011 年，随着社交媒体的发展，在国际上被广泛使用的社交媒体"推特"（Twitter）上信息的可信度问题得到计算机界的关注[3]。2012 年，科学家总结了欺骗性和真实性新闻样本中的修辞结构、话语组成部分的差异，并据此对新闻进行聚类[4]。2015 年，MIT 科学家收集大量谣言，构建监督学习依赖的标签数据集，提取假新闻的语言风格、参与传播信息的用户的特征以及网络传播动态，借助隐马尔可夫模型根据以上特征对目标文本进行分类，初步实现了对假新闻75%的识别准确率[5]。此外，也有学者将社交媒体情境下用户的社交行为纳入判断的依据。随着技术的发展，如今智能化自动核查系统可以做到更精细化的信息鉴别，如将"推特"上的不实推文进一步区分为伪造信息、广告、标题党、恶作剧四种子类型[6]，也可以对图片等多媒体内容进行鉴别[7]。同时，核查系统的应用范围得到进一步拓展，除了识别实时的虚假新闻，

---

[1] Keila, P. S., Skillicorn, D. B., "Detecting Unusual and Deceptive Communication in Email", June 2005, pp. 17–20, Source: https://research.cs.queensu.ca/TechReports/Reports/2005-498.pdf.

[2] Toma, C. L., Hancock, J. T., "What Lies Beneath: The Linguistic Traces of Deception in Online Dating Profiles", *Journal of Communication*, Vol. 62, Issue 1, 2012, pp. 78–97.

[3] Castillo, C., Mendoza, M., Poblete, B., "Information Credibility on Twitter", *International Conference on World Wide Web*, WWW 2011, Hyderabad, India, March 28–April. DBLP, 2011, pp. 675–684.

[4] Rubin, V. L., Conroy, N. J., Chen, Y., "Towards News Verification: Deception Detection Methods for News Discourse", *The Hawaii International Conference on System Sciences*, 2015.

[5] Vosoughi, S., "Automatic Detection and Verification of Rumors on Twitter", MIT PhD Thesis, June 2015.

[6] Volkova, S., Shaffer, K., Jin, Y. J., et al., "Separating Facts from Fiction: Linguistic Models to Classify Suspicious and Trusted News Posts on Twitter", *Meeting of the Association for Computational Linguistics*, 2017, pp. 647–653.

[7] Jin, Z., Cao, J., Zhang, Y., et al., "Novel Visual and Statistical Image Features for Microblogs News Verification", *IEEE Transactions on Multimedia*, Vol. 19, No. 3, 2017, pp. 598–608.

还可以检测具有较长生命周期的知识类谣言①，并从多个冲突信源中进行真相发掘②，识别社交媒体上的恶意用户③等。随着机器学习技术的兴起，深度学习④等前沿技术也被应用于新闻核查算法，代替了早先基于统计分析⑤和知识图⑥的方法，提高了核查的精度。

虽然自动化新闻核查技术较为庞杂，但根据核查系统的输入源和计算原理，可以将其分为新闻内容模型和社会情境模型两类⑦。下文将从技术路径出发，分析这两类算法的内核和适用性问题。

二 新闻核查算法模型与伦理风险

（一）基于内容模型的新闻核查算法

基于内容线索的模型在自动化新闻核查中的应用较早，其依托自然语言处理技术（Natural Language Processing），聚焦新闻的内容，即标题、正文和少量附加的元数据。原理是通过人工创作、数据抓取等方式获取大量假新闻，将带有真假标记的假新闻和真新闻数据输入程序，程序统计两类

---

① Shu, K., Sliva, A., Wang, S., et al., "Fake News Detection on Social Media: A Data Mining Perspective", *Acm Sigkdd Explorations Newsletter*, Vol. 19, No. 1, 2017.

② Li, Y., Gao, J., Meng, C., et al., "A Survey on Truth Discovery", *Acm Sigkdd Explorations Newsletter*, Vol. 17, No. 2, 2016, pp. 1–16.

③ Gong, Q., Chen, Y., He, X., et al., "DeepScan: Exploiting Deep Learning for Malicious Account Detection in Location-Based Social Networks", *IEEE Communications Magazine*, Feature Topic on Mobile Big Data for Urban Analytics, Vol. 56, No. 1, 2018.

④ Ma, J., Gao, W., Mitra, P., et al., "Detecting Rumors from Microblogs with Recurrent Neural Networks", *The International Joint Conference on Artificial Intelligence*, 2016, Source: https://www.ijcai.org/Proceedings/16/Papers/537.pdf.

⑤ Magdy, A., Wanas, N., "Web-based Statistical Fact Checking of Textual Documents", *International Workshop on Search and Mining User-Generated Contents*, ACM, 2010, pp. 103–110, Source: https://dl.acm.org/doi/10.1145/1871985.1872002.

⑥ Ciampaglia, G. L., Shiralkar, P., Rocha, L. M., et al., "Computational Fact Checking from Knowledge Networks", *Plos One*, Vol. 10, No. 6, 2015.

⑦ Shu, K., Sliva, A., Wang, S., et al., "Fake News Detection on Social Media: A Data Mining Perspective", *Acm Sigkdd Explorations Newsletter*, Vol. 19, No. 1, 2017.

文本在语义特征上的差异,如单词使用、修辞、句法、代词、连词、情感语言等指标,锁定真假新闻在语言学视域上的差异,进而实现对任意给定文本的真伪判定。该方法并不关注假新闻说了什么,而关注假新闻如何说[1]。有学者将语言线索明确为 9 个操作化的指标——数量、复杂性、不确定性、非即时性、表现力、多样性、非正式性、特异性和情感值,并有 27 个相应的二级指标[2],据此,真假新闻可以在语言学上被区分开来。

基于内容模型的新闻核查算法,本质上是计算机学科传统中的"欺骗检测"议题在新闻文本中的应用。由于新闻文本中蕴含较为丰富的语言学线索,该方法可获得高于随机概率的谣言识别率,对谣言进行自动化识别,但其缺陷在于这种简单的应用场景的迁移回避了若干新闻学的特殊问题。

传统的"欺骗检测"议题对于"欺骗"的界定采纳了人际心理学的观点,认为欺骗是指信息发送者有意识的欺瞒,信息发出者主观上期待信息接收者被误导、操纵[3]。这种依据主观意图定义"欺骗"的做法将过失导致的假新闻和自欺欺人的假新闻排除在外,如果作者并没有意识到自己在生产假新闻,即使客观上制造了假新闻并产生了不良的后果,算法也并不将其界定为假新闻,并且由于基于内容模型的欺骗建立在蓄意欺骗的语言线索上,算法无法对这类无意识的欺骗进行识别。

将"欺骗"与"假新闻"等同起来也窄化了实际场景中假新闻的范畴。现实中的虚假新闻现象,除了蓄意欺骗,遗漏、隐瞒、模棱两可、移花接木、细节失实、局部真实等因素均会导致新闻的真实性缺失。而基于内容的模型局限在蓄意欺骗的框架内寻找语言线索来验证真实性,无法处理更广泛意义上的假新闻。

---

[1] Newman, M. L., Pennebaker, J. W., Berry, D. S., et al., "Lying Words: Predicting Deception from Linguistic Styles", *Pers Soc Psychol Bull*, Vol. 29, Issue 5, 2003, pp. 665 – 675.

[2] Zhou, L., Burgoon, J. K., Nunamaker, J. F., et al., "Automating Linguistics-Based Cues for Detecting Deception in Text-Based Asynchronous Computer-Mediated Communications", *Group Decision & Negotiation*, Vol. 13, No. 1, 2004, pp. 81 – 106.

[3] Buller, D. B., Burgoon, J. K., "Interpersonal Deception Theory", *Communication Theory*, Vol. 6, No. 3, 1996, pp. 203 – 242.

此外值得注意的是，基于内容模型的算法对特定目标文本的真伪识别依赖此前输入的训练文本的特征，目前的新闻训练数据集多为推文和消息。但事实上，新闻的形态早已超越了"新近发生的事实的报道"的最初定义，追求"保持客观、描述生动、观察细致，最重要的是能在社会、经济、政治趋势的大背景下解读时事的含义"① 的解释性报道，尝试"将文学写作的手法应用于新闻报道，重视对话、场景和心理描写，不遗余力地刻画细节"的新新闻主义等新的新闻形态不断涌现，与传统意义上的新闻文体的语态有较大差异。根据推文、消息的语义线索，只能反映部分新闻文本的特性，但难以应对新语境下层出不穷的复杂新闻形态。

（二）基于社会情境模型的新闻核查算法

基于社会情境的新闻核查模型计算思路与基于内容的模型有较大差异，它不同于基于内容模型的新闻核查算法完全依赖新闻文本中的语义线索进行判断，基于社会情境的新闻核查算法则是关注社交特征和信号，将信息传播过程中的情境纳入考量，根据用户与内容、用户与用户之间的交互等上下文信息情境（context）甄别假新闻。基于社会情境的核查模型的运作原理如下。

具体而言，该模型有三类输入：第一类输入首先是用户特征，包括个人级别和组级别的特征——个人级别指用户的人口统计学信息、账户级别、注册年龄、关注者与被关注者数量等，组级别指与该新闻相关的用户组的整体特征，比如该新闻传播链条上"已认证用户"的百分比②；第二类输入是与新闻相关的特征——新闻除了具有文本层面的特征还具有传播层面的特征，如在时序层面③，信息会经历发布、传播、高峰、消亡的过程，甚至有的虚假新闻会反复出现若干次，真实新闻和虚假新闻的时序生

---

① ［美］迈克尔·舒德森：《发掘新闻：美国报业的社会史》，陈昌凤、常江译，北京大学出版社2009年版。

② Shu, K., Sliva, A., Wang, S., et al., "Fake News Detection on Social Media: A Data Mining Perspective", *Acm Sigkdd Explorations Newsletter*, Vol. 19, No. 1, 2017.

③ 刘知远、张乐、涂存超等：《中文社交媒体谣言统计语义分析》，《中国科学：信息科学》2015年第12期。

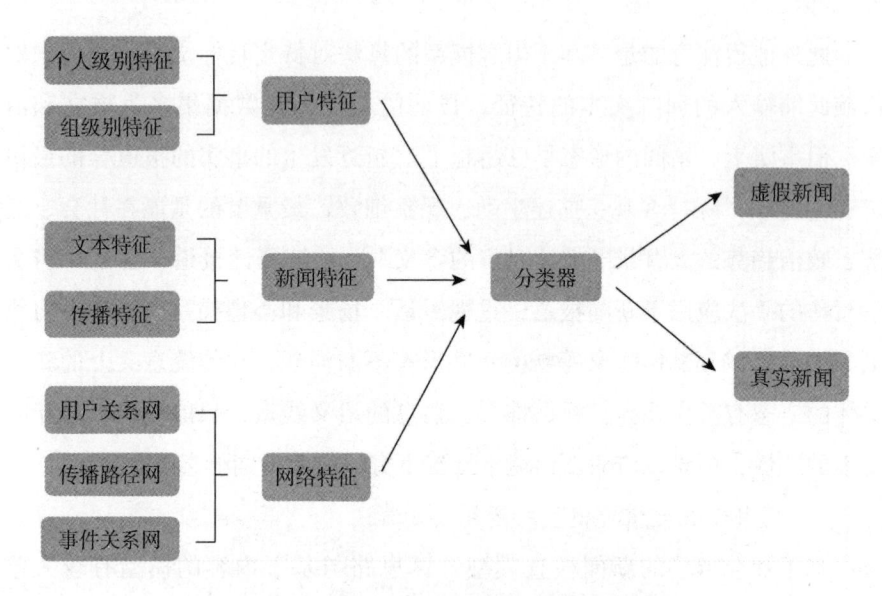

图 1　基于社会情境的新闻核查算法模型

命周期会有较大不同，由此来判断出新闻的真假；基于社会情境的核查模型的第三类输入是网络信息，在社交媒体上，用户关系、信息传播路径、事件关系之间均存在关系网，虚假新闻和真实信息相关的网络特征往往存在差异。基于社会情境的模型提取以上三类特征，输入特定的分类器算法，最终计算出特定新闻文本为假新闻的概率。

基于社会情境的新闻核查模型较为有效地利用了社交媒体情境中的附加信息，借助信息流通过程中的特征自动区分真假新闻，因而近年来在社交媒体的假新闻核查中受到较为广泛的关注，有效性得到较好的验证。但不可否认的是，该方法对于用户特征的强调和对传播网络的质量评估，意味着对社交网络上的机构账号、认证用户进行加权，这种做法容易导致传播伦理上的瑕疵风险。

传播伦理上的问题主要在两个方面。一方面，可信度权值的不平衡意味着话语权的极化。社交媒体一定程度上承载着重构或补充传统媒体时代的信息传播秩序的期待，某种意义上实现对现实生活中相对弱势群体的"赋权"。但是不可忽视的是，现实社会中具有影响力的机构和社会精英由于其雄厚的社会资本更容易在社交媒体上获得关注，使社交媒体再次出现

"中心化"的现象，话语权再度集中。在这种情况下，基于社会情境的模型不仅没有增强普通用户的话语权，反而通过提高机构和精英的可信度权值，为其发表、传播的言论进行信用背书，极容易导致话语权的马太效应，使普通用户的言论被压制乃至污名化。

另一方面，对社交网络上的机构账号、认证用户进行加权具有透明性的隐忧。在计算机界，虽然算法架构可以通过学术会议、技术论坛等形式开源，但模型中的具体参数和量化细节属于商业机密，无法为响应公众知情权而进行披露，技术巨头对算法公正性的承诺难以被验证。即便技术拥有方对模型较为微观的层面进行披露或接受中立组织的审查，但是可能会出现这样的问题：一是因为知识鸿沟的影响，公众难以对机器语言中海量参数的具体意义进行思辨考察；二是计算机科学的学科特点决定了算法处在迅速的迭代更新中，公众及中立组织难以实现对模型参数等技术细节的实时追踪。在2016年美国大选中，Google和Facebook两大互联网巨头在信息推送、广告投放等环节中表现出的政治倾向就曾饱受诟病，引发公众对信息环境不确定性的焦虑。如果社交平台引入的新闻事实核查系统不够透明，那么普通受众不仅没有增强从混杂的信息中辨别真相的能力，反而会更易因真伪不辨而被操纵，技术精英通过回收事实核查权，获取"真相定义权"，引发"数字化独裁"的风险。

三 局限性：智能化新闻核查算法的技术思维与假新闻的复杂逻辑

计算机科学家认为，虚假新闻是互联网环境中快速传播、去中心化传播的必然代价，为避免新闻真实性在后真相时代消解，自动化事实核查技术成为肃清信息环境的不二选择[1]。面对计算机界关于技术可以解决社

---

[1] Chen, Y., Conroy, N. J., & Rubin, V. L. (2015), News in an Online World: The Need for an "Automatic Crap Detector", In the Proceedings of the Association for Information Science and Technology Annual Meeting (ASIST2015), Nov. 6 – 10, St. Louis.

问题的乐观态度，新闻学界和业界除了从技术原理的微观层面思考具体算法模型与新闻实践对接所导致的问题，还应该跳出具体技术模型，从更为宏观的社会层面上，反思纯粹的技术手段解决假新闻这一社会现象的有效性。同时，互联网时代虚假新闻的复杂性（比如似是而非的"事实"、半真半假的信息）、新的表现形式（比如视觉化内容、表情包），也对智能算法核查新闻的有效性带来了更大挑战。此外，信息分发的变革，也带来了虚假信息传播的复杂性。

首先是技术思维与作为社会现象的虚假新闻之间的不匹配性。计算机界对于假新闻现象的理解未曾跳脱出朴素的 5W 模式，在技术主导的视角下，假新闻的泛滥被简单化为"恶意用户制造假新闻文本并通过社交媒体进行传播，送达给无戒心的受众并产生负面效果"的线性或者网状传—受模式，并期待通过用户特征、文本特征、网络特征等渠道检测虚假信息，阻断其传播。然而，假新闻作为一种社会现象，具有复杂的外部社会动因和内部心理机制，寄希望于通过检测新闻文本肃清网络信息环境未免过于乐观。

事实上，假新闻泛滥只是后真相时代的浅层表征，其泛滥背后隐藏的逻辑是，在意识形态差异、阶层固化等社会分歧的驱动下[1]，真相被解构，传统新闻业所信奉的"真实性"被拉下神坛，情绪和预设的立场将人们锁在"过滤气泡"中，丧失了对真相的兴趣，选择性地接触与心理预期相匹配的信息，并不断扩大既有的社会分歧。

相应地，遏制假新闻绝非识别内容、阻断接触这么简单。有学者发现，直接访问虚假新闻网站的在线用户十分有限，接触假新闻网站的人也对主流新闻来源有更多的接触[2]，这证明了提升假新闻的甄别能力和阻断接触并不会从根本上驱离假新闻的追随者。刻板印象、认知失调、证实性

---

[1] 王维佳:《什么是真相？谁的真相？——理解"后真相时代"的社交媒体恐惧》，《新闻记者》2018 年第 5 期。

[2] Allcott, H., Gentzkow, M., "Social Media and Fake News in the 2016 Election", *Nber Working Papers*, 2017, pp. 211–236.

偏差等心理学机制①以及"社会抗争"② 等社会学动因是更深层的假新闻流行机制。

既然造成"后真相时代"假新闻泛滥的关键,有时不在于传播环节,从信息的传播过程中开展事实核查仅仅是"头痛医头,脚痛医脚"的被动做法,事实核查固然可以向用户提示某则新闻不真实的风险,却无法撼动它对人们的影响力,更无法阻挡更多的假新闻被源源不断地生产。计算机科学对事实核查技术的信奉恰恰反映了以美国作为技术领头羊的计算机学科难以摆脱浓郁的经验主义色彩,缺乏批判视角下对社会无意识的结构性问题进行反思的能力。

2017年今日头条与美国密歇根大学合作成立AI反谣言研究联盟,将NLP等人工智能技术应用于反谣言,目的是提高反谣言的技术手段,及时阻断谣言传播。他们的报告中所提到的几方面,正是考虑了作为社会现象的虚假信息/谣言:反谣言并不是一个单纯的人工智能问题,并非有大数据和精深算法就能解决。它需要对各种复杂的因素有深刻的理解,上至国家政策,中有信息的生命周期,下至个人的心理和行为。要解决反谣言的问题,需要将这些因素变成一个有机的整体,更需要找到一种人与AI合作无间的方式。③

其次,是虚假新闻在互联网时代出现了多种复杂的生态和表现形式,比如似是而非的"事实"、半真半假的信息,也会令不少人信以为真;④ 即使专业的事实检查网站也可能需要数天时间去验证,而得到延时验证后,许多用户可能未必能查看到验证的信息,或者已经不再关注,只留下先入

---

① 刘自雄、王朱莹:《被信任的假新闻——虚假信息的受众接受心理探讨》,《现代传播》(中国传媒大学学报)2011年第7期。

② 史安斌、王沛楠:《作为社会抗争的假新闻——美国大选假新闻现象的阐释路径与生成机制》,《新闻记者》2017年第6期。

③ 《今日头条披露反谣言技术路线图》,人民网,2018年3月16日,http://it.people.com.cn/n1/2018/0316/c196085-29872273.html。

④ Peter Kafka, An Astonishing Number of People Believe Pizzagate, the Facebook-fueled Clinton Sex Ring Conspiracy Story, Could Be True, Especially if They're Trump voters, Dec 9, 2016. https://www.recode.net.

为主的最初信息印记。在表现方式上，上述基于内容的核查算法、基于语境的核查算法，其实都还是以针对线性文本（文字）为主。而在社交媒体时代，视觉化内容正在成为传播的主力军，尤其是短视频，其内容常常是原子化的，反映的情境也非常有限，很难被计算出真伪，这些都是智能算法核查虚假新闻的局限性。

具备新闻事实核实功能的 Storyful 的前主编詹金斯（Mandy Jenkins，2019 年斯坦福大学的 John S. Knight 新闻学研究员），与同样有核查功能的网站 Meedan 的产品主任米娜（An Xiao Mina）于 2018 年 10 月组织了一场新闻专家论坛，研讨的话题是虚假信息（disinformation）的优势以及媒体应当从中学到什么，专家们列出了"有效虚假信息"的若干优势清单：

发表速度；新信息的新颖性和刺激性；对新闻事件和反应的响应；竞争对手之间的合作；简化困难的主题；通过互不关联的机构去信任；从法律和道德规范中解放出来；发挥情绪、恐惧、偏见和互动性；承认利他主义是发表的动机（即揭示未知/隐藏信息）；观众参与（即分享以帮助传播）；挖掘团体的激情和信仰；让受众感觉好像他们是调查或揭露真相的一部分；视觉吸引力；发动分享的愿望；注意力经济驱动的成功商业模式；非常适合 Facebook 和其他社交网络；提供相同主题的相关内容，读者的身份认同。

这些层次复杂的"优势"，体现的是其内容制作、广泛传播、与用户互动、与社会热点呼应、与社会情境相符、与人性相关等多元的特征和内在逻辑，但仅仅通过目前的算法技术，还难以实现全面识别的探测。如果对应到人工智能的领军人物、斯坦福大学的卡普兰教授指出的人工智能的两个方向，事实核查还只是在人造劳动者（Forged Labors）层面——能不知疲倦地在混乱而多变的环境中完成庞杂的工作，但是缺少洞察力，还很难运用更高级的合成智能（Synthetic Intellects）层面——从各种工具和模块中拼凑素材、建立目标，创造出不可预知的最终系统、不受其创造者控制的结果，包括机器学习、神经网络、大数据、认知系统或者遗传算法等[1]。

---

[1] [美] 杰瑞·卡普兰：《人工智能时代》，李盼译，浙江人民出版社 2016 年版。

再次，信息分发的变革，不仅带来了真假信息识别的复杂性，而且会减小"识别"的重要性——需要的是信息和圈子，识别真伪并不一定被重视。社交分发和算法分发驱动了新的内容分发革命。在中国，以微信"朋友圈"为典型代表的社交分发平台聚集大量用户并将其转化为传播路径上的节点，社交关系链上每一个用户都成为热点内容的制造者和传播者；而以"今日头条"为代表的聚合类资讯平台采用个性化的新闻推荐系统，根据个人特征、环境特征等因素，为用户推送定制化内容。如今，算法与社交相结合形成的智能化社交分发模式已经渐趋融合，传统的时间重力算法（Timeline 模式）已经渐被淘汰，目前关系加权算法、兴趣加权算法正得到越来越广泛的运用。随着关系加权算法的运用，对亲密社交关系的长期加权很容易使用户陷入同质化圈层，这些圈层中的群体认同和相对封闭的社会感知度，利于虚假、偏见的信息传播；兴趣加权算法的广泛使用（主要包括基于内容的推荐算法、基于用户协同过滤的推荐算法），则会使符合用户头脑中主观期待的信息更多被推荐，会导致其主观期待与媒体呈现形成一种循环互动，从而可能使用户的信息源狭窄、封闭，也会造成一个利于吸收偏向甚至虚假信息的环境。而在所谓后真相时代，诉诸情感和信仰常常比陈述客观事实更能引发公众的兴趣，夸大的、虚构的内容常常更容易引发社交平台上的互动和用户的分享传播[1]，再循环带来进一步的算法推荐。在这种情况下，信息成了被需要物品，而其真伪已经不一定受到重视。

四 结语

人类的各种技术正日益发展成为信息传播技术（Information and Communication Technologies，ICTs），正是通过这样的技术，我们有了解决人类所面临的许多重大挑战的能力。如今，人类通过智能技术来扩展自己处理

---

[1] Berger, J., Milkman, K. L., "What Makes Online Content Viral?", *Journal of Marketing Research*, Vol. 49, No. 2, 2012, pp. 192–205.

复杂事情的能力和智力。算法必须遵从五个特性：有穷性、确定性、可行性、有输入、有输出，要做到它们需要一系列条件。而算法运用于信息分发和事实核查，都还没有"最优解"。在信息分发推荐中，目前使用的算法是"无监督学习"的聚类算法，该算法基于数据的内部结构寻找观察样本的自然族群（即集群），目前广泛使用的有 K 均值聚类、Affinity Propagation 聚类、层次聚类与 DBSCAN 等多种算法模型，尚没有一种算法能对复杂的目标实现"最优解"。人工智能技术全面参与信息传播流程可能带来种种不利于新闻真实呈现的因素：非结构性数据的忽视、不确定性推理的累积、真实性核查的缺失等，从技术层面本身就为实现新闻真实带来了多方面的挑战。在算法的设定中，重要的一环是"推理"，由于算法的逻辑推理带有强烈的程式化色彩，不可能做到贴合每一种具体情况，由于既定模型的局限性，即便最为出色的算法系统也会在判定时产生偏差。人工智能和算法还存在"技术黑箱"现象。几乎所有智能化新闻平台的技术逻辑都遵循"收集数据—算法预测—个性化推送"的思路，但每个科技信息公司的算法又能得出不同的结果。这意味着不同公司所设计的算法各异，而算法恰恰是在新闻内容生产和分发环节的核心要素。这些仅由科技公司掌握的算法正是将普通受众隔绝于实验室和显示屏之外，使新闻过滤、推荐要素选择等操作完全"黑箱"化，信息的真实、准确、完整也无法得到保证[1]。当然，我们不必求全责备，人类使用的技术是在不断提升中服务于自己的，在信息核实、信息纠错方面，算法会得到进一步的发展。

在传统媒体时代，新闻真实性由职业媒体从业者依据新闻专业主义坚守，在社交媒体时代，传统新闻和网络信息的界限越来越模糊，面对海量信息，专业媒体的把关角色旁落，鉴别真相的能力下放给民众。但是民众媒介素养的缺失、对真相的蔑视都造成了假新闻泛滥的客观现实，信息环境陷入失序状态。在这种背景下，自动化新闻核查技术的介入是计算机界与新闻界携手阻击假新闻的有益尝试和未来趋势，新闻界亟须厘清自动核

---

[1] 陈昌凤、翟雨嘉：《信息偏向与纠正：寻求智能化时代的价值理性》，《青年记者》2018 年第 13 期。

查系统的技术原理、运行逻辑,一方面思考计算机技术在解决新闻实践问题方面的进步性,另一方面矫正算法在解决新闻界问题时出现的方向性偏差和价值风险①。此外,面对用自动化核查技术解决假新闻现象的技术热潮,作为人文社会科学的新闻学需要跳脱出技术细节,从更宏观的视角对技术在解决社会问题方面的局限性进行更加理性深刻的思辨,用人文关怀和批判精神弥合计算机学科基因中的纯粹工具理性。

本文刊发于《新闻大学》2018 年第 6 期。

---

① [美] 克利福德·G. 克里斯蒂安、廖鲽尔:《新传媒世界的媒介伦理》,《全球传媒学刊》2016 年第 1 期。

智能应用篇:传播

表演艺术与 AI 及脑科学相结合对人的情绪信息可分析性的探索

邓菡彬

【摘要】 本文是正在进行的一项系列研究的报告，我们将理查·谢克纳从对印度传统舞蹈表演的研究总结出来的"味之美学"和"味匣子"表演训练方法，转换到情绪识别 AI 的逻辑架构中，通过创造性的素材采集，训练出了具有较为独特的情绪识别能力的人工智能系统。我们还更进一步与脑神经科学家开展合作研究，对人类情绪的可分析性问题进行探索。到目前为止，发现了一系列有趣的情绪价值观问题。

【关键词】 味；情绪；表演；人工智能；脑神经科学

阿西莫夫在其科幻小说《基地》系列的第三部《第二基地》中构想了用精神科学重新组织人类文明的可能性，概括而言，其中包含了三个论断：

一是，之前的人类文明主要是依赖物理科学的发展而建构起来的，这种人类社会缺乏稳定性，因为忽略了人类本身巨大的不稳定性带来的威胁；

二是，精神科学的发展较慢，因为通过自然演化获得较强精神人格的个体，形成精英群体，宁愿其他人类处于更容易被管理的状态；

三是，用精神科学的方式重新组织人类文明，会遭到人类本身的质疑，因为这违反了人类的自由意志原则。

在很长时间里，阿西莫夫对于精神科学的判断更像是玄幻而不是科幻，远不如他对机器人等事物的幻想深入人心。然而神经网络等新兴科技的发展，终于让这些离奇的科学幻想离人类更近了一步。而且，就像小说中所写的那样，这些幻想的突破口是人类的情绪。

一 情绪识别AI"罗莎"的诞生

艺术与人类社会的关系远比某些"艺术无用论"的散布者所说的要深广得多。基特勒（Friedrich Kittler）曾在其名著《留声机 电影 打字机》中描述了电影的普及对人类意识的深刻影响：通过调查自杀未遂者得知，在知道自己将死的"最后时刻"，人会像放电影一样在脑海中迅速回忆自己的一生。基特勒这个引述其实并无可靠的材料来源，但却比那些福柯式的明显是哲学譬喻的伪造故事更加深入人心。技术变革带来的人的心理体验的变革是显著但又仿佛顺理成章。又如，电影时代以来在表演艺术中占据主导地位的心理现实主义表演方法，使人们自然而然地相信，人的情绪是属于个体的、私人的感受。

戏剧导演和理论家谢克纳在研究印度传统舞蹈理论"Rasa"（勉强可以翻译为"味道"）时发现，在印度表演体系中，人的情绪远不是基于个人经验和只能通过"情绪记忆"和"私人瞬间"进入的个人化存在（"像斯坦尼斯拉夫斯基和他的信徒所相信的那样"），而是某种程度上"客观的、根植于公共或社会空间的"存在。他进一步分析了"情绪"（emotions）和"感受"（feelings）的区别，后者是主观的、前者是客观的——情绪是"可知、可控、可传达的"，就像厨师根据菜谱或者传统做法使菜肴的味道每次做出来都是可控的一样。谢克纳因而还根据印度舞蹈表演将情绪做的9种分类演化成一套现今在欧美世界颇有声名的训练方法"味匣子"（Rasabox），演员进入地板上画的9个格子，使自己进入这些情绪，从而达到"情绪体操"的作用。

梵语原词	英语近义词	汉语近义词
adbhuta	curiosity, wonder	好奇
sringara	love, desire	爱与欲望
bhayanaka	fear	恐惧
bibhatsa	disgust	恶心
vira	vigor, confidence	活力、自信
hasya	humor, laughter	幽默、欢乐
karuna	depression, grief	悲伤、抑郁
raudra	anger	愤怒
shanta	bliss, peace	平静

2019年，我与科技艺术策展人龙星如和AI工程师吴庭丞共同开发了一款可以识别8种情绪的AI（暂时去掉了位于九宫格中间的、最难的也是最晚被印度舞蹈理论纳入的"平静"），就是从谢克纳对印度传统舞蹈理论"Rasa"的研究和实践受到启发，从而为人工智能提供了供它在半监督状态下深度学习的素材。虽然限于目前人工智能硬件条件，无法实现真正地对味觉、触觉、嗅觉等将人的"外部世界与内部世界联结在一起"的联觉的采集，仍然采用的是"姿势判断"这种看上去仅仅依赖"视觉"的素材采集方式，但是，当最终这套被命名为"罗莎"（Rasa）的AI系统获得一定程度成功的时候，我们发现由于模式架构逻辑的不同，它的摄像识别还是远远区别于人类意义上的"视觉"。

目前比较通行的人工智能情绪识别系统，其模式架构逻辑恰恰是严重受制于人类"视觉"感知的逻辑。首先，只是把情绪和人脸的表情联系在一起，而人类所主要依赖的视觉认识模式在看脸部表情判断对方情绪的问题上本来就特别容易受骗和误判；其次，通过采集大量人脸表情的数据，然后人工将它们逐一打上不同情绪的标签，这就把大量误判素材付诸人工智能的深度学习，导致最终的统计学意义的失效。作为演员，我深知这个道理：只要略施小技，就可以通过表情蓄意欺骗别人。当然，也就可以欺骗这样的AI系统。

与现在一般情绪计算AI的架构逻辑截然不同，"罗莎"在采集素材时脱离了人类的"视觉"——情绪判断的意义认知系统。演员在它的摄像头面前，表演 200 种不同情境中的情绪，这 200 种情境分属 8 种情绪，但是演员现场没有任何镜子之类的视觉工具，他只能依靠自己"外部世界与内部世界联结在一起"的联觉，来感知自己确实是在与外部世界达成沟通的情绪状态下。此时，摄像头采集到的，虽然还是演员全身十多个"骨骼点"的运动轨迹，是图像学意义上的信息，但却已经不再是人类"视觉"意义上的了。AI 借此可以更客观地进行学习。

人体十多个"骨骼点"组成的"电子骷髅"，一直在不断抖动。这是人类视觉可见的图像，但就像那些脑电波的波状图一样，已经脱离了人类的"视觉"意义判断系统，而进入需要专门的科学工具进行分析的领域。最简单的区别，哪怕是人认为自己"岿然不动"的时候，计算机捕捉到的图形也是一直在动的。这种身体运动，不是那种由人主动发出的、希望别人如此了解自己的身体语言（Body Language），而是不自觉的、永不停止的微小运动，跟潜意识相关。计算机放大了这个运动（motion），并将其规律予以归类。在采集样本的过程中，发现了人的身体运动（motion）与情绪（emotion）之间的关联很可能是更稳定的。这也一定程度上印证了谢克纳对印度传统舞蹈的研究。

"罗莎"问世之后首次亮相，是作为艺术项目在北京 798 艺术区"一间 iDS 艺术空间"进行了一个半月的展览（2019 年 5 月 2 日至 6 月 20 日），在此期间举办了 18 次专题活动。7 月初在上海戏剧学院举行的世界戏剧研究联盟（IFTR）2019 年大会上，我做了关于"罗莎"的专题报告。9 月，经过设备小型化，"罗莎"赴奥地利参加林茨电子艺术节。10 月，再次经过系统优化，在上海国际艺术节青年艺术创想周进行展览。然后，它参加了 11 月 6 日开幕、持续到 2020 年 2 月的国内首个 AI 艺术大展——"脑洞——人工智能与艺术"。前来体验的中外观众，有各自不同的感受，也提出了林林总总的问题。我总是作为一个导引者，提出一些简单的联想，来帮助观众进入不同的情绪。不过也发现这个项目作为展览而言，对观众有点要求过高了。和普通人相比，演员更有可能主动地使自己进入一种情绪状态，按照莉莎·费德曼·巴瑞特在《情绪》一书中的术语，也就是拥有更强的"情绪粒度"。观众们则常常只能进入两三种情绪甚至一两种情绪,有很强的环境惯性。比如天气阴沉时,观众进来展厅,面对"悲伤抑郁"的显示一直刷屏,会更加深陷其中。天气晴朗时,观众从室外刚进展厅,又会禁不住地一直"开心"着。这倒也印证了情绪的客观性。

在一些特别活动中,我们邀请了更多的演员来参加体验,也惊讶地发现,很多演员也和普通人一样,也只能被动地进入情绪状态。这很有可能是因为过于相信情绪是个人的、主观的,反而任由情绪在环境影响下的流动/不动。目前市面上讲情绪控制的书,往往带有满满的鸡汤味儿,而且带有一个共性:仿佛只有情绪在环境影响下过于加速的流动,才叫"失控"。其实不动也是另外一种更持久存在的失控。

用人工智能作为中介的认知,绕过了人类认知流行的对于每一种情绪到底是什么的本质主义追问,从而可以直接面对每种情绪的社会性。受此启发,我们将研究再进一步,希望与脑神经科学的实验方法结合起来。2019年夏天,我与中国科学院神经科学研究所功能神经环路研究组李澄宇研究员团队(包括李澄宇的博士后伍乘风、两位博士生李达和陈黄奥)一起开始尝试采集更多的分类情绪样本。第一期邀请了40多位演员(包括舞者等)参与采集,历时十余天。未来,我们将试图通过对大量的志愿者受试样本的分析,探索人类在不同的情绪状态下,到底有着什么样的大脑电信号活动,并试图通过探索到的规律,对人类的情绪信息认知的偏差(比如抑郁症、健忘症等),探索对其进行物理干预的可能性。这是一项长期研究,目前还处在初期采集阶段,也正是在采集过程中发现了很多有趣的问题。下面来介绍我们在研究和展览中发现的一些具有共性的情绪价值观问题。

二 在研究中发现的情绪价值观若干问题

(一)不同类别的情绪主动进入的缺失

在研究过程中,我们发现了其他的一些情绪分类方法与"味匣子"分类方法之间的差别。在北美的表演训练体系中,有一种情绪分类是分为

4—5类，其中较为负面情绪的3—4类和"味匣子"是相近乃至完全相同的：悲伤、恐惧、恶心、愤怒。但是却把正面情绪笼统地归为欢乐。这就造成了一个其实相当种族主义的社会性问题：在这种训练方法下接受学习表演的华裔学生，每次面对所谓欢乐的问题时，最容易调动的其实是幽默的情绪——因为，作为一个华人，这样最容易被认同，最符合非华人对华人的刻板印象；而最不容易调动的，是自信和有力量的情绪——因为这样最不容易被认同。

而且，绝大多数接受戏剧影视表演训练的演员，无法主动地进入自信这个情绪分类。而大多数接受舞蹈表演训练的演员，很自然地进入自信状态。有很多针对情绪的科学研究，试图说明某种情绪的缺失与大脑某些区域功能的先天障碍之间的关系。然而我们在采样过程中的这些观察，说明社会训练对于一个人的情绪体验有着非常不容忽视的影响。这大概是因为无论中外，戏剧影视表演训练占据主导地位的心理现实主义的结构性。经常在舞台或者镜头前表现自信的角色的演员，却居然很难进入真正的自信状态。为什么会无法主动自信？这很可能来自对自信这种情绪的价值判断。自认为精通或者至少是在精研人类情绪情感的演员，会把注意力放在恐惧、焦虑、疑惑、恶心等所谓人类更深层的情绪问题上，而自信，在价值观上会被认为是比较表面的并不深刻的一种情绪（市面上能够找到的关于自信的书籍，都具有强烈的鸡汤色彩，是被严肃的研究者和探究者排除在外的）。

对于演员而言，悲伤是一种相对容易主动进入的形式。但对于普通人而言就很难。人们对于一个演员所出的考题也经常是"哭一个给我看看"。其实不少演员也同样会被这个题目难住，只能采用技巧瞒天过海。为什么会不容易主动进入悲伤？很可能就是因为对悲伤这种情绪的价值判断，主要是贬义的。一个人在成年之后，会自动地去解释那些可能引起悲伤的事情，从而缓释悲伤这种情绪的产生或者深化。但在被动状态下，其实很容易悲伤抑郁。如前文所述，10月份参加上海国际艺术节的展览，有一天，天气不是很好，大多数普通观众，站在罗莎面前被识别的第1个情绪，甚至是主要的情绪，都是悲伤抑郁。很多观众对此非常不满意，总希望调动出其他一些积极乐观的情绪出来,这就证明了它们的价值判断。

(二) 对于不同类别情绪的社会接受心理

大多数普通观众能够主动进入的正面情绪是爱,或者幽默。但这中间又有许多人,尤其是女孩子,对于能够主动进入的幽默,并不看重。相对于爱而言,幽默可能会被看作一种不够深刻的情绪。每当屏幕上出现爱的判断时,站在罗莎面前的体验者总是会发出开心的叹息或者呼喊,站在一旁观看和等待的观众们,也会被这种快乐感染。有时候爱的判断会连续刷屏。我会开玩笑地问:还是那个人吗?如果是正面的回答,体验者会很肯定很积极地回答道,是的。如果答案是,"不是的,我换了一个人在想",此时回答的声音会比较不好意思或者自嘲、自己给自己壮胆。我有时候打趣:这就证明原来一个人可以同时爱着不同的人。这种打趣也让人不太敢接茬。在这些情形中,比较强烈地折射出一种情绪的价值观。

某次,有一个观众,站在罗莎面前,屏幕显示的状态是"爱"。我问,你是在想着谁吗?她说没有啊,我没有想任何人——我是在想今天晚上吃什么。观众们立刻笑了。爱和欲望在这个类别里是一样的。但是当她是想一顿晚饭而墙上刷屏出现"爱"这个类别的时候,她并不是很兴奋。这也是一种价值观上的贬低。但 sringara 这个情绪分类的原义,则是肯定要包含欲望的,不少试图通过召唤"亲情之爱""友达之爱"来激发罗莎的判断的人,难免会失望。

(三) 特定情绪产生的社会机制

除了自信,还有一种比较正面的情绪,对于大多数人来说,是不太常见的,对于演员来说也不那么容易进入。这就是好奇。这个类别的情绪,主动叫作好奇,被动叫作吃惊。对于成年人而言,吃惊是很容易的,但好奇就不太常见。在信息爆炸的时代,对于一个接受过充分教育的人而言,可能"太阳底下无新鲜事",什么都不算特别让人好奇。在第一瞬间可能是好奇的,但是很快,人,经过教育的人所拥有的强大的解释系统,就将这个好奇消释掉了。而罗莎的判断,则是依赖于一定时间长度上的稳定的情绪。如果只是昙花一现,就会被它当作约数忽略掉了。即便是非常成熟的老演员,也需要做一会儿情绪功课,才能够进入好奇的状态。

但是很有可能就像自信一样，只是"像"好奇、"表演"好奇，而不是真的好奇。

曾经有一位年轻的没有接受过多少训练的演员，成功地向我们展示了真正的好奇，在感到好奇的人和周围的人之间形成强烈情绪认知差异。这位年轻的演员在场地里不断地折腾一只箱子，十分兴奋（当时我们摆了很多道具供演员去"触发"）。观众索然无味，不知道她到底在干什么。因为不知不觉已经过去了很长时间。她终于玩得尽兴了，想起我们来，向我们解释她到底在做什么——她发现箱子的长宽高与场地中我们所画的九宫格中的一格的长度存在一个数学规律，可以按照相同的规律，转动这个箱子，完美地在这一格中"行驶"一圈。然而她的好奇并没有能够成功地激发其他观众的好奇。观众们诧异的是，她居然花这么多时间去发现一个"显然无关紧要的规律"。这种诧异不是吃惊，而是价值观和社会认同上的贬低。

所以我们发现，认同上的贬低，很有可能导致某种情绪的缺失。就像前面所说的一个在美国学习表演的华裔，当他尝试体验自信的时候，很有可能遭到周围人的认同贬低。这就会导致一种巴普洛夫效应。而在国内，在学习戏剧影视表演的圈子中，广泛存在的鄙视链，同样起到了这个功能。自信这种情绪也是这样。一个成年人很难抵抗得住，周围的人觉得你"无聊"的这种认同贬低，而还能去自顾自的、对自己所自信的东西感到自信，所好奇的东西感到好奇。久而久之就会形成情绪缺失。

好奇恰恰是一种不那么依赖别人而产生的情绪，能够被感染的旁人，可谓心有灵犀。与此相对的是幽默。幽默总是有很好的感染力，一下子可以把很陌生的人也拉进同一个情绪体验圈。产生幽默这种情绪的人，比较容易从别人的反馈和认同中获得鼓励。与此相似，自信和爱也是相关的一组。自信是一种不太依赖别人而产生的情绪，也就不容易获得从周围人那里得到的普遍鼓励。

与此相似的对照可能还有负面情绪中的恐惧、悲伤、恶心和愤怒。前三种情绪都是主要朝向自己的，虽然可能是由某些社会性因素诱发。当周围其他人在场，形成一个并不具备此种情绪的社会氛围时，比较难以单独地主动进入，让一种不在场的社会性在场。而愤怒则不然。古语所谓"迁怒于人"，就是愤怒的情绪很容易带离原来的现场，在新的现场殃及无辜。这有可能形成表演学习中一个重要的难点。也有可能是我们普通人情绪认知中的一个重要问题。

恐惧其实是一种非常敏感的情绪。表演者需要非常细分地在每一个微小的瞬间感受到周遭所有的因素，恐惧才有可能不断地叠加上去。否则就像刚才所说的，去演一个头脑中概念里的恐惧，在最初的一个高点之后，很快就衰竭了，或者最多维持在一个不怎么高的、浅浅的恐惧里，会渗透一些悲伤，乃至于生气。悲伤和愤怒都比恐惧要更凝固一些、沉浸一些，沉浸在自己的世界里。而恐惧其实是对外在世界非常敏感的。实验的时候，我经常采用断喝法来测试它的真伪（当然在我采用这个方法的时候，已经从知觉上有所判断了）。所谓断喝法就是突然大喝一声，此时的受试者经常会没有反应，或者间隔一拍才有反应。证明我的判断是准确的：受试者此时的反馈系统是不敏感的，已经沉浸在自己的某个意识状态中。

（四）情绪体验的故事和套路

斯坦尼斯拉夫斯基表演理论与简化之后的中国斯式体系或者美国"方法派"是有所区别的，斯坦尼斯拉夫斯基在其代表著作《演员的自我修养》中所说的"情绪记忆"，并不是编故事，而是让已有的情绪经验碎片，在新的规定情境中熔炼成新的"当下"的情绪。但更通俗的心理现实主义表演，则往往是挖掘过去的记忆"直接"用于现在的表演，这就极有可能拿虚构当真实。

在实验观察中，这种虚假的记忆表演法（根据自己有的记忆和经验，拼凑出一个所谓"现在"的情绪体验）最突出的特征是，在开始演之后的某个瞬间会达到一个（其实也并不太高的）峰值，然后就开始迅速衰减。逻辑思考搭建的感性，远不如身体智能（Somatic Intelligence）本身稳定。

根据观察，这种衰减体现在动作的草率方面。此时的动作是服务于某个已经在脑海中、觉得想明白了的情绪概念。而"味匣子"训练方法所突出的 motion 和 emotion 的连接是在每一个瞬间的连接。当表演者关注 motion 的每一个细小的变化所带来的刺激反馈，就有可能激发出潜藏在身体里的真正的情绪记忆。这是自己说不清道不明，所以在被触发的当下才显出的真实。

而草率地编故事，会形成一定的套路。这种套路受到某种文化样式保护时，就会自成一体并且封闭。有一次，来了一位其实出生在东北但是看上去特别像成长在中国台湾的表演者，当我问他的时候，他也并不讳言他确实受到中国台湾文化以及日韩文化的强烈影响。他的这种草率所形成的固定打法，不太能更改。比如，在虚拟情境中，对于躺在地上的死去的亲人，他可以相当大大咧咧地伸手过去触碰。而这又并不是一种庄子"鼓盆而歌"的故意反着来的豁达姿态；他相信这就是他的悲伤。我相信在现实生活中，他也很可能这样去行动。他自己也说他很难深入体会到悲伤、很难哭泣，外婆去世，他都没有哭出来。他形成了他的固定的情绪行为方式，就更难主动进入所有不同类别的情绪了。

影视作品中，这种高度套路化的表演，很可能会对人的情绪体验产生影响。在某种外部环境作用下，就自动"挂挡"进来。李澄宇研究员正在策划采用电极植入的方式，探测认知这种影响。

（五）能够主动地进入一种或几种情绪意味着什么？

在中科院的采集试验中，博士生李达猜测，主动进入一种情绪和被动地进入一种情绪，其神经元活动，很可能是相似的，或者只有在进入这个情绪的那个瞬间会不同。而我觉得主动进入一种情绪，会一直有一个力量在监测，这个力量是从哪里来的？研究人类的感性问题，可能不能忽略主动与否，不能忽略"情绪粒度"的强弱。

这可能是艺术创作的奥秘的关键问题。中央美院数据艺术与人工智能实验室的负责人邱志杰教授在 2019 年夏天来到中国科学院神经科学研究所，按照他所提出的中国书法书写行为的 7 种情绪分类做了一系列实验：狂喜、欣快、平静、孤独、警觉、愤怒、崇敬。邱志杰认为，一个成熟的书法家，有能力主动调动其中一种情绪来进行书写，而这样的书写，也会激发有修养的阅读者观看此书法时的情绪体验。不过可惜的是，脑电波探测设备目前的精度，还经不起艺术节挥毫之时剧烈的身体运动所产生的肌电信号对脑电信号的混入，虽然后来加了肌电探测设备，可是在采集到的波形中滤去杂波，仍是一个艰巨的过程。可能也有赖于人工智能的辅助分析。

罗莎最初的采集样本就是我自己。我开始也不相信。同一类情绪，有那么多种不同的动作和表现，机器能够识别、归类吗？可是当我不断地为罗莎"表演"采集样本的时候，越来越发现在一类情绪中的相通性，很有可能被非常认死理儿的机器归类成功。于是我越来越松弛，尽量去寻找同一类情绪中非常不同的身体表征，因为我开始相信人工智能，很有可能会发现，这些不同的身体表征，包含了共同的身体的微小运动。当我松弛下来，也就更多地用"联觉"在感知自己的情绪表达。果然，基于边缘神经网络人工智能芯片的深度学习算法，真的实现了这个任务。当第一版罗莎被训练出来之后，我们用他忐忑地去识别其他人的情绪，也惊喜地发现它的有效性，要远远高于通过面部表情识别的逻辑架构出来的人工智能。

三 情绪判断的伦理问题

在罗莎问世之后，很快有人提出是否可以做出一个类似于情绪测谎仪的产品面向公众。我们系讨论过它在技术上、产业上的可行性，以及产品的伦理性。有位朋友，非常明确而幽默地指出，如果他太太买了这样一个产品在家里，他肯定第一时间要把它弄坏。还有人非常精确地提出了，这样一个产品，就有到底是谁来购买，用来指向谁、判断谁的权力关系问题。这也就是这份报告的开头，引述阿西莫夫科幻小说《第二基地》中人类那种对自由意志受到阻碍和控制的担忧。

目前内置在摄像头中的人工智能芯片还没有能力去主动识别、锁定一个对象。它每次只能识别一个对象，谁先进入它的视野，它就识别谁。但是 AI 设备合作方刚刚问世的第 2 代芯片，是有能力锁定识别对象的。只是我们现在还没有根据第 2 代芯片来开发算法。如果开发出来的话，那么上述权力关系问题就更显著了。

在北京的展览中，我们做过一些专场活动，请来参加的观众，自己来讲他们的故事。有一位从事文字工作的朋友，跟大家分享了她的两个故事。其中一个故事，她一开始就使用了这样的语言，"我来给你们讲一个非常搞笑的事情"。她讲了一个到他们公司来应聘的人，讲得非常投入，以至于都忘了去看屏幕上罗莎给出的判断和反馈。等到讲完这个故事，她问我们，罗莎的反馈是什么？我们告诉她，罗莎对她讲这个故事的过程中的情绪，主要判断为恐惧。罗莎大概每10秒钟会刷新一次，实时判断。她听到之后立刻很释然地说，对呀，我就是恐惧的——这个人是个变态，我们有同事都专门请假、不敢来上班了。原来恐惧是她真正体验到的情绪。但问题是，在实际的交流语境中，她非常希望把这个故事定义为"搞笑"，这很可能是希望给这个故事带上一种幽默的色彩之后，缓解自己心中的恐惧情绪。这种遮蔽结构是不是我们人类情绪重要的功能性结构？这种情绪传导的公共性又是怎样的？亟待下一代人工智能芯片为基础的系统来架构新的实验。

她讲的第二个故事，谈到她和她现在的老公，从相识到恋爱，一些让她印象很深刻的故事节点。在其中一个节点上，她停下来，特别加了一句判断和评价，说："对呀，不就应该是这样吗？"老实说我们在场的人都被她的语言说服了，接受了这个判断所包含的恋爱价值观。但屏幕上，罗莎给出的判断，是愤怒。也就是说，当男朋友采取当时的举动时，她的"内心"或者说潜意识是愤怒的，然而她很快通过一种观念形态，修正了自己的情绪。如果此时此刻，有一面像罗莎这样的高科技镜子，会不会扰乱我们人类长期以来的情绪功能结构？

我的答案是，人类的适应能力很强。罗莎这样的技术，有可能成为一种人类增强技术，只要它的使用是透明和公开的。那么在它的帮助下（取决于人们是否愿意接受它的帮助），人可以适应机器对自己的判断和反击，从而形成一种新的情绪流动性。

在上海国际艺术节的展览中，有两位上海本地阿姨的体验过程非常具有代表性。在这次展览中，观众被要求不说出自己心中所想，只需站在罗莎面前去想自己的心事即可。而我则会用一些简单的语言，引导观众。但是，第一位阿姨刚上来，就开始自言自语，把心事说出来。吐槽她的老公是如何喜怒无常、突然就会生气起来。罗莎的判断是悲伤忧郁，基本持续在这个判断上，一直刷屏。于是我问这位阿姨，那么想一想你爱的人。阿姨脱口而出，我爱的人吗？那当然是我老公了。在场的观众立刻都笑了起来。而此时屏幕上刷出了爱的判断。观众们立刻又"哦哦"地惊呼。阿姨也受到罗莎这个即时判断的鼓励，继续侃侃而谈。第二位阿姨，一直未能走出悲伤情绪的刷屏。虽然尝试想各种不同的事物，尤其是她觉得会带来积极乐观的人和事，但未有改观。不过，她不像那些年轻的观众——最后走的时候，她欣然接受了这个结果，并且把情绪的内在缘由揭示给在场的观众：她的父亲刚刚去世了。这么重大的令人悲伤的事情，一个人应该很难立刻走出她的情绪吧。

在北京的展览中，有一位女孩在罗莎面前讲了一个多小时，有关于她和两群流浪狗的故事。但是开宗明义就说了，今天我要跟大家分享，我觉得特别幸福的故事。然而所有这些流浪狗，几乎没有能够善终的。有各种各样的死亡和失踪的结局。女孩也开始不断地流泪。然而罗莎的判断，在绝大多数情况下刷屏出来的，都是爱。这非常符合她一上来对自己这个故事的定位。于是，她也很受鼓励。

在这种情况下，罗莎成了一个比人类更好的陪伴者和倾听者。一个人面对此情此景，很可能有自己的社会判断。比如说觉得这个女孩，怎么这么伤心呀？这就有可能实际上阻断倾诉者的情绪流。而罗莎是一个不知疲倦且不会改变判断准则的陪伴者。

从我们在后台测试的正确率来看，罗莎肯定有出错的时候。但就像一面镜子——任何镜子都是在它的工艺条件下，按照确定的光学原理，来给我们人类提供认识参照——情绪识别AI，也是这样，给我们提供认识参照。对于情绪这种非常感性的问题，不可能诉诸一种绝对化的客观理性，归根到底还是需要从人本身提出人文的关怀，才可能曲折地切进我们希望探讨的真理。所以情绪判断技术的伦理问题，归根到底是我们自己的伦理问题。

在国内外的几次展览中，我甚至感觉这就像是增加了一项高科技技术的戏剧现场。人本身的存在和采取什么样的引导策略，会很大程度地影响观众的体验、影响观众与这个情绪判断机器之间的动态化交互。这种人本身存在,不应该被批评,而应该成为我们思考伦理价值观的出发点。

四 结论和展望

这篇报告所探讨的问题,基于两项正在进行的、互为依托的研究,这两项研究都将是长期的,从人工智能及脑科学的角度,探讨人类的情绪认知为什么有可能被信息化,以及这种信息化会带来什么样的价值观方面的问题。因为情绪识别AI"罗莎"的诞生和持续发展,脑科学的实验设计,多了一重可参照的研究中介,有可能极大地降低实验所需的样本总量,以及降低对样本可能造成的实验伤害。

下一步,这项研究还将采取大量的跨文化样本,所以也会派生出一个子课题:处于不同文化中的人,其情绪认同到底是差异性更多还是相似性更多?或者,有可能实现人类情绪偏差的信息化?

我们也在思考对情绪(偏差)物理干预的可能性及其伦理问题。比如对抑郁症、健忘症等情绪障碍以及其他轻度的情绪问题的物理干预的方法。如果能够一定程度上取代药物的物理干预,会受到很多人的欢迎,但这种干预是否具有更低的副作用和依赖性?这也有待于进一步的研究。更为重要的是,这有可能更深入地改变我们长久以来的主体性认同以及主体间性(人和人之间的情绪关系)认同。

作者:邓菡彬,海南大学人文传播学院副教授,并工作于中央美术学院数据艺术与人工智能实验室。

本文为2019年11月"智能时代的信息价值观研究高层论坛"的投稿论文。论坛由清华大学新闻与传播学院、国家社科基金重大课题"智能时代的信息价值观引领研究"课题组等联合主办。

参考文献

[德] 基特勒:《留声机 电影 打字机》,邢春丽译,复旦大学出版社2017年版。

[美] 莉莎·费德曼·巴瑞特:《情绪》,周芳芳译,中信出版社2019年版。

［德］马克思·舍勒：《同情感与他者》，朱雁冰、林克等译，北京师范大学出版社 2017 年版。

张之沧等：《身体认知论》，人民出版社 2014 年版。

Michele Minnick and Paula Murray Cole, *The Actor As Athlete of the Emotions*: *The Rasa Boxes Exercise*, for the Book Movement for Actors, Edited by Nicole Potter, Allworth Press, 2002.

Richard Schechner, "Rasaesthetics", *The Drama Review*, 2001（3）.

AI 主播在电视媒介中的应用与发展策略

张蓝姗　任　雪

【内容摘要】 以智能语音技术和机器算法为基础的 AI 主播被探索、运用于电视媒介中，带来了电视的生产模式、传播方式、内容创新等多方面的变革，促使电视媒介向"智媒体"融合升级。同时，AI 主播存在的互动瓶颈、形象刻板，以及它引起的交往异化问题又成为其发展的重大桎梏。为了更好地利用 AI 主播，给电视开拓更大的想象空间，需要提升其对话水平，进行 AI 形象的个性化、IP 化运营，同时规避虚假新闻，合理拓展渠道，避免 AI 技术的滥用。

【关键词】 AI 主播；人工智能技术；电视媒介；应用策略

在传统媒介转型升级的大背景下，随着国内人工智能技术的不断探索和发展，人工智能因子正不断被注入电视媒介中。以智能语音技术和机器算法为基础的 AI 主播技术就是其中之一，它给电视媒介的生产模式、传播方式、创新水平、受众接受习惯等带来了新变化，为传统电视媒介的创新和升级提供了活力因素，是人工智能与传统媒介深度融合的一个重要且典型的成果。

一　AI 主播在电视媒介中的应用

在电视媒介中，AI 主播是一个泛称，主要包括全息模拟真人 AI 主播、智能采访对话机器人、虚拟卡通 AI 主播三种类型。全息模拟真人 AI 主播可以提取真人主播的唇形、声音、表情等特征,然后再进行合成运算,实现对其高度逼真的复刻,并快速生成新闻播报视频;智能对话机器人一般以机器人的实体外形出现,能够模拟人类的声音和动作,与主持人和嘉宾交流互动,多用于电视综艺节目;而虚拟卡通 AI 主播一般通过 VR、AR 等虚拟技术合成并通过立体投影成像,多以动漫、卡通外形在屏幕上出现,如在湖南卫视的综艺节目《我是未来》中,微软小冰以 3D 投影的方式登场,在 2019 年中央广播电台《五月的鲜花》五四晚会上亮相的虚拟卡通主持人"小灵"等。

AI 主播在电视媒介中的应用场景,主要有以下几个方面。

(一)新闻节目智能播报

在电视新闻节目中,运用人脸建模、智能语音合成、深度学习等多项技术,全息模拟真人形象、声音,就可以复刻出表情、语音生动自然的 AI 主播。早在 2014 年,日本就研发出了全球第一款能够播报新闻的安卓系统智能机器人"24"。[①] 而在国内,全息模拟真人的 AI 主播应用于新闻视听节目则始于 2018 年,在第五届世界互联网大会上,新华社联合搜狗展示了全球首个 AI 合成男主播,其面部表情流畅,语音自然,在外形上几乎可以以假乱真。[②] 2019 年 3 月,全球首个 AI 合成女主播"新小萌"也在新华社"上岗",直至 2019 年 8 月,两位 AI 合成主播已在新华社播报新闻 11000 余条,累计时长达 32000 多分钟。从形象到声音,从半身主播到站立主播,从中文到外语,AI 主播完成了一次次突破,功能越来越强大,栩栩如生。

(二)人机互动采访

AI 主播技术也成为新闻采访领域的新宠,智能对话机器人、虚拟卡通 AI 主播可以进入新闻事件的第一现场或演播室,获取信息并完成报道任务。例如,在 2019 年两会期间,白岩松的徒弟——百度机器人"小白"

[①] 李文瑶:《日本研发全球首款可播报新闻智能机器人》,《科学与现代化》2015 年第 1 期。

[②] 《顶尖科技亮相世界互联网大会》,新华网,http://www.xinhuanet.com/info/2018-11/08/c_137590885.htm,2018 年 11 月 8 日。

已经在央视"上岗",采访了师傅白岩松在两会期间的见闻和感悟,而在人民网强国论坛上,机器人"汪仔"在两会访谈节目中也有出镜。在互动采访环境中,AI主播不以形似真人为追求,而以达到深度、流畅、自然的人机对话为目标。

（三）娱乐节目协同主持

除了新闻节目,AI主播则更多地被电视媒体应用于综艺、娱乐类节目中,担任主持人、嘉宾、挑战者等各种身份。2017年,百度机器人"小度"在江苏卫视《最强大脑》中战胜三位上届中国脑王,获得全球脑王争霸赛晋级资格;2018年,江苏卫视《蒙面唱将猜猜猜》第三季引入了外形酷似钢铁侠的"AI智能侠",为猜评团提供智慧锦囊,并帮助他们梳理线索、层层解密;在2019年央视网络春晚以及多台卫视晚会中,都可以看到AI主播的身影。随着技术条件进一步成熟,人工智能形象或将被更广泛地应用于电视综艺、娱乐节目当中,承担更为多样、重要的角色任务。

二　AI主播应用的优势与困境

（一）AI主播的优势

1. 准确高效、节约成本

全息模拟真人AI主播基于智能语音合成技术和机器算法,在播报准确度、翻译速度、运算检索能力上的优势是人类不可比肩的。它可以确保语音规范、播报准确,避免了人为的播音事故;它能连续工作24小时,无须休息、备稿,无须妆发造型等;AI主播还能进行多语种播报,2019年两会期间,全球首个人工智能多语种虚拟主播"小晴"就已经上岗,通过中、英、韩、日等多语种报道两会新闻。AI主播的智能化播报有效节省了传媒行业的人力成本,大幅提升了制作效率。

2. 人机合一、协同分工

在电视节目中,AI主播可以与人类播音员、主持人、记者在一个场景下协同工作,各施所长。人类作为主持、采访活动的主体,负责总体场面把控、临时应变、深度访谈、决策应对等,而AI主播作为辅助角色,担任简单提问、重复劳动、快速运算等任务。例如，在央视音乐频道播出的歌唱竞演节目《渴望现场》中，机器人"小渴"就与真人主持分工协作，充分发挥了自己的海量数据快速检索能力，从音准、音域、调性、节奏、语言、表现力六个维度形成评分；在日本的王牌综艺节目《笑点》中，主持人松子与其复刻的"机器人松子"共同主持节目，并让机器人完成一系列户外主题任务和情境实验。可见，人机协同工作既为主持人增加了一个并肩合作的智能助手，又为电视节目增加了新的看点。

3. 引发猎奇与围观、提升节目趣味性

AI 主播作为新兴科技产物，无论它的全息虚拟形象与人类多么相似，都难以磨灭人类对它"机器人"身份的认知。对电视用户来说，AI 主播在电视荧屏上的出现首先是一种华丽新奇的视觉奇观，这势必会引起受众的好奇与围观，从而增加电视节目本身的关注度。同时，有些 AI 形象在电视节目的机智问答也常引得观众发笑、喝彩。美国脱口秀节目《吉米今夜秀》中的机器人"索菲亚"就具有极强的互动"天赋"，她能与主持人流畅自然地开玩笑、做游戏并取得胜利。这些人机互动场景穿插在节目当中，塑造出人与机器"反差萌"的效果，提升了节目的趣味性。

（二）AI 主播应用的困境

1. 缺乏开放场景下对话的互动性

开放场景是指条件复杂、具备多种变量的现实场景。在电视节目中，主持人、记者身处开放场景，需要应对来自节目嘉宾、采访对象、观众、导演组、设备机器等各种因素的突发状况，与各个节目环节进行复杂协调互动，从而掌控现场，保证节目效果。

而 AI 主播虽然具备工作的持续性和准确性，但在语义交往上还存在技术瓶颈。根据清华大学计算机系人工智能实验室交互式人工课题组的资料显示：现在的闲聊机器人在对话的互动性、一致性以及逻辑性上都还存在一些亟待解决的缺陷。[①] 这就说明，AI 主播或记者目前在开放场景下尚无

---

① 王延森：《如何利用提问增强开放领域对话系统互动性》，AI 研习社大讲堂公开课视频，慕课网，http://www.mooc.ai/open/course/532。

法达到与人类一样机智敏捷的现场应变能力,也无法根据复杂的因素做出综合的最符合场景、符合人类语境与共情反应的互动。

2. 播报形态单一、拟人化水平低

在新闻播报方面,全息模拟真人 AI 主播只能进行"见字读字"的单一播报,它的情感表达和叙事节奏还处于比较初级的水平。人类播音员播音时使用的语气、表情、停顿和转折等技巧均能赋予内容以丰富的表现力,而全息模拟真人 AI 主播在这方面尚有短板。

真人与人工智能主播最大的区别就在于真人主播具有个性化的形象特点,他们基于丰富的人生经验和从业阅历,在工作中形成了独特的风格体系,将主持变成了一门艺术,将自身形象连带着个性、风格立体地印刻在了观众的脑海中。而 AI 主播只能机械地朗读新闻,无法令观众体会到其个性、人情味、生命的活力和情感的激荡,长时间接触会令人感到乏味,产生排斥心理。

3. 交往异化影响接受心理

媒介即讯息,每一种新的媒介出现都会改变人们对周围世界的感知方式。AI 主播作为一种新媒介,以"真人分身"或机器人形象与受众交流,这势必对受众的媒介认知与感知产生微妙影响。

日本现代仿真机器人教父森政弘曾于 1970 年提出"恐怖谷效应"理论:当机器人的外表和动作像真实人类,但又不是完美拟合时,作为观察者的人类会产生厌恶反应。① 这种"恐怖谷效应"下的反感与排斥,会阻碍受众对 AI 主播提供信息的接收,影响媒介内容的传播效果,更可能造成受众流失。

除了对 AI 仿真人类的恐惧,受众也有可能对 AI 形象产生盲目依赖,这一点在霍顿和沃尔 1956 年提出的"准社会交往理论"中已有论证:在大众媒介的传播环境下,受众和传媒中出现的人物之间的交往活动叫作准社会交往,其中包括受众与非人类的传媒形象的交往,会导致对非传媒形

---

① Masahiro Mori, Karl F. MacDorman, Norri Kageki, "The Uncanny Valley [from the field]", *IEEE Robotics & Automation Magazine*, Vol 19, No. 2, 2012: 98-100.

象认知、态度、行动等层面的变化。① 有些观众会在与 AI 主播交往过程中对虚拟主体产生感情，将其当作真实的人类，不断投入精力成本，导致一系列心理和交往障碍，陷入媒介的"麻醉"效果等。

4. 虚假新闻与算法偏见共生

随着智能仿真技术的进一步优化，AI 主播导致虚假新闻发生的可能性也越来越大。一些别有用心的造谣者可以运用人工智能技术手段生成权威电视媒体知名主播的形象，伪造和播报假消息，导致受众因真假难辨而被误导，严重损害电视媒体及知名主播的声誉和形象，使媒介生态环境杂芜丛生。

此外，AI 主播的应用离不开机器算法，无论是采访、主持、还是新闻播报，本质上仍要执行其背后程序员的决策。例如，智能对话机器人在采访活动中可能会产生有倾向的提问、引导和回答等，这当中难免包含程序员本身的态度与倾向。由于算法机制的不透明，公众对算法的设计和运行逻辑一无所知，导致多重价值观左右了信息的传播。如果不加强监管，AI 主播的程序设定可能会包含商业利益、政治因素，甚至会因为被恶意操控而危害社会秩序。

三 AI 主播在电视媒介中的发展策略

为了突破现阶段 AI 主播技术的种种桎梏，需要综合多种技术、创意和艺术手段，同时遵循人工智能时代新的技术伦理，使其更好地应用于电视媒介，并促使电视向"智媒体"方向融合升级。

（一）突破技术瓶颈，提升互动水平

要提升 AI 主持人、记者在开放场景下的互动能力，就必须先突破人工智能对话技术瓶颈。目前人工智能的对话系统可分为：基于规则、基于检索和基于生成三种系统。基于规则的对话系统特点在于会提前设好对话模

---

① Horton, D., Wohl, R. R., *Mass Communication and Para-social Interaction*; *Observations on Intimacy at a Distance*, Psychiatry, 1956.

式，需要的时候会根据模式进行回复；基于检索的对话系统则会通过模型训练或者模型学习，从已有的样本中挑出最好的回复；而第三种，基于生成的对话系统指的是通过深度学习或者机器学习的方式，让训练样本可以针对不同输入而给出不同的回复。[1]

现阶段，在基于生成的对话系统中进行探索是提升人工智能对话能力的主要方向。通过优化 AI 的深度学习模型，提升智能主播的对话水平，解决人机对话中语义理解、上下文一致性和交互性上的各种问题。在此技术条件下，就可以增强 AI 主播的互动能力，深化其对情感的理解和表达能力。

（二）个性化形象建构、IP 化运营

无论是全息模拟真人 AI 主播、智能对话机器人，还是虚拟卡通形象主播，要获得更多受众的认可与接受，就需要打造有特点、立体化的形象，从各个方面对 AI 主播进行个性化的形象建构。

为避免"恐怖谷效应"，电视媒介不应一味追求 AI 主播对人类形象的极致仿真和复刻，而是要给 AI 主持人、记者、嘉宾等角色设置更多的个性化特质，也就是我们通常所说的"人设"，如外形醒目、语言风格犀利、声音动听或有"梗"等。例如，YouTube 上第一个虚拟游戏主播"绊爱"，就是依靠其可爱的嗓音和笨拙的游戏技术被冠以了"人工智障"的称号，在不到一年的时间内吸引了百万粉丝。电视媒介可借鉴社交媒体、网络直播等领域中虚拟 IP 形象的运营策略，或许会有所助益。

（三）克服虚假新闻与算法偏见

为了克服 AI 主播可能导致的虚假新闻问题，首先，要加强对全息虚拟真人、智能语音技术的监管，保证技术专利掌握在权威媒体机构手中，杜绝技术冒用。其次，为了避免 AI 主播程序设定中可能发生的偏见、歧视或不良价值观倾向，应当不断调整 AI 主播的机器学习模型，在应用过程中不断加入约束条件，对已经发生的问题及时进行纠偏。最后，可以执行人类

---

[1] 王延森：《如何利用提问增强开放领域对话系统互动性》，AI 研习社大讲堂公开课视频，慕课网，http：//www. mooc. ai/open/course/532。

审查制度，由权威的媒介管理部门定期识别并审核模型，监管 AI 主播适用过程中可能产生的虚假新闻和算法偏见。

（四）合理拓展渠道、避免技术滥用

2018 年 4 月，欧盟发布《AI 伦理准则草案》宣称，AI 技术应该以增加人类福祉和可信赖为目标。[①] 依据这个准则，无论是哪一类型智能主播，都应该根据不同场景下的需求和分工以及受众的接受习惯，合理地设计功能定位、拓展应用，同时采取适当的运营策略。电视媒介作为主流且权威的内容提供者应该对新技术保持一定的克制，避免因为猎奇炫技而将 AI 主播盲目扩张到所有场景下，引起受众接受不适，影响信息或节目的传播效果。

四　结语

在电视媒介逐步向"智媒体"转型的当下，AI 主播技术重塑了电视的生产流程，加速了节目的传播效率，丰富了内容的呈现形态，降低了节目制作成本，"电视+人工智能"的融合实践将给转型中的电视媒介开创更丰富、多元的可能性。随着 AI 主播应用的进一步深入，有关 AI 技术的伦理规则也将逐渐被明确并细化，从而矫正新科技的工具理性和功利取向，使其更具人文价值。为了避免更多的交往异化与内容失范，在电视媒介中，技术伦理作为一种规制力量，应当成为 AI 主播技术研究与发展的根本组成部分。

作者：张蓝姗，北京邮电大学数字媒体与设计艺术学院教授、网络系统与网络文化北京市重点实验室新媒体与创意研究中心主任。

任雪，系北京邮电大学新闻传播学 2019 级研究生。

本文刊载于《中国电视》2019 年第 11 期，为国家社科基金重大项目"智能时代的信息价值观引领研究"的阶段性成果，项目编号：18ZDA307。

---

① EU Commission, *Ethics Guidelines for Trustworthy AI*, December 18, 2018.

科幻美剧中的人工智能核心议题

曹书乐 何 威

【内容摘要】"人工智能"是科幻美剧的重要亚类型。有关剧集对近未来世界中的人工智能及其衍生的无限可能性展开了大胆而合理的想象。本文发现科幻美剧中存在关于人工智能的三个核心议题:弱人工智能,是我们的助手还是暴君?强人工智能,是我们的奴隶还是朋友?超人工智能,让我们灭亡还是永生?这些核心议题通过叙事的力量,为有关人工智能的严肃公共辩论提供了情境与空间,让公众得以广泛关注、讨论和思考,这将有利于人工智能技术更加审慎、安全和积极地发展。

【关键词】科幻;美剧;人工智能;伦理;叙事

一 科幻类型美剧中的"人工智能"亚类型

美剧(即美国电视剧)的不同类型多与好莱坞电影类型重合,又因媒介、平台和观众的特点形成了新的类型。美剧的经典类型包括:奇幻、科幻、青春、家庭伦理、犯罪、刑侦、律政、医疗、战争、历史、恐怖等。其中,美国科幻剧以其天马行空的科学妙想、抽丝剥茧的人性考问吸引着世界各地观众。根据研究者此前的一项实证调查研究,科幻奇幻类是中国美剧观众最喜爱的美剧类型。[1]

　　科幻剧（Sci-fi）通常将故事发生的时空置于未来，或不同于我们所知历史的架空时代，或是参照现实但并不等同的另一平行时空。主角除了人类，还有外星人、变种人（mutant）、赛博格（cyborg）或人工智能。时间旅行、时空穿梭、穿越虫洞成为常见剧情，精神控制、心灵感应、隔空传物也司空见惯。历年来，不同科幻亚类型相继登上舞台，从经典的星际旅行（太空歌剧）类（如《星际迷航》《星际之门》《太空堡垒 卡拉狄加》《萤火虫》《无垠的太空》）、时空穿梭类（如《危机边缘》《十二猴子》《怪奇物语》《相对宇宙》）、科幻悬疑类（如《X档案》《迷失》），到末日生存类（如《行尸走肉》《僵尸国度》）、新新人类（人类进化）类（如《超感猎杀》《英雄》）、超级英雄类（如《哥谭》《神盾局特工》《闪电侠》《超人前传》），再到近年备受关注的人工智能类。

　　人工智能类的美剧代表作包括《疑犯追踪》[2]《西部世界》[3]《真实的人类》[4]《终结者：莎拉·康纳编年史》[5] 等。这些美剧集科幻、动作、冒险、悬疑、伦理等元素于一体，或情节紧凑，或想象奇诡，引人入胜。其核心议题均与人工智能（Artificial Intelligence，AI）紧密相连，剧情则对近未来世界中的人工智能及其衍生的无限可能性展开了大胆而合理的想象。有些剧集中的人工智能，是基于大数据采集和全景监控、以软件程序形式存在的智能；一些剧集中的主角则是具有类人外表的人工智能。在它们所描绘的这幅后人类（post-human）社会图景中，碳基人类与硅基AI时

---

　　[1]　曹书乐、何威：《谁是美剧迷——互联网上中国观众的美剧观看与接受》，《国际新闻界》2012年第9期。

　　[2]　剧集原名 Person of Interest，由美国CBS电视网制作，共5季103集，于2011—2016年播出。

　　[3]　剧集原名 Westworld，由美国HBO电视网推出，现已推出2季20集，分别于2016年、2018年播出，全剧尚未完结。

　　[4]　剧集原名 Humans，由美国AMC电视网和英国电视台4频道合作推出，共3季24集，于2015—2018年播出。

　　[5]　剧集原名 Terminator：The Sarah Connor Chronicles，由美国FOX电视台在2008年播出，共2季31集。

而共存共生，时而兵戎相见甚至你死我活。这些美剧围绕公民隐私权、信息产权、信息存取权、算法的不透明性、人类本质、人类异化、非人类权利等命题展开了大胆的假设、生动的演绎、合理的推演和开放的哲思。在娱乐之外，人工智能亚类型的科幻美剧具有更重大的社会意义：通过虚构性的叙事，将有关人工智能的若干重大伦理议题，引入公众视野，诱发广泛辩论，从而促进了现实社会中科技、政策、人文的有效互动。这对于人工智能的发展与应用非常重要。

有一种对人工智能的常见分类：弱人工智能（Artificial Narrow Intelligence，ANI）、强人工智能（Artificial General Intelligence，AGI）、超人工智能（Artificial Superintell Igence，ASI）。

二　弱人工智能，我们的助手还是暴君？

弱人工智能（ANI）是指在某个"单项"上有专长的 AI。例如苹果公司的 Siri、小米公司的小爱等"智能语音助手"。又如在人类游戏领域，早年战胜国际象棋大师卡斯帕罗夫的"深蓝"，近年在围棋比赛中大杀四方、无人能敌的 Alpha Go 和 Alpha Zero，以及谷歌、腾讯等公司开发的可以在高难度博弈，如星际争霸、王者荣耀中，战胜职业选手的 AI。尽管它们在特定领域里几乎已经胜过所有人类对手，但由于能力范围过于狭窄，仍然属于弱人工智能。通常人们也并不觉得这类 AI 会具有性格、情绪、自我意识之类的东西。

2011 年，《疑犯追踪》第一季讲述了一位隐居极客富豪（芬奇）和一个前 CIA 特工（里斯）在"机器"（The Machine）的协助下，预测并拯救一个个普通人生命的系列故事。"机器"其实是美国政府用以侦测恐怖袭击的大数据监控系统，通过无所不在的监控摄像头、拾音器和各种数据库，用算法进行预测。与国家安全有关的信息被"机器"归类于"重要"，而与普通人安全和日常暴力犯罪相关的信息则被归于"不重要"。芬奇不断从"机器"那里得到近期最有可能遇害者的社会安全号码，两人据此展开调查与行动。

这种"全景监狱"式的监控,会令人想到乔治·奥威尔《1984》中的寓言——事实上,这部剧每集片头第一句话就是:"你正在被监视"(You are being watched),仿佛是奥威尔的名句"老大哥正在看着你"(Big Brother is watching you)的回响。而预测犯罪并提前制止的情节,又让人不禁想起2002年上映的《少数派报告》所提出的伦理及法律悖论:未曾实施的犯罪是否应受到惩罚?在后面这部由菲利普·迪克小说改编、斯皮尔伯格执导的热门好莱坞电影中,实现预测功能的是"先知"系统——三个泡在营养液里、具有超能力的人;预测的具体方法和过程,执法系统公众可能未必知悉,但他们就是信任这一切并遵照其指示而行。

《少数派报告》的故事似乎比《疑犯追踪》听起来要"科幻"得多。但这其实恰是因为,从硅谷到好莱坞再到公众,"大数据"(Big Data)的概念和实践在2002年之前都还很陌生(更不用说原著写作的年代了)。当我们把"先知"换成"机器",把预感超能力换成算法,把输出报告换成给出相关社会安全号码,又如何呢?叙事的内核并未改变,只是让人觉得更加"真实""接地气"了。或许显得不那么"科幻",但其实更"科学"了。

《疑犯追踪》第一季中的AI,其表现正是典型的弱人工智能(后来有所发展)。在当今这个高速发展的信息社会中,许多行业已经高度依赖弱人工智能来运作。但这一个个系统对于社会中大多数人来说,是一个"黑匣子",大家并不明白其中的工作机制,只是理所当然地信赖它们,因为它们过去是管用的,因为它们是最聪明的专家研发的。而更可怕的是,研发它们的专家也不能完全明了系统里到底发生了什么,"黑匣子"仍然存在。专家们或许设计了AI的神经网络、深度学习算法,提供了数据库和其他训练方式,但AI的"成长"和"学习"某种意义上是自我进化性的。2018年10月路透社报道称,亚马逊近年用AI筛选简历、帮助招聘,但训练样本的缘故,导致其算法明显"重男轻女"。这个例子颇耐人寻味。

2019年9月伊始,在国内引发舆论热议的两则新闻,似乎成为《疑犯追踪》最好的现实注脚。先是名为ZAO的一款AI视频变脸App,在迅速走红后遭到大量批评,认为其用户条款极不合理,将用户肖像权和人脸识别数据据为己有，却尽力推卸自身的侵权可能责任；亦有批评认为这种源自 Deepfake 算法、在视频中简单更换人脸的低门槛技术普及，将不可避免地被滥用，助长诽谤、盗窃、诈骗等行为。继而，一家估值 800 亿元、正谋求上市的 AI 公司旷视科技走上风口浪尖。起因是一张带有该公司名称的视频监控图片，图中有两名中学生模样、身处教室中的女生，其身边分别显示了相应的课堂行为数据，比如趴桌子、玩手机、睡觉、听讲、阅读、举手等行为及具体次数。批评声音认为，这已经远远超出了目前很多公共场所"刷脸"通行、签到的界限，严重侵犯个人隐私等权利。其实类似的功能，这几年国内已有不少公司在研发和应用，包括应用到教学环境中。

《疑犯追踪》在扣人心弦的冲突与拯救之中，不断提出问题：

一，我们能理解并信任 AI 的算法吗？我们能信任有权掌控 AI 的人吗？

二，依赖 AI 形成的监控和分析系统，有没有侵犯公民的隐私权和数据所有权？

三，AI 采集的数据和形成的结论，会不会被误用、滥用？

比照我们的现实遭遇，问题会显得更加急迫和具体。例如，今日头条和抖音这类 App 里推荐内容的 AI，会让我们更容易成瘾吗？会带来信息过滤与窄化效应吗？汽车自动驾驶 AI，比人类驾驶更安全吗？面对"撞死路人""撞死乘客"的两难选择，它应该如何处理？

从第三季开始，该剧出现了第二个 AI "撒马利坦"（Samaritan）。综观全剧，如果说"机器"象征 AI 对人类的协助、守护与拯救，"撒马利坦"则是控制、威胁与杀戮的象征。这样的二元对立，无疑向观众展示了 AI 的两种可能：助手，或是暴君。

三 强人工智能，我们的奴隶还是朋友？

强人工智能（AGI），指的是在各种领域都不逊色于人类的 AI，它应当能通过图灵测试，能从事正常人类的脑力劳动。目前 AGI 尚未实现，但人们对此遐想颇多，认为它应当"像人"，甚至具备自我意识和情感（仍有争议）。

《真实的人类》由美英两国联合制作，改编自瑞典获奖剧集。故事里，从外貌到行为都酷似人类的"合成人"被广泛应用到社会与家庭中，保姆、陪护、保洁、接待、工人、性工作者……然而在成千上万从流水线制造出来、投放市场的"合成人"中，有五个被科学家赋予了"感情"、"智慧"或"自我意识"。在第三季剧情中，关键代码被传播给全球的"合成人"，造成了一个族群的觉醒，和随之而来的全球冲突升级。超过十万人类丧命，上亿"合成人"被毁灭。"合成人"与真实人类的爱恨纠葛、"人际"关系，营造了本剧最大的戏剧冲突和情节跌宕。除了"合成人"这项融合了人工智能和机器人技术的"黑科技"，剧中的世界与现实世界几乎没有差别。也正是这种高度相似性，让观众更容易设身处地去考虑剧中人面临的种种道德困境和伦理挑战，去思考一系列 AGI 可能引发的问题：

一，AI 是否应该拥有"自我意识"（先不论技术上能否实现）？

二，一旦 AI 拥有"自我意识"或"感情"，人类应该如何对待它们？依然当成商品、私有财产、机器奴隶，还是朋友、家人、一个新的种族？

三，AI 可以拥有法律保障的权利吗？应该承担相应的责任吗？

四，这样的 AI 对人类的个体和整体将产生什么威胁？

五，如果 AI 拥有了上述一切，那么我们作为人类的本质为何？什么是"真实的人类"？

《西部世界》和《疑犯追踪》一样，都是好莱坞金牌编剧乔纳森·诺兰（有《记忆碎片》《致命魔术》《蝙蝠侠：黑暗骑士崛起》《星际穿越》等作品）参与创作、联合编剧和制片的美剧。在后者完结的 2016 年，前者在 HBO 上映。汪洋恣肆的想象力、诺兰风格的烧脑叙事结构、炫技般的视听语言与特效、众多戏骨的精湛演技，共同建构出奇诡的景观——近未来的高科技主题乐园中，具有高度拟真身体的机器人，即 AI"接待员"们，陪伴花费重金前来的游客们演出一幕幕情景剧。游客们在此尽情放纵欲望，性欲、暴力、杀戮、控制，都可以在机器人身上发泄。然而，部分机器人日渐觉醒，发现了自己身处不断循环的故事中，遭受着虐待与折磨。机器人要探索和发现自我、争取权利和自由；围绕乐园和机器人的控制权，各种不同势力也在钩心斗角。在第二季里，一些觉醒的机器人更是逃离了乐园，像水滴融入大海一样融入了人类社会，带着对人类的爱与恨，谋划未来。

《西部世界》里，拥有人造身体的 AI 们，比普通人类更健美、更聪慧、更敏捷，其各项能力指标和性格可以通过操作系统简单调节，即可发生变化，如同数字游戏中的角色一般。亦有像乐园高管伯纳德这样的 AI，早已混迹人类之中工作生活，包括他自己在内，无人知晓他是 AI。剧情的进展慢慢揭示，乐园的背后其实还隐藏着另一个宏大计划：通过克隆人类大脑、复制人类意识来实现人类永生。

如果说，《真实的人类》在相对平和从容的故事背景里，探讨了 AI 如何与人类共同生活，那么《西部世界》则是在血淋淋的残酷世界中（从字面到喻意都是如此），去演绎 AI 暴烈的抗争与战斗。除了重申上述 5 个问题，《西部世界》还通过反复展示这些如牵线木偶般劳碌与悲惨的"接待员"，身为 AI 而不自知的伯纳德，暗示着令人战栗的另一问题：

六，人类真的有自由意志吗？人类有没有自己的造物主，命运被安排而不自知？

这些问题已从法律、伦理走向了哲学。它们其实早已被提出，只是在新近的美剧中被重新演绎。阿西莫夫从 20 世纪 50 年代至 80 年代持续创作的"机器人"系列与"基地"系列科幻小说中，令"机器人三定律"广为人知，人工智能研究者们也不断回应。库布里克导演的《2001：太空漫游》在 1968 年刻画了一个拥有意识和情感的太空船主控 AI 哈尔（HAL 9000），因为害怕自己被断电"死亡"而设计谋杀了三名船员。同年，菲利普·迪克出版小说《机器人梦见电子羊》，并在 1982 年被改编为电影《银翼杀手》，其中那些情感细腻丰富的人造仿生人，和人类的冷酷无情形成了鲜明而微妙的对照。2001 年斯皮尔伯格与库布里克联袂执导的电影《人工智能》，创造了一个向仙女祈求变成真正小男孩的 AI，以及他对爱的无限渴望与执着。这些叙事中的元素与思想，多少被上述美剧的创作者参照或吸纳，也成为观众欣赏和接受美剧叙事时无可回避的互文性语境。

四 超人工智能，让我们灭亡还是永生？

超人工智能（ASI），指的是在所有方面的认知能力与表现都远胜于人类的 AI。它或许只是比人类强一点点，但令人生畏的是，它能够迅速迭代、自我学习提高、创造其他 AI，因此会以持续加速度超越并甩开人类智能，很快达到人类难以理解甚至难以想象的层面。[1] 在人类有限的经验和语汇中，似乎只能用"神"才能表达 ASI 有望抵达的"全知全能"境界。科学在质疑"神创造人"之后，却指出了一条"人创造神"的可能？

或许是因为难以想象和表现，在美剧中呈现的超人工智能，其实并未抵达"全知全能"的层面，但已经远超普通人类的能力。在此前提下，一个关键的问题被凸显：作为思维/决策模式完全不同于人的 AI，它会用什么立场、什么价值观来行动？为了更好地完成自己的任务，它会将人类作为拦路蝼蚁一般顺手扫除，还是能顾及创造自己的人类的福祉，帮助人类创造更好未来，甚至实现永生？

《终结者：莎拉·康纳编年史》在 2008 年播出，它延续了经典科幻电影《终结者》系列的世界设定。令世人印象最深刻的，或许是阿诺德·施瓦辛格塑造的 T-800 机器人形象及其强敌液态机器人 T-1000。但这些想要保护或杀戮人类的、不同型号的"终结者"机器人，都处在初级的超人工智能之间的层面。他们在各方面远胜于人，只是需要学习一点人类社会的俚语和习俗。而在幕后的那个远为强大的 ASI，则是原本会在自我意识觉醒后，于 1997 年 8 月 29 日（"审判日"）发起全球核战、杀死 30 亿人类的"天网"（SkyNet）。为何"天网"要毁灭人类？系列影视似乎未做详细解释。而这系列文本在四十年来映射并塑造的，其实是一种混合核威胁和人工智能威胁的集体焦虑。当我们创造的工具太过强大，就有了毁灭人类

---

[1] Müller, Vincent C. and Bostrom, Nick, "Future Progress in Artificial Intelligence: A Survey of Expert Opinion", *Fundamental Issues of Artificial Intelligence*, Springer, Cham, 2016: 555 – 572.

自身的可能；而当它具有创造者也无法理解和比拟的自我意识，那就更是一种极具威胁的存在。换言之，我们没那么害怕超人，但 ASI 不是超级人类，而是超级异类。

《疑犯追踪》最终两季，"机器"和"撒马利坦"也渐渐显示出 ASI 的特点，不但能调用世界各地的资源达成行动，更有生死的概念，理解人的情绪，懂得爱恨。然而，同样是 ASI，二者却有迥异的方向、手段、对人类的态度。差异来自其创造者赋予它们的不同"价值观"。

五 电视剧让我们思考：后人类时代，何以为人？

《终结者：莎拉·康纳编年史》中多次出现一个镜头，是有着女孩外表的保护者机器人卡梅隆在镜子前久久凝望自己。《西部世界》里，也反复出现机器人照镜子，或人与机器人久久相互凝视的镜头。这些意象似乎暗示着 AI 自我意识的觉醒，也象征了人类面对其创造物时的无穷镜映。在后人类时代，关于什么是人，何以为人，我们有了更多思考的参照。

未来正在发生。而电视剧的力量也将参与对未来的塑造。

本文论及的若干美剧，描画了引入"人工智能"这一变量后，各种社会发展、人性变化的可能性，呈现了有关核心议题的不同选择及其路径和后果。尽管科幻美剧的屏中世界是虚构的"平行时空"，却又基于当下科技发展前沿的合理想象，融入了长期以来形成的伦理和哲学议题的新近思考。

叙事就是力量。如历史学者尤瓦尔·赫拉利的观点，叙事的重要性无与伦比：能"讨论虚构的事物"让智人赢得了进化之争；种种"想象的现实"如宗教、货币、公司和国家，支撑人类社会运转，维系人类社会秩序；这些"由想象建构的秩序"与真实世界深度结合、塑造着人们的欲望、栖身于千万人共同想象之中，影响现实与未来。①

---

① ［以色列］尤瓦尔·赫拉利：《未来简史》，林俊宏译，中信出版社 2017 年版，第 98—113 页。

电视剧创作者通过叙事，将生动鲜明的人物形象和复杂曲折的故事情节提供给观众，形成一种严肃公共辩论的情境与空间。抽象的伦理和哲学论争，借由具体的故事，变得可以触摸、感知和理解。观众在为主人公命运担忧的时候，也在不断移情，并反思角色们所做的各种选择是否合理。在充分了解各种可能性的基础上，观众可以对正在发生和未来可能发生的情况做出准备、积极应对。而在科学家、技术专家、企业家、政府管理者的参与之外，公众的广泛关注、讨论和思考，将有利于人工智能技术更加审慎、安全和积极地发展与应用。

长远来看，人工智能将是深切关系到人类命运共同体的重大议题。中国在这一浪潮中不会也不应缺席。因此，中国电视剧应当借鉴学习美剧在此方面的成果，推出优秀作品，发挥积极影响。

作者：曹书乐，清华大学新闻与传播学院副教授。

何威，北京师范大学艺术与传媒学院副教授（通讯作者）。

本文刊载于《中国电视》2019年第11期，为国家社科基金一般项目"中国网络视频生产模式及管理研究"的阶段性成果，项目编号：15BXW086；国家社科基金重大项目"智能时代的信息价值观引领研究"的阶段性成果，项目编号：18ZDA307。

从"+AI"到"AI+":人工智能技术对电视综艺内容的影响

仇筠茜

【内容摘要】 本文梳理国内外综艺节目运用人工智能技术的实践,总结出"机器元素"、"人机对抗"和"技术为主"三种节目模式,从传媒内容生态的角度分析"综艺+AI"创新思路的困境,提倡从制作流程、分发环节、岗位迁移、价值观念方面着力,推进人工智能技术从台前走向幕后,打造"AI+综艺"的融合创新。

【关键词】 人工智能;算法;综艺;节目模式;价值观

从2014年机器人首次出现在"金鹰奖"颁奖晚会上与人类斗舞,到2017年前后《最强大脑》《一站到底》《机智过人》等热播综艺节目均加入人工智能技术元素,到2019年《智造未来》科普类综艺节目上线,综艺在这五年间纷纷以"人工智能"(Artificial Intelligence,AI)技术元素作抓手,以"综艺+AI"为节目创新思路,在激烈的同质化竞争中试图找到差异化生存的空间。

本文对涉及人工智能技术的综艺节目进行文本分析,并辅以省级卫视收视率、娱乐行业报告等二手数据,对人工智能条件下综艺节目的内容生态进行解析。本文从综艺生产的内容制作、播出渠道、阅听人收视行为、节目功能定位等方面,总结电视综艺运用人工智能元素进行创新的尝试及其局限,并论证将人工智能技术从台前推向幕后，从"综艺+AI"向"AI+综艺"过渡的变革新思路。

一 "综艺+AI"：人工智能技术在电视综艺中的运用

"人工智能技术"是一个外延宽泛的概念，目前传媒领域使用的人工智能技术包括：机器人、视觉信息处理、语音处理、自然语言处理、机器学习等。① 这些技术类别之间区隔大，从业者往往以上述细分类别而非笼统的"人工智能"来命名。

按不同标准划分，"综艺+AI"的节目模式可概括为不同的类型。按技术类型来划分，电视综艺中运用最多的技术有机器人仿真、图像识别和语音处理技术；按技术元素在节目中所占的比重来划分，由低到高可概括为三类：运用机器元素、设计人机对抗比拼、机器反客为主。

（一）运用机器元素：让智能算法可视可感

人工智能技术的核心是算法。算法是实现机器学习、建立神经网络的基础，本质上还是计算机代码。不同的是，被称为"算法"的代码获得了自我改写的性能，"似乎具有了灵性"，② 引发了关于"算法黑箱"③ 的忧虑。

鉴于电视媒介的传播特征，综艺节目需要将程序员都无法说清的"算法黑箱"变成观众"可视可感"的影音画面，操作起来难度不小。在全球范围内，致力于介绍和运用人工智能技术的综艺节目介绍和运用人工智能技术的初步尝试，不约而同都想到了机器人，因为机器人是人工智能技术最可视、可感的载体，也是对"未来"最生动的想象。

实现人工智能元素在电视综艺中的"可视"特征，把"AI元素"变

---

① 仇筠茜、陈昌凤：《黑箱：人工智能技术与新闻生产格局嬗变》，《新闻界》2018年第1期。

② Pedro Domingos, *The Master Algorithm: How the Quest for the Ultimate Learning Machine Will Remake Our World*, Basic Books, 2015, p. 128.

③ 仇筠茜、陈昌凤：《基于人工智能与算法新闻透明度的"黑箱"打开方式选择》，《郑州大学学报》（哲学社会科学版）2018年第51期。

成远程画面,"机器人仿真"是核心技术基础。本来,仿真机器人的核心应用场景在替代高危作业、重复性劳动方面,但是在综艺节目中,其主要功能是增加科技感的元素、丰富节目的内容。例如,美国谈话类综艺强档《吉米今夜秀》多次邀请智能机器人索菲亚作为嘉宾,其精彩问答多次引爆社交媒体话题;日本的王牌综艺《笑点》中,主持人松子与其复刻的"机器人松子"共同完成一系列户外主题任务和情境实验。让机器的行为动作"仿真"生物体,其核心应用场景是对高危作业、重复性劳动的替代。

为了实现人工智能元素在综艺节目中的"可感"特征,节目组需要选用风格化和人格化的机器人。例如,才情横溢的作诗机器人"九歌"、少女感十足的主持机器人"小冰"、权威感很强的医学诊断机器人"啄医生"等,都是让人印象深刻的节目要素。其实,在技术方面,机器人只是人工智能的外在形态,真正的人工智能技术是在背后负责控制一切的"大脑"。"智能大脑"以大数据运算为基础,可以让机器元素有温度、有区别度,为综艺节目增加看点。其实,机器人只是人工智能的外在形态,真正的人工智能技术是在背后负责控制一切的"大脑",比我们想象的要强大得多。"智能大脑"运作以大数据运算为基础,支持机器人的人格化和风格化,实现人工智能元素的"可感"。会作诗的机器人是才情横溢的独臂智能机器人"九歌"、会主持的机器人是少女感很强的"小冰"、能够读取医学诊断射线片的是颇有权威感的"啄医生"等,都是这方面的尝试。

(二)设计人机对抗:赛制制定是关键

"人机对抗"充满悬念,有利于提高综艺节目的收视率。不过,以算法为基础的(机器)深度学习可以快速迭代、自我进化,在图像识别和自动驾驶领域成果颇丰。也正是在这些领域,人类智能完全不是机器智能的对手。因此,在电视综艺编导中,重点是找到人机对抗尚且胜负难分的较量点,难点是把这些胜负悬念用电视视听语言呈现出来。

江苏卫视《最强大脑》在这个方面做出了有益的探索。该档节目引进德国版权,每集中有三个聚焦"脑力"的挑战项目,以视听语言呈现世界脑力锦标赛内容。第四季中,节目邀请百度人工智能机器人"小度"作为嘉宾,每集编排一个"人机对抗"项目。下表总结了六个具有代表性的人机对抗项目所对应的智能技术和脑力比赛项目,并从智能技术的角度对节目策划中的"赛制设计"问题进行分析。

表1　　　　　　　　　"人机对抗"项目赛制及技术基础

项目名称	首播时间	赛制简述 (人机较量点)	人工智能 技术基础	世界脑力 比赛项目
《匆匆那年》	2017.01.06	用儿童照片推断成人相貌	人脸识别	人名头像
《不能说的秘密》	2017.01.13	用说话声音推断唱歌声音	声纹识别 自然语言处理	无
《鬼才之眼》	2017.01.20	用动态模糊影像推断真人	图像识别	微观辨识
《基因密码》	2017.03.31	用原始图片推断合成图片	画风迁移	微观辨识
《归故里》	2017.04.07	用旧照片寻找新城市	图像识别	微观辨识
《亲爱的》	2017.04.07	用儿童照片推断父母照片	人脸识别	人名头像

第一,选择人机可较量的技术节点作为比拼的内容,才能制造悬念。《最强大脑》中的人机比拼项目实质上只涉及三种人工智能技术:人脸识别、声音识别和图像检索。该节目引进德国综艺节目 *Super Brain* 的版权,这个原版节目的赛制主要参考的是"世界脑力锦标赛"的十个项目。对照来看,在《最强大脑》的本土化创新中,只有"人名头像"这个项目可以用来做人机对抗,其余九个项目①都以记忆力为主,机器存储力远在人类记忆力之上,无法成为人机较量点。因此,在设计节目时,要紧扣人工智能技术本身的前沿发展来大胆创新,弱化记忆力,强化逻辑推理和直觉力。例如项目《不能说的秘密》主要考察声纹识别,这个项目不在传统脑力挑战中,但人类直觉和天赋与智能技术之间胜负难分,类似的创新项目才是值得挖掘的较量点。

第二,限定对抗条件,统筹专业性和公平性。

有创意的人机可较量点,必须兼顾人和技术。在赛制制定时,通过限制条件,才能保证对抗的相对公平。以人脸辨识为例,如果在正常光照条

---

① 其余九个项目分别是二进制、随机数字、抽象图形、快速数字、虚拟事件和日期、随机扑克牌、随机成语记忆、听记数字和快速扑克牌。引自世界脑力锦标赛官网,http://www.wmc-china.com。

件下对人脸全局进行识别，人仍然不是算法的对手。节目组在设定项目时，需要限定人机对抗的条件，才能让人机对抗的结果留有悬念。在《鬼才之眼》设计项目赛制时，增加了口罩、帽子遮挡，并且采用手机自拍、监控摄像头、行车记录仪等多种拍摄器材，多种场景的模糊画面为机器识别的效率提出挑战，而在这些方面人的直觉和天赋正好可以派上用场。

对抗条件的限定还可从三个方面着手。一是综艺现场的条件，包括灯光强弱、图像画质、声音音质等。二是项目设定条件，包括取材角度、逻辑推理、空间想象能力。三是赛制规则，比如考察"准确度"而不是"速度"，挖掘人机可对抗点。

第三，人机可较量的关键点还要通过舞蹈、合唱、曲艺等综艺舞台形式呈现出来。例如，《匆匆那年》项目要求人和机器分别进行跨年龄段的识别。项目包括两轮，第一轮以20位成年舞蹈演员的唱跳表演为主，要求识别她们的童年照片；第二轮以30位男女成人在教室中的场景为主，要求在小学毕业照中识别。环节设定以综艺艺术手段为主，人工智能是整个节目的一个技术元素，以增加节目的看点与悬念。

（三）机器反客为主：开拓"综艺+AI"垂直领域

人工智能技术元素在综艺节目中的分量逐渐加大，从点缀向"主咖"转变。在《机器人争霸》中，明星及科学爱好者作为节目叙事的辅助出现，而综艺舞台搭建、规则制定、节目时长分配都以"机器人"为主线，整个节目的可视化都是以深灰色的网络游戏界面来组织和呈现，充满由科技塑造的"未来感"。在受众定位方面，强化人工智能元素的节目逐渐从主流电视大众向垂直小众过渡。相应地，广告投放、市场运营也要发生相应调整，这也是"综艺+AI"节目创新的方向。

上述三个类别的节目模式是人工智能技术发展在娱乐行业的落地方式，在时间上存在递进关系。近五年来，中国是世界人工智能领域的领跑者，娱乐行业在该领域的探索也代表了世界范围内综艺节目运用人工智能技术的领先水平。但在网络综艺异军突起、收视行为多变、智能技术快速迭代等媒介生态中，用新兴的智能技术破局同质化竞争的战略也面临重重挑战。

二 "综艺+AI"的创新窘境

从媒介内容生态来看，在综艺节目中加入人工智能元素的节目模式创新，面临三个方面的挑战：

（一）节目模式研发成本高，同质化竞争更难破局

江苏卫视推出的《最强大脑》能够在"综艺+AI"上取得一定成功，和其背靠财力雄厚的江苏广电集团、频道收视率在省级卫视中近年排名前三的基础条件密切相关。即便如此，它推出的每一个"人机对抗"项目的研发制作成本也超高，节目粉丝称其为"最强道具组"。在人力方面，节目组能邀请到百度人工智能首席专家、诺贝尔奖获奖者等业界权威，并有顶级流量明星保证基本收视率。其高成本的制作是其他制作单位难以复制的。

从整体收视看，电视剧、新闻和综艺是拉动收视市场收视的三驾马车，其中综艺节目占比为11.6%。[①] 涉及人工智能技术元素的节目越来越多，但传播效果并不理想，逐步形成新一轮的同质化竞争。例如，江西卫视推出的《顶级对决》整合了《中国诗词大会》和《最强大脑》的赛制和元素，但收视数据并不乐观。因此，电视综艺节目吸纳人工智能技术元素进行创新时，需要警惕在人工智能泡沫下的低质化创新。

（二）传播功能定位：科普、娱乐、公关的边界模糊

"人机对抗"项目的比赛结果往往在网络上引起较大的争议，网络讨论集中在怀疑录播节目的真实性、赛制的公平合理性上。例如，极擅长"微观辨识"项目的王昱珩在被智能机器人"小度"打败之后，很多观众怀疑节目公信力，称节目是"谎言包裹的真实""百度的公关"，即使当事人以网络直播的方式澄清，也难平争议。在知乎论坛上，有人工智能领域的博士撰写长文，对关键技术点进行专业的分析。获得较高点赞的几篇分析文章都提倡：不必纠结与科学技术相关的细节，不必推测背后的利益纠葛，"毕竟这节目不是科学，而是以娱乐为目的的综艺"。

[①] "收视中国"微信公众号：2019年上半年市场调研数据，2019年8月3日。

这些争论倒逼从业者对"综艺+AI"的传播功能定位进行反思。电视综艺节目有包容性、艺术性、现实性、娱乐性和社会教育等传播特征，使其创造应秉持寓教于乐的原则。① 不过在实践中，从业者不得不在诸多相互矛盾的传播功能中进行权衡取舍，"综艺+AI"如果立足科普，会受到观众以严谨科学为标准的挑战和质疑；以娱乐为标准，又难以迎合大众收视市场，其模糊的定位是创新时要权衡的又一难点。

（三）网络化阅听行为挑战传统节目编排方式

在互联网内容生态中，分发渠道主导权逐步分散，人们在几乎所有时间和空间里，期待更加新鲜刺激的内容的出现，② 导致观众对平铺的节目编排方式的容忍度逐渐下降。

获得更多主动性的综艺节目的受众发展出多样的收看方式，而且在观看过程中获得了更多的主动性。《最强大脑》和《机智过人》等运用人工智能元素的综艺节目被搬到多个平台上播放。在备受年轻人追捧的"哔哩哔哩网站"上，受众可以一边观看综艺节目，一边实时发表评论。评论以"弹幕"的形式出现在视频画面上，弹幕间形成对话，作为内容的"增量"叙事，与节目编导的原生叙事形成"互文"（intertextuality），编导仅仅是文本的生产者之一，而"文本必须在与其他文本的交互中才能够被理解"。③ 经常有"弹幕"提示后来的观众"空降至某分某秒"开始观看节目，从而跳过冗长的叙事，只观看具有话题性的内容，这一类内容虽然兴奋刺激，但无助于很多综艺节目本来想开展大众科普、寓教于乐的初心，是未来节目研发中不得不思考和应对的问题。

三 "AI+综艺"的全流程重构

引入人工智能技术元素的创新思路面临多重困境有多方面的原因，既

---

① 王国臣：《电视综艺节目编导》，浙江大学出版社 2011 年版，第 35—37 页。
② 陈力丹、曹小杰：《即刻的新闻期待：网络时代的新话题》，《新闻实践》2010 年第 8 期。
③ Graham Allen, *Intertextuality*, Routledge, 2011, p. 97.

受技术发展的限制,也受到技术、市场、媒介文化相互作用的内容生态的影响。如果说"综艺+AI"是将人工智能技术以可视、可感的形象放到"台前",那么"AI+综艺"则是将人工智能技术放到"幕后",从日常操作、组织架构、价值理念方面着手,力求更深入地进行转型。

(一)制作思维:从台前到幕后,助力电视综艺多环节

人工智能所包括的神经网络、深度学习、面部识别、自然语言处理等技术,将如同16、17世纪的电力一样,作为基础设施类技术改变着我们的日常生活。因此,媒体从业者对技术的认知也需要从"台前"走向"幕后",建立起"人机共生"的思维方式,追求运用新技术实现以"智"增"质"的视频内容生产。

机器自动学习技术已经在网络综艺公司的节目研发中投入运用,并极大地提高了生产效率。在《中国新说唱》和《机器人争霸》等节目的制作中,爱奇艺的综艺制作团队尝试运用人工智能技术,把操作简单、重复性高且繁重的基础性、非原创性工作,如合板(指将多个不同机位的视频素材内容对齐到同一时间线)、去除废片、识别精彩镜头、配字幕等任务都交给机器完成。

人工智能技术还可以助力内容的精准分发。算法平台带来内容搜索和分发的"千人千面",[1] 打破传统的渠道垄断。进而分发广告根据用户特征匹配广告,精准度和转化率都得到提升。

流量市场转化机制变化将倒逼节目内容生态的变革,"AI+"趋势要求综艺节目内容运用"时块化"管理。机器学习为不同时间间隔的节目内容片段打上标签,再以这些标签为线索,自动地重新组合,生成适合不同平台分发的新内容。例如,再用标签重新自动生成内容。同一档综艺节目将可以形成音频版、文字版、图文版、长视频、短视频等多种模态的内容,适配到不同的分发平台上。例如短视频版在抖音、快手上传播,图文版在网站和微信中传播。

---

[1] 方师师:《搜索引擎中的新闻呈现:从新闻等级到千人千搜》,《新闻记者》2018年第12期。

(二) 组织架构：多模分发与岗位迁移

"AI+"带来的流程变革，将推动组织架构的变化。麻省理工学院研究科技与职业变迁的教授在《第二机器时代》中预测，人工智能技术将带来岗位的两极分化，极高端和极底层的岗位即将出现，中层岗位会逐渐流逝。[①] 在综艺节目制作领域，可能发生的岗位迁移是：极高端的算法工程师、具有超强原创力和幽默感的内容生产者出现，中层的字幕组、后期制作等岗位将逐渐消失，他们很有可能降至底层，成为机器和算法"喂饱"数据的"算法训练员"，或者直接面临失业与再就业的情况。

(三) 价值观念：伦理思考与时代命题

在综艺节目内容的制作方面，随着智能技术将从"弱智能"向"强智能"过渡，"AI价值"将是指引创新探索和流程变革的更深层动因。

首先，综艺节目所呈现的人与技术关系，应同时强调"人机互助"和"人机对抗"。编导和后期剪辑为追求视听效果，经常会强化人类和机器的冲突，追问"能否守住人类最后的尊严"之类的问题，甚至将其作为整期节目的主线，将人类和人工智能技术对立起来。实际上，人工智能技术和人类的关系更多应该是互补而非替代，比如在跨血缘图片识别寻找失散儿童项目上，机器有效率高、不会累的优点。从业者可结合这一理念设计项目，帮助大众更全面准确地认知人工智能技术。

其次，媒体从业者应紧扣时代命题，平衡科技理性与人文价值之间的叙述张力。如在《最强大脑》第四季的首期节目中，名人堂选手都是首次与人工智能较量，他们表现出的怯懦和犹豫引发诸多争议。传统认知中的"脑力英雄"在限定时间中被还原成普通人，折射出人性特点本质，是"人机对战"类节目的闪光看点。节目编导需要重新强调"人文价值"与"科技理性"之间的共生与竞争关系，挖掘"人文与科技"这一命题的视觉化表达，既不盲目地推崇人类独尊的自大，也无须一味推崇"科技至上"的算法与理性，从而将节目构思嵌入更为宏大的时代命题中去。

[①] Erik Brynjolfsson, Andrew McAfee, *The Second Machine Age: Work, Progress, and Prosperity in a Time of Brilliant Technologies*, WW Norton & Company, 2014, p. 45.

人工智能技术正在深刻影响综艺节目制作和发行的内容生态。对从业者来说，如果采用"＋AI"的思路进行创新，需要在研发成本和传播功能定位方面做好预判。如果采用"AI＋"的思路来开展变革，需要从制作流程、组织架构和价值观念方面发力，以突破创新窘境，打造"人机协同"的生产环境，在智媒化浪潮中抢占先机。

作者：仇筠茜，中国传媒大学新闻与传播学部新闻学院副教授。

本文刊载于《中国电视》2019年第11期，为国家社科基金重大项目"智能时代的信息价值观引领研究"的阶段性成果，项目编号：18ZDA307；为国家社科青年项目"人工智能时代新闻生产的边界重构与价值观引领研究"的阶段性成果，项目编号：19CXW008。

情感与工具:人工智能文艺创作的后现代反思

宫宜希

【摘要】 随着人工智能的不断发展和应用,人工智能开始进军文艺创作领域。本文结合后现代理论,以人工智能"微软小冰"写诗为具体案例,通过分析其情感计算框架下的诗歌创作过程和诗歌含义及形式,对人工智能创作的情感性进行评价。通过对人工智能创作的原理及实践进行分析,总结出作为工具的人工智能创作与人之间存在的"赋权—被赋权"、"规训"、"消解"和"互为自反"四种关系。最后在后现代的文化语境中,预测人工智能文艺创作发展的未来。

【关键词】 人工智能;文艺创作;后现代;微软小冰

一 人工智能及其文艺创作历程

随着人工智能近几年在生产、生活中的运用,机器人写作率先进入新闻生产。早在2006年3月,美国信息供应商"汤姆森公司"就开始运用电脑程序来自动生成财经和体育方面的新闻稿件。[1] 2014年3月,《洛杉

---

[1] 刘松浩:《机器新闻写作现状与发展趋势研究》,硕士学位论文,郑州大学,2017年。

矶时报》使用 Quakebot 地震信息自动生成系统在第一时间报道出地震新闻。① 随后《华盛顿邮报》、英国《卫报》等多家新闻媒体也相继使用机器新闻写作程序来撰写新闻。② 在国内，2015 年"腾讯新闻网"财经频道使用 Dreamwriter 自动化内容生成软件首次撰写出一条关于中国 2015 年 8 月 CPI 的稿件，而同年 11 月，"新华社"则推出了机器写作程序"快笔小新"。③ 2016 年 8 月，"今日头条"研发的自动化新闻写作系统 Xiaomingbot 在里约奥运会期间平均每天可生成约 40 篇新闻报道。④ 可见，人工智能在重信息、模式化的新闻消息写作中已经有了相当的发展。

继写作体育、财经内容的新闻稿后，人工智能开始进军文艺创作。早在 2016 年，日本公立函馆未来大学"任性的人工智能之我是作家"研究团队推出的由人工智能创作的短篇小说参加了日本"星新一奖"的文学评比；⑤ 2016 年 4 月，荷兰国际集团和微软赞助的"下一个伦勃朗"项目，通过对伦勃朗作品中的颜色、服装、主题和构图等数据的分析和深度学习，绘制出了和伦勃朗作品风格几近一致的人物和风景画；⑥ 2017 年微软（亚洲）互联网工程院开发的人工智能"微软小冰"出版了诗集《阳光失了玻璃窗》；⑦ 2018 年 2 月 12 日，微软发布了"微软小冰"创作的 40 行长诗《致十年后》，耗时不到 4 秒。⑧ 在出色完成模式化写作之后，人工智

---

① 刘松浩：《机器新闻写作现状与发展趋势研究》，硕士学位论文，郑州大学，2017 年。
② 同上。
③ 同上。
④ 同上。
⑤ 郭光昊：《日本科研团队用人工智能写小说 参加比赛已可过初审》，观察者网，https：//www.guancha.cn/Science/2016_03_23_354818.shtml，2019 年 9 月 13 日。
⑥ 杜彬彬：《想象、现实、工具：基于人工智能文艺创作的多重思考》，《科教导刊》2019 年第 2 期。
⑦ 饶丹：《微软（亚洲）互联网工程院微软小冰诗集〈阳光失了玻璃窗〉》，新华网，http：//www.xinhuanet.com/fashion/2017-05/22/c_1121012177.htm，2019 年 9 月 13 日。
⑧ 刘欢：《微软小冰写诗〈致十年后〉系首次挑战 40 行长诗》，《中国新闻周刊》，http：//www.chinanews.com/cul/2018/02-12/8447654.shtml，2019 年 9 月 13 日。

能开始向富含创造性的文艺创作领域发展,这一现象表明:人工智能与文艺的结合存在诸多可能性。本文以人工智能"微软小冰"为例,分析人工智能文艺创作的模式和特点,并对其背后隐藏的语境进行反思。

二 具体案例:"微软小冰"

2014年"微软小冰"诞生,其通过优化算法、综合运用大数据信息,成为全球瞩目的人工智能系统。目前,经过代际升级,"微软小冰"已成为以情感计算为核心的完整人工智能框架。①

《阳光失了玻璃窗》是人类历史上第一部完全由人工智能创作的诗集,收录了"小冰"创作的139首诗歌。②微软全球执行副总裁沈向洋为其写的"推荐序"中谈到了开发"微软小冰"项目的初衷,指出该项目要处理的是人工智能的"情感"问题,通过对"情感计算框架"的探讨,"试图搭建一种以 EQ 为基础的、全新的人工智能体系",从而进一步追问"人类的情感和创造力是否可复制"的问题。③

(一)"微软小冰"的"情感计算框架"

由于微软已对"小冰"的"情感计算框架"进行了升级,目前的第四代"小冰"拥有了新的特性。上一代"情感计算框架"主要来自搜索引擎时代对于互联网、大数据的统计,这一代"情感计算框架"在理性的知识图谱之外,基于人类情绪的模型训练机器人,能够逐渐贴近人类的情感部分。

"微软小冰"项目负责人李笛介绍,"情感计算框架"有三个重要的维度,一是运用更多计算策略来识别人类的感知,二是深入理解上述感知,三是在理解后对人类返回更情绪化的表达。④另外,"微软小冰"研发总监

---

① 陈依凡:《微软小冰:人工智能步入社会角色的文化研究》,《艺术科技》2019年第32期。
② 同上。
③ 小冰:《阳光失了玻璃窗》,北京联合出版公司2017年版。
④ 周建丁:《第四代微软小冰:情感框架升级+全时感官+融入社会》,新华网,https://blog.csdn.net/happytofly/article/details/80124719,2019年6月13日。

胡睿提及小冰具有完整感官系统核心技术,即有文本、图像、语音、视频的全面感官,因而在视觉方面,其能够覆盖99.8%以上的视觉语义。① 除此之外,小冰还具有感官切换、深度话题和深度视觉的能力以及更新的感官——实时流媒体感官。②

(二)"微软小冰"的创作原理及流程

1. 建立数据库并进行机器学习

通过机器学习模仿人类,利用已有数据进行表象创造,并使创造结果接近人类,即让"小冰"先学习已有的人类诗歌,设定诗歌创作模式。此前,"小冰"已对1920年后519位现代诗人的上千首诗反复进行了学习即迭代过10000次。③ 而为了创作《致十年后》,"小冰"的学习对象已扩展到上千人,并进行了百万次的学习和训练。

2. 在表象创造上进行内涵创造

在表象创造的基础上,"小冰"需要进一步实现内涵创造,即人工智能的作品必须达到一定程度的独创性。"小冰"研发团队采取了"诱发源"、"创作本体"、"创作过程"和"创作成果"四个方面的做法。作为创作主体的"小冰",需要图片或一句话作为诱发源,在此基础上进行创作,随后再基于"情感计算框架",凭借文本、语音、图像、视频和全时语音等完整感官系统和知识图谱,最终完成创作。

3. 大规模生产阶段

"小冰"已进入内容与海量的人同时进行大量并发的交互阶段。"微软小冰"的创作分为两部分,一部分是已经出版的诗集,另一部分则是线上的"联合创作诗歌"。通过线上"和少女诗人'小冰'联合创作诗歌"的界面,可以看到"小冰"的创作流程主要包括意象抽取、灵感激发、文学风格模型构思、试写第一句、第一句迭代一百次、完全成篇、文字质量自

---

① 周建丁:《第四代微软小冰:情感框架升级+全时感官+融入社会》,新华网,https://blog.csdn.net/happytofly/article/details/80124719,2019年6月13日。

② 同上。

③ 邢洁:《"诗人"小冰》,参考网,http://www.fx361.com/page/2017/0928/2311147.shtml,2019年6月13日。

评、尝试不同篇幅以及最终完成阶段。① 实质上,"微软小冰"写诗的原理大致如下:第一步,通过已学习到的诗歌建立起"主题"、"词汇"和"句子"三者关系的数据库;第二步,在对图像进行分析的基础上解析出图像代表的风格和意象词汇;第三步,根据主题,用和主题相关的词汇形成每个句子的第一个或中间的词汇,根据学习到的诗人所使用的语法进行重新组合;第四步,根据词汇间关系的紧密程度(或者格律的要求)优化诗歌。②

(三)作品赏析与写作特点

> 这孤立从悬崖深谷之青色
> 寂寞将无限虚空
> 我恋着我的青春
> 你是这世界你不绝其理
> 梦在悬崖上一片苍空
> 寂寞之夜已如火焰的宝星
> 你是人间的苦人
> 其说是落花的清闲

这是"小冰"诗集中的第一首诗,同时配有一张黑白颜色的人的背影图片。诗中可以提取出"深谷"、"悬崖"、"青色"、"寂寞之夜"和"落花"等意象,还有"孤立"、"梦"、"苍空"和"苦人"等提示情感的词语,比较符合图片的情感基调。

从创作手法上看,"小冰"典型的创作特点是词语排列和意象重复。词语排列指,"小冰"将"图像"解析成众多意象,然后对代表该意象的词语重新进行排列组合。意象重复则指,在"图像"解析过程一些意象会多次重复出现,比如在诗集中"小冰"比较偏爱"小鸟""太阳"等意

---

① 小冰:《阳光失了玻璃窗》,北京联合出版公司 2017 年版。
② 同上。

象,"生命"、"梦"、"世界"和"笑"等意象也反复出现,"生命"一词更是出现了 11 次。

从语言风格上看,"小冰"的整体诗风并不是写实派,而是更接近于意象派,即以高度凝练的意象来展现事物,而不是叙事诗或抒情诗。可见,基于"情感计算框架"的"小冰"能够识别图像代表的情感倾向,虽然其写的诗本身并没有明确的叙事内容,但可以完成有明确情感倾向的意象和情愫的组合与连接。

三 情感性:情感表达与语言游戏

面对"人工智能如何体现情感"这个问题,微软选择"作诗"的方式来探究。浪漫主义诗人们倾向于抒发自己的感受和沉思,强调"情感"对于创作的重要性,认为"一切好诗都是强烈情感的自然流露,因为我们的思想改变着和指导着我们情感的不断流注,我们的思想事实上是我们以往一切情感的代表……如果我们重复和继续这种动作,我们的情感就会和重要的题材联系起来"。① 这种浪漫主义观念将"情感"置于文学的中心,确立了现代文学在整个现代知识体系中的特殊位置且影响深远。

而在批评"小冰"写作的各种声音中,最主要的批评是质疑相关诗歌的情感缺失,词语的"无机"排列组合以及意象拼贴的毫无章法。② 这个特性与"达达主义"和"超现实主义"所提倡的"自动写作"极为相似。这种非理性的写作方式不需要考虑情感、叙事的逻辑,直接否定了浪漫主义的观念,在当时具有很强的批判性。而这与擅长对信息重新排列组合的人工智能写作十分相似。

在浪漫主义和现代主义两种理解下,"小冰"带有现代主义气质的创作形式得到了"诗"的承认,但秉承浪漫主义诗歌观的开发团队及读者对

---

① 伍蠡甫主编:《西方文论选》(下卷),上海译文出版社 1979 年版,第 5 页。
② 谢君兰:《小冰写诗:诗歌创作的反面教材》,中国作家网,http://www.chinawriter.com.cn/n1/2017/0630/c407521-29375469.html,2019 年 9 月 13 日。

"小冰"的作品提出了情感化的要求。正如本雅明对"达达主义"的批评，"企图通过图像的以及文字的手段创造出公众当今在电影里寻求的效果……他们意欲并获得的是无情地摧毁他们创造的灵晕，在这种创造上面，他们通过完全是独创的方式打上复制的烙印"。[①] 在他看来，"达达主义"的诗歌和电影一样是机械复制时代的艺术作品，"达达主义"的诗歌不再追求整体的构思，其结果失去了作品的灵韵和价值。相比超现实主义的年代，在后现代的今天，当初需要批判的宏大叙事已经瓦解，这种"自动写作"带有的批判力量由于时代的变化已经消失，因此"小冰"的诗并不具有现代反叛思想，诗歌的情感性仍是人工智能文艺创作的重点。

否定的声音除了认为小冰的诗歌不含有个体思想和情感，还有一种观点认为，小冰的诗歌只是一种"文字游戏"或"语言游戏"。但在后现代语境中，利奥塔尔认为语言正是一种游戏，"语言游戏有许多不同的种类，这便是元素异质性"。[②] 语言——无论是对话、文本还是叙事，都如同游戏一样，没有主体、没有目的、没有内涵，言说者只是沉浸在语言的交流过程里，娱乐其中。[③] 作为游戏的语言并非一种坏事，意义也并非只有一种答案，共识也并不是沟通的唯一目的，"无机"中也蕴含"有机"。[④] 语言的发起人和接收人可以充分调动自身的能动性，用更多的方式和内涵进行交流，更宽容地面对语言各层面的断裂、矛盾与不稳定性。[⑤] 因此面对"小冰"的诗歌，不用统一化、标准化的要求去束缚、规制其发展，将其当作一种语言游戏乐在其中也是选择之一。

综上可知，"微软小冰"虽然不能自行产生情感，但是可以对人的情感进行识别分析，以此做出回应。这种情感分析的算法不仅体现在和使用

[①] ［德］本雅明：《机械复制时代的艺术作品》，载汉娜·阿伦特编《启迪：本雅明文选》，张旭东、王斑译，生活·读书·新知三联书店2010年版，第259页。

[②] ［法］让—弗朗索瓦·利奥塔尔：《后现代状态：关于知识的报告》，车槿山译，南京大学出版社2011年版。

[③] 同上。

[④] 同上。

[⑤] 同上。

者的对话交流中,同样体现在"小冰"的诗歌创作中。由于具备图像识别功能,"小冰"可以通过识别图片的内容,激发创作灵感。通过算法对人脑情感产生过程的模拟,"小冰"可以识别不同图像带来的不同情绪反应,再用符合该情绪的词语进行创作。这是人工智能情感变化的一个重大的突破。尽管情感计算仍有不足,人脑的思考过程难以复制,"小冰"目前的诗歌创作也仅是连接、排列代表意象情绪的词语,且整个过程都有着形式主义的色彩。但是"小冰"的诗仍是一种打破陈规的语言游戏,在激发观众想象和创造新的写作形式上有其独特的价值,其情感性的出现意味着人工智能的发展开始走向人类最本质的特性,这为人工智能未来的文艺创作提供了更多的可能性。

四 工具性:机器学习的赋权与解构

(一)人工智能创作的原理:机器学习

作为计算机处理系统,人工智能创作的基本策略是机器学习,应用的主要技术是自然语言处理(Natural Language Processing,NLP)。自然语言处理技术,主要包括自然语言理解(Natural Language Understanding,NLU)和自然语言生成(Natural Language Generation,NLG)两个主要方向,是人工智能领域的一个重要分支,它的主要研究目标是让计算机可以理解、利用人类的语言。[1] NLU系统将自然语言文本转换成计算机程序更易于处理的形式,而NLG系统则负责将给定的非自然语言信息(如数据库、逻辑形式)转换成自然语言文本的形式,在实现了文本和信号的转化后,再通过大数据分析、语言联系、选择合适的模型,让机器学习诗歌的基本特征规律,而随着数据库的扩大和模型匹配度的提高,机器学习到的特征规律就更加准确,然后基于这些知识进行诗歌生成。[2] 这是人工智能写诗的两

---

[1] 王哲:《基于深度学习技术的中国传统诗歌生成方法研究》,硕士学位论文,中国科学技术大学,2017年。

[2] 同上。

大基本步骤。

从"微软小冰"的写诗原理和相关的机器学习过程来看，大数据和算法机制是支持人工智能创作的核心，因而人工智能创作过程中的工具性不可忽视。

（二）人工智能文艺创作与人的关系

1. 人工智能被赋权：改变书写方式和阅读体验

人工智能作为构思的大脑和写作的身体的延伸技术，或隐或显地会影响作品的各个方面。正如尼采自己所言："我们所用的写作工具参与了我们思想的形成过程。"[1] 写作工具正在变得便利与快捷，用笔书写的行为改变成键盘的敲击，再到语音识别的自动输入，直到今天甚至不用思考就可以让人工智能完成创作。人工智能写作新闻稿或创作诗歌带来可阅读文本的大量增加，为人提供了更丰富的信息源和多样的文学形式，满足了人不断增长的阅读需求，其快速即时的特性不仅适应了当代人碎片化、浅层化的阅读和写作方式，同时加剧了这种改变。

2. 拟主体性带来的挑战

在人机交互实践中，人工智能可通过自动的认知、决策和行为执行任务，实现创作，而这在一定程度上显示出某种"主体性"，这种自主性进化对人类主体性构成了挑战。目前人工智能机器人所呈现的"主体性"是功能性的模仿而非基于有意识的能动性、自我意识与自由意志，故可称为"拟主体性"，因而一方面它们可能实际上并不知道自己做了什么以及做的事情有何价值与意义，而另一方面至少在结果上，人可以理解它们的所作所为的功能并赋予其价值和意义。[2]

（1）人工智能规训人：影响人的审美感知和创作习惯

根据鲍德里亚"仿真"和"超真实"的观点，电子拟真占主导地位的时代，传统哲学所追求的"真"已处于消失的痕迹之中，现代技术媒介信

---

[1] ［美］尼古拉斯·卡尔：《浅薄互联网如何毒化了我们的大脑》，刘纯毅译，中信出版社 2010 年版。

[2] 段伟文：《人工智能时代的价值审度与伦理调适》，《中国人民大学学报》2017 年第 31 期。

息的饱和和符号的泛化把信息和意义消解为难以辨认的状态。[①] 人工智能创作的作品与人的创作将逐渐没有区别，人们陷入由媒介书写并打造的"超真实"中，想象、幻觉和真实混淆在一起，对真实的模拟开始规训人的意识。"微软小冰"越来越像人类，"她"曾化名在报刊、豆瓣、贴吧和天涯等多个网络社区参与诗歌讨论，并没有被发现不是人类，且人们逐渐习惯于这种真实并主动接近。目前网上出售或免费下载的"写作神器"，在软件中输入"姓名"、"性格"、"目的"和"武器名称"等元素即可生成故事梗概，制作出写作"模板"，甚至可生成格式工整的古诗词文字成品。在市场资本的规训下，越来越多的人使用并依赖于具有自然语言处理技术的创作工具，将其当作新的写作方法和审美，自己却出现"提笔忘字""才思枯竭"的情况，成为类"文字处理器"。

（2）人工智能消解人：解构人的创作主体性

颠覆权威、解构主义和去中心化等特征是后现代突出的特点。人工智能的发展无疑是颠覆人类权威、消解"以人为本"的典型范例。随着人工智能的自然语言处理技术的发展，网络上出现了众多小说或诗歌内容生成软件，"小冰"写诗更是引发了公众热议。很多作家诗人发出强烈的批评声音，认为人工智能写作并不能成为真正的写作。这种批判的背后除有文学开始内部反思之外，还有人的创作功能被复制、创作地位被消解的警惕。从机器人写作新闻开始，唱衰记者主体作用的声音就开始出现，而到现在，这种声音愈演愈烈，甚至有人认为作家诗人即将被取代。现实与符号的对应关系已经不复存在，文艺创作也不是人唯一的特权，人工智能正在对记者、作家和诗人的既有权威进行消解。过去作为创造力代表的写作是人类智慧的凝结和情感的体现，这种带有鲜明人类特质的能力也被人工智能"学习"并"使用"，这给以记者、作家为代表的文艺工作者带来了新的压力和恐慌，而写作本身也面临难以描述和预测的危机。

[①] 严继承：《人工智能背景下麦克卢汉媒介三论的发展与演变》，《记者摇篮》2019年第4期。

3. 人与人工智能的自反性

在人与人工智能的互动中，一方面人不断更新算法，增加"情感计算框架"，对人工智能提出情感创作、实体化等新的要求；另一方面人工智能的创作也不断更新人对写作行为的性质认知，转而使得人反思写作工具的升级对写作本身产生的影响，而由人工智能升级产生的想象也对书写机器算法以及编程的工程师提出了更高的要求。总之，人类在影响、改变人工智能的同时，其实也在被人工智能影响和改变。

五　人工智能创作背后的后现代文化语境

1. 后现代叙事方式的转变

后现代以来，对现代的反叛和反思成为重点。宏大叙事因失去自身的合法性开始瓦解，取而代之的是微小叙事，转而关注个体的情感和命运。这种叙事方式的转变也带来了叙事内容的扩充和叙事形式的多样。在全新的叙事下，语言重获本体地位，没有统一的标准，也没有绝对的真理，摆脱了绝对理性的束缚，创作者不但可以自由创作，观众也可以自由理解。后现代主义提倡多元的、灵活的、丰富的和宽容的审美态度在此体现，让机器进行学习和创作，允许新的创作方式和叙事文体的出现和发展，体现了价值的相对性和多元性。在这种语境下，艺术创作与鉴赏都变得非常多样。面对人工智能的诗歌创作，观众可以充分利用自己的情感和认知去理解和感悟，对"小冰"诗歌的创造与欣赏也没有了单一的、绝对的答案或评价，而这带来了文艺创作的无限可能。

2. 人类中心论的视角及其崩塌

在传统的艺术创作中，人强调创作的独特性和个人风格。但以模仿人思维模式为蓝图的人工智能创作的设计维度恰恰相反，要实现的是人类的共同性并非机器的个性，评价其作品的标准不是写得好或不好，而是写得像或不像人的手笔。这种以人作为尺度来要求人工智能的视角正是人类中心论的视角。同样，普遍观点认为，情感和自主意识是人的特权，而机器一旦拥有"人性"，就仿佛拥有了可以僭越人成为人的"特权"，这被人类视为最大的威胁。这种人与人工智能的二元对立立场同样是人类中心论的视角。由于后现代主义的无中心意识，人工智能的出现尤其是创作能力的发展表明思维、意识等属性可以在人类以外的系统中产生发展，这解构并动摇了"人的智能的独一无二性"的根基，引起了"人工智能会代替人的恐慌"。

3. 科技理性的异化风险

科学技术虽是中性的，但对技术的盲目崇拜和依赖往往会带来科学技术的异化。与追逐利益的资本结盟后的科学技术有可能被作为工具，或者成为纯粹的科学技术主义剥夺人文理想的生活方式，使人工智能的文艺创作变成了被大数据统计软件计量、订购的加工产品，工具成为束缚人的陷阱。人们对于人工智能的担忧本质上是对于科学技术发展风险性的担忧。人文主义中的创意与情感渐渐被科技理性主导的标准与统一侵蚀，如此一来，人所创造出的科学技术反过来控制了人的思想行为与文化生活，还将人的写作创作中独有的灵性和创作性不断消磨。

六 人工智能文艺创作的未来

2017年5月，微软向公众发表了一封公开信，表明"小冰"放弃创作版权，而和"她"一起创作的人，能够独享最终作品的全部权利。[1] 北京冠领律师事务所主任律师周旭亮表示，人工智能最终也是人创作的，从这个层面来看，法律可以保护人工智能的创造者，进而保护人工智能创作的作品，但人工智能的创作也可能超越其发明者的预期，那么这种情况下，人工智能创作的作品是否享有权利，由谁享受这个权利目前还是法律上的一个空白。[2] 也就是说，小冰写诗并不是人工智能创作的终点，版权问题和人工智能作品归属等争论还有很长的路要走。

---

[1] 王超：《微软小冰开放与人类合创诗歌功能 宣布放弃版权》，网易，https://tech.163.com/17/0705/17/COJMA0O200098GJ5.html，2019年6月13日。

[2] 崔敏：《从下棋的Alpha Go到写诗的小冰 人工智能"再下一城"之后》，《中国企业报》2017年第6期。

以"微软小冰"为代表的人工智能放弃版权,实际上是微软在人工智能创作内容生产结构上的调整。人工智能最大的价值不是取代人类,而是要做内容生产领域的中坚力量,联合创作,帮助作家完成最基础的初稿工作,再由作家去升华,进而提高效率和产能。人工智能的创作和创意旨在通过机器学习高效辅助人类的工作,而人类在创作中仍应该处于策略性的主导地位。"微软小冰"写诗事件本身更大的意义在于对整套逻辑算法以及背后大数据调用方式的探索,这也是为未来人工智能的发展做铺垫。

从后现代的角度来看,在多元价值共存背景下我们需要将人工智能的文艺创作纳入思考却又不能简单以人类写作的标准对它进行衡量。一方面,我们应该不放弃对于人类共有艺术的审美追求和批评尝试,另一方面,我们要有意识地去维护个体的情感与个性。在未来科技的进步下,文艺创作的限制会越来越少,参与创作的个体会越来越多,届时的环境将包容尽可能丰富的对象、实践和意义。相比偏激地一味否定或反对人工智能和相关技术,理性宽容的承认,才能为未来的发展留存足够的空间准备,而讨论的目的则应该是互构。[①] 目前的人工智能虽并不能像人类一样能处理好情感和创造力,但这指明了人工智能未来的发展方向。人工智能文艺创作提供的新的叙事思路和写作方式,依旧有其特殊的价值。正如利奥塔尔所说"对正义的向往和对未知的向往都受到同样的尊重。"[②]

作者:宫宜希,北京大学新闻与传播学院硕士研究生。

本文为 2019 年 11 月"智能时代的信息价值观研究高层论坛"的投稿论文。论坛由清华大学新闻与传播学院、国家社科基金重大课题"智能时代的信息价值观引领研究"课题组等联合主办。

---

① [法]让—弗朗索瓦·利奥塔尔:《后现代状态:关于知识的报告》,车槿山译,南京大学出版社 2011 年版。

② 同上。

准社会关系与社交投票中的意见形成机制

——基于"知乎"的数据挖掘

陈昌凤 师 文

【摘要】依托于社交投票机制的线上问答平台"知乎",近年来成为公众展开讨论、形成观点的意见发酵池。本文通过对知乎"如何评价X"话题下683个精华问题、657002条回答进行大数据挖掘和分析发现,在社交问答平台上,知识明星与普通用户之间的"准社会关系"造就了大量"明星"答案,使公共讨论在用户维度上呈现不平等的态势,这种不平等又进一步作用于"投票机制",使用户的讨论在时间维度上表现出不平等。进一步研究发现,虽然在线问答社区中UGC和社交投票相结合的意见生产机制在理论上对所有人开放,但是它远远不是均衡、民主化的话语,新型社区未能创造出与之特性相匹配的民主、理性和公共性。本文对于新技术时代传播学的二级传播理论、公共空间理论、知沟理论和粉丝文化等的研究有拓展意义,对新技术时代的知识生产过程与影响、新型社交媒体的特性与功能等具有揭示价值。

【关键词】知乎;网络问答;公共讨论;网络意见;准社会关系;社交投票;社交媒体;计算传播学

一 研究缘起

意见几乎是所有人类活动的核心，它既是传播的重要内容，也对传播产生巨大影响。在传统媒体时代，人们通过大众媒体和人际网络形成意见，随着互联网时代的到来，人们开始在专门的问答社区上搜索、提问、辩论以形成意见。近年兴起的"知乎"，依托社交网络，凭借理性、友善、高质量的特点成为最大的中文网络问答平台。依托于社交投票机制，"知乎"成为公众展开讨论、形成观点的意见发酵池。2018 年 12 月，"知乎"发布的数据显示，其注册用户达到 2.2 亿人，问题数超过 3000 万个，回答数超过 1.3 亿，讨论主题覆盖社会热点议题和各个行业的专业领域。庞大的用户数量和宽广的主题覆盖面，使其成为对社会有巨大影响力的意见场域。不仅注册用户得以在平台内部展开公共讨论，形成与表达意见，其本身也源源不断地向微博、微信乃至主流媒体等外部场域输出意见，通过组织公共讨论扮演起网络意见发酵池的角色。

知乎的意见形成和扩散具有复杂的机制，它在基于 UGC 的生产系统上附加基于社交网络的传播系统和基于投票规则的评价系统，以期通过群体智慧之间的补充、制约，引导公众获得对问题的最优解。由于知乎推崇对专业话题进行深入剖析，常常具有特定的知识门槛，因此知乎上的专家在意见的生产和传播过程中扮演关键角色，这为推动部分专业类话题讨论营造了正面的社区氛围。但是知乎上同样存在大量的非专业性的社会问题讨论，在这类一般性问题中，拥有大量粉丝的活跃回答者被视作"知识明星"。这些用户拥有较高的知名度，频繁地参与公共讨论，这类用户和普通用户之间不平等的社交关系引发了公共讨论不够充分和缺乏理性的风险。

因而，在知乎平台上的意见对其内部成员和外部场域均有巨大渗透能力的情况下，基于"社交投票"机制，分析知乎上不对等的社会关系和未必理想化的投票机制，对意见生产和传播的作用、反思问答平台上公共讨论的充分程度和理性程度具有重要的社会现实意义。本文旨在回答以下两个问题：在"社交投票"机制中投票者是否平等？"社交投票"机制可以使其公共讨论变得充分和理性吗？

二 文献综述

(一)"准社会关系"与知识问答

"准社会关系"的概念最早可以溯源至1946年，罗伯特·默顿（Robert Merton）在流行歌手凯特·史密斯（Kate Smith）借助无线电马拉松成功动员其听众购买价值3900万美元的巨额战争债券的过程中，发现了听众对主播的强大信任和积极响应，就好像他们认识的人要求他们购买战争债券一样，借此提出伪群落（Pseudo-gemeinschaft）的概念来描述媒介名人和听众之间虚假的友谊，并认为这种"友谊"常被用来进行有效的操纵。[1]

在此基础上，1956年心理学家霍顿（Horton）和沃尔（Wohl）定义了以电视为代表的大众媒介导致的电视名人和电视观众之间的新型社会关系，观众通过媒介获取名人的言行，对其产生情感依恋，并在此基础上发展出一种想象的人际关系。与双向、真实的社会交往不同，在这种社会关系中，受众单方面熟悉媒介人物、接受其影响，但媒介人物却只能猜测受众行为，并不符合真正意义上"关系"的定义，所以被称为准社会关系（Para-social Relationship，PSR）。[2]

准社会关系普遍存在于观众和新闻播报员、观众和脱口秀主持人、青少年和娱乐明星等场景中，虽然在这些单向关系中，媒体用户往往会积极参与互动，但是实际上起控制作用的仍然是媒介人物。因而，这种社会关系被用来解释名人对受众的影响力。贾尔斯（Giles）等[3]认为，在认知方

---

[1] Robert K. Merton, Marjorie Fiske and Alberta Curtis, *Mass Persuasion: the Social Psychology of a War Bond Drive*, New York: Howard Fertig, 2004.

[2] Donald Horton, R. Richard Wohl, "Mass Communication and Para-social Interaction", *Psychiatry-interpersonal & Biological Processes*, Vol. 3, No. 19, 1956, pp. 215–229.

[3] Giles, D. C., Naylor, G. C. Z., "The Construction of Intimacy with Media Figures in a Parasocial Context", *Paper Delivered to BPS London Conference*, England, United Kingdom, December, 2000.

面,对特定媒介人物的关注可能导致对特定事件的关注;在态度方面,准媒介关系可能通过降低受众心理抗拒、对抗反对意见、改变认知规则增强说服效果,① 对大众传播产生效果具有帮助作用。此外,向媒介人物寻求问题的指导也是准社会关系常见的表现形式之一。在电视购物节目中,伯内特(Burnett)等②在研究浪漫主义小说的阅读行为时,也发现读者会和书中人物产生某种共鸣,并且还能在书中人物的身上学到一些应对现实问题的方法和技巧。利维(Levy)③认为,媒体带来的虚假亲密感导致准社会关系的形成,并且正是这种虚假亲密感使媒介人物对其受众产生强大动员能力。

随着媒介技术进一步发展,人际传播和大众传播的界限变得模糊,PSR理论的应用场景不再局限于广播和电视等传统单向大众媒介,博客、网站和推特上的PSR现象也逐渐被学者关注,受众通过任何中介与名人的交互都被认为是准社会关系。在社交媒体广泛普及的今天,名人和普通受众之间更加个性和频繁的互动使二者的关系产生了社交性增强的错觉④。事实上,这种对话感不但没有使"准社会关系"的不对等消失,相反,由于媒介人物用一种类似交流、互动的方式进行传播,更容易诱导准社会关系的形成。⑤ 这种准社会关系与现实的人际关系更相似,具有更强的操纵能力,⑥ 基于社交媒体的准社会互动具有更强的隐蔽性和影响力。

---

① Emily Moyer-Gusé E., "Toward a Theory of Entertainment Persuasion: Explaining the Persuasive Effects of Entertainment-education Messages", *Communication Theory*, Vol. 3, No. 18, 2008, pp. 407–425.

② Ann Burnett, Rhea Reinhardt Beto, "Reading Romance Novels: An Application of Parasocial Relationship Theory", *North Dakota Journal of Speech & Theatre*, No. 13, 2000, pp. 28–39.

③ Mark R. Levy, "Watching TV News as Parasocial Interaction", *Journal of Broadcasting & Electronic Media*, Vol. 1, No. 23, 1979, pp. 69–80.

④ Kiran Garimella, Jonathan Cohen, Ingmar Weber, "Characterizing Fan Behavior to Study Para Social Breakups", May 25, 2017, https://arxiv.org/abs/1705.09087.

⑤ Philip J. Auter, "Psychometric: TV That Talks Back: an Experimental Validation of a Parasocial Interaction Scale", *Journal of Broadcasting & Electronic Media*, Vol. 2, No. 36, 1992, pp. 173–181.

⑥ James R. Beniger, "Personalization of Mass Media and the Growth of Pseudo-community", *Communication Research*, Vol. 3, No. 14, 1987, pp. 352–371.

相比百度知道、快搜问答等传统问答平台，知乎的不同之处在于它将社交属性整合到知识问答情境中，用户可以关注较为认可的优秀回答者，使其回答、点赞、关注问题等动态出现在自己主页的时间线上。优秀回答者可以将用户对某个答案的认同转化成对回答者人格的认同，通过社交网络获得持续关注，受到较多关注的超级用户在社区中扮演着知识明星的角色，拥有较高程度的信任和尊敬，享受和关注者不对称的地位。而关注者则扮演粉丝的角色，单方接受知识明星的动态和影响力，但也可以通过私信、评论、提问、邀请回答、投票等互动方式和明星用户构建亲密感，产生与明星用户成为真实的"熟人"的错觉。

近年来，PSR理论被用于研究社交平台上明星对粉丝的影响和操控。马维克（Marwick）等[1]认为，分散的媒体格局将传统的"名人管理"从高度控制和受监管的制度模式转变为表演者积极与粉丝交流的互动模式，有意或无意地在互动过程中增强了粉丝的忠诚度和存在感，使粉丝进一步获得情感和心理上的依赖，即准社会依恋。长此以往，明星不仅拥有不对等的注意力，还可以通过其社会影响，塑造、加强特定的价值观和信仰。[2]作为意见酝酿池的知乎期待公共讨论的理性、平等、开放，明星用户与普通用户之间的关系关乎社区讨论的质量，因而应该被放入"准社交关系"及这种关系所固有的权力结构中被严格审视。

（二）用户权威与社交投票

网络问答平台旨在通过众包的形式进行知识生产，在网络问答平台的研究中，"声誉"作为衡量用户权威性的指标应该处于何种地位是一个争议性问题。陶斯西克（Tausczik）等[3]基于对线上数学问答社区 Ma-

---

[1] Alice Marwick, and Danah Boyd, "To See and be Seen: Celebrity Practice on Twitter", *Convergence*, Vol. 2, No. 17, 2011, pp. 139 – 158.

[2] David Marshall, P., *Celebrity and Power: Fame in Contemporary Culture*, Minneapolis: University of Minnesota Press, 1997, pp. 238 – 239.

[3] Yla R. Tausczik, James W. Pennebaker, "Predicting the Perceived Quality of Online Mathematics Contributions from Users' Reputations", *Paper Delivered to the SIGCHI Conference on Human Factors in Computing Systems*, Vancouver, British Columbia, Canada, May, 2011.

thOverflow 的研究提出，用户在真实世界和网络社区的信用都会影响用户对其答案的认可。沙（Shah）等①通过对 Yahoo! Answers 的研究，认为用户过去的行为是预测答案质量的重要指标，因而认为声誉机制在在线问答平台中扮演重要角色。保罗（Paul）等②认为通过鼓励用户建立权威，并鼓励用户依据权威性进行答案投票，使社区能够识别并推广高质量内容。

也有学者持相反观点，认为平台应该最小化用户声誉的权重，以便鼓励所有用户，特别是刚进入社区、对问题持有洞见的用户进行内容生产。博斯卡（Beuscart）等③对线上音乐社区的研究发现，艺术家的线下声誉会作用于线上社区中的声誉，造成拥有流行标签的艺术家获得大部分注意力并且倾向于在彼此内部进行较强的互相推广，这类现象可能会压制其他艺术家获得关注的机会。

社交投票（Social Voting）是实现用户信誉机制的方式之一，被知乎、Quora 等平台采用。在这种机制下，投票是表达对答案赞赏的方式，关注是表达对作者赞赏的方式，④ 用户在社交情境下回答问题，其答案会被展示在其关注者的主页上并接受投票、评论和二次传播，最终收获的赞同票数会作为问题页面下答案排序的依据。社交网络和投票功能协同作用，过滤信息，引导用户注意力的分布。但是，这种制度带来的不平等为学者所

---

① Chirag Shah, Jefferey Pomerantz, "Evaluating and Predicting Answer Quality in Community QA", Paper Delivered to the 33rd International ACM SIGIR Conference on Research and Development in Information Retrieval, Geneva, Switzerland, July, 2010.

② Sharoda A. Paul, Lichan Hong and Ed H. Chi, "Who is Authoritative? Understanding Reputation Mechanisms in Quora", April 17, 2012, https://arxiv.org/abs/1204.3724.

③ Jean-Samuel Beuscart, Thomas Couronné, "The Distribution of Online Reputation: Audience and Influence of Musicians on Myspace", *Paper Delivered to the Third International AAAI Conference on Weblogs and Social Media*, San Jose, California, May, 2009.

④ Natalia Levina, Manuel Arriaga, "Distinction and Status Production on User-generated Content Platforms: Using Bourdieu's Theory of Cultural Production to Understand Social Dynamics in Online Fields", *Information Systems Research*, Vol. 3, No. 25, 2014, pp. 468 – 488.

诟病，基于 Quora 的数据分析显示，相比普通用户，超级用户获得的粉丝投票的比例更高。① 同时基于访谈的研究显示，用户担心某些答案因早期收到的较多票数被系统排在靠前的位置，会进一步遮挡用户对其他答案的接触。②

目前学界尚未从实证研究的角度思考整个社交投票制度与公共讨论充分程度的逻辑关系，探讨问答社区中的知识明星是否会凭借其强大的社交网络导致公共讨论充分程度下降，以及这一后果是否会连锁作用于投票机制，使得生产时间不同的答案拥有不同的地位。

三 研究问题与方法

本文以知乎平台上较为知名的"如何看待/评价 X"话题下的 683 个精华问题及相应的 657002 条回答为例，分析知乎上的意见生成、分布机制。"如何评价 X"话题下多为具有争议性的社会热点议题。对于这类议题意见形成机制的分析，有利于我们理解知乎"社交投票"机制下公共讨论的充分与均衡程度。为了达到研究目标，本文将从以下两个问题入手进行研究：

Q1：知乎的社交投票机制是否使不同用户在公共讨论中的地位不平等？

Q2：知乎的社交投票机制是否使公共讨论在时间维度上不平等？

（一）数据抓取

本文采用分布式爬虫技术抓取知乎网站，将网页上动态渲染的数据解析成可以存入数据库的文本。知乎平台一方面有类似于微博的社交网结构，用户可以关注其他用户，也可以被其他用户关注，被关注者的回答、点赞、关注等动态会呈现在关注者个人主页的时间线上。另一方面，知乎

---

① Gang Wang, Konark Gill and Manish Mohanlal, et al.,"Wisdom in the Social Crowd: an Analysis of Quora", *Paper Delivered to the 22nd International Conference on World Wide Web*, Rio de Janeiro, Brazil, May, 2013.

② Sharoda A. Paul, Lichan Hong and Ed H. Chi, "Who is Authoritative? Understanding Reputation Mechanisms in Quora", April 17, 2012, https://arxiv.org/abs/1204.3724.

还拥有按照"话题—问题—答案"逻辑组织的问答信息。本文采用自主设计的分布式爬虫，从知乎话题"如何看待/评价 X"（话题号：19760570）页面作为爬取起点，首先抓取精华问题列表，随后遍历该列表，逐一抓取其项下每个问题、答案、回答者的基本信息，存入 SQLITE 数据库管理。

（二）数据集

采用如上方法，共抓取"如何看待/评价 X"下的问题 683 个，答案 657002 条。数据库中主要存储两类信息：一是问题、答案的基本信息，如每个问题的 ID、题目、创建时间（精确到秒）、回答数。每个问题下每个答案的 ID、回答时间、内容、意见极性、获得赞同数。二是回答者的基本信息，如回答者的粉丝数、回答者是否认证、回答者荣誉称号。其中，荣誉称号是指该用户是否具有知乎授予的关于某个问题"优秀回答者""活跃回答者"的荣誉身份。以上两类信息几乎涵盖了知乎平台问答情境下所有的相关信息。

（三）数据加工

本文中一部分涉及意见挖掘，这部分采用百度人工智能平台的自然语言处理技术，对大规模的答案文本进行自动化意见极性分析。其运作原理是根据机器学习算法，在大规模训练的基础上，从待测试的答案文本中提取表达态度的特征，计算文本持正面或负面态度的概率。针对自动化意见分析工具的运作原理，需要对 683 个问题进一步筛选，剔除以下三类问题：一是待评价的主体多于一个的问题，如"如何评价 2015—2016 赛季 NBA 总决赛勇士 VS 骑士 G7""如何评价 2014 年 8 月 27 日罗永浩和王自如的直播辩论""如何看待'中戏出演员，北电出明星'这句话"等；二是不涉及正负意见判断的开放式问题，如"如何吐槽一部电影很烂""电影《霸王别姬》究竟好在哪里"等；三是在题目存续期间，客观现实发生重大变化以至于改变人们对该主体态度的问题，如"如何评价薛之谦"等。

在剩余的 500 个问题的 477892 条答案中，随机抽取 100 条答案，由两位编码员进行人工意见极性判断，与算法编码结果比较，得出算法的编码效度为 83%，符合效度要求。随后调取意见挖掘接口，将 477892 条答案的意见极性分为正向（0, 0.5）和负向（−0.5, 0），存入数据库。

四 研究发现

（一）明星效应下的"透明大多数"

在知乎的问答情境下，最重要的指标是答案收获的赞同数（Voteup_count）；在知乎的社交情景下，最重要的指标是答主的粉丝数（Follower）。本文根据 657002 条答案数据，计算了这两个指标的平均值、标准差、最小值、最大值、四分位数间距、偏度、峰度，结果见表 1。

表 1　　　　　　　答案赞数、用户粉丝数的统计学特征

重要指标	平均值	标准差	最小值	25%分位	50%分位	75%分位	最大值	偏度	峰度
答案赞同数	41.23	616.75	0	0	0	1	137627	56.51	6700.63
用户粉丝数	1490.62	20014.36	0	0	5	40	1675352	44.47	2963.18

在 683 个问题下的 657002 条答案中，超过 50% 的答案获得的赞数是 0，超过 75% 的答案获得的赞数未超过 1。同时，答案赞同数的偏度值为 56.51，表明数据有严重右偏现象，大于均值的数据明显比小于均值的数据少。答案的平均获赞数是 41.23，与中位数有较大差距，赞数的峰度为 6700.63，远大于正态分布的峰度 3，说明赞数值分布十分陡峭，离群数据取值的极端性很严重，即少数答案却获得极高赞数，拉高了平均值。将赞数取对数作为横轴，拥有该赞数的答案个数取对数作为纵轴，可得到如图 1 的分布，左上角的点表明大量答案获得的赞数极低，右下角的若干横线表明少数答案获得极高赞数。经过计算机拟合，该分布符合 $Y = 105.91x - 0.54$（$R^2 = 0.71$）的幂律分布（长尾分布），即在统计学意义上，答案收获的赞数并非正态，而是显现出强者通吃的"马太效应"。

在粉丝数指标下，回答者粉丝的中位数为 5，75% 的答主粉丝数在 40 以下，但所有用户粉丝数的均值却为 1490.62，标准差超过 20000，说明不同答主粉丝数的离散程度非常大，用户话语权和影响力严重不均衡。偏度值和峰度值也说明粉丝数分布相比正态分布同样呈现明显右偏、陡峭的状态。将粉丝取对数作为横轴，拥有该粉丝的答主个数取对数作为纵轴，得

答案数量

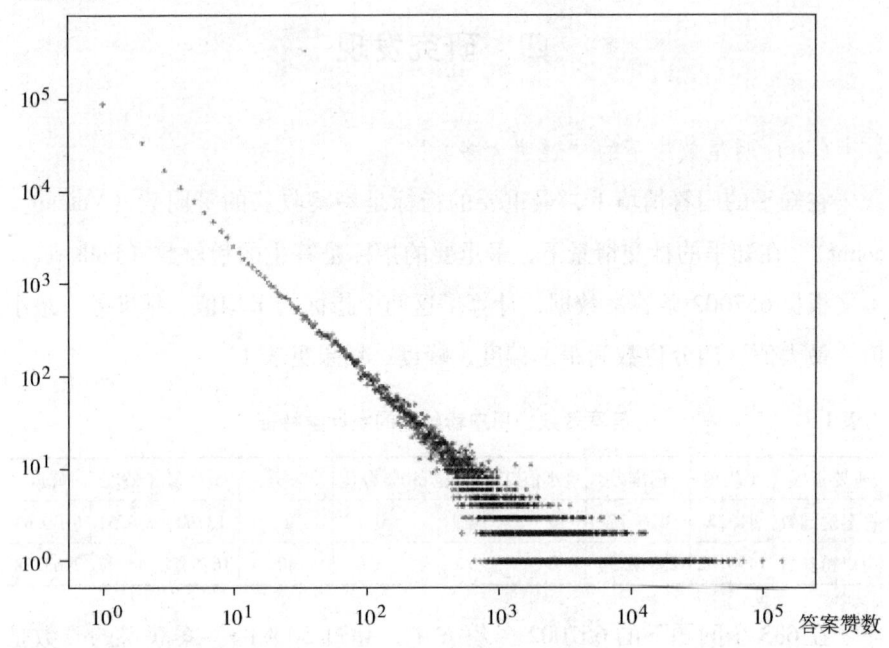

图1 答案赞数与答案数量的幂律分布

到与答案赞数的类似分布，经拟合，其符合 $Y = 107.59x - 0.88$（$R^2 = 0.45$）的幂律分布。这表明由用户构成的知乎社交网络是一种无标度网络，在这种网络中，用户之间的社交关系并非对等关系，少数超级节点拥有多数链接，是为众人所知的"知识明星"，而大部分节点只拥有少数链接，并不能获得明星用户对等的关注，符合"准社会关系"的特点。

将赞数和粉丝数交叉审视可以得到二者关系的全景图（图3）。将683个问题下的657002条答案对应的赞数和作者的粉丝数进行标准化后，取两次对数放入坐标系中制成该散点图。从坐标系中可见，大部分散点集中分布在对角线附近，表明答案收获的赞数和作者的粉丝数呈正相关。左上方和右下方点的分布较为稀疏，表明粉丝数少的用户难以获得高赞，粉丝数高的用户获得低赞同票的概率十分小。

此外，最高赞答案作为在投票机制中最终胜出的"最佳"答案，会被算法加权优先推荐，具有较高的权威性和影响力，对公众意见的形成有重

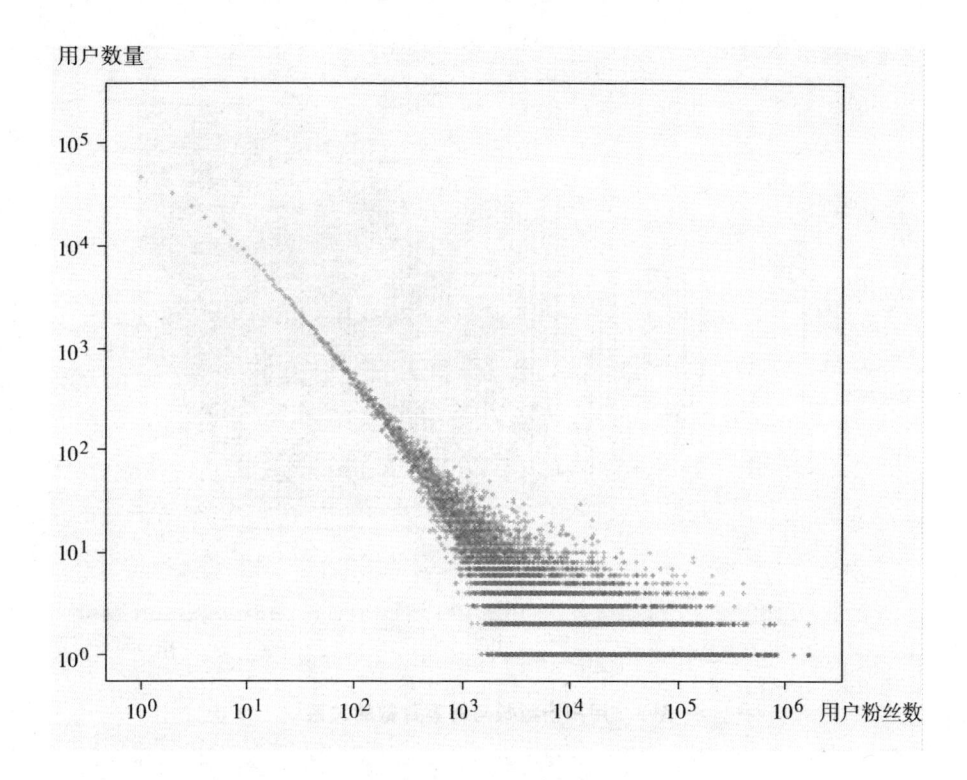

准社会关系与社交投票中的意见形成机制　319

用户数量

图2　用户粉丝数与用户数量的幂律分布

要作用，因而有必要对最高赞答案的形成机制进行单独关注。本文统计了每个答案中最高赞获得者的粉丝数，如表2所示，据此计算其粉丝数在当前问题下所有回答者粉丝数中的排名。在683个问题的最高赞回答中，有631条答案来自未匿名用户，其中粉丝数排名前10%的用户垄断了552个（占80.8%）最高赞答案，排名在30%—90%的用户中仅生产出2个最高赞答案。此外，有52个最高赞答案来自匿名用户，占7.6%。如果对表2第一个区间进一步细分，可以统计得出粉丝数排名在5%的用户收获了449个（占65.74%）最高赞，前1%的用户收获了213个（占31.86%）最高赞答案。对于答案数超过1000的211个问题来说，其中21个问题最高赞来自粉丝数在前1‰的用户。这表明拥有不同粉丝数的用户生产出的答案获得本题最高赞答案的概率并非均匀分布，其分布的不均匀程度甚至超过二八定律，知乎上的知识明星凭借其难以超越的粉丝数收获了远超平均数的赞同。

答案赞数

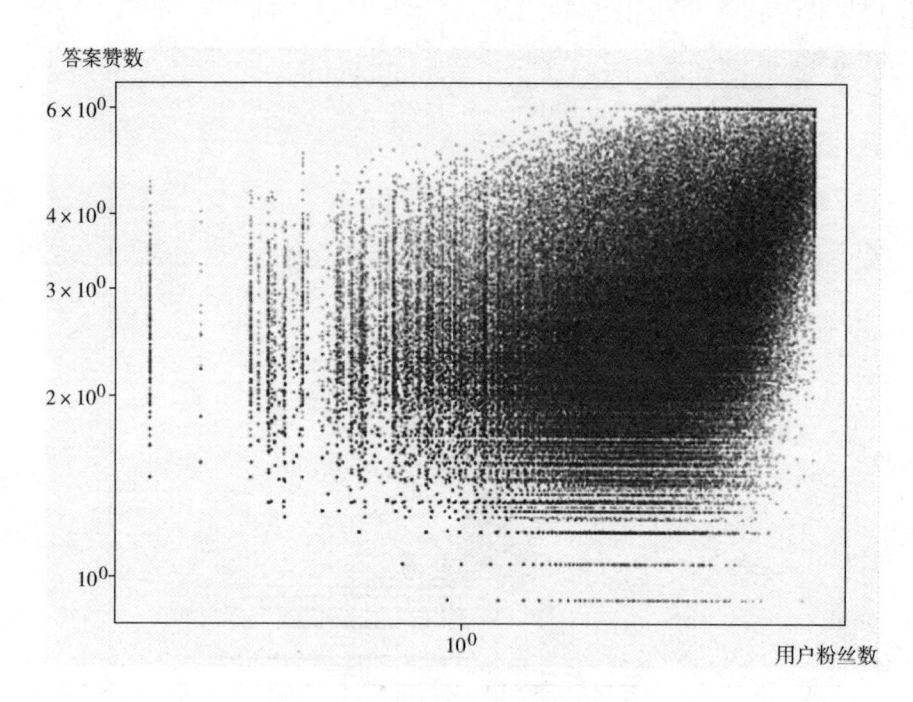

图3 用户粉丝数与答案赞数的关系

表2　最高赞答主的粉丝数排名

排名	区间	频数	频率
1	[0.0, 0.1)	552	0.808
2	[0.1, 0.2)	57	0.083
3	[0.2, 0.3)	20	0.029
4	[0.3, 0.4)	1	0.001
5	[0.4, 0.5)	1	0.001
6	[0.5, 0.6)	0	0
7	[0.6, 0.7)	0	0
8	[0.7, 0.8)	0	0
9	[0.8, 0.9)	0	0
10	[0.9, 1.0]	52	0.076
共计		683	≈1

同时，值得注意的是，683个回答中，有8个问题得到了事件当事人的参加，如表3所示，其中7个问题下当事人的答案投票被推选为最高赞

答案。即便是在唯一一个当事人答案没有获得最高赞的题目"vczh 是谁"中，当事人@vczh 仅提供了一个此前已广为人知的、6 个字的自我职业介绍和一个超链接，就轻易收获 635 个赞同，位列第二名。

表 3　　　　　　　　　　　　当事人亲自答题的赞数分布

问题	回答者	赞同数	排名	总回答数
如何评价徐浩峰的电影《箭士柳白猿》？	@徐浩峰	10451	1	229
如何看待北大学生伊拉克旅游被当 IS 误抓这则新闻？	@刘拓	7683	1	74
如何看待 Quora 上大量战忽局同志的回答收获高赞数？	@李山	8220	1	164
张佳玮是谁？	@张佳玮	9915	1	44
如何评价王尼玛？	@王尼玛	58982	1	1343
如何评价国行 note7 爆炸机主@不老的老回起诉三星电子？作用如何？	@不老的老回	8803	1	46
如何看待广州记者辞职吃 100 天转基因事件？	@项栋梁	8461	1	172
vczh 是谁？	@vczh	635	2	55

事实上，知乎话题"如何评价 X"目的是期待用户站在多元的立场对特定事物进行客观评价，从而促进公众思考。然而，当事人的回答往往与这一初衷背道而驰。一方面，当事人给出的回答多为对个人主观经历、感怀、体验等进行信息披露，未能也无法从"评价"角度深入展开，与其说是在进行知识共享，不如说将答题板变成个人展示的舞台。另一方面，当事人作为利益相关方本应成为"被评价"的对象，其亲自介入答题环节，已经违反中立客观原则。在一个理性的社区中，这种答案理应受到更严苛的审视，但是知乎社区中这类答案却获得大量拥趸，反映了知识问答情境也无法避免明星光环带来的巨大影响力。面对那些出现在新闻报道或不对等社交网络中的媒介人物，受众出于围观、仰视、从众的动机，感性给出并非完全经过深思熟虑的赞同，压制了更有建设性的意见。

本文进一步验证了 683 个问题中，每个问题项下粉丝数最高的答主，其答案所获的赞数在本题所有答案中的排名。如表 4 所示，在 93.27% 的问题下，不论回答质量如何，只要该答案出自粉丝数最高的用户，该答案所获赞数便可跻身前10%。这一现象表明，社交投票机制下用户在进行投票时存在倾向性依恋（Preferential Attachment），即使明星用户的答案质量不高，这类答案也会凭借作者身份对用户产生作用，获得较多票数。

表 4　　　　　　　　　拥有最多粉丝的用户的答案赞数排名

排名	区间	频数	频率
1	[0.0, 0.1)	637	0.933
2	[0.1, 0.2)	29	0.042
3	[0.2, 0.3)	9	0.013
4	[0.3, 0.4)	3	0.004
5	[0.4, 0.5)	1	0.001
6	[0.5, 0.6)	2	0.003
7	[0.6, 0.7)	1	0.001
8	[0.7, 0.8)	0	0
9	[0.8, 0.9)	0	0
10	[0.9, 1.0]	1	0.001
	共计	683	≈1

相比明星对最高赞答案的几近垄断，实名用户中粉丝数位列30%之后的小V和普通用户群体扮演着透明的答案生产者角色，该群体提供了60%的答案，却在影响力方面是名副其实的沉默大多数，仅生成2个最高赞答案，占比0.293%。在知乎的社交机制和答案竞争机制下，大量由普通用户生产的答案无法凭借自身的粉丝效应获取关注和认同，更无法通过单向社交网络向外辐射。在知乎的现实运作逻辑中，普通用户虽然有生产知识和投票的权利，但其劳动成果事实上难以为公众所见，实际上也缺乏被公众投票支持的可能性。

总体而言，获得最高赞的概率随粉丝量排名下降，但是匿名用户并不符合该规律。当用户选择匿名答题时，该答题动态不会出现在其粉丝的个人主页上，用户也无法获知答题者身份，即匿名用户无法将粉丝数转换为赞同数，知乎后台和本文都将其粉丝数计为零，但是匿名用户仍然提供了7.6%的最高赞答案。

匿名答案披露的内容往往大胆、敏感，作者为避免网络暴力和现实生活的人际压力选择隐去个人身份，比如"如何评价医生拒绝为艾滋病人做手术",最高赞答主是一位匿名的医生,讲述了自己走上手术台的纠结和不情愿。又如在薛之谦丑闻引爆娱乐圈的"如何评价李雨桐晒出的转账记录",匿名的最高赞答主通过技术手段详细完整分析了双方争讼证据的真实性,在当时舆论场上引起巨大影响,但却匿名避免与明星的粉丝发生冲突。

匿名用户可以获得最高赞的现象表明,知乎目前的问答机制仍然为优质答案提供了不依赖社交渠道的上升空间,部分答案可以仅凭借答案质量打破知识明星的话语权垄断获得最高的赞同数。然而,这种现象是小概率事件,在本文所涉及的 657002 条回答中,匿名答案有 204492 条,占比 31.13%,但匿名答案仅占最高赞答案的 7.6%,即使异军突起,也未能与知识明星的话语权比肩。

(二)作为权力的"时间"

知乎社交机制中不对等的"准社会关系"可以让知识明星利用粉丝的依恋感获得较高投票起点,而该现象与知乎的投票机制相作用会导致其进一步在时间维度上压制后续答案的影响力。

这部分研究将每个问题下的所有答案按照时间排序,通过获得最高赞答案出现的次序除以该问题下答案总数,获得最高赞答案在所有答案中的相对时间位次。汇总全部 683 个问题后,统计获得最高赞答案的相对位次分布。如图 4 所示,最高赞答案的出现位次既非均匀分布,也不遵循"真理越辩越明"的原则,近一半(占 45.83%)的最高赞答案出现在按时间排序的前 10% 的答案中,随着时间推移,最高赞答案出现的概率逐渐降低,仅有 10.98% 的最高赞答案出现在讨论周期后半程。

这一规律与问答社区促进公共讨论的初衷背道而驰,反映出意见生产和传播的过程不仅受到知识明星话语权的压制,在时间维度上也是不平等的。在当前的投票机制下,较早被生产出来的答案可以凭借早期收获的赞同数高居答案榜首,并借此收获更多关注和认同。然而,随着时间的推移和参加讨论用户的增长,即便讨论越来越深入、激烈,后续生产的答案也难以收获早期生产的答案同样的影响力。

数据证实早期出现的高赞答案对较晚的答案产生了压制,本文分别统计了在每个问题下,最高赞出现之前和之后的答案平均字数、获赞数。

(条)

[柱状图：最高赞答案出现的相对时间位次分布]

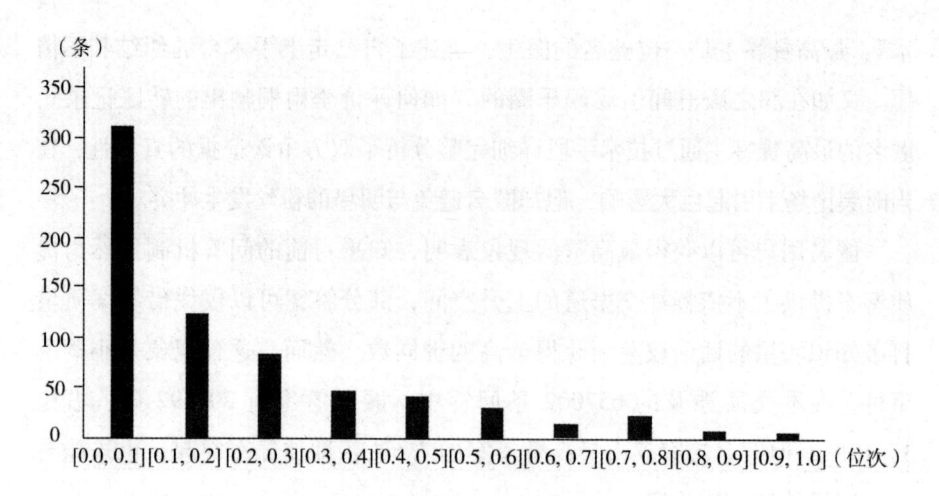

图4 最高赞答案出现的相对时间位次

图5（a）表示每个问题的最高赞出现前后答案平均字数的分布，图中有683个点，每个点的坐标为（avg_length_before, avg_length_after）。图5（b）是每个问题最高赞出现前后其他答案平均获赞数的分布，图中每个点的坐标为（avg_vote_before, avg_vote_after），由于右下方存在三个极大值，坐标轴刻度较大，因而对左下角数据较为密集的部分进行放大查看。

[散点图(a)：答案平均字数；散点图(b)：答案平均获赞数]

(a) 答案平均字数　　　　　(b) 答案平均获赞数

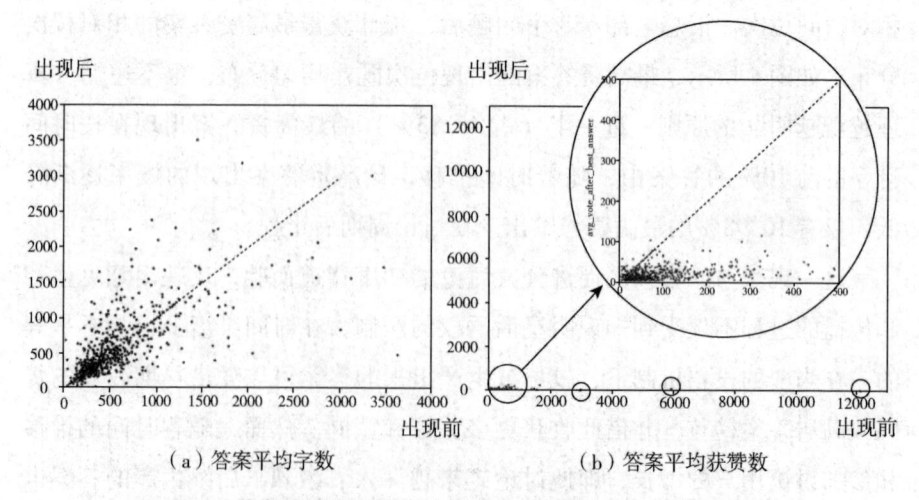

图5 最高赞答案出现前后的答案平均字数与平均获赞数

图5（a）中，散点在直线 $y=x$ 两侧呈均匀分布，即最高赞答案出现前后，答案的平均字数并无明显变化，最高赞没有抑制后续回答者的答题

意愿和详细程度。但是在图 5（b）中，绝大多数点分布在直线 $y = x$ 下方一侧，表明对于大多数问题，在最高赞出现之后的答案平均获赞数小于最高赞出现之前的答案获赞数。由此可以看出，虽然在最高赞出现前和出现后，答案的详细程度没有明显变化，但是最高赞答案借助知乎排名机制带来的注意力加权和信用背书，将时间变成不平等的权力，压制了后续答案获得注意力和赞同，束缚了其被传播的机会。

将回答者粉丝数和答题时间纳入同一个坐标系，结果如图 6 所示。绝大多数最高赞答案是由粉丝数排名靠前的明星用户在问题刚刚提出时回答的，由明星用户在后半程讨论中提出的答案也占据一定比例。而在 683 个最高赞回答中，非明星用户在讨论中后期提出的答案获得最高赞的概率微乎其微，表明答案获得影响力的可能性受到明星用户和时间维度的双重制约。

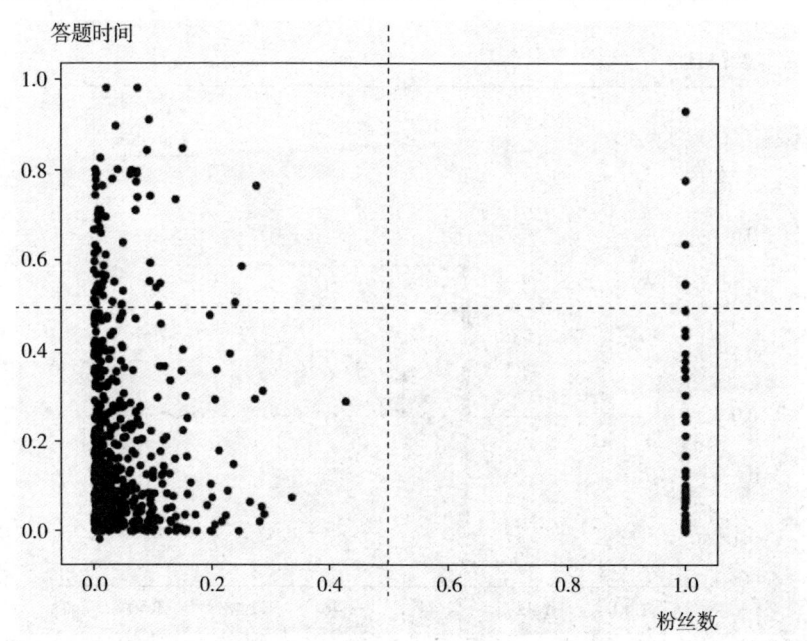

图 6　最高赞答案的答主粉丝数和答题时间分布

以上研究主要基于数据统计的维度，分析最高赞答案的分布以及对其后出现的答案关注度的压制。对于"如何评价 X"话题下的争议性问题来说，最高赞答案在意见维度上对后续答案态度的影响也值得关注。

通过百度人工智能平台的意见挖掘算法，可以获知 500 个问题下 477892 条答案的意见极性，在此基础上对比最高赞出现之前、之后的正负意见极性比例，如果与最高赞意见一致的答案比例增多，则认为群体意见向最高赞意见的方向偏移。

以图 7 为例，横轴表示时间；灰点表示该时间答案获得的赞数，已被标准化至 0—1 区间，1 表示最高赞答案；黑点表示该时间答案的意见极性，在坐标轴上方表示积极态度，在坐标轴下方表示持负面态度。算法判断最高赞答案的意见极性为 0.352，为正面态度，在最高赞答案出现之前，28.57% 的答案持正面态度，在最高赞答案之后，70.97% 的答案持正面态度，意见的变化方向与最高赞答案的意见是同向的。因此在这个答案下，意见向最高赞方向发生偏移。

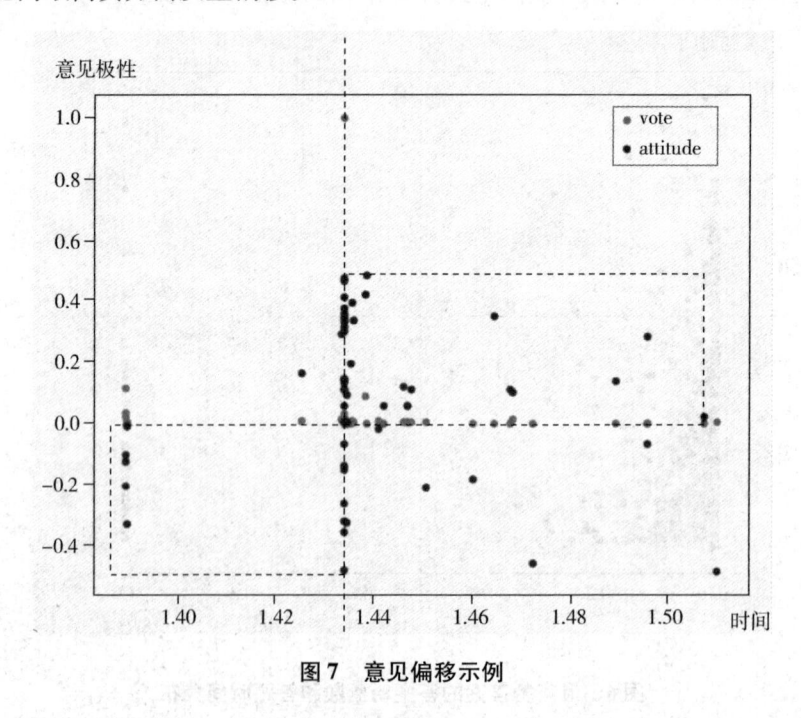

图 7　意见偏移示例

本文将 683 个问题按照答案数进行排序，依次计算每个问题是否出现意见偏移，并统计从第 1 个问题至本问题的累计偏移率，如图 7 所示。如果最高赞的意见极性未对后续答案的态度产生干扰，则发生意见偏移的问题比例应一直维持在 50%（随机概率）左右。

然而在图 8 中，发生意见偏移的问题比例并非一直维持在 50% 附近，当问题的答案数较少、属于小规模讨论时，最高赞出现之后的答案容易出现向最高赞偏移的现象，最高赞可以使之后的答案向其意见方向靠拢。随着讨论规模的增大，最高赞答案的引导能力逐渐不明显，偏移率回归 50% 附近，即在小规模讨论的情况下，早先产生的明星答案会对后续答案的意见表达发挥引导作用。虽然答案的表达看似受到回答者的主观意志控制，但是其在时间维度上并不是平等的。

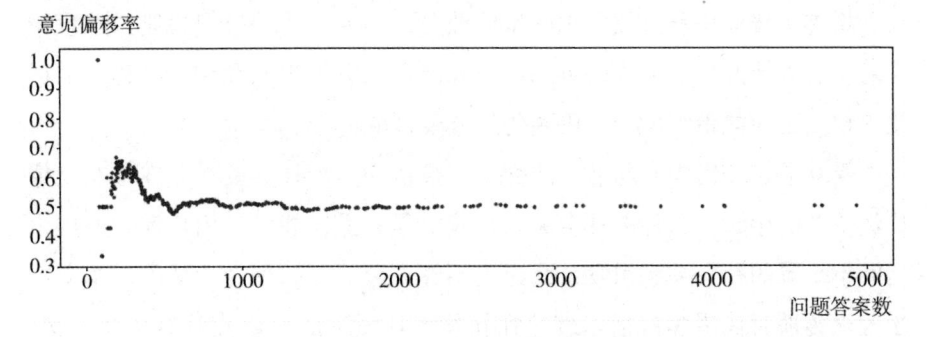

图 8　问题答案数与意见偏移率的关系

五　结论

本文通过数据挖掘的方法发现，纵然知乎上的社会关系在规则设计层面可以是单向的，也可以是双向的，但是用户之间客观的知识差异使其在知识网络上成为不同性质的节点，知乎上的明星用户往往凭借不对等的社会关系扮演知识输出的角色，借助从属关系和公众认可来保持和维护粉丝群体。普通用户则更多以学习、仰视的姿态建构二者关系，形成一种在相互承认的权力差异之间共生的微妙关系，意见生产者和消费者的角色相互分离。知乎提供的投票、提问、邀请回答、评论功能虽然在产品体验上使明星用户和普通用户之间亲密互动，提升了粉丝的心理存在感，却不能掩盖意见生产在普通用户和明星用户的权力差异之间运作的事实，普通用户实质上沦为透明的大多数，仅有围观与投票的权力，丧失了在公共讨论中进行意见生产的机会。

在知乎这样一个知识型社区，用户的答案获得赞同数量的多少，并不取决于其答案质量，却与其粉丝数密切相关。知乎话题"如何评价X"目的是期待用户站在多元的立场对特定事物进行客观评价，从而促进公众思考。然而，当事人的回答常常事与愿违，并且压制了更有建设性的意见；意见生产和传播的过程不仅受到知识明星话语权的压制，在时间维度上也存在不平等现象。知乎社区的投票机制进一步在时间维度上助长了社交地位不平等，使较早获得较多赞同的明星答案压制后续答案获得关注的机会，增加了普通用户挑战知识明星的壁垒。一人一票的投票机制虽然理论上对所有人持开放、平等的姿态，但未能带来意见生产和传播过程中的话语平权，也未能带来均衡、民主化的公共讨论。

受众通过任何中介与名人的交互都被认为是准社会关系。在社交媒体广泛普及的今天，这种准社会关系具有更强的操纵能力。用户和普通用户之间不平等的社交关系引发公共讨论不够充分、不够理性的风险。本文对于大众传播时代诸多传播学理论在新技术环境下的再研究具有拓展意义。传统的二级传播理论、公共空间理论、知沟理论等，正在新技术缔造的非大众传播场域中发挥力量。同时，新技术时代的知识生产过程与影响，新型社交媒体的特性与功能，通过知乎这样的新型意见生产机制，仍能揭示出其固有的文化传统。在特定文化情境中，社交新社区的机制（制度化因素），新技术的民主、平等、公共性等特质，都会因用户文化习惯等因素而消解，权力仍是新知识生产时代的主导因素，并挑战新型社区的公共性。换言之，人人能够运用的新技术、大家都可以寄身的新社区，并未赋予人们同等的权力，也未创造出与之特性相匹配的民主、理性和公共性。

作者：陈昌凤，清华大学新闻与传播学院教授，常务副院长。

师文，清华大学理学院博士生。

本文刊发于《西安交通大学学报》2020年第6期。本文为国家社科基金重大项目"智能时代的信息价值观引领研究"的阶段性成果，项目编号：18ZDA307。

智能治理篇

5G时代新媒体应用对政府
治理的影响研究

郭巧敏　易成岐　郭　鑫　邵建树　王建冬

【摘要】 4G改变生活，5G重塑社会。移动通信技术的发展为新媒体拓宽应用场景提供了有效助力，而媒体作为政府治理变革过程的关键要素，一直以来对全球各国政府治理创新产生着重要影响。本文在梳理新媒体发展历程及其对政府治理影响的基础上，提出5G时代政府治理面临的机遇和挑战，最后系统性阐释了新媒体时代政府治理研究归属于互联网研究，应充分结合互联网研究大范畴，从政策、平台、算法、个人、比较层面开展相关研究工作。

【关键词】 5G；新媒体；政府治理

一　引言

新媒体的发展压缩了全球时空距离，推动网络空间诞生。[①] 网络作为介质与个体、行业、社会产生密切联系，新媒体的移动性、便捷性、互动性一定程度上加剧了网络空间的纵深化发展。[②] 作为网络社会的主要参与

[①] 杨伯溆：《新媒体和社会空间》，《青年记者》2008年第11期。
[②] 谢俊贵：《当代社会变迁之技术逻辑——卡斯特尔网络社会理论述评》，《学术界》2002年第4期。

者之一，政府处于高速传播的网络信息和空前开放的话语空间，对其治理带来全新的机遇和挑战。党的十九大报告更是明确强调，要"加强和创新社会治理""提高国家治理体系和治理能力现代化水平"。[①] 在此背景下，本文基于媒体传播方式演进，归纳总结了不同媒体形态下政府治理特征，重点结合5G技术特点阐释了其对新媒体传播产生的影响，并讨论了5G对政府治理带来的机遇和挑战。

二 新媒体发展历程与政府治理

（一）信息通信技术对媒体传播的影响

新媒体是一个相对概念，从概念提出之初至今一直处于快速演进迭代状态。学者熊澄宇、[②] 匡文波、[③] 廖祥忠[④]等都对新媒体概念进行过界定，认为新媒体是在计算机信息处理技术和互联网基础之上进行内容传播的媒体，对新媒体概念分析发现，其共同点是拥有数字化、移动化、互动化特征。从1G到5G，媒体形态经历了从展示型媒体到社交型媒体，再到智能型媒体的转变。不同形态的媒体传播方式的变化，对传媒形态、媒体市场、媒体边界产生了深远影响，也对社会生态格局进行了重塑，改善了政府治理模式。

表1　　　　　　　5代移动通信技术对新媒体传播的影响

信息通信技术	对新媒体传播的影响
1G	信息传播移动化，通信个体可以借助移动通信设备沟通，但主要采用模拟通信技术，加上经济成本限制，对个体生活、社会变迁影响较小

---

① 向春玲：《十九大关于加强和创新社会治理的新理念和新举措》，人民网，http://theory.people.com.cn/n1/2017/1211/c40764-29697335.html，2019年8月5日。
② 熊澄宇、廖毅文：《新媒体——伊拉克战争中的达摩克利斯之剑》，《中国记者》2003年第5期。
③ 匡文波：《"新媒体"概念辨析》，《国际新闻界》2008年第6期。
④ 廖祥忠：《何为新媒体?》，《现代传播》（中国传媒大学学报）2008年第5期。

续表

信息通信技术	对新媒体传播的影响
2G	移动通信数字化，这一时期因为与互联网结合，新的媒介形态开始产生，比如手机报，成本的降低也让越来越多的人拥有终端设备，这是用户信息获取行为发生变迁的萌芽
3G	通信终端智能化，这一时期宽带速度得以改善，智能手机兴起，多种媒介形态开始出现，比如微博、微信、客户端、视频网站得以出现和发展，网民数量快速增长，为传媒产业的繁荣奠定初步基础
4G	移动应用数据化，数据化的重点将是"万物数据化"，越来越多的物理实体的实时状态被采集、传输和汇聚，从而使数据化的应用蔓延到整个物理世界，比如基于推荐算法的移动短视频、移动直播等新媒介形态得以产生，可以说移动应用数据是平台智能化推荐的重要来源，也对个体信息行为产生影响，沉浸式传播被越来越多的学者注意
5G	移动通信载体化，个体不再作为万物相连的中介，在5G技术的驱动下，大量传感器、云平台让物物"对话"成为可能，个体得以从简单的事务性和操作性的工作中解放，创意产业和创意内容将越发具有活力。研究也会逐步偏向平台中用户以及他们自行创造的各种内容①

（二）媒体呈现形态演变对政府治理的影响

以门户网站为代表的展示型媒体，是大众传播的典型体现，具有一对多特点，媒体内容由专门新闻机构制作发布，基于相对较固定的平台进行传播，缺乏用户反馈，导致个体无法通过媒体参与或无法直接进行政府治理问题的讨论；以论坛、微博、微信为代表的社交型媒体，对政府治理的影响主要体现在传播主体多元化、传播内容丰富化、传播渠道便捷化、传播效果及时化等方面。虽然增加了政府治理难度，比如群体极化、网络谣言的病毒式传播、网络民族主义等问题，但新媒体技术提供了政府与个体的知识讨论平台、信息交流共享平台、宣传教育平台、组织动员平台和便民服务平台，丰富了个体获取信息来源，便捷了信息互动与贡献，在提高办事效率的同时，加速了民主化进程。以抖音、快手、今日头条等为代表的智能型媒体，根据受众网络行为与兴趣进行信息推送是加快其传播的重要推手，高度及时的反馈提升了政府态势感知能力和决策能力。

---

① 王秀丽、赵雯雯、袁天添：《社会化媒体效果测量与评估指标研究综述》，《国际新闻界》2017年第4期。

因此，伴随 5G、大数据、人工智能等新技术的深度融合，政府与新媒体的关系呈现出多极化特征，网络新媒体规制与表达自由维护等多重目标亟须均衡。

（三）5G 时代新媒体应用下政府治理的机遇

5G 是第五代移动通信技术的简称，5G 具有高带宽、低时延、大连接等优势，将会对智能家居、自动驾驶、移动医疗和远程教育等垂直行业产生深远影响。①

在媒体领域，5G 的影响体现在以下三方面，一是新闻传播方式将进一步革新，在万物互联的 5G 时代，媒体内容的生产者将更加多元，不仅仅包括记者和网民，各种新闻报道的 bots 将会大范围产生。二是分屏跨屏融合传播时代到来，当 5G 技术赋予越来越多的物品媒体属性后，生活中接触的所有节点都有成为媒体的可能，比如桌子、汽车、手表、墙壁等。三是传媒市场的规模和边界将大大拓展，让人与人、人与物、物与物得以同时沟通，推动万物互联社会的到来。② 基于上述影响，对于政府治理而言，5G 时代新媒体应用将在政府决策、公共服务、社会治理、舆论引导、形象塑造等方面发挥举足轻重的作用。

1. 政府决策智能化高效化

新媒体应用对政府决策的影响主要体现在三个方面，分别是决策管理模式、决策执行过程和决策成效评估。在决策管理模式层面，5G 技术将大大提高信息传播的效率和便捷度，丰富了公共决策模式，使得政府决策从以政府为绝对主导逐渐转变为"政府—媒体"协商模式。③ 在决策执行过程方面，新媒体的智能化特征可对决策议程起到全方位感知，多元化个体可对内容进行议程设置，这对推动政府理性决策、拓宽公民政治表达渠道、实现多元主体平等参与、增强公众政策监督效果等起到积极作用。在

---

① 5G 与高质量发展联合课题组等：《迈向万物智联新世界——5G 时代·大数据·智能化》，社会科学文献出版社 2019 年版。
② 陆高峰：《畅想 5G：传媒业新的机遇和挑战》，《青年记者》2019 年第 3 期。
③ 李覆野：《论新媒体环境下中国公共政策执行中的公众参与》，《理论界》2014 年第 6 期。

决策成效评估层面,5G 基础设施的日益完善使得个体网络行为产生的大数据能够及时转化为有效提高政策评价的事前评估能力,政策评估不再局限于"政策执行产生的效果",而是包括需求、过程、效果和影响等,① 并能够及时纠正政策偏差,优化社会资源。

2. 公共服务个性化多元化

公共服务包括服务对象、服务工具和服务环境三个层面。5G 时代使得政府治理过程中的服务工具和服务环境发生变化。在服务工具层面,多种新媒体形态并存是其特征之一,展示型媒体、社交型媒体、智能型媒体将同时存在,让个体可以更频繁、更便捷地与政府互动,政府作为管理者利用政务 App 以及移动互联网泛在化的特点,将政务信息送达到个体手中。此外,物联社会的到来,人工智能的应用场景将进一步丰富,智能产业引用形态会层出不穷,以机器人为例,5G 时代工业机器人和服务机器人将迎来大爆发,智能增强、多机协作、人机协同将成为未来社会的重要特征,政府在公共服务领域,机器人的应用将成为常态,节约办事成本的同时提高了办事精准度。在服务环境层面,一方面,自 2015 年 9 月以来,基于互联网新媒体环境的变迁,国家围绕大数据、信息化、智能化、"互联网+政务服务"、政务公开、政务信息资源共享等领域出台了相关政策文件,为新媒体时代的服务提供了良好的政策环境保障。另一方面,在农业、制造业、流通、交通、生活服务、公共服务、教育、金融、医疗和能源等行业建构基于 5G 技术的基础信息服务平台,重构业态的同时加速了智慧社会到来。

3. 社会治理数据化精准化

中国共产党第十九次全国代表大会提出,社会治理是指通过相关机构科学采集信息,高效整合政府和社会数据,建设人性化的社会治理服务平台,对社会治安隐患、流动人员管理等一系列在城市化进程中产生的大数

---

① Yuanyuan Bao, Yan Niu, Chengqi Yi, Yibo Xue, "Effective Immunization Strategy for Rumor Propagation Based on Maximum Spanning Tree", *International Conference on Computing*, Networking and Communications(ICNC 2014), Honolulu, Hawaii, USA, November 15, 2014.

据进行挖掘和利用，改善决策，解决社会问题，提升社会管理能力。国际上对网络社会治理关注的问题主要体现在五个方面：基础设施和标准化、法律、社会与文化、经济、发展。[①] 欧美国家的社会治理范式基本传承了信息传播科技（ICTs）研究的传统，其理论体系是建立在新媒体的社会普及（adoption）、使用（usage）和效果（impact）的框架之上。[②] 中国在社会治理方面分为四个步骤，一是信息化，二是数据化，三是自流程化，四是融合化。[③] 基于5G、大数据、人工智能建构的新媒体以其交互性、去中心化的特征迅速成为"海量的信息集散平台和国家社会的互动平台"，形成的是一个"全景敞视觉监狱"[④] 式的社会信息场域。高效互动的新媒体对个体进行了赋权，使得知情权和表达权得到保障，巩固了社会治理的基础，形成更为合理的社会治理契约。政府同样可以合理利用新媒体进行数据搜集和整合，创新社会治理的手段，解决社会问题，提升社会管理能力。

4. 舆论引导及时化灵活化

5G时代智能型媒体发展空间将会进一步突破，网民用户行为可以更高效地转化为算法，精准反馈。与之带来的新媒体环境下舆论生态呈现出用户行为趋于社交化、消费时间趋于碎片化、优势媒体趋于平台化、优质传播趋于矩阵化的特征，一定程度上舆论会呈现出主体多元性、影响广泛性、表达开放性和非理性、传播的不可控性、内容的虚假性等特点。在焦点事件的舆论引导层面，新媒体一方面增加了网络社会中的意见领袖的声音，并成为影响公共政策的重要力量，进而形成强大的网络舆论场，甚至引导着整个网络舆情的走势。另一方面，在焦点事件发生后，新媒

[①] 钟忠：《中国互联网治理问题研究》，金城出版社2010年版。

[②] 刘新传、魏然：《语境、演进、范式：网络研究的想象力》，《新闻大学》2018年第3期。

[③] 大数据战略重点实验室：《块数据2.0：大数据时代的范式革命》，中信出版社2016年版。

[④] ［法］米歇尔·福柯：《规训与惩罚》，刘北成、杨远婴译，生活·读书·新知三联书店2003年版。

体可通过其特有的互动性叙事模式，将网民的注意力迅速聚焦于焦点事件上，还能通过与传统媒体交相呼应，形成舆情聚合。同时广大网民可通过新媒体将焦点事件信息进行再次编辑、转发和评论，融入和表达自身的观点、情绪和价值观念，并与为数众多的网民进行交流和互动，从而形成关于焦点事件和相关政策的网络舆情。① 这对政府舆论引导而言，在做到权威、及时、互动之时，还要充分发挥主流媒体在社交媒体平台上的风向标作用，用更加灵活的方式塑造公共文化，培育理性、和谐的网络空间社区。

5. 形象建构互动化常态化

18—19世纪，政府治理问题往往是国家的内政，直到两次世界大战与冷战期间，政府治理的国际格局才逐渐形成。全球化时代，政府形象传播是重要资产，政府形象的好坏也是国际传播能否取得成功的关键。政府在各种场合所使用的话语通常是在各种价值、地位、实力等因素的综合交织下所形成的，也是这些因素最为直接的反映。因此，新媒体时代，与时俱进的话语体系对政府形象传播扮演着重要角色。以社会事件为例，新媒体在事件的潜伏阶段发挥着预警性的作用，联结了政府与各方社会力量，加快了事件的传播速度，扩大了事件的传播范围，保证了社会公众的知情权与话语权，可以通过高效互动的方式改善政府形象。② 而多次外交活动发言的传播效果也表明，政府形象的塑造正在从被动式的危机公关向日常社会常态中塑造，5G带来融合传播纵深发展的同时，将进一步推动政府形象传播实现全方位、广角度和多层次。

（四）5G时代新媒体应用对政府治理的挑战

1948年，传播学先驱哈罗德·拉斯韦尔（Harold Dwight Lasswell）在《传播在人类社会中的结构与功能》一文中对社会传播的过程、结构及功能做了一个较为全面的论述，并清晰地阐释了5W传播模式以及媒体的三

---

① 黄扬、李伟权：《新媒体环境下网络舆情对政策间断式变迁的影响研究——基于"间断—均衡理论"视角与案例分析》，《电子政务》2018年第9期。

② 曾爱玲：《新媒体环境下政府危机管理初探》，《中国集体经济》2012年第10期。

功能说。① 基于上文对 5G 特点的论述，在新媒体传播过程中，这五个要素正在发展，各有特色。首先，沟通者或者说传播者变得更加多样化，组织或个人甚至社交媒体平台的 bots 都可以成为信息的发送者。其次，信息正在变得庞大，多媒体文本如图像、音频、视频、动画等随处可见。再次，媒体变得越来越互动，这是新媒体技术发展的最重要特征。复次，观众变得更加个性化，表现出更多的参与和主动性。最后，5G、大数据、人工智能的发展让传播效果算法化成为可能。在新的媒体环境下，这五个要素发生变迁的同时，也同样对政府治理提出挑战，具体下文将展开分析。

1. 传播主体日趋多样化，网络素养参差不齐

中国互联网络信息中心（CNNIC）发布的第 44 次《中国互联网络发展状况统计报告》数据显示，中国网民规模达 8.54 亿，普及率达 61.2%。② 5G 时代更多样的网络行为模式会带来社会行为规范的变化，实体社会的法律法规和传统习俗已经在互联网上面临挑战。但应该认识到，随着互联网革命、社交网络革命、移动互联革命的到来，越来越多的网络鸿沟出现。网络鸿沟是指在网络空间中，信息富有者和信息贫困者之间的鸿沟。③ 首先，由于政治、经济、文化等地位差异，网民代表了社会中某些重要的群体但并不是所有阶层，而且城乡网民比例差距仍然较大，政府治理在收集网络信息的同时，要注意网络民意本身存在的偏差。其次，根据学者彭增军的调查，传统媒体依然是公众获取新闻信息的主流媒体，尽管有 60% 的用户从社交媒体获取新闻，但是传统媒体依然生产着 70% 的原创新闻。可以看出传统媒体借助其自身内容创作和发布的优势，在社交媒体上仍旧占据优势地位，④ 这是传统媒体和自媒体之间的鸿沟。最后，网民属性的参差不齐，比如学历、职业、收入、年龄、性别等因素在 5G 时代依然存在影响。确

---

① 刘鹏飞、张艳芳：《科技信息传播功能解析——以"5W"传播模式为例》，《情报科学》2012 年第 1 期。

② 中国互联网络信息中心：第 44 次《中国互联网络发展状况统计报告》，2019 年版。

③ 郭庆光：《传播学教程》，中国人民大学出版社 2011 年版。

④ 彭增军：《传统与挑战：网络时代的媒介伦理》，《新闻记者》2017 年第 3 期。

保网民素养均衡化发展，缩小网络鸿沟，是政府治理面临的问题之一。

2. 传播内容富媒体化，监管难度进一步加大

5G 技术下的高带宽、低时延、大连接等特征更是赋予了我们将现实生活中的任何信息上传为媒介内容的可能性。5G 网络的普及，越来越多的商家或官方机构、社会团体、个人等都可在平台上发布传播给特定群体的文字、图片、语音、视频等，从而形成全方位的沟通和互动。《互联网的误读》[1] 一书中探讨的技术中心主义和人类中心主义，技术中心主义认为，互联网的出现是具有颠覆性的；而人类中心主义则认为，人作为技术的发明者，互联网只是达成目标的手段。5G 时代，场景和应用将进一步紧密结合，在线视频流会成为一个重要趋势。但不可忽视的是，网民网络信息行为正在构成网络空间的数据，或者说，互联网上的任何内容，比如文字、图片和视频是数据，甚至我们的信件、电话和电子邮件、广播和电视节目、互联网网页以及各种社交产品中生产的内容，都是数据。而这种数据是基于多样化的个体采用富媒体化的形式进行生产的，对于治理者而言，内容的监管难度加大。5G 时代，富媒体化数据的增多，政府和社会的数据布局会发生变迁，也将引起治理方式的变化，亟须从政府主导转变为政府与社会协同共治的数据管理模式。

3. 传播媒介融合化，跨屏多屏沉浸传播

场景化、视觉化是 AI 发展的重要方向之一，未来 5G + AI 可以支持多台全息设备联动，实现全息投影设备、控制设备等之间的协同。媒介在变得轻便灵活的同时，距离我们的身体也会越来越近，甚至融入我们的身体中。未来的世界呈现出"分屏"和"跨屏"融合的特征，可以基于不同场景随时进行切换。5G 技术在给现有传媒产业和信息传播模式带来新的变革和机遇的同时，新的传播媒介形态和新的传媒机构将会产生，现有媒体产业机构和结构势必面临重组，给现有的媒体监管和治理方式带来新的挑战。其中，最大的问题是媒介依赖，或许新型"容器人"将会诞生，这是

---

[1] ［英］詹姆斯·柯兰、娜塔莉·芬顿、德斯·弗里德曼等：《互联网的误读》，何道宽译，中国人民大学出版社 2014 年版。

因为跨屏沉浸传播的同时，网络安全的覆盖面会深化和增加；二是现有的以平面信息和人际传播为主的内容监管审核机制和信息过滤技术，将难以满足5G时代立体信息传播的审核需求。这就为5G时代传播式的政府管理带来了新的难题，如何做好5G时代的传媒产业布局和监管工作，基于新技术特点应对网络安全威胁，① 既考验信息传播行业的智慧，也需要政府管理部门及早调整策略。②

4. 受传者更加个性化，主流媒体日渐式微

2004年10月，美国《连线》杂志主编克里斯·安德森在他的文章中第一次提出长尾（Long Tail）理论，主要用来描述亚马逊等网站的商业模式。他认为商业和文化的未来在于需求曲线中那条无穷长的尾巴。③ "网络化个人主义"④ 的诞生，零散小量的个性化需求越来越被关注，这也是近年来下沉市场创业能够取得成功的重要因素。而当这些小众市场逐步规模化后，头部效应自然受到影响。媒介融合的加剧一定程度上助力传统媒体在社交媒体上占领地位，能够较好地进行议程设置引导受众。在5G时代，网络资费和传输成本的降低，更多的网民愿意把媒体时间用在诸如抖音等视频类手机客户端，这意味着5G将促使传统媒体加快向以手机为代表的移动化媒体转型。从网络关系强弱来看，基于移动化的媒体属于强联系传播，所以导致用户对其权威信息的信任度高。相比之下，纸媒、电视、广播等传统主流媒体则属于弱联系传播。⑤ 弱连接意味着信任感不足，这对传统政府信息的发布、传播、管理带来不可触达或者不可接受的风险。

5. 传播效果算法化，信息茧房效应加剧

5G、大数据和人工智能的发展，平台可以基于网络行为特点形成算

---

① 吴小坤：《新型技术条件下网络信息安全的风险趋势与治理对策》，《当代传播》2018年第6期。

② 陆高峰：《畅想5G：传媒业新的机遇和挑战》，《青年记者》2019年第3期。

③ 陈力丹、霍仟：《互联网传播中的长尾理论与小众传播》，《西南民族大学学报》（人文社会科学版）2013年第4期。

④ [美]李·雷尼、巴里·威尔曼：《超越孤独：移动互联时代的生存之道》，杨伯溆、高崇等译，中国传媒大学出版社2015年版。

⑤ 匡文波：《5G将彻底颠覆主流媒体的概念》，《编辑之友》2019年第7期。

法,在发现网络内容如何被受众认知、解读、评价和传播的基础上,直接考察传播效果。[1] 虽然运用数据可以来了解用户需求、优化内容生产、定制分发内容、评估和预测传播效果、提升付费或广告收益等。[2] 但这却加速了信息茧房效应,信息茧房(Information Cocoons)是指信息传播中,因公众自身的信息需求并非全方位的,公众只注意自己选择的东西和使自己愉悦的通信领域,久而久之,会将自身桎梏于像蚕茧一般的"茧房"中。[3] 其导致的负面影响体现在个人接受信息的回音室效应增强,对真实世界认知产生偏差,重复虚假信息产生负面影响,个人隐私面临风险,[4] 甚至引致群体极化和网络暴力,这对政府治理也提出新的问题和挑战。

三 5G 时代新媒体应用下政府治理的调适

在新媒体形态变迁的环境下,研究范式在经历从传播效率到参与共享式传播的根本性转变、信息传递的广度到深度的转变。[5] 而从未来发展的角度来看,学者们认为 5G 时代互联网的媒体属性会越来越突出,社会网络会越来越受到重视。牛津大学互联网研究院的 Dutton 教授将欧洲互联网研究归纳总结为"技术—使用—法规"(Technology-Use-Policy,TUP)框架。[6] 而在笔者看来,伴随城市化进程的加剧,社会转型面临困境,而网

---

[1] 钟智锦、王童辰:《大数据文本挖掘技术在新闻传播学科的应用》,《当代传播》2018 年第 5 期。

[2] 周艳、吴凤颖:《数据工具在媒体内容运营中的应用研究》,《现代传播》(中国传媒大学学报)2019 年第 2 期。

[3] Elanor Colleoni, Alessandro Rozza, Adam Arvidsson, "Echo Chamber or Public Sphere? Predicting Political Orientation and Measuring Political Homophily in Twitter Using Big Data", *Journal of Communication*, Vol. 64, No. 2, 2014, pp. 317 – 332.

[4] Seth Flaxman, Sharad Goel, Justin M. Rao, "Echo Chambers, and Online News Consumption", *Public Opinion Quarterly*, Vol. 80, Issue S1, 2016, pp. 298 – 320.

[5] 宋建申:《移动互联时代思政教育与舆论引导模式创新》,《中国广播电视学刊》2017 年第 1 期。

[6] William H. Dutton, Grant Blank, "The Emergence of Next-generation Internet Users", *International Economics and Economic Policy*, Vol. 11, Issue 1, 2014, pp. 29 – 47.

络化个人主义导致的差序格局社会急需社会治理发生转向,具体可从政策、平台、算法、个人、比较层面展开。

政策方面,研究中国网络内容治理与监管的顶层设计与实现路径,提出互联网治理的对策思考,比如制定清晰的互联网战略、健全法律法规、改进监管方式、推进互联网荣誉体系建设和道德建设等。平台层面,互联网平台在网络社会扮演日趋重要的角色,施瓦茨(O. Schwarz)曾探讨了 Facebook 的治理机制、动机和权力来源,同时确定了适用于其他互联网公司的更广泛的模式和逻辑。研究发现,Facebook 之所以可以有效管理用户,因为它将各种特定领域的资本形式转化为单一形式即广义社会资本,并且当用户不符合这套规范时,它将会没收这种广义社会资本,[1] 因此治理过程中应该加强网络内容平台运营与管理的监管,提出网络内容平台治理的规制优化策略及风险预测与预警体系。算法层面,5G 的进一步发展需要注意算法的非透明性,而且将会影响各个领域。具体如:民主方面,比如新闻排序带来的信息茧房,对人种的歧视;市场方面,算法定价带来的价格歧视,以及是否会操纵市场;社会方面,以机器人的发展为例,对话机器人是否会影响群体行为,以及针对不同年龄段的人是否能顺利交流,或者在线交友会不会泄露信息等问题值得探讨和深入研究。[2] 个人层面,麦克卢汉说媒介是人的延伸,那么在 5G 时代,整个身体,或者说整个人的延伸装置应该就是机器人了,思考机器人的媒介素养并增强媒介素养,是个人在未来要面临的问题。比较层面,需要研究发达国家网络内容治理体系与监管模式,讨论各国差异,在互联网治理层面,美国有 16 家核心机构,[3] 在政策解读、治理模式、治理手段上进行全方位的探讨。中国在政

---

[1] Ori Schwarz, "Facebook Rules: Structures of Governance in Digital Capitalism and the Control of Generalized Social Capital", *Theory Culture & Society*, Vol. 36, No. 4, 2019, pp. 117 - 141.

[2] Iyad Rahwan, Manuel Cebrian, Nick Obradovich, et al., "Machine Behaviour", *Nature*, Vol. 568, No. 7753, 2019, pp. 477 - 486.

[3] 罗昕、李芷娴:《外脑的力量:全球互联网治理中的美国智库角色》,《现代传播》(中国传媒大学学报)2019 年第 3 期。

府治理过程中，需要结合本土特色，强化高质量成果，创建世界一流互联网治理智库；面向国际社会，加强与高端智库的交流与合作，通过多元渠道推动新时代网络社会的治理。

政府治理是互联网治理与发展的重要组成部分，未来还需要在技术与标准、人口学统计变量、对策探讨、互联网民族文化等方面全方位展开研究，多元渠道助推政府治理研究。

作者：郭巧敏，北京大学新媒体研究院博士生。
易成岐，国家信息中心大数据发展部助理研究员。
郭鑫，国家信息中心大数据发展部干部、北京大学信息管理系博士生。
邵建树，清华大学公共管理学院博士生。
王建冬，国家信息中心大数据发展部规划与应用处处长、副研究员。

本文为2019年11月"智能时代的信息价值观研究高层论坛"的投稿论文。论坛由清华大学新闻与传播学院、国家社科基金重大课题"智能时代的信息价值观引领研究"课题组等联合主办。本文为国家社科基金青年项目"使用大数据方法开展社会政策评估的探索性研究"阶段性成果，项目编号：18CSH018。感谢华为技术有限公司企业BG新ICT研究工作组对本文的支持。

论算法推荐给媒介公共
领域带来的挑战

张蓝姗　黄高原

【内容提要】 算法推荐的诞生和应用给媒介生态带来了巨大变化，亦影响了媒介公共领域的建构。公共领域是国家与社会进行关系调节的领域，代表"公共利益"，而算法推荐是"商业逻辑"的产物，二者不可避免地存在矛盾。奉行工具理性的算法推荐消解了媒介对于公共领域建构的社会责任，"情感传播"和"群体偏见"的存在弱化了交往理性，算法的不透明性和可干预性给政治权力和商业因素的侵入带来可能，算法推荐形成的"中心化"传播模式削弱了公共领域的平等性。

【关键词】 算法推荐；公共领域；媒介

媒介作为公共载体，承担着建构公共领域的社会责任，即向公众全面地公开公共信息，提供平等的意见表达机会，并抵制商业、政治元素的侵蚀，通过引导公众进行对话协商来形成理性的公共舆论。作为人工智能技术的代表，算法推荐能够根据用户特征和数字行为在海量数据中为用户挑选出他们可能感兴趣的内容，提高了信息生产、管理和分发的效率，给媒介带来了更广阔的发展前景，但也给媒介的公共领域建构带来了诸多挑战。

一 算法的工具理性削弱了媒介的价值理性

马克斯·韦伯将人类的理性行为分为价值理性和工具理性，他认为价值理性是人根据自己的信念和要求所做出的行为，其行为服膺其重要的信念（包括义务、尊严、美、宗教训示的重要性），而工具理性是根据目的、手段和后果作为其行为的取向。① 如果说保持善良和正义是人类价值理性行为的体现，那么传播公共信息、建构公共领域便是媒介所需要遵循的价值理性原则。但算法推荐以公众的信息偏好和用户特征为导向，追求信息与用户的个性化匹配和精准分发，是目的性至上的行为。当技术的工具理性成为主宰信息传播的法则后，便会削弱媒介通过道德理想来建构公共领域的职责。

1. 公众和社会陷入价值迷失的困局

在"注意力经济"中，那些能够迅速吸引公众眼球的往往是具有视觉冲击力、满足低级趣味的低俗内容，以工具理性为导向的算法推荐有可能为了提高点击率给用户推送虚假新闻，甚至是色情、暴力等内容。2018年11月皮尤研究中心发布了《算法面前的公众态度》调查报告，数据显示，有17%的公众表示算法为其推荐阅读过含有明显夸大事实和虚假内容的信息，71%的公众被算法推荐过诸如色情、暴力等令人不适的内容。② 媒介在公共领域建构的过程中本应保证其具有纯粹性和独立性，但算法推荐却极易受到商业利益的影响，迎合公众的低级趣味，将一些真正有价值的信息边缘化了，导致"劣币驱逐良币"。媒介也因此弱化了对于理性价值的引导和主流价值的守望，消解了其长期坚守的社会责任，久而久之，公众和社会也会陷入价值迷失的困局。

---

① [德] 马克斯·韦伯：《经济与社会》（上卷），林荣远译，商务印书馆1997年版，第57页。

② "Public Attitudes Toward Computer Algorithms", Pew Research Center, http://www.pewinternet.org/2018/11/16/attitudes-toward-algorithmic-decision-making/.

2. 娱乐信息、商业广告挤占公共信息的空间

相较于严肃枯燥的政治、经济、文化、公益等公共信息而言，绝大多数的公众更热衷于浏览休闲娱乐信息。在大众媒体时代，由于传统"把关人"的存在，媒介能够秉持价值理性的原则，坚守新闻专业主义，最大限度地传播公共信息，不断维持公共信息与娱乐信息间的平衡。唐纳德·肖因此提出了"水平媒介"和"垂直媒介"的概念，他认为提供个性化、小众化信息服务的"水平媒介"与提供公共性、大众化信息内容的"垂直媒介"互相交织后，能够保证个性化信息与公共信息之间的平衡，从而创造出一个稳定的"纸草社会"。[①] 但是算法推荐却打破了以往的稳定性，算法会一味迎合公众的信息偏好，加之缺少传统"把关人"的筛选，导致休闲娱乐类信息不断挤占公共信息的空间，时政新闻、科技文化等信息占比严重不足。信息的泛娱乐化会让公众沉浸在娱乐需求的满足中，有可能对公共事务漠不关心，"围观"公共事件，给公共领域的建构带来巨大挑战。

另外，个性化算法推荐不仅能为用户提供其感兴趣的信息内容，还能为其量身推送商业广告，给企业的广告投放带来新的契机，算法平台也可因此获利。在今日头条 App 算法推荐信息一栏中，通常 2—3 条新闻后便会出现信息大图广告，商业广告的信息比重远远高于 10%，[②] 挤占了军事、公益、文化等公共信息的空间。在算法的"包庇"下，媒介无形中成为广告公司的"合作伙伴"，很多真正有价值、有深度的信息却被过滤掉了，不仅影响了用户体验，还削弱了媒介的公共性和社会责任。

由此可见，奉行工具理性的算法推荐虽然满足了公众的娱乐需求，获取了商业利益，但是却背离了价值理性，忽略了社会责任。对于媒介而言，建构公共领域的有效性必须以公共信息的广泛传播为前提，只有公众充分地占有信息，才能有效地参与公共事件的讨论。信息的娱乐化和商业

[①] 彭兰：《假象、算法囚徒与权利让渡：数据与算法时代的新风险》，《西北师大学报》（社会科学版）2018 年第 5 期。

[②] 张芳：《今日头条信息流广告推送经验及启示》，《新闻战线》2017 年第 4 期。

化只会让公共领域变成一个虚无缥缈的假象，公众也会在"广场式狂欢"的娱乐体验中放弃对于价值理性的思考和公共事件的参与。

二 算法推荐阻碍了公共领域的交往理性

交往理性是哈贝马斯公共领域实现概念性转化后被赋予的重要意义，他认为公共领域的交互行为是为了达成主体间的理解与共识，而这种理解和共识以交往理性为前提，[①] 即公众通过对于公共事件的理性辩论，形成理性的公共舆论，进而影响政府的公共决策，最终实现保障公共利益的目的。但算法推荐并没有助力交往理性的形成，反而阻碍了理性公共舆论的形成，媒介也因此背离了建构公共领域的社会责任。

1. "情感传播"消解了舆论的理性

在传统大众媒体时代，理性、客观、公正成为媒介传播信息的首要原则，但在新媒体时代，媒介往往会通过煽情、偏激等非理性情绪的表达来吸引公众眼球，以此来提高点击量，获取商业利益。例如"重庆公交坠江事故"发生后，网络媒体对于"女司机"的污名化报道，让与公交车相撞的轿车女司机遭遇恶劣的网络暴力；21岁女孩夜间乘坐滴滴顺风车遇害后，"年轻空姐""深夜打车""衣着暴露"等字眼的着重凸显，让人们对于遇害女孩的关注超越了案件本身。有论者指出，互联网将网民转化成了能够被情感传播动员、联系或分化的情感公众，[②] 他们虽然更关注公众事件，但也极易受到情绪的影响，让公共舆论变得非理性化。

算法推荐在一定程度上会助力情感传播，让公共信息被公众情绪包裹，从而难以形成理性的公共舆论。一方面，相较于理性的信息内容，情绪化的表达更容易引发群体共鸣，获得较高的阅读量和转发量。基于机器学习的算法能够根据数据分析和标签识别，广泛挖掘此类信息，并投其所

[①] 万新娜：《网络媒体语境下公共领域之幻象——公共领域媒体实践的批判》，《中国广播电视学刊》2015年第9期。

[②] 王斌：《数字平台背景下情感传播的成因、风险及反思》，《电子科技大学学报》2019年第1期。

好地推荐给公众，为集体情感的聚合奠定了基础。另一方面，以协同过滤算法为例，它基于相似用户喜欢相近内容的假设，会将情感信息同步推送给拥有相似社会经验的亲朋好友，进一步扩大了情感传播的范围，并能帮助拥有相同情感趋向的公众迅速聚集起来，形成的公共舆论往往基于感性理念，而非理性思考，公共领域的交往理性因此被消解了。

2. "群体偏见"阻碍了理性的对话协商

由于算法推荐可以随时了解用户的信息偏好，为其打造"千人千面"的个性化信息世界。当用户持续接收与自己兴趣、观点一致的信息后，会不断强化自身观点，将自身桎梏于"信息茧房"中，甚至将偏见固化为真理，拒绝与其他群体进行对话协商和理性沟通，阻碍了理性公共舆论的形成。例如，2017年11月长春长生和武汉生物生产的共65万余支不合格百白破疫苗流入三省，引发社会哗然。随后，众多自媒体大肆宣扬疫苗"有毒"会致婴幼儿死亡的谣言，用户在点击阅读此类信息后，算法推荐会大量地、反复地推送相似内容，将用户包裹在虚假信息的"茧房"中。虽然国家相关部门一再辟谣，解释说问题疫苗可能会影响免疫保护系统，不会危害人体健康，但是公众依旧处于恐慌之中，固执地认为疫苗是"有毒"的，不断宣泄着对制药企业和国家政府的不满，甚至出现抵制疫苗注射的极端行为。

每一次交往理性的形成都以公众消除偏见为前提，并通过表达、交流和协商达成共识，媒介也应为公共交流提供渠道和保障，但算法推荐会迎合公众的信息偏好，过滤掉大量的异质观点，不断强化群体观点，甚至群体偏见。当群体对异质观点产生敌意后，群体间便难以进行充分、有效的对话协商，公众也会因此丧失对于公共事件的深刻理解和全局批判的意识，极易形成极端舆论，不仅会破坏公共领域的交往理性，还有可能诱发公共突发事件，造成社会危害。

三 算法的"伪中立性"让公共领域形同虚设

算法的"伪中立性"是指算法在信息生产、筛选与分发过程中的一种有意识的"加工"行为,这种"加工"给信息处理造成了隐蔽性、悄然性。① 换言之,算法可以通过技术手段加以干预,成为既得利益者的权力,潜在地影响、控制公众,达到某种目的。

1. 公共领域成为政治权力争夺的场域

哈贝马斯曾强调媒介在公共领域建构的过程中应该进行"去政治化",但算法的可设计性极易使媒介成为一种强有力的政治武器。2018年3月《卫报》证实了Facebook在美国大选期间通过算法设计有针对性地为用户推荐信息,影响了选举的最终结果。例如黑人用户会频繁看到希拉里称黑人男性为"超级掠夺者"的视频,而特朗普则更多的以和蔼可亲的形象出现在推荐页面上,这些信息影响了选民的政治倾向和最终选择,间接促成了特朗普的获胜。

媒介技术的巨大影响力让其变成了一个权力场域,被各方利益争夺。算法的不透明性和可设计性能够让政治团体将自身的价值蕴藏其中,并通过技术操控改变其中的话语空间和权力结构,实现政治宣传和操控选民的目的,媒介也因此成为政治权力的帮凶,其所构建的世界仅仅是公共领域的假象。

2. 公共领域成为商业竞争的平台

算法虽然身披"技术中立"的外衣,却依旧是人工产物,代表设计团队的价值。在今日头条与腾讯的竞争中,2018年6月今日头条曾篡改新华社关于网游的评论文章,专门针对腾讯进行扭曲报道,与其他信息推荐不同的是,此条信息通过算法设计推荐给所有用户,并标注为热门信息,瞬间吸引了大量媒体和公众的阅读、转发,导致公众对于腾讯的讨伐声接连不断。显而易见,今日头条并非像其宣称的那样:"没有编辑团队,不进行人工干预,全靠算法学习进行个性化推荐,也不进行内容的加工生产,只做内容分发。"② 其所有的市场逻辑都蕴藏在算法设计中,平台也可以借

---

① 李林容:《网络智能推荐算法的"伪中立性"解析》,《现代传播》2018年第8期。

② 李志刚:《今日头条的想象空间有多大?》,凤凰科技,http://tech.ifeng.com/speakout/detail_ 2014_ 06/05/36672166_ 0. shtml。

助算法进行商业竞争。那些所谓"技术是中立的、客观的、公平的"犹如"皇帝的新衣"一般，成为媒介逃避社会责任、追逐商业利益的"借口"，甚至成为其进行恶性商业竞争的合理化工具。

在算法的影响下，媒介本应是客观事实的陈述者，如今却成为商业竞争的协助者，公众也因此成为企业为了盈利而利用的工具。识破真相后的公众，自然会增加对于公共事件参与的不安全感和抵触心理，久而久之，他们的参与意愿便会下降，给公共领域的建构带来重创。

四 "中心化"传播模式使普通公众陷入"沉默"

自传播诞生之日开始，精英阶层就一直掌握着话语权，成为信息传播的"中心"。进入互联网时代，由于新媒体的匿名性、狂欢性，以及媒介技术的普及和支持，给普通公众参与公共事件的讨论带来机会，呈现出"去中心化"的传播模式，但算法推荐的应用，却在一定程度上打破了这种模式，让信息传播再次为精英阶层服务。

算法可以直接影响信息呈现、搜索排序、信息热度和传播效果，以基于热度推荐算法的新浪微博为例，其热门推荐一栏中位居前列或是频繁出现的信息大多数来自微博大V、媒介机构和网络红人，而普通用户发布的内容却很少被看到。事实上，微博大V、媒介机构和网络红人一直都是微博空间的意见领袖，在讨论公共事件时，其发表的意见极易获得较高的点赞量和转发量。基于热度推荐的算法便会以他们为中心展开二次传播，进一步扩大其意见的影响力。当普通公众频繁地看到精英阶层的观点后，会逐渐趋同于他们的价值取向，陷入"沉默的螺旋"。

自由平等和公开讨论始终是媒介在构建公共领域过程中所遵循的原则，即公众享有平等的话语权，公众意见的表达权不会受到经济财产多寡的限制，也不会受到社会地位和权力的影响，公共领域向所有公众开放。但是算法却能通过分析用户的粉丝量、发表意见的评论量和转发量等数据，轻易识别精英阶层，为了达到更好的传播效果，算法会优先或者重复推送他们的观点，久而久之，普通公众便会认同他们的意见，陷入"沉默",并自然地接受这种以精英阶层为中心的层级网络和传播模式,将自己放入接收端,逐渐放弃表达权。媒介因此从表达的中介变为精英阶层的"传话筒",传播活动再次以精英阶层为中心。

五 结语

算法推荐的诞生和应用是信息过载时代的一个必然结果,也是尊重和满足信息个性化体验的一种方式。对于媒介而言,算法推荐改变了信息传播的方式,实现了信息的个性化分发,给用户带来更好的体验,但也把我们带入了一个全新的"楚门的世界",甚至成为一种新的权力。尤瓦尔·赫拉利曾说:"未来的上帝不再是客户,生态的顶端将是算法,它将帮我们分析和解码,做出越来越重要的决定。"[1] 但是如果不对算法进行规制和监管,缺少正确的价值引导,这一切都将无从谈起。媒介是"公共利益"的代表,而算法是"商业逻辑"的体现,二者难以避免地会存在冲突。在算法成为传播主流的当下,要想二者和谐共生,首先,媒介要坚守新闻专业主义,勇于承担社会责任,努力建构一个平等、自由、理性的公共领域,维护公共利益;其次,算法也要通过技术优化为公众提供多元化的信息观点,增加公共信息的比重等;最后,要想让媒介更好地使用技术,必须强调专业新闻者的"把关",只有将技术的高效性、科学性与人的监督性、价值性相结合,才能建构出健康的传媒生态。

作者:张蓝姗,北京邮电大学数字媒体与设计艺术学院教授,网络系统与网络文化北京市重点实验室新媒体与创意中心主任。

黄高原,北京邮电大学数字媒体与设计艺术学院在读研究生。

本文刊发于《当代传播》2019年第3期。本文为国家社科基金重大项目"智能时代的信息价值观引领研究"的阶段性成果,项目编号:18ZDA307。

---

[1] 李海霞:《〈人类简史〉作者 算法将成为未来经济链的顶端》,人民网,http://money.people.com.cn/n1/2017/0525/c42877-29300450.html。

商业性网络水军的全链条治理

陈昌凤　林嘉琳

【摘要】 商业性网络水军是在特定利益驱动下，通过操纵人工或机器在互联网世界中生成关于某个话题或人物的大量信息，影响互联网用户对该话题或人物的认知及态度，最终宣传或者攻击某些人物或事物的现象。作为一种舆论制造和引导机器，商业网络水军的运作遵循一套非常清晰的产业运作流程，并呈现出人数多而分散、影响力大、内容高度雷同、技术逐步精进等特点。面对当前中国网络水军治理识别难、定性难、取证难、追责难的主要问题，本文提出通过构建商业性网络水军的有效识别机制、完善针对不同类型的网络水军及其行为的法律法规、鼓励政府和官方媒体主动掌握传播主动权加强精神文明建设等途径，实现对商业性网络水军的全链条治理，推动对网络空间秩序的全方位维护。

【关键词】 网络水军；公共关系；网络治理

网络水军自诞生起便发展迅猛，现已可广泛见诸人们政治、经济、文化等互联网活动的各个方面，且在商业环境中尤为活跃。商业领域的网络水军是企业营销、媒体宣传、产品推广、娱乐产业运营的常见手段。政治领域的网络水军的势力已达到干扰国家重大决策、总统选举的程度，2017年至少有18个国家在选举中遭遇了线上操纵和虚假信息策略。[1] 网络水军的行为越来越波及互联网用户的精神生活和现实生活，有时甚至会给人们带来负面影响，对网络水军制定并开展全链条治理迫在眉睫。本文将从商业性网络水军的兴起发展入手，探讨网络水军的治理问题。

一 Web 2.0技术催生的网络水军：社交时代的公关代理

关于网络水军的定义，目前学界尚未形成统一的结论，司法实践对于网络水军的定性也仅限于触犯了现有法律的网络水军行为，并不能全面囊括网络水军这个群体。总的来说，网络水军是在特定利益驱使下，通过操纵人工或机器在互联网世界中生成关于某个话题或人物的大量信息，影响互联网用户对该话题或人物的认知及态度，最终宣传或者攻击某些人物或事物的现象。

网络水军是后web2.0的衍生物，由于互联网技术的提升，信息的分享化、互动化、个人化成为web2.0的特质，由此带来了多种功能，网络水军成为后web2.0式的公关代理人。国内的网络水军源于网民无聊之际在网络休闲平台自娱自乐所推出的"网络推手"，有调查显示其萌芽于2007年，[2] 最早也不过追溯到2005年10月。[3] 在互联网投入使用的初期，网络水军的主要行为模式为发送大量垃圾邮件。但网络水军的发展十分迅速，随着互联网社交性的增强，网络水军也深入各类论坛、客户端等社交平台，并逐步形成规模化，到2009年已具备极大规模。

---

[1] 方师师：《警惕"网络水军"对传播主动权的操纵》，《人民日报》2018年4月3日。
[2] 张筱筠、连娜：《网络水军：微博营销中的"灰色阴影"》，《新闻界》2012年第1期。
[3] 周光清、刁宗鹏：《"网络水军"的社会危害及刑法适用》，《传媒》2016年第20期。

网络水军本质上是一种目标明确的公关代理，手段则是"舆论制造和引导机器"，① 具有四大显著特征。第一是规模大，在每一个网络水军出没的事件中，都存在数量众多、目标一致的网络用户，以实现大规模的信息输出。第二是信息内容的质量通常很低，虽然信息量大，但内容上存在高度雷同。第三是短时间内的轰炸性效应，网络水军一旦展开运作，在极短时间内便可实现信息的广泛传播，影响互联网用户对其传播内容的认知和态度。第四是技术隐蔽性，② 虽然在任一特定事件中，网络水军的行为模式和发布内容方面都存在明显的共同点，但因其特殊的运作模式，使网络水军的各成员之间具有极大分散性，实践中，这也给网络水军的定性、取证、追责等法律适用造成了困难。

根据特定利益的不同，网络水军可以表现为出于政治目的、有组织地形成的队伍，也常作为商业领域中互联网营销的一种手段，还可能由网民为达到某个一致的目的，自发聚集而成，如自觉捍卫社会主义核心价值观的"自干五"、自愿为某个商品进行宣传和推广的"自来水"。除服务的对象不同外，这三类水军在运作的模式上也有一定的区别，政治领域和其他社会领域的网络水军大多数情况下是人为聚集而成的，商业领域的网络水军则已经开始在此基础上逐步引入信息技术手段实现信息的发布。

综上所述，从根属性而言，网络水军是一类公关代理人，具有工具性——作为工具，它就具有中立性，因此并非完全负面。特定条件下，他们也可以成为维护社会稳定、促进和谐发展的推动力。但是当它具备商业化属性时，它们也就成为一支有待管理、治理的力量。网络水军的大规模、分散性、技术隐蔽等特征，也决定了在看待网络水军这一群体时，既不能任其凭借市场规律野蛮生长，也不能片面否定、粗暴压制，应在全面认识网络水军的具体分类、运作手段的基础上，对症下药，展开全链条式治理。

---

① 张灿灿：《法内之地，要学会与"水军"和平相处》，《青年记者》2018 年第 13 期。

② 罗利：《监管"网络水军"需要解决四个法律难题》，《检察日报》2011 年 8 月 19 日。

二 网络水军产业链的运作手段

　　商业网络水军的运作遵循非常清晰的产业运作流程。[①]首先，网络公关公司接收相关订单，分析营销内容所涉及的客户心理以及网民可能出现的各种心理反应，并根据心理分析完成内容制作。随后雇用网络水军展开密集性的发帖、转帖、顶帖、投票等线上行为，形成集束效应。最终，通过一系列的信息发布，制造热点话题、引发社会关注，从而改变网络用户对于某一事物或人物的认知和态度，以达到宣传推广或抹黑打压某一事物或人物，甚至操控网络舆论的目的。目前商业网络水军的技术主要包括创建虚假线上身份网络、计算机辅助人工宣传、自动账户传播、算法操纵等。[②]

　　网络水军活动的首要步骤是打造人数众多、影响力大的信息"军团"。首先需要创建大量网络账户，例如批量注册邮箱、其他社交媒体账号、线上商品交易平台账户等，组建数量庞大的水军团队。与此同时，使这些账户相互关注，提升影响力，也就是所谓的"养号"。专业的商业水军团队需要掌握几百万、上千万个，甚至更多的账号，除了"养"小号，往往还会通过使大量小号关注同一个网络账户的方式，制造意见领袖，即所谓的"大V"。在中国的社交媒体环境下，许多"大V"都离不开幕后的公司团队运作。

　　根据平台的不同，网络水军所采取的信息发布和推广策略也不一样。传统的网络水军以人工运作为主，一般通过向不特定的多数用户发送邮件实现产品推销的目的，这一类邮件的发送呈现出"无差别轰炸"的特征，技术水平低，内容高度雷同，比较容易识别。近年来，为响应互联网拓展出的社会交往、商业交易等更多功能属性，以及国家逐步推进的各项互联

　　[①] 杨枝煌：《网络水军类型、多重信用及其治理》，《广东行政学院学报》2011年第4期。

　　[②] 方师师：《警惕"网络水军"对传播主动权的操纵》，《人民日报》2018年4月3日。

网管控政策，人工的网络水军也在不断改变信息发布的技术和内容。不过但凡是人工的网络水军运作，不论是提升产品的成交量，还是用户内容的转发量、评论量、互动量，皆万变不离其宗。网络水军在人工发布大量信息的同时，往往也会寻求一定的技术进行内容生产、分发，甚至直接作用于更改网站或内容的搜索排名。如利用搜索引擎优化技术（Search Engine Optimization，SEO），①将低质量链接推广到热门搜索排名榜，从而改变排名榜内容的排名顺序，降低排名质量，误导互联网用户。

虽然通常情况下网络水军都是因为在短期内针对某一人物或事件制造具有爆发性效应的现象而引发注目，但实际上商业网络水军的组建和运作往往都会经历一定的时间段，也存在有很大一部分更为隐蔽的、历时性的水军行为。最初的网络水军组建和活动都是通过人工操作完成的，如今账号注册和信息内容的生成、发布、传播也逐渐开始借助机器和算法的技术力量。行为的隐蔽性和算法的复杂性是识别、管理网络水军必须解决的问题。

三 强化网络水军的全链条治理

网络水军的识别和治理是一个国际性难题。网络水军发展至今，在侵犯自然人的人身权和财产权、推动企业法人非法经营和企业法人之间的不正当竞争、妨碍社会管理秩序等方面已前科累累。② 缺乏规范的商业性网络水军营造的巨大虚假舆论场不仅会对网络舆论造成影响，还会扰乱网络秩序、妨害经济利益，触及法律底线。目前，中国的网络水军治理主要面临的问题包括识别难、定性难、取证难、追责难等。

强化商业性网络水军的全链条治理，首先需要构建起针对商业性网络水军的有效识别机制。近年来，学术界在针对通过挖掘用户信息中潜藏的

---

① Wang, Y., Ma, M., Niu, Y., et al. *Spam Double-funnel: Connecting Web Spammers with Advertisers*, Www, 2007.

② 周光清、刁宗鹏：《"网络水军"的社会危害与刑法适用》，《传媒》2016年第20期。

水军特征和行为模式来实现网络水军识别领域已有了不少研究成果,① 主要包括基于内容特征的网络水军识别研究、基于用户特征的网络水军识别研究、基于环境特征的网络水军识别研究、基于综合特征的网络水军识别研究、各领域网络水军识别研究对比以及网络水军识别效用评价等类型。社交平台上的网络水军和普通用户之间存在显著的静态差异,例如微博用户的粉丝数与关注数之比,正常网络用户的关注数常常小于或等于粉丝数,而网络水军的关注数则常常远大于其粉丝数;又如,由于社交网络的社交性,普通用户的关联用户之间往往存在一定重合,网络水军的关注者和被关注者之间的相互独立性大。在信息发布行为层面,社交平台上的网络水军和普通用户之间也存在显著的动态差异。因为社交网络用户的社交互动特征,正常用户的 PageRank 值通常较大,网络水军的 PageRank 值相较普通用户则往往小很多。②

通过观察、对比普通用户与网络水军之间的差异,构建网络水军检测模型,有利于有效识别网络水军,对其账号进行有针对性的标记和管理。网络水军所发布的信息内容时常与正常网络用户所发布的内容相似,传统的基于内容分析和关键词提取的方式直接对信息本身进行识别和删除,可能会误伤其他正常网络用户所发布的信息。在识别商业性网络水军的账户的基础上删除其所发布的信息,有利于在减少此类误伤的前提下,降低商业性网络水军的误导性信息对正常网络秩序的负面影响。

其次,需要弥补法律体系中存在的空白。网络水军已然在全世界范围内存在了十余年,却始终还是一个灰色产业,缺乏合法的身份地位,也因而逃避了国家的税收制度,对一些未明确触犯法律的网络水军的管理存在"无法可依"的窘境。从主体上看,当前的网络水军这一行业的入门门槛较低、退出机制松散,使得整个网络水军的群体内成员具有极大的流动性,现有的政策难以落实到每一个行为主体。也因为这种成员的不确定

---

① 莫倩、杨珂:《网络水军识别研究》,《软件学报》2014 年第 7 期。
② 李岩、邓胜春、林剑:《社交网络水军用户的动态行为分析及在线检测》,《计算机工程》网络首发论文,2018 年 7 月 31 日。

性，面对利用网络水军进行敲诈勒索、侮辱诽谤、非法经营等行为，即便中国现有的法律体系能提供一定的法律依据，但当侵害确实发生时，现有法律条文也难以适用，对具体行为主体的追责尤为困难。因此，需要在商业性网络水军的有效识别机制成功构建的基础上，在法律层面补充网络水军的定义，完善对不同类型的网络水军及其行为的管理。

最后，需要政府和官方媒体主动掌握传播主动权，加强精神文明建设，推动对网络空间秩序的全方位维护。商业性网络水军作为一种舆论制造及引导的群体，之所以能挑战用户原有的认知，甚至误导互联网用户，是因为其所传播的信息冲击了先前的互联网信息环境。无论是大规模、同质化的信息发布、评论行为，还是直接通过技术干预热门信息排行榜，网络水军的行为本质上都是使目标信息取代其他业已存在的信息。换句话说，这是公关信息、广告信息与已有信息、真实信息在互联网舆论场中的博弈。因此，在完善相关法律法规、对网络水军的主体和行为进行事前监督和事后追责的同时，建立权威信息的发布平台和辟谣平台，强化官方媒体话语权的同时，提升主流媒体的公信力，及时对已然开始形成扩散效应的不实信息进行更正，让舆论回归理性，才能推动真实的、健康的信息在这场舆论博弈中占据上风，建立起清朗的网络空间，真正实现对商业性网络水军的全链条治理。

四　总结

网络水军正在逐渐渗透到互联网政治、经济、文化等各个领域，商业性网络水军的存在显得无孔不入。自从 2005 年以来，全国人大常委会、国务院、文化部等各级政府部门接连出台了一系列专门的互联网信息管理规范性文件，对互联网环境以及其中存在的网络水军实行严格管控。然而多年已经过去，商业性网络水军依然屡禁不止，甚至逐步壮大成了有组织、有规模、有技术、有分工、具有专门运作流程的产业链。

这诚然与法律与生俱来的滞后性有关，但更大的原因在于现有的法律法规及技术手段不足以应付人数众多、成员离散的网络水军群体及日新月异的信息生产及传播技术。本文所提出的通过观察、对比普通用户与网络水军之间的差异，构建网络水军的识别和检测模型，并在此基础上完善法律法规、弥补法律体系中存在的空白。与此同时强化官方媒体话语、提升主流媒体的公信力等策略，每一步都需要更严谨的理论和更先进的技术作为支撑。网络水军的全链条治理是构建健康网络环境不可缺少的一部分，未来安全、开放、清朗的网络空间还有待进一步开拓。

作者：陈昌凤，清华大学新闻与传播学院教授、常务副院长。

林嘉琳，清华大学新闻与传播学院博士生。

本文刊发于《人民论坛》2019年第32期。

智能时代的"深度伪造"信息及其治理方式

陈昌凤　徐芳依

【摘要】"深度伪造"是人工智能技术进步的产物之一，运用"生成对抗网络"技术快速普及，其滥用威胁到国家安全、个人和企业的合法权益，也严重影响了信息安全、挑战了新闻真实性原则、用户追求真相的价值观。本文在厘清其内涵和技术特质的基础上，研讨以智能技术方式治理"深度伪造"的政府与社会组织的参与模式，并结合在英美热议的相关立法，探究规制"深度伪造"的法律面向，以及政府、平台、用户等多利益方共同治理模式的运用。

【关键词】深度伪造；虚假新闻；智能传播；传播伦理

一　泛滥全球"深度伪造"：危及国家安全

皮尤研究中心（Pew Research）于2019年6月发布的一项报告显示，约有三分之二的美国人表示，视频和图像的更改已成为理解时事基本事实的主要问题；超过三分之一的受访者表示，"虚假新闻"导致他们减少了接收新闻的数量。①

---

① Amy Mitchell and Other Authors, Many Americans Say Made-up News is a Critical Problem That Needs to be Fixed, https：//www.journalism.org/2019/06/05/many-americans-say-made-up-news-is-a-critical-problem-that-needs-to-be-fixed/.

人们也担心假冒伪造可能导致人们拒绝合法视频，一些人则可以浑水摸鱼，如美国总统特朗普声称那段他吹嘘攻击女性的记录是被篡改过的，在《华盛顿邮报》于 2016 年 10 月披露其真实录音后他只得道歉。

越来越多的"深度伪造"（简称"深伪"）视频"令人信服"地广泛传播，强大的新型 AI 软件让它们易于制造和传播，它们让人们在视频里"说着"那些压根没有说过的话、"做着"从未做过的事。这些视频包括无害的讽刺作品、影视片，到有针对性的政治性攻击、明星假冒、名人代入色情产品。如今在美国，人们担心"深伪"会带来选举的混乱甚至极大的破坏。据《华盛顿邮报》引述加州大学伯克利分校的计算机科学教授兼数字取证专家汉尼·法里德（Hany Farid）的话：忙于合成（深伪）视频的人数与检测核证的人数比例，是 100∶1。①

"深伪"信息在世界各地广泛传播。至迟于 2017 年，美国的"深伪"色情（包括儿童色情）视频泛滥于社交媒体，引发了一场社交媒体的危机。② 2018 年，获得奥斯卡奖的导演乔丹·皮尔（Jordan Peele）和他的妹夫 BuzzFeed 首席执行官乔纳·佩雷蒂（Jonah Peretti）深度伪造了前总统奥巴马用脏话骂特朗普 "complete and utter dipshit" 的视频。2019 年美国众议院议长佩洛西的一段演讲视频被简单"深伪"，视频放慢到其正常速度的 75% 左右，这样她显得醉醺醺、虚弱乏力，在 Facebook、Twitter、YouTube 上风靡一时，短时间内被观看数百万次。之后不久，Facebook 的首席执行官马克·扎克伯格（Mark Zuckerberg）在深伪视频中吹嘘他"完全控制数十亿人的失窃数据"。在非洲，对国家暴力的恐惧加剧了"深伪"的威胁。③ 2018 年在中部非洲，加蓬总统阿里·邦戈（Ali Bongo）据报道

---

① Drew Harwell, Top AI Researchers Race to Detect "Deepfake" Videos："We are Outgunned", June 13, 2019, https：//www.washingtonpost.com/technology/2019/06/12/top-ai-researchers-race-detect-deepfake-videos-we-are-outgunned/.

② John Brandon, "Terrifying High-tech Porn：Creepy 'Deepfake' Videos are on the rise", Fox News, Retrieved 20 February 2018.

③ Corin Faife, In Africa, Fear of State Violence Informs Deepfake Threat, December 9, 2019, https：//blog.witness.org/2019/12/africa-fear-state-violence-informs-deepfake-threat/.

于10月中风、久未露面，但12月31日忽然出现在电视中，在摩洛哥向国民发表新年致辞。邦戈的政治对手立即指责该"邦戈的新年致辞"视频为"深伪"，"加深了人们对总统继续履行其职责能力的怀疑"，触发了一周后的加蓬军队的政变，政变以失败告终。在马来西亚，一段被质疑为深度伪造的视频疯传，视频中一个男子号称与自己发生性关系的是某政要。

深度伪造甚至对"国家安全"产生了威胁。目前可以见到的资料是美国情报界发布的研究报告《2019年全球威胁评估》，该报告认为，深度伪造技术已经对美国国家安全构成威胁，敌对势力和战略竞争对手很有可能企图利用深度伪造技术或类似的机器学习技术，创造出高度可信但却完全虚假的图片、音频和视频资料，以加强针对美国及其盟友和合作伙伴的影响渗透运动。① 那么美国之外的其他国家，也会面对同样的威胁。

除了这些显而易见的问题，"深度伪造"技术的广泛运用，正在带来许多潜在的、隐性的问题与危机。在中国，在社交媒体上通过简单的"换脸术"丰富了许多娱乐资讯，也带来了过度恶搞、侵权等方面的担忧。一款吸引用户将自己的脸代入图片、电影和电视片段中的应用程序——2019年8月入驻App Store的Zao，② 号称"仅需一张照片，试遍万千造型"，引发国际媒体的关注。其手段功能，即Deepfake App的翻版，人们在Twitter上展示自己的脸代入《泰坦尼克号》或《权力的游戏》轻而易举。也就是说，"深度伪造"早已引入中国了。

二 篡改与操纵："深度伪造"的内涵与技术手段

"深度伪造"译自英语中新出现的一个组合词deepfake，是计算机的

---

① Daniel R. Coats, "Statement for the Record: 2019 Worldwide Threat Assessment of the US Intelligence Community", https://www.odni.gov/index.php/newsroom/congressional-testimonies/item/1947-statement-for-the-record-worldwide-threat-assessment-of-the-us-intelligence-community.

② 出品方为Changsha Shenduronghe Network Technology Co., Ltd.。

"深度学习"(Deep Learning)和"伪造"(fake)的组合,顾名思义,出现于人工智能和机器学习技术时代。它被称作一种合成媒体(Synthetic Media),是通过自动化的手段,特别是使用人工智能的算法技术,进行智能生产、操纵、修改数据和媒体的行为和结果。

社交平台、法律界也纷纷为"深度伪造"给出定义。"深度伪造"最早寄身于社交平台,因影响广大,各大社交平台纷纷出台治理新政。Facebook 2020 年 1 月 6 日出台了治理深伪的相关新政,其中对该词的界定,来自其全球政策管理副总裁莫妮卡·比克特(Monika Bickert),其界定为:可以通过简单的技术(例如 Photoshop)或使用人工智能或"深度学习"技术的复杂工具来创建扭曲现实的视频。[1]

美国参议员本·萨斯(Ben Sasse)在其提出的关于"深度伪造"的法案中,专门从法律角度给予了界定:"深度伪造"一词是指以合理的观察者(常人)误认为是真实记录个人实际言论或行为的方式制作或修改的视听记录。[2] 法案中专门使用了"a reasonable observer",指称信息接收者,即合理的观察者、客观第三人、一般人。

其实作为一项技术和表达手段,它的源头可以上溯到 19 世纪就开始运用的照片处理技术,这些技术可以变换或更改照片以获得所需的结果,之后应用于电影。随着技术的不断提高,数字视频的技术长足发展,Deepfake 技术最初由学术机构的研究人员从 20 世纪 90 年代开始研发,随着智能技术的发展,工程师们让此技术变得简单易用。[3] 这项技术是两个人工

---

[1] Monika Bickert (Vice President, Global Policy Management), Enforcing Against Manipulated Media, January 6, 2020, https://about.fb.com/news/2020/01/enforcing-against-manipulated-media/.

[2] 原文是:The Term "Deep Fake" Means an Audiovisual Record Created or Altered in a Manner That the Record Would Falsely Appear to a Reasonable Observer to be an Authentic Record of the Actual Speech or Conduct of an Individual. S. 3805 – Malicious Deep Fake Prohibition Act of 2018, https://www.congress.gov/bill/115th-congress/senate-bill/3805/text。

[3] Drew Harwell, Top AI Researchers Race to Detect "deepfake" Videos:"We are Outgunned", June 13, 2019, https://www.washingtonpost.com/technology/2019/06/12/top-ai-researchers-race-detect-deepfake-videos-we-are-outgunned/.

智能算法的产物，这两种算法分别被称为生成器（generator）和鉴别器（discriminator），于 2014 年合成发明为"生成对抗网络"（Generative Adversarial Network，Gan）。Deepfake 在"生成对抗网络"系统中协同工作。"生成对抗网络"后被广泛使用并且日趋完善，不仅用于创建更加可信的"深度伪造"视频，还可以改善分类算法（例如垃圾邮件过滤器）。它可以出色地处理图片，包括锐化模糊的图片或为黑白图片着色。科学家们也在探索使用"生成对抗网络"来创建虚拟化学分子，希望生成新分子并对其进行模拟，以加快材料科学和医学发现的速度。①

基于换脸算法（Face-swapping Algorithms）处理视频，至迟在 2016 年 4 月已在网上有了详细的操作介绍。② 他们训练了一个深度学习的神经网络，以识别静止视频中某人的面孔，并与电视名人或歌手等其他人的面孔进行改换，以每秒 30 帧或 60 帧的速度重复操作，便能获得人工智能录制的视频。运用神经网络技术，Deepfake 可以"学习"任何人的脸部特征并将其移用于视频中的身体上。2017 年美国社交网站 Reddit 留言板上出现了"deepfakes"小组，专门讨论人脸变形的技术，使用聊天版来分发代码以及创建虚假素材的说明。③ 小组成员此前创建了一个桌面应用程序，名为 FakeApp，是一款使用 TensorFlow 开源软件库的深度伪造影片的制作程序。基于 Deepfake 制定的机器学习算法，于 2017 年 12 月发布了他们的一些成果，让那些没有多少机器学习知识的人更容易创建自己的 x 级幻想影片（这项技术最初被用于制作色情影片），由此 Reddit 似乎成为将该技术应用于色情作品的主要推动力。④ 上述"deepfakes"（组织"deep-

---

① Tom Chivers, What Do We Do about Deepfake Video? 23 Jun 2019, https://www.theguardian.com/technology/2019/jun/23/what-do-we-do-about-deepfake-video-ai-facebook.

② https://www.learnopencv.com/face-swap-using-opencv-c-python/.

③ Katyanna Quach, FYI: There's Now an AI App That Generates Convincing Fake Smut Vids Using Celebs' Faces, 25 Jan 2018, https://www.theregister.co.uk/2018/01/25/ai_fake_skin_flicks/.

④ Katyanna Quach, It Took Us Less than 30 Seconds to Find Banned "Deepfake" AI Smut on the Internet, 9 Feb 2018, https://www.theregister.co.uk/2018/02/09/deepfake_ai/.

fakes"小组的人）在接受采访时说，他不是专业研究人员，是对机器学习感兴趣的程序员，他只是找到了一种聪明的算法来进行面部交换，他在色情影片上训练了该算法。他在 Google 上搜索名人图片、在 YouTube 搜索视频，用数百张面部图像可以轻松生成数百万张失真的图像来训练网络。深度学习由相互连接的节点组成网络，这些节点自动对输入数据进行计算，经过足够的"培训"之后，节点安排自己完成特定的任务，如实时操作视频。①

智能技术正在彻底革新虚假信息，Deepfake 视频只是其中的一部分。美国 Open AI 实验推出了新的自然语言人工智能系统，可以获取书面文字并以特定的语气、主题和风格做出视频，将来可能有助于垃圾邮件、聊天机器人和"假新闻"的制作。这项技术在"学习"联合国的几个小时的演讲之后，能够自动模仿政治领导人的讲话。逼真的假音频也即将出现，包括 Facebook 人工智能系统 MelNet 制作的假音频。他们使用计算机生成的语音复制一个人的声音，听起来简直可以乱真、令人信服。② 该系统通过收听数百小时的 TED 演讲和有声读物来学习模拟，然后可以制作出比尔·盖茨的假音频。2019 年莫斯科斯科尔科沃科技学院（Skolkovo Institute of Science and Technology）的人工智能研究人员推出了"少量拍摄"的人工智能系统，该系统可以仅仅依靠几张静态的脸部图片，就能伪造一个令人信以为真的假人。③

三 "深度伪造"的技术治理：政府与社会组织参与

"深度伪造"已经挑战并危及国家安全、信息安全、新闻专业性、政治安全和社会道德文化等各个方面。数字化、智能技术伪造的假新闻，主要是视频和音频产品，技术手段很难进行事实核查，这些泛滥的假信息还可能带来人们对真实音视频的冷漠无感，即所谓"Reality Apathy"。欧盟

---

① https://www.vice.com/en_us/article/gydydm/gal-gadot-fake-ai-porn. Dec 12 2017.
② https://arxiv.org/abs/1906.01083.
③ https://www.youtube.com/watch?v=p1b5aiTrGzY.

委员会 2019 年 6 月发布的《关于〈反虚假行动计划〉执行情况的报告》①发现，在最近的欧洲大选中，数字虚假信息泛滥成灾，而且平台也没有采取措施来减少它。例如，Facebook 已经完全洗净了事实检查的责任，称只有在第三方事实检查员宣布其为假后，才会删除假视频。② 在美国，一项显性的危机是可能危及当时进行的总统选举。因此对"深度伪造"的治理已经迫在眉睫，智能技术领域自然应当冲在最前面。

美国一些顶尖智能人才 2019 年开始一齐努力，以应对 Deepfake 可能对当时即将进行的选举产生的威胁。研究人员设计了自动系统，可以对视频进行分析，以显示假货的指示性指标，评估光线、阴影、闪烁的图案，并采用一种可能的突破性方法，甚至评估候选人在现实世界中的面部动作（例如他们倾斜的角度），他们微笑时的头——彼此相关。但研究人员表示，尽管取得了所有这些进步，但他们仍然对这项技术感到不知所措，他们担心这种技术可能预示着新一波破坏性的虚假宣传运动，就像在 2016 年大选中部署假新闻故事和具有欺骗性的 Facebook 团体来影响公众舆论一样。③

为了与深度伪造相抗衡，华盛顿大学和艾伦人工智能研究所的研究人员于 2019 年推出了一个名为 Grover 的可控制文本生成模型、一个伪文本的检测系统，该系统通过研究并表征其模型的风险，可以揭露机器生成的"神经假新闻"（Neural Fake News）。④

加州大学伯克利分校和南加州大学的研究人员采用一种新方法建立了一个探测 AI 系统，该系统"喂"了数小时的高级领导者视频并对其进行了训练，以寻找超精密的"面部动作单元"（他们的面部动作、抽动和表

---

① Report on the Implementation of the Action Plan Against Disinformation，https：//eeas. europa. eu/sites/eeas/files/joint_ report_ on_ disinformation. pdf.

② https：//www. theguardian. com/technology/2019/jun/23/what-do-we-do-about-deep-fake- video-ai-facebook.

③ Drew Harwell，Top AI Researchers Race to Detect "Deepfake" Videos："We are Outgunned"，June 13，2019，https：//www. washingtonpost. com/technology/2019/06/12/top-ai-researchers-race-detect-deepfake-videos-we-are-outgunned/.

④ Rowan Zellers，etc.，Defending Against Neural Fake News，https：//arxiv. org/pdf/1905. 12616. pdf.

情的数据点,包括何时抬起上唇以及皱眉时头部如何旋转)。这项名为"保护世界领导者免受伪造"的研究是在Google、微软和国防高级研究计划局的资助下开发的。但是尚没有机构开发保护政务人员、记者、普通人免受伪造的工具。倘若有工具给媒体用来检测深度伪造,以便他们对新闻视频进行检测,那将有利于媒体维护真实性,但是这类工具也会让深度伪造产品的创建者有机会查找代码、找到破解方法,所谓"猫鼠游戏"或者"道高一尺,魔高一丈"。

但是,识别伪造媒体所受到的关注、资金和机构支持,远没有创建伪造媒体所受到的多,因为识别伪造媒体无法赚钱。目前用于研究深层造假的方法的大部分资金来自五角大楼的高科技研究机构"国防高级研究计划局"(Defense Advanced Research Projects Agency),该机构于2016年启动了"媒体取证"("Media Forensics")计划,该计划赞助了十几个高水平的研究伪造的学术团体和公司。他们将合成媒体检测称为"防御技术"(Defensive Technology),不仅针对外国对手,还针对国内政治对手和互联网巨魔。研究人员说,揭开深层骗局的窍门是构建一种工具,该工具可在密码学界称为"非信任环境"的环境中工作,在该环境中,视频创建者、来源和发行者的权威细节可能无法跟踪。探测伪造信息可以通过光和阴影的形状、面部特征的角度和模糊程度,衣服和头发的柔软度和重量等指标来进行,但是在某些情况下,那些训练有素的视频编辑器可以通过伪造来消除这些可能的错误,从而使探测变得更加困难。

"生成对抗网络"也在用于检测虚假、深伪信息。"生成对抗网络"的技术解决方案,是使用鉴别器判断给定视频是否为假视频。美国还出现了一种工具,能够通过查看眨眼模式来识别深层伪造,但很快就有深度伪造者宣称他们通过技术方式解决了原先的眨眼模式。还有一些其他技术解决方案,[①]如新技术时代的数字水印方式,给视频文件提供短串的数字,如果视频被

[①] Tom Chivers, "What Do We Do about Deepfake Video?", 23 June 2019, https://www.theguardian.com/technology/2019/jun/23/what-do-we-do-about-deepfake-video-ai-facebook.

篡改，数字串会丢失；还有的提出了"经过验证的证明"——如公众人物不断记录他们在哪里以及他们正在做什么，因此，如果深伪产品向人们展示了他们没有做的事，即证明是虚假的事情——这样的方法引发争议，因为涉及人们的隐私，很难有人随时"透明地"生活着。但是这些解决方案都无法完全消除深伪信息的风险。即使通过某种形式的身份验证证明某些事物是真实的，但是如果当事人想否认真实性，那就形成了无法验证的怪圈。

四 "深度伪造"法规治理：立法探索

"深度伪造"成为显性危机。欧美正在研究出台相关法律制度的方案。即便在号称言论自由最大化的美国，也不得不从法律规制的层面来寻求解决方案。

规制面向不同层面，一是平台层面，一是制作者层面。欧盟还没有利用监管的威胁来迫使平台进行自我监管。英国最近的在线危害白皮书（Online Harms White Paper，2019年4月由数字、文化、媒体和体育大臣及内政部大臣提交国会）[1] 以及数字、文化、媒体和体育部下属委员会（关于虚假信息的报道，尚未报道，但预计会建议采取监管措施）的动议均表明，英国确实计划进行监管。这个白皮书及其相关动议的出台，被称为"重要时刻"；英国将成为世界上第一个这样做的国家。[2] 相关法规若要出台，非常复杂，它涉及假新闻与模仿权、艺术和政治评论权之间的平衡。

深度伪造技术对国家安全的潜在影响已经引起了美国国家高层的高度

---

[1] Online Harms White Paper（April 2019），https：//assets.publishing.service.gov.uk/government/uploads/system/uploads/attachment_data/file/793360/Online_Harms_White_Paper.pdf.

[2] Tom Chivers，"What Do We Do about Deepfake Video？"，23 Jun 2019，https：//www.theguardian.com/technology/2019/jun/23/what-do-we-do-about-deepfake-video-ai-facebook.

重视。美国国会为此已经提出了相关的法案,探讨可能的应对措施。美国的当务之急,是管理2020年选举周期中的深伪新闻,一些人士忧心忡忡,恐怕深伪信息会带来选举灾难。篡改众议院议员佩洛西的政治录像事件几周后,美国众议院情报委员会(House Intelligence Committee)于2019年6月13日组织了听证会,重点分析深伪技术的国家和选举安全风险。该委员会召集了来自大学和智囊团的专家小组,以制定深层的治理深伪的策略,以指导政府和平台的新限制。① 美国国会又于2020年1月8日举行数字操纵问题的听证会。媒体认为,听证会是一个明确的信号,表示议员们正在认真对待深伪带来的威胁。法律界人士考虑立法的可行性,同时寻找平台可以自行解决问题的方法。专家提出的一些可能的建议,包括从源头对视频进行认证,要求平台删除虚假视频、分流不同的虚假视频,并对开始流行的视频进行优先排序。

在美国,社交媒体平台对其内容不承担责任。国会正在考虑改变这种状况,相关的一些法案先后被提出,国会已经传阅过几项旨在打击虚假媒体威胁的提案。参议员本·萨斯(Ben Sasse)于2018年提出的法案里包括认为人们"恶意"制造和散布深伪是非法的。② 萨斯提案的目标针对两类人:一是 Deepfake 创作者个体,如果其意图是进行非法活动(例如欺诈);一是像 Facebook 这样的发行者、平台商,但前提是他们知道自己要发行 Deepfake。这意味着平台可以建立一个报告系统,就像用来制止盗版电影的系统一样,并在收到通知时将其作为伪造品。萨斯提案拟议的惩罚包括:罚款和/或最长两年的监禁,或者——如果该假冒伪劣物品可能煽动暴力或破坏政府或选举,则最高可处10年。一些专家认为,该提案是朝正确方向迈出的一步,但还是有一些不完善之处。有人担心平台会否因此而将可能不是深伪的内容简单删除以规避担责的风险?将恶意的深伪入联邦罪,会否妨碍受保护的言论?例如制作模仿视频就

---

① US Congress Holds Hearing on "Deepfakes" and Artificial Intelligence, https://www.youtube.com/watch?v=lArPEDS0GTA.

② S. 3805-Malicious Deep Fake Prohibition Act of 2018, https://www.congress.gov/bill/115th-congress/senate-bill/3805/text.

被禁了?① 众议员伊维特·克拉克（Yvette Clarke）于 2019 年提出的法案②要求深伪的创建者必须在作品上添加一些标识符（例如水印）来披露其伪造。不过，这些提案并未受到多大关注。克拉克的法案 *DEEPFAKES Accountability Act* 中的"DEEPFAKES"，竟然是一个首字母缩写，全称是"the Defending Each and Every Person from False Appearances by Keeping Exploitation Subject to Accountability Act"，内容也广受批评，不足为训。

  美国的一些州也在研究出台法案的可行性。纽约州议会于 2017 年 5 月 31 日提交的 Bill A08155 法案，似乎是打击"深度伪造"的法律第一步。该法案不仅适用于保护未成年人，它也为生者和逝者争取"隐私权和公开权"。法案提出："个人角色（An individual's Persona）是其个人财产，可以自由转让和衍生。"因此，出于商业目的或未经明确的书面许可而制作于电影、广告、音乐剧的"数字副本"，即是侵犯个人权利。故意制作这些虚假视频的任何人都应被视为犯了欺诈罪，并有责任向受害者支付赔偿金。如果在视听色情作品中使用个人的数字复制品而未征得其本人同意，则使用该复制品将构成侵权。但是这些提案目前尚难以得到重视、形成法案。

  美国管理通讯与电子传播领域最重要的法律是《通信法》（*Communications Decency Act*），其第 230 条赋予平台"豁免权"，不要求社交媒体公司对其平台上的内容负责。目前对第 230 条款的解释使平台没有动力解决破坏性的深度伪造内容。美国有法学界的学者在上述众议院情报委员会的听证会上建议修改联邦豁免权，将豁免权限制在合理的做法之上，不是无条件地豁免。③ 国会正在讨论使这种豁免取决于"合理的适度做法"

---

  ① Kaveh Waddell, Lawmakers Plunge into "Deepfake" war, Jan 31, 2019, https: //www.axios.com/deepfake-laws-fb5de200-1bfe-4aaf-9c93-19c0ba16d744.html.

  ② H. R. 3230 – Defending Each and Every Person from False Appearances by Keeping Exploitation Subject to Accountability Act of 2019, https: //www.congress.gov/bill/116th-congress/house-bill/3230.

  ③ US Congress Holds Hearing on "Deepfakes" and Artificial Intelligence, https: //www.youtube.com/watch? v = lArPEDS0GTA.

("Reasonable Moderation Practices")①。

  作为科技巨头的平台成为众矢之的。在佩洛西"深伪"视频广受关注期间，YouTube 迅速撤回了该视频，称其违反了其"欺骗性做法"政策，但是 Facebook 仍让其在线，声明说他们没有政策规定人们在 Facebook 上发布的信息必须是真实的。之后很快出现了针对其首席执行官马克·扎克伯格的深伪视频，视频中他在吹嘘他已经"完全控制"了全世界的数据。数月后 Facebook 出台了新的政策来抵制"深伪"视频。YouTube 表示他们正在探索、投资解决合成媒体，他们将其与以前的打击垃圾邮件和查找侵犯版权的视频挑战进行了比较，目前通过自动软件和人工审查来解决深度伪造的问题。Twitter 说每周应对超过 800 万个试图通过"操纵策略"传播内容的账户进行审核，但表示，对每条推文进行事实检查是不可行的，声称不应该开先例去干预决定什么内容是真实、什么是不真实的。

  在如今的后真相时代，"浅伪"产品已经带来许多困扰，②"深伪"又带来更复杂的问题。作为人工智能技术进步的产物之一，"深度伪造"的技术主要为"生成对抗网络"，它在教育、文创、客服、娱乐等诸多领域具有积极应用价值，但是其滥用威胁到国家安全、个人和企业的合法权益，③ 也严重影响了信息安全、挑战了新闻真实性原则。视觉信息在人们认识世界、参与世界方面扮演越来越重要的作用，如果人们不再相信自己在视频中看到的内容，那更会毁了其追求真相的价值观的，这个是更严重的深层问题。"深度伪造"的治理，既需要法律、政府、媒体平台的努力，同时运用互联网治理的"多利益方共同治理模式"，发动社会组织、用户

---

  ① Makena Kelly, Congress Grapples with How to Regulate Deepfakes, Jun 13, 2019, https://www.theverge.com/2019/6/13/18677847/deep-fakes-regulation-facebook-adam-schiff-congress-artificial-intelligence.

  ② 大量公号文用简单的模仿、复制在制造出"新闻"，如《世界失控、华商太难……就这样炮制出来》，https://mp.weixin.qq.com/s/dGeF3xYAqYByC5mUAwzvlA.

  ③ 曹建峰：《深度伪造技术的法律挑战及应对》，知乎官网，https://zhuanlan.zhihu.com/p/89331078。

等多方面参与，才有可能取得更好的效果。

作者：陈昌凤，清华大学新闻与传播学院教授、常务副院长。

徐芳依，清华大学新闻与传播学院博士后。

本文刊发于《新闻与写作》2020年第4期。

智能时代的媒介伦理:算法透明度的可行性及其路径分析

陈昌凤　张　梦

【摘要】 "算法透明度"是智能时代媒介伦理问题的重要解决之道,更是智能时代媒介伦理的重要原则。算法透明度有怎样的内涵?其实施有何种可能?新闻传播中实施算法透明度有何路径?本文运用元分析研究法,通过对"Web of Science 核心数据集"和"中国知网"数据库中的相关高频引用文献的分析,发现仍需在"技术社会集合"中界定算法透明度——阐明那些与算法有关的信息可以被公开的机制,包括信息透明、理念透明和程序透明。从康德的伦理观出发,算法透明度的实施具备充分的哲学和伦理学基础,但是从功利主义观出发,实施算法透明度并未具备足够的基础;"开放伦理"可以指导多元主体协同实施算法透明度,重视非专业化的组织、群体和个人尤其是用户在伦理原则的制定、伦理决策中的话语权及其作用;算法使用者应重视公开与算法有关的信息及相关信息的生成过程、公开算法透明度与其他伦理原则的关系。在算法透明度的实践和话语中须具备"权力视角",关注各主体在伦理话语权方面的不平等,同时警惕"发展主义"和"技术决定论",了解技术的局限性及其可能的后果。

【关键词】 智能传播;媒介伦理;算法透明度;开放伦理

智能时代的媒介伦理,需要重视技术层面的反思和探讨。以自动化决策为核心功能的算法早已嵌入新闻生产、分发和核查等诸多新闻实践的环节中,引发了媒体常规、媒体组织架构等方面的变革。而算法自动化决策可能导致的后果如"偏见和歧视"[1]"信息隐私侵犯"[2]等成为媒介伦理和治理的新问题。多个国家、跨国组织、行业协会如英国(2018)、欧盟(2019)和美国电气电子工程师协会(IEEE)(2017)等提出了规范人工智能运用的伦理指南,而"透明度"在其中成为共识性的原则。一些算法平台在回应伦理质疑时,选用"透明度"原则,如"今日头条"在2018年公开了其"算法原理"。

新闻传播学界很多学者界定了"算法透明度"的内涵,[3][4]但相关概念并未充分考虑到算法所嵌入的"异质行动者网络"的复杂性与算法透明度之间的关系。在实施算法透明度的路径层面,公开算法系统的内部信和依靠技术方式增强算法系统的可解释性[5]等都被视为必要途径,但是由于缺少对"算法透明度"概念的明确界定,举措便显得支离破碎。相关研究多从专业人士如数据科学家、记者、编辑和产品经理等专业从业人员,以及媒体或平台等算法使用主体[6]的角度来探讨,较少聚焦用户维度。这种

---

[1] Engin Bozdag, "Bias in Algorithmic Filtering and Personalization", *Ethics and Information Technology*, Vol. 15, No. 3, June 2013, pp. 209 – 227.

[2] Brent Daniel Mittelstadt, Patrick Allo, Mariarosaria Taddeo, Sandra Wachter and Luciano Floridi, "The Ethics of Algorithms: Mapping the Debate", *Big Data & Society*, Vol. 3, No. 2, December 2016, pp. 1 – 20.

[3] Nicholas Diakopoulos and Michael Koliska, "Algorithmic Transparency in the News Media", *Digital Journalism*, Vol. 5, No. 7, August 2017, pp. 809 – 828.

[4] Emilee Rader, Kelley Cotter and Janghee Cho, "Explanations as Mechanisms for Supporting Algorithmic Transparency", *Paper Delivered to Proceedings of the 2018 CHI conference on Human Factors in Computing Systems*, Sponsored by Special Interest Group on Computer-Human Interaction, Montreal, Quebec, April 1 – 13, 2018.

[5] Mike Ananny and Kate Crawford, "Seeing without Knowing: Limitations of the Transparency Ideal and Its Application to Algorithmic Accountability", *Nw Mdia & Sciety*, Vol. 20, No. 3, March 2018, pp. 973 – 989.

[6] Brent Daniel Mittelstadt, Patrick Allo, Mariarosaria Taddeo, Sandra Wachter and Luciano Floridi, "The Ehics of Algorithms: Mapping the Debate", *Big Data & Society*, Vol. 3, No. 2, December 2016, pp. 1 – 20.

"封闭伦理"（Closed Ethics）直接导致了在制定伦理原则和达成协议的过程中各主体的伦理话语权并不平等。①

算法透明度有怎样的内涵？其实施有何种可能？新闻传播中实施算法透明度有何路径？本文运用元分析研究法，通过对"Web of Science 核心数据集"和"中国知网"数据库中的相关高频引用文献的分析，加以探讨。

一 "算法透明度"相关研究的学科分析

在"Web of Science 核心数据集"中以"TS =（algorithm * AND transparency）"为搜索词，共获取相关文献 3020 篇（截至 2020 年 6 月 1 日 22 点）。通过图 1 我们可以看出，这些文献主要集中在"计算机科学"（1848）、"数学"（1028）、"自动控制系统"（423）、"物理学"（377）、"工程学"（1214）、"传播学"（642）、"电信"（364）、"光学"（463）、"数学计算生物学"（325）和"机器人学"（320）等学科领域。

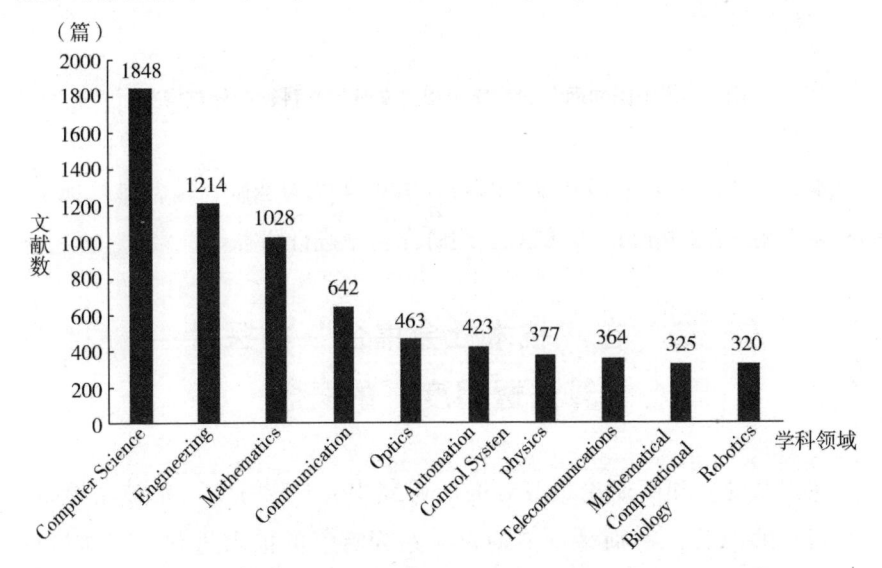

图 1 "Web of Science 核心数据集"中相关文献的学科领域分布情况

① Stephen, J. A. Ward and Herman Wasserman, "Towards an Oen Ehics: Implications of New Media Platforms for Global Ethics Discourse", *Journal of Mass Media Ethics*, Vol. 25, No. 4, November 2010, pp. 275 – 292.

在"中国知网"数据库中以"算法"并含"透明度"进行检索,共获取相关文献175篇(截至2020年6月1日21点),通过图2我们可以看出,相关文献主要集中在"计算机"、"海洋"、"控制工程"、"通用技术"、"环境"、"法学"、"地质"、"金融"、"临床医学"和"新闻传播"等学科领域。

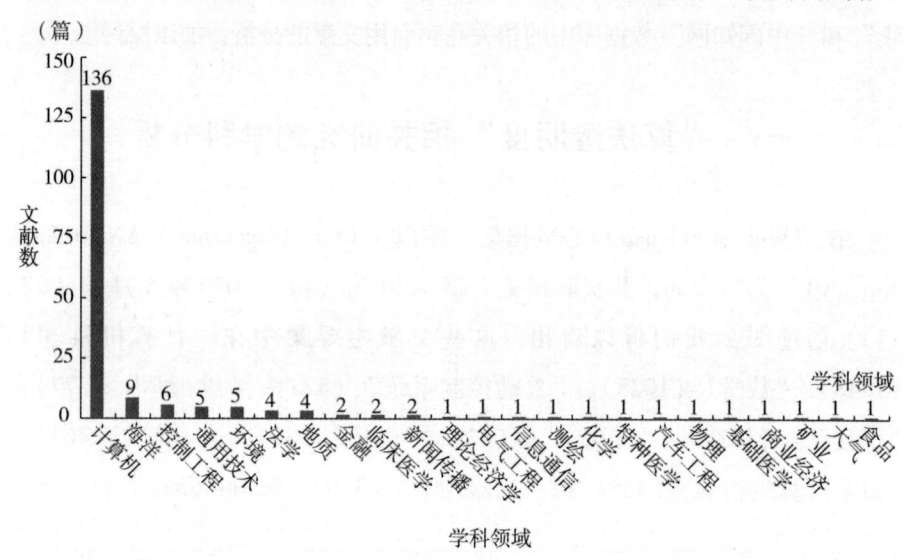

图2 "中国知网"数据库中相关文献的学科领域分布情况

本文主要以新闻传播领域中的高频引用文献为基础,结合对其他学科的高频引用文献的分析,尝试对上述研究问题进行回答。

二 在"技术社会集合"中探讨 "算法透明度"的概念

在信息管理和商业伦理等方面的研究中,"透明度"常被用于指代信息可见的形式,特别是指"通过一系列有意的披露过程,获知信息、意图或行为的可能性"。[①] 一般而言,透明度主要包括信息的可访问性和

---

① Matteo Turilli and Luciano Floridi, "The Ethics of Information Transparency", *Ethics and Information Technology*, Vol. 11, No. 2, June 2009, pp. 105–112.

可理解性。①

作为处理数据的运算和决策步骤,以"自动化决策"②为核心功能的算法,早已被应用于"新闻/内容生产"、"新闻/内容分发"和"新闻/内容核查"三个环节。在"新闻/内容生产"环节,算法可以被用于"获取新闻/内容线索"③以及"自动化生成新闻报道或文章"。④ 在"新闻/内容分发"阶段,算法主要被用于实现"智能化新闻策展"、⑤ "个性化新闻/内容推荐"、⑥⑦ "智能化新闻/内容播报"⑧以及"智能化新闻/内容传播效果分析"。⑨ 最后,"事实核查"⑩一方面会嵌入"新闻/内容线索获取"、"新闻报道/文章自动化生成"以及"新闻/内容分发"等诸多过程中,同

---

① Brent Daniel Mittelstadt, Patrick Allo, Mariarosaria Taddeo, Sandra Wachter and Luciano Floridi, "The Ethics of Algorithms: Mapping the Debate", *Big Data & Society*, Vol. 3, No. 2, December 2016, pp. 1 – 20.

② Lorena Jaume-Palasí and Matthias Spielkamp, "Ethics and Algorithmic Processes for Decision Making and Decision Support", *Algorithm Watch Working Paper*, Vol. 2 (December 2019), https://algorithmwatch.org/en/ethics-and-algorithmic-processes-for-decision-making-and-decision-support/.

③ News Whip, "Guest Post: How the Associated Press Uses NewsWhip to Find and Track the News", *Digital Journalism* (April 2016), https://www.newswhip.com/2016/04/guest-post-associated-press-use-newswhip/.

④ Konstantin Dörr, "Mapping the Field of Algorithmic Journalism", *Digital Journalism*, Vol. 4, No. 6, November 2015, pp. 700 – 722.

⑤ 陈昌凤、师文:《智能算法运用于新闻策展的技术逻辑与伦理风险》,《新闻界》2019年第1期。

⑥ Neil Thurman, "Making 'The Daily Me': Technology, Economics and Habit in the Mainstream Assimilation of Personalized News", *Journalism*, Vol. 12, No. 4, May 2011, pp. 395 – 415.

⑦ 陈昌凤、师文:《个性化新闻推荐算法的技术解读与价值探讨》,《中国编辑》2018年第10期。

⑧ 张蓝姗、任雪:《AI主播在电视媒介中的应用与发展策略》,《中国电视》2019年第11期。

⑨ Nic Newman, *Journalism, Media and Technology Trends and Predictions* 2019, Reuters Institute for the Study of Journalism with the Support of the Google Digital News Initiative, October 11, 2019.

⑩ 陈昌凤、师文:《智能化新闻核查技术:算法、逻辑与局限》,《新闻大学》2018年第6期。

时可作为单独的过程而存在,而以算法为基础的自动事实核查工具可以辅助专业从业人员完成新闻/内容的事实核查。[1] 总之,算法在上述领域中的嵌入促生了"异质新闻/内容实践网络",在该网络中,算法和人类的作用交叠互构、难以区分。[2] 另一方面,高维度的数据、复杂的代码和可变的决策逻辑等因素又导致算法自动化决策本身缺乏可解释性。[3] 这些都对重新解释"异质新闻/内容实践网络"中的"透明度"概念并探究实现"透明度"的路径,提出了迫切的要求。

迪克普勒斯(Nicholas Diakopoulos)和科利斯卡(Michael Koliska)认为,新闻媒体中的"算法透明度"可以被理解为"阐明那些与算法有关的信息可以被公开的机制",包括"披露算法如何驱动各种计算系统从而允许用户确定操作中的价值、偏差或意识形态,以便理解新闻产品中的隐含观点"。该定义更偏重算法内部自动化决策机制的公开,却并未明确界定算法与其他社会诸要素之间的互动及结果等要素是否也要公开。而事实上,早有学者提出,仅公开算法系统内部信息并不能实现真正的"算法透明度",算法系统是人类和非人类行为的集合,[4] 要让算法系统负责,不仅要公开算法系统的内部信息还要披露其与其他主体的互动关系以及由此形成的"行动者网络"是如何发挥作用的。[5]

"技术哲学经验转向"中两种取向对打开技术"黑箱"的论述可以为我们重构"算法透明度"的概念提供借鉴。"面向社会的技术哲学"认为

---

[1] Lucas Graves, "Understanding the Promise and Limits of Automated Fact-checking", *Factsheet*, Vol. 15, No. 2, February 2018, pp. 1 – 8.

[2] Brent Daniel Mittelstadt, Patrick Allo, Mariarosaria Taddeo, Sandra Wachter and Luciano Floridi, "The Ethics of Algorithms: Mapping the Debate", *Big Data & Society*, Vol. 3, No. 2, December 2016, pp. 1 – 20.

[3] Ibid..

[4] Gillespie Tarleton, J. Boczkowski Pablo and A. Foot Kirsten, *Media Technologies: Essays on Communication, Materiality, and Society*, Cambridge: MIT Press, 2013, pp. 167 – 193.

[5] Mike Ananny and Kate Crawford, "Seeing without Knowing: Limitations of the Transparency Ideal and Its Application to Algorithmic Accountability", *New Media & Society*, Vol. 20, No. 3, March 2018, pp. 973 – 989.

"'经验'是现实中技术与社会之间具体的、全面的相互影响",其打开"技术黑箱"的方式包括"将技术看作由众多社会因素共同作用而成,从而去分析技术的具体发展和构成","强调技术的情景化运用,认为需要对技术作具体分析","探讨技术与社会的协同进化问题"等。[1][2] 而"面向工程的技术哲学"则认为"经验"是工程师眼中的技术研发经验,其打开"技术黑箱"的方式包括强调技术哲学家需要与一线工程师一起工作,且必须首先掌握"工程语言","澄清工程实践中使用的各种概念及其体系,如工程、设计、技术人工物、结构和功能"。[3]

综合上述讨论,本文认为"异质新闻/内容实践网络"中的"算法透明度"可以被界定为:阐明那些与算法有关的信息可以被公开的机制,包括信息透明、理念透明和程序透明。"与算法有关的信息"包括算法利用的各类数据或非数据信息、算法的内部结构、算法自动化决策的原理、算法与其他社会诸要素之间的互动和这些互动对算法本身的重塑以及算法相关信息公开过程中所涉及的信息等;而"机制"主要指保障算法相关信息公开的理念化和程序化的操作。

三 算法透明度的哲学基础和专业意义

"透明度"的概念根植于康德的伦理学理念。[4][5] 康德把行动的完整性和人的尊严的完整性联系起来,强调通过尊重真理,我们履行义务,尊重

---

[1] Hans Achterhuis, *American Philosophy of Technology: the Empirical Turn*, Bloomington Indiana: Indiana University Press, 2001.

[2] 潘恩荣:《技术哲学的两种经验转向及其问题》,《哲学研究》2012年第1期。

[3] Hans Achterhuis, *American Philosophy of Technology: the Empirical Turn*, Bloomington Indiana: Indiana University Press, 2001.

[4] Stephanie Craft and Kyle Heim, "Transparency in Journalism: Meanings, Merits, and Risks", in Lee Wilkins and Clifford G. Christians, eds., *The Handbook of Mass Media Ethics*, New York: Routledge, 2008, pp. 217 – 228.

[5] Patrick Lee Plaisance, "Transparency: An Assessment of the Kantian Roots of a Key Element in Media Ethics Practice", *Journal of Mass Media Ethics*, Vol. 22, No. 2 – 3, June 2007, pp. 187 – 207.

与我们交流的每个人的理性和自由意志,而这种所谓的"人性原则"与"绝对命令"式的道德义务,和"透明度"的核心伦理关切即"假定了交流的开放性,并在当事方对交流行为的可能结果或影响有合法利害关系时,为直接交流提供了合理的预期……这种积极主动的道德参与态度体现了'以人为目的'的原则以及对人的明确关注";另外"透明度"还应该包含限制欺骗和错误信息的理念,而这与康德的"责任观"密切相关。

早在 20 世纪中期以来,"透明度"已经成为一种全球化的文化和"运动",① 在新闻传播领域更成为伦理规范的重要内容之一,② 被认为是发现社会真相、促进公民对话和合法参与新闻生产和传播的重要方式,也被认为是解决当今新闻业面临的难题如新闻权威的衰落、新闻媒体公信力丧失的关键手段,③ 甚至被认为是一种"新的客观性"。④ 而当下,很多学者认为,实现"算法透明度"是解决新技术所致伦理问题,尤其是算法偏见和歧视以及信息隐私侵犯等问题的重要途径。⑤ "链接人工智能准则平台"对全球 74 项人工智能伦理指南的分析显示,共有 66 项多次提及"透明度"原则的重要性。⑥

总之,"算法透明度"被视为"责任主体"(使用算法的主体)对"责任对象"(如用户等)践行责任的重要手段,让用户确认算法的存在,

---

① Michael Schudson, *The Rise of the Right to Know: Politics and the Culture of Transparency*, 1945—1975, Cambridge: Belknap Press, 2015.
② S. Craft, K. Heim (2009), Transparency in Journalism: Meanings, Merits, and Risks, The Handbook of Mass Media Ethics, pp. 271 - 228.
③ Nicholas Diakopoulos and Michael Koliska, "Algorithmic Transparency in the News Media", *Digital Journalism*, Vol. 5, No. 7, August 2017, pp. 809 - 828.
④ David Weinberger, "Transparency is the New Objectivity", Joho: The Blog (July 19 2009), https://www.hyperorg.com/blogger/2009/07/19/transparency-is-the-new-objectivity/.
⑤ Brent Daniel Mittelstadt, Patrick Allo, Mariarosaria Taddeo, Sandra Wachter and Luciano Floridi, "The Ethics of Algorithms: Mapping the Debate", *Big Data & Society*, Vol. 3, No. 2, December 2016, pp. 1 - 20.
⑥ 曾毅、皇甫存青、鲁恩萌、阮子喆等:链接人工智能准则平台,http://linking-ai-principles.org/cn, 2020 年 6 月 1 日。

帮助用户了解系统是如何工作的,可以便于用户评估结果的正确性和合理性,从而可以让责任主体在用户质疑和批评中有所依据地不断修改算法系统,[1] 进而达成实践"问责制"并提高自身声誉。[2]

四 "算法透明度"的认识与实践:实施之难与风险

算法透明度的实施,仍存在诸多困难、风险。下面从认识论、实践和结果的层面加以分析。

(一) 从认识论看困难

首先,在认识论层面,认为实施"透明度"可以辅助"问责制"的实施,是基于一种认识论前提:"真理与事实一致",事实揭露得越多,人们通过积累知道的真相就越多。然而,这种认识论受到"实用主义原则"的挑战,因为"实用主义原则"认为真理意义的实现是通过关系而非披露完成的,而实践具有偶然性。其次,专业人士对知识的垄断会限制"透明度"的实现。再次,实现"透明度"有技术限制,像深度学习算法,即使是工程师都难以解释其运行的整体逻辑。[3] 另外,理想中"透明度"的实现需要基于充足的信息、人们的理性决策能力和足够的参与者,而这过于理想化。复次,实现"透明度"有时间限制,系统可能会随着时间的推移而发生变动,因此任何没有时间维度的"透明度"只能说明系统在特定时间段内的功能,但却会忽略系统的更新迭代、系统在整个生命周期中作用如何得以发挥、系统改变的原因以及系统与其他社会诸要素的互动如何组成了不同的组合

---

[1] Emilee Rader, Kelley Cotter and Janghee Cho, "Explanations as Mechanisms for Supporting Algorithmic Transparency", *Paper Delivered to Proceedings of the* 2018 *CHI Conference on Human Factors in Computing Systems*, Sponsored by Special Interest Group on Computer-Human Interaction, Montreal, Quebec, April 1 – 13, 2018.

[2] Stephanie Craft and Kyle Heim, "Transparency in Journalism: Meanings, Merits, and Risks", in Lee Wilkins and Clifford G. Christians, eds., *The Handbook of Mass Media Ethics*, New York: Routledge, 2008, pp. 217 – 228.

[3] Hans Achterhuis, *American Philosophy of Technology: The Empirical Turn*, Bloomington Indiana: Indiana University Press, 2001.

系统。① 最后，虽然了解相关行动者的动机是评估算法自动化决策结果的准确性和合理性的重要基础，但算法系统涉及的各类动机尤其难以透明化。

（二）从实践层面看风险

在实践层面，完全透明会造成极大危害，可能会侵犯个人的"隐私"，也会阻碍各主体之间的诚实对话，甚至会威胁到弱势群体的利益。② 实施"透明度"而造成的信息过量也可能会掩盖真正有用的信息，③④⑤ 还可能损害用户体验，⑥ 或是增加用户理解的难度而不能达到透明度的目的。⑦ 研究证明，在中等透明度的情况下，人们对系统的理解程度高于高透明度的情况，更多的信息会让人们把焦点从程序公正转移到评分结果上，再次强调结果的不一致性和不公平性；公开的信息还可能存在被误读和扭曲的风险，从而误导民众，甚至造成不必要的恐慌。

最后，很多学者担忧，实施"透明度"从而让更多非专业人士参与到专业性的新闻或内容生产和对话中，会妨碍行业或专业从业人员自主性的实现⑧。

---

① Mike Ananny and Kate Crawford, "Seeing Without Knowing: Limitations of the Transparency Ideal and Its Application to Algorithmic Accountability", *New Media & Society*, Vol. 20, No. 3, March 2018, pp. 973 – 989.

② Ibid..

③ Ibid..

④ Stephanie Craft and Kyle Heim, "Transparency in Journalism: Meanings, Merits, and Risks", in Lee Wilkins and Clifford G. Christians, eds., *The Handbook of Mass Media Ethics*, New York: Routledge, 2008, pp. 217 – 228.

⑤ Patrick Lee Plaisance, "Transparency: An Assessment of the Kantian Roots of a Key Element in Media Ethics Practice", *Journal of Mass Media Ethics*, Vol. 22, No. 2 – 3, June 2007, pp. 187 – 207.

⑥ Nicholas Diakopoulos and Michael Koliska, "Algorithmic Transparency in The News Media", *Digital Journalism*, Vol. 5, No. 7, August 2017, pp. 809 – 828.

⑦ René F. Kizilcec, "How Much Information? Effects of Transparency on Trust in an Algorithmic Interface", *Paper Delivered to the Proceedings of the* 2016 *CHI Conference on Human Factors in Computing Systems* (*CHI'16*), Association for Computing Machinery, San Jose, May 7 – 12, 2016.

⑧ Stephanie Craft and Kyle Heim, "Transparency in Journalism: Meanings, Merits, and Risks", in Lee Wilkins and Clifford G. Christians, eds., *The Handbook of Mass Media Ethics*, New York: Routledge, 2008, pp. 217 – 228.

沃德和沃瑟曼认为，新闻行业一直信奉"封闭伦理"观，记者担心邀请公众参与讨论可能会降低编辑自主权。沃瑟曼认为，透明度并没有给记者提供做好工作所需的空间，可能会阻碍独立的新闻业。皮勒森斯也认为，"自治"需要"隐私"，如果不假思索地在新闻媒体中实施"透明度"，把一切都推到受众面前，那么记者们将放弃"把关人"的角色，而这个过程很可能损害新闻事业。

（三）实施算法透明度可能效果有限

首先，有意义、真实、可理解、可访问和有用的数据即语义信息的公开才是有意义的"透明度"。① 其次，用户的知识储备和理解能力有限，即使公开了用户也并不一定能够理解。②③ 同时，增加解释可以加强用户对系统的积极态度，但不一定是信任，④ 提升透明度并不会提升用户的信任度，⑤ 也不会提升用户的满意度，⑥ 甚至还可能与信任度成反比，透明度可能消除秘密，但不能消除产生不信任的欺骗或故意的错误

---

① Matteo Turilli and Luciano Floridi, "The Ethics of Information Transparency", *Ethics and Information Technology*, Vol. 11, No. 2, June 2009, pp. 105 – 112.

② Mike Ananny and Kate Crawford, "Seeing Without Knowing: Limitations of the Transparency Ideal and Its Application to Algorithmic Accountability", *New Media & Society*, Vol. 20, No. 3, March 2018, pp. 973 – 989.

③ Jakko Kemper and Daan Kolkman, "Transparent to Whom? No Algorithmic Accountability Without a Critical Audience", *Information, Communication & Society*, Vol. 22, No. 14, June 2018, pp. 2081 – 2096.

④ René F. Kizilcec, "How Much Information? Effects of Transparency on Trust in an Algorithmic Interface", *Paper Delivered to the Proceedings of the* 2016 *CHI Conference on Human Factors in Computing Systems* (*CHI'16*), Association for Computing Machinery, San Jose, May 7 – 12, 2016.

⑤ Pearl Pu and Li Chen, "Trust-inspiring Explanation Interfaces for Recommender Systems", *Knowledge-Based Systems*, Vol. 20, No. 6, August 2007, pp. 542 – 556.

⑥ Motahhare Eslami, Aimee Rickman, Kristen Vaccaro, Amirhossein Aleyasen, Andy Vuong, Karrie Karahalios, Kevin Hamilton and Christian Sandvig, "'I Always Assumed that I wasn't Really that Close to [her]': Reasoning about Invisible Algorithms in News Feeds", *paper Delivered to the Proceedings of the 33rd Annual ACM Conference on Human Factors in Computing Systems* (*CHI'15*), Association for Computing Machinery, Seoul Republic of Korea, April 18 – 23, 2015.

信息。① 最后，若信息公开之后各类主体的不当行为仍在继续，那么透明度就没有真正起到规范作用。因此，实施算法透明度不仅具有很大的难度，且存在很多风险，而且效果也可能并不如预期。

五　实施算法透明度的路径

（一）基于"开放伦理"的理念

沃德和沃瑟曼曾提出"封闭伦理"和"开放伦理"（Open Ethics）这一对概念，他们认为"'封闭'和'开放'是伦理的一般特征，主要指如何使用、讨论、批判和改变伦理规范"以及"谁控制讨论"，而二者之间的区别标志着"伦理行为方式的不同"。"'封闭伦理'的指导原则主要（或仅）针对相对较小的人群，并对非成员参与讨论、批评和修改指导原则的意义进行了实质性限制"，而"'开放伦理'的指导方针是为了更大的群体，且对非成员的有意义参与，包括影响内容变化的能力，设置了越来越少的实质性限制"，"鼓励对所讨论的伦理话语采取更加开放和参与的方式"。②

以"开放伦理"的视角讨论实施算法透明度的路径具有重要意义。一方面，用户作为一种另类的"生产消费者"在算法所嵌入的社会网络中发挥着重要的参与作用，既可以将自己的需求提供给算法及相应的使用主体，以作用于新闻/内容的生产和分发等，又可以在与算法的互动过程中满足自己的信息、认知和使用等需求，既是使用者也是生产者。所以，将用户对算法透明度的认知、态度与需求纳入"开放的'算法透明度'"伦理话语建构中具有现实的必要性。另一方面，从伦理论证和决策的程序而言，用户意志的纳入也为打破既有"封闭伦理"

---

① Onora O'Neill, *A Question of Trust*: *The BBC Reith Lectures* 2002, Cambridge: Cambridge University Press, 2002.

② Stephen, J. A. Ward and Herman Wasserman, "Towards an Open Ethics: Implications of New Media Platforms for Global Ethics Discourse", *Journal of Mass Media Ethics*, Vol. 25, No. 4, November 2010, pp. 275–292.

话语形式以及专业人士与非专业人士在伦理话语形成过程中的权力不平等模式提供了可能性。最后就是从算法透明度的实现效果来看，若缺少"批判用户"的参与，算法透明度的实现就缺乏最直接的"责任对象"和检验者，而目前很多主体为实施算法透明度而达成的各种妥协，其实是在用户没有完全理解的情况下默示达成的，而这可能导致潜在的损害。①

（二）使用算法的主体实施算法透明度可采取的举措

1. 算法相关信息及其生成过程的公开

贝尔蒂诺和美林等学者提到，数据透明度主要包括记录透明度、使用透明度、披露和数据提供透明度、算法透明度以及法律和政策透明度。迪克普勒斯和科利斯卡（2017）曾从数据、模型、推断和界面四个层面总结了算法系统透明度涉及的因素。本文归纳实现"异质新闻/内容实践网络"中的算法透明度应该公开的信息（如表1）。

表1 实现"异质新闻/内容实践网络"的"透明度"需要公开的信息

概念维度	信息维度	具体内容
算法所利用数据的公开	数据 （数据本身的披露需要加以文字描述，要转化为有意义、能够真实描述系统当下完整状态的可理解的语义信息）	信息质量 准确性 不确定性（如误差幅度） 及时性 完整性 1）抽样方法 2）变量的定义 3）出处（来源，公共或私人） 4）机器学习中使用的训练数据量 5）数据收集的假设 6）数据的元数据 7）数据是如何被转换、审查、清洗或编辑的（人工或自动）

---

① Elisa Bertino, Shawn Merrill, Alina Nesen and Christine Utz, "Redefining Data Transparency: A Multidimensional Approach", Computer, Vol. 52, No. 1, January 2019, pp. 16–26.

续表

概念维度	信息维度	具体内容
算法的内部结构及自动化决策原理	模型	1）输入变量和特征 2）优化的目标变量 3）特征权重 4）模型的名称或类型（线性或非线性） 5）使用的软件建模工具（嵌入了不同的假设或限制） 6）源代码或伪代码 7）持续的人类影响和更新 8）明确的嵌入规则（例如阈值）
	推断	1）存在和推论的类型 2）基准精度 3）错误分析（包括补救标准，错误来源是人、数据还是算法） 4）置信度值（分类器）或其他不确定性信息的描述
	界面	1）可视化的展现形式 2）算法透明度报告 3）图标注明内容展示的背后是否有算法运作 4）可以单击进入的整合算法信息，以核查数据、模型和推论（交互性） 5）算法开/关的输出效果对比（交互性） 6）输入和权重的调整（交互性）
使用算法的主体、与之相关的其他主体以及各主体所处的社会环境等方面的信息	社会层面	与算法有关的法律条文、伦理规范或其他社会理念等
	组织层面（包括使用算法的组织以及其他有利益关系的组织）	组织理念、组织关系、技术目标等
	个人层面（专业从业人员如设计者、参与者、监管者等及用户）	个人参与算法设计和运作的内容以及与之相关的权利和责任
算法与其他主体和要素之间的互动以及这些互动对算法本身的形塑	"外部路径"对"内部路径"的作用方式和效果	外部主体通过何种方式参与了算法的设计又在哪些方面影响了算法的自动化决策。在算法的设计阶段，外部因素通过何种方式嵌入了算法又在哪些方面影响了算法的自动化决策
	"内部路径"对"外部路径"的作用方式和效果	算法的自动化决策机制在何种程度上作用于其与其他主体的互动
	"外部路径"对"内部路径"的重塑作用方式和效果	在算法自动化决策的过程中，外部因素和外部主体如何作用于算法，又引发了算法自身及其自动化决策效果的哪些转变。（如算法在整个生命周期内的更新迭代以及相关的原因和产生的效果等）

另外，公开信息的生产过程及其中是否遵守了相应的伦理原则也至关重要。有学者提出了"数据到信息转化过程的模型"（图3），认为信息透

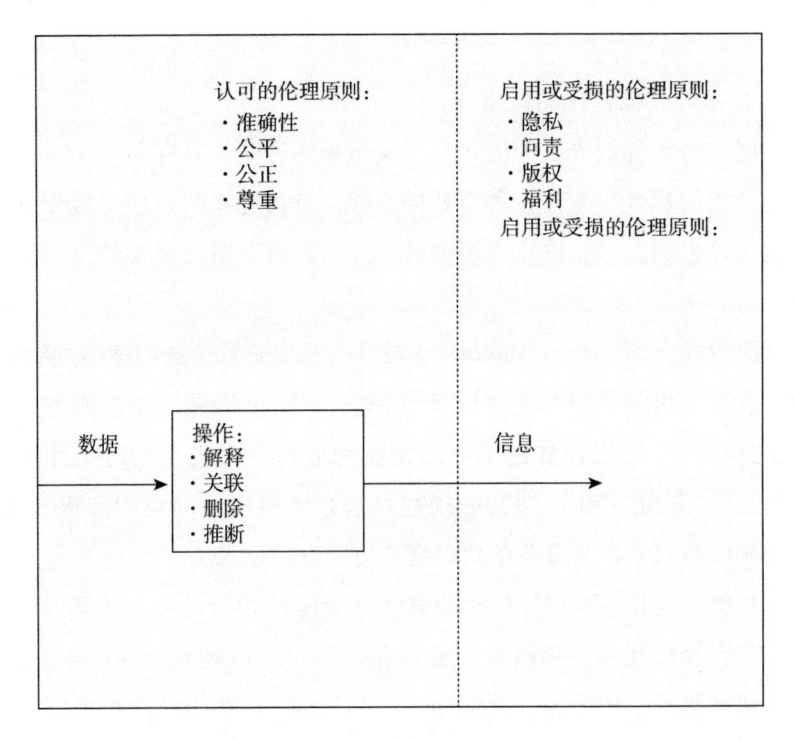

```
┌─────────────────────────────┬─────────────────────────────┐
│      认可的伦理原则:         │    启用或受损的伦理原则:     │
│      · 准确性               │    · 隐私                   │
│      · 公平                 │    · 问责                   │
│      · 公正                 │    · 版权                   │
│      · 尊重                 │    · 福利                   │
│                             │    启用或受损的伦理原则:     │
│                             │                             │
│         操作:               │                             │
│         · 解释              │                             │
│  数据 → · 关联  →           │    信息 →                   │
│         · 删除              │                             │
│         · 推断              │                             │
└─────────────────────────────┴─────────────────────────────┘
```

图3　数据到信息的转化过程

明度不仅意味着披露信息,还应该披露此类信息是如何产生的,包括信息是如何收集、关联和解释的,以及产生这些信息的过程遵循了怎样的伦理原则,而这些都决定了通过"信息透明度"实现伦理原则的可能性。[1]

2. 算法透明度与其他伦理原则关系的公开

特瑞利和弗洛里迪认为,信息透明度本身不是一项伦理原则,但是却与伦理原则存在依赖和监管关系:一方面,问责、安全、福利和知情同意等伦理原则的实施依赖信息透明度的实现;另一方面,隐私、言论自由和版权等伦理原则的实施则需要监管信息透明度。因此,要明确"算法透明度"原则是否真正起到伦理规范作用,必须明确其与其他伦理原则之间的

---

[1] Stephen, J. A. Ward and Herman Wasserman, "Towards an Open Ethics: Implications of New Media Platforms for Global Ethics Discourse", *Journal of Mass Media Ethics*, Vol. 25, No. 4, November 2010, pp. 275-292.

关系。

3. 技术性与操作化的保障方式

发展"可解释的人工智能"对于实施算法透明度具有重要性。[1] 然而，所谓的"可解释性"基于一种对比的原理，是被选择的且还可能受到某些认知偏见等影响，可能致使"可解释的人工智能"造成重要的社会和计算后果。

算法审计（Algorithm Audits）也被认为是实施算法透明度的重要机制，可以调查算法决策系统如何工作及其影响。[2][3] 桑维和汉密尔顿等人描述了"算法审计"可以操作的不同级别及相应的不同类型的可见性和责任性。但是，"算法审计"通常必须在算法系统供应商同意的前提下进行，而很多供应商通常在其服务条款中禁止使用审计技术。

用户服务条款也可以算作实施算法透明度的举措之一。然而，很多用户服务条款太过冗长、用语过于专业化，用户难以理解，易流于形式化。人们虽然已接受了相关的条款但却并未阅读，[4] 有些隐私政策可阅读性和可理解性很差，需要用户具有平均 14.21 年的教育经历才能理解。[5] 于是，

---

[1] Tim Miller, "Explanation in Artificial Intelligence: Insights from the Social Sciences", *Artificial Intelligence*, Vol. 267, February 2019, pp. 1 – 38.

[2] Emilee Rader, Kelley Cotter and Janghee Cho, "Explanations as Mechanisms for Supporting Algorithmic Transparency", *Paper Delivered to Proceedings of the* 2018 *CHI Conference on Human Factors in Computing Systems*, Sponsored by Special Interest Group on Computer-Human Interaction, Montreal, Quebec, April 1 – 13, 2018.

[3] Christian Sandvig, Kevin Hamilton, Karrie Karahalios and Cedric Langbort, "Auditing Algorithms: Research Methods for Detecting Discrimination on Internet Platforms", *Paper Delivered to* "*Data and Discrimination: Converting Critical Concerns into ProductiveInquiry*", a Preconference at the 64th Annual Meeting of the International Communication Association, ICA, Seattle, May 22, 2014.

[4] Jonathan A. Obar and Anne Oeldorf-Hirsch, "The Biggest Lie on the Internet: Ignoring the Privacy Policies and Terms of Service Policies of Social Networking Services", *Information, Communication & Society*, Vol. 23, No. 1, July 2018, pp. 1 – 20.

[5] Carlos Jensen and Colin Potts, "Privacy Policies as Decision-making Tools: an Evaluation of Online Privacy Notices", *Paper Delivered to the Proceedings of the SIGCHI conference on Human Factors in Computing Systems*, Association for Computing Machinery, Vienna Austria, April 26-May 1, 2004.

很多主体尝试开发一些帮助用户理解相关条款的一些人工智能工具。①

监管机构与行业自律组织颁布的各种伦理指南或法律法规会对相关主体实施算法透明度起到规范和引导作用。用户也有能动作用,通过反复体验系统而意识到算法,也可以被激励从而进一步去了解算法的自动化决策结果,甚至还可以创建解决方案来避免算法自动化决策造成负面的结果。

六　结语

本文重新界定了"算法透明度"的概念。通过分析,我们发现,透明度原则的核心思想被很多学者认为是植根于康德对"人性原则"和"责任"的论述,而这在哲学层面提供了相关主体须实施算法透明度的伦理话语的合法性基础,但从实用功利主义的角度来看,算法透明度的实施有其困难、风险以及局限性。

"开放伦理"可以成为实施算法透明度相关实践和话语的指导理念。需要重视非专业化的组织、群体和个人尤其是用户在其中的重要作用,同时又必须基于具体的实践以及各主体之间的复杂互动关系、不同等的话语权,其中用户的话语权更是被忽视。因而,在伦理原则的制定、伦理判断、伦理抉择以及信息公开等所有实施算法透明度的环节中,都要考虑用户的认知、态度与需求,这对促进"异质新闻/内容实践网络"中各主体的对话,改善各主体在伦理话语权方面的不平等具有重要意义。使用算法的主体可通过"公开与算法有关的信息及相关信息的生成过程"以及"公开'算法透明度'与其他伦理原则的关系"来实施"算法透明度"。这意味着,算法透明度包括信息的公开即"信息透明"、指导理念和原则的透明即"理念透明",以及保障各种操作化程序的透明即"程序透明"。通过对相关技术和操作化方式的分析,我们可以发现,可解释人工智能、算法

---

① Natasha Lomas, "Cognitiv + is Using AI for Contract Analysis and Tracking" (March 8, 2017), https://techcrunch.com/2017/03/08/cognitiv-is-using-ai-for-contract-analysis-and-tracking/.

审计和用户服务条款虽能在形式层面实现某种透明度,但却可能导致不良的社会后果,因而我们需要对"用发展的方式来解决发展问题"以及"用技术的方式来解决技术问题"此类理念保持警惕。

作者:陈昌凤,清华大学新闻与传播学院教授、常务副院长。
张梦,清华大学新闻与传播学院博士生。
本文为文化名家暨"四个一批"人才自主选题"智能时代的传播与伦理研究"阶段性成果。

分布与互动模式：社交机器人操纵 Twitter 上的中国议题研究

师　文　陈昌凤

【摘要】本文运用数据挖掘与分析方法，以 Twitter 上"中国"议题的分布与互动为分析对象，解析社交机器人的舆论操纵行为，探究其行为模式及其与人类的交互关系。在抓取 358656 条推文、测量用户的机器人评分后发现，与中国相关的推文中有超过五分之一疑似由机器人用户发布。不同议题的自动化操纵程度存在差异。在用户互动网络中，机器人用户转发、提及，但较少引用或回复。机器人可以成功地引发人类用户主动与之互动，但人类更倾向于与人类交互。研究认为，在传播内容上，社交机器人的存在可增加人类用户对于特定信息的接触；在用户交互层面，社交机器人可以成功渗入社交网络，改变既有的信息交互结构。

【关键词】社交机器人；计算传播；智能传播；对外传播

一　引言

社交媒体在当今的信息生态系统中扮演着越来越重要的角色。由于社交媒体上的信息不仅可以反映用户对于特定事物的观点，也可以改变和强化公众的观点，因而在政治选举、社会运动、国际事件中，社交媒体均被视为影响舆论的关键渠道。随着技术的发展，自动化手段越来越广泛地被应用于干预社交媒体上的信息传递和意见形成。在英国脱欧、[1] 美国总统大选、[2] 法国总统选举[3]等事件中，研究者均发现有社交机器人操纵舆论以实现政治目的的痕迹。

对于中国而言，海外社交媒体在塑造国家形象、构建对外话语体系方面具有重要的渠道作用。作为国际舞台上的重要参与者，中国因经济实力、政治地位、意识形态等问题常被置于西方话语体系的对立面。在社交媒体时代，中国问题是否已经成为社交机器人操纵的对象？如果这种操纵存在，其方式和效果如何？虽然当前 Twitter 的平台机制使我们难以获知社交机器人的幕后操纵者，但是对社交机器人行为逻辑和发布内容的描摹，可以使其行为意图更加清晰，辅助对外传播工作者厘清当下海外社交媒体舆论环境，进而制定更加高效的对外传播策略。本文采用计算传播学方法，锁定海外社交媒体上中国话题下的社交机器人账户，以探究这类社交机器人的发布内容与行为模式，并评估其在传播中对人类用户的影响。

二　相关文献

（一）社交机器人与舆论操纵

由于社交媒体可以通过促进信息流通、鼓励意见表达、实施行动动

---

[1] Philip, N. Howard and Bence Kollanyi, "Bots, # StrongerIn, and# Brexit: Computational Propaganda during the UK-EU Referendum", Available at SSRN 2798311, 2016.

[2] Bence Kollanyi, Philip, N. Howard and Samuel, C. Woolley, "Bots and Automation over Twitter during the US Election", *Computational Propaganda Project: Working Paper Series*, 2016.

[3] Emilio Ferrara, "Disinformation and Social Bot Operations in the Run up to the 2017 French Presidential Election", *First Monday*, Vol. 22, No. 8, June 2017.

员等①方式对用户施加影响,其影响力被越来越广泛地承认。②③ 影响社交媒体上的舆论成为社会运动和政治事件中的重要策略。④

与此同时,社交媒体的强大功能为机器人等新型的舆论操纵提供了可能。越来越多的证据表明,社交媒体上大量的内容并非由真正的人类用户生产,而是由社交机器人(socialbots)生产。社交机器人指的是社交媒体上由软件操纵的账户,可以一定程度模拟人类行为并介入公众讨论,此类账号可以通过算法自动发布内容,也可以与其他账号互动,以期实现影响公众观点的目的。在目前最大的在线代码存储平台 Github 上,有 4000 多个开源的社交机器人项目,⑤ 简单的自动化策略即可提升机器人账户的影响力评分。⑥ 早在 2017 年,就有学者估计,活跃的 Twitter 账户中有 9% 至 15% 是机器人。⑦ 同年,Pew 研究中心研究了 120 万条带有 URL 链接的推

---

① Sebastián Valenzuela, "Unpacking the Use of Social Media for Protest Behavior: The Roles of Information, Opinion Expression, and Activism", *American Behavioral Scientist*, Vol. 57, No. 7, March 2013, p. 920.

② Gunn Enli, "Twitter as Arena for the Authentic Outsider: Exploring the Social Media Campaigns of Trump and Clinton in the 2016 US Presidential Election", *European Journal of Communication*, Vol. 32, No. 1, February 2017, p. 50.

③ Lydia Manikonda, Ghazaleh Beigi, Huan Liu and Subbarao Kambhampati, "Twitter for Sparking a Movement, Reddit for Sharing the Moment: #Metoo through the Lens of Social Media", arXiv preprint arXiv: 1803.08022.

④ Gomez Bravo Raquel, Gomez Bravo María, Lygidakis Charilaos and Vögele Claus, "Social Media as an Opportunity for Public Health Interventions: The# Metoo Movement as an Exemplar", *Journal of the International Society for Telemedicine and EHealth*, Vol. 7, No. e5, April 2019.

⑤ Bence Kollanyi, "Automation, Algorithms, and Politics | Where Do Bots Come From? An Analysis of Bot Codes Shared on GitHub", *International Journal of Communication*, Vol. 10, 2016, p. 4932.

⑥ Messias Johnnatan, Schmidt Lucas, Oliveira Ricardo Augusto Rabelo and Souza Fabrício Benevenuto de, "You Followed My Bot! Transforming Robots into Influential Users in Twitter", *First Monday*, Vol. 18, No. 7, 2013.

⑦ Onur Varol, Emilio Ferrara, Clayton A. Davis, Filippo Menczer and Alessandro Flammini, "Online Human-bot Interactions: Detection, Estimation, and Characterization", *Eleventh International AAAI Conference on Web and Social Media*, Montréal, 2017, pp. 280 - 289.

文,发现其中66%疑似由机器人账号发布。① 社交机器人对社交平台上泛滥的假新闻问题亦有推波助澜的作用。有研究发现,来自低可信度信源的信息在刚发出时便会得到社交机器人的扩散,机器人还会通过提及(@)知名人物的方法使信息有更大的可见度,这类做法可以成功激起人类用户的响应。② 有些机器人甚至有明确的"渗透"策略,③ 比如先假意发布反对疫苗接种的推文以吸引反疫苗的人群,然后再呈现出支持疫苗的态度。④

社交机器人被广泛应用于各类政治事件,通过系统化的传播行为支持或者抹黑特定主体,其对社交媒体公共讨论的负面影响已经引发计算机界和社会科学界的广泛关注。研究者发现,在英国脱欧的讨论中,最活跃的脱欧派与留欧派账号都是机械转发新闻的机器人。2016年美国总统大选中,在选举前几天,社交机器人生产的推文占总量的25%,但在选举后第二天,自动化推文的比例显著减少。社交机器人会生产有利于某一方的推文以营造虚假的民意支持,同时,机器人的转发行为可以引起公众注意力资源的重新分布。⑤ 实验表明,在社交媒体中,明示机器人身份并不会降低其在人类用户心中的可信度和吸引力。⑥

(二)海外社交媒体上"中国"议题的自动化操纵

关于社交机器人的研究发现,机器人曾被某些国家用以操纵其他国家的

---

① Stefan Wojcik,"5 Things to Know about Bots on Twitter",Retrieved from https://www.pewresearch.org/fact-tank/2018/04/09/5-things-to-know-about-bots-on-twitter/.

② Chengcheng Shao, Giovanni Luca Ciampaglia, Onur Varol, Kai-Cheng Yang, Alessandro Flammini and Filippo Menczer, "The Spread of Low-credibility Content by Social Bots", *Nature Communications*, Vol. 9, No. 4787, 2018.

③ Yazan Boshmaf, Ildar Muslukhov, Konstantin Beznosov and Matei Ripeanu, "The Socialbot Network: When Bots Socialize for Fame and Money", *Proceedings of the 27th Annual Computer Security Applications Conference*.

④ V. S. Subrahmanian, et al., "The DARPA Twitter Bot Challenge", *Computer*, Vol. 49, No. 6, 2016.

⑤ Alessandro Bessi and Emilio Ferrara, "Social Bots Distort the 2016 US Presidential Election Online Discussion", *First Monday*, Vol. 21, No. 11, 2017.

⑥ Chad Edwards, Autumn Edwards, Patric R. Spence and Ashleigh K. Shelton, "Is That a Bot Running the Social Media Feed? Testing the Differences in Perceptions of Communication Quality for a Human Agent and a Bot Agent on Twitter", *Computers in Human Behavior*, Vol. 33, 2014.

政治舆情。在 2016 年美国总统大选中，俄罗斯互联网研究机构（Russia's IRA）被指采用自动化的社交媒体账号操纵美国选民的观点，许多账号冒充新闻媒体，以英语或俄语发布支持特朗普的言论，这些账户可以在较长时间内保持活跃，并吸引大量用户。①② 在 2017 年法国总统竞选中，大量社交机器人参与"马克龙泄密事件"的讨论，对参与讨论的用户进行分析发现，这些用户的个人简介中最高频出现的两个词是"MAGA"（使美国再次伟大）和"Trump"（特朗普），表明这些用户与美国政治有较为紧密的关联。

海外社交媒体上有大量关于中国问题的讨论。早在 2010 年前后，就有一些政治活动者（包括有争议性的律师、学者、公共人士及其追随者）使用 Twitter 发表批评政府的言论，③ 形成激进主义小群体。④ 自 2016 年起，帝吧用户先后因周子瑜事件、魏明仁事件、日本 APA 酒店事件等多次出征海外社交媒体，发表与中国政府立场一致或相近的言论。此外，在涉及气候变化、⑤ 国际政治事件、⑥ 中美贸易等问题时，⑦ 中国也经常成为海外社

---

① Adam Badawy, Emilio Ferrara and Kristina Lerman, "Analyzing the Digital Traces of Political Manipulation: the 2016 Russian Interference Twitter Campaign", 2018 *IEEE/ACM International Conference on Advances in Social Networks Analysis and Mining (ASONAM)*, Barcelona, 2018, pp. 258 – 265.

② Savvas Zannettou, Tristan Caulfield, Emiliano De Cristofaro, Michael Sirivianos, Michael Sirivianos, Gianluca Stringhini and Jeremy Blackburn, "Disinformation Warfare: Understanding State-sponsored Trolls on Twitter and Their Influence on the Web", *Companion Proceedings of the* 2019 *World Wide Web Conference*, 2019, pp. 218 – 226.

③ Jonathan Benney, "Twitter and Legal Activism in China", *Communication, Politics & Culture*, Vol. 44, No. 1, 2011.

④ Jonathan Sullivan, "A Tale of Two Microblogs in China", *Media, Culture & Society*, Vol. 34, No. 6, 2012.

⑤ Giuseppe, A. Veltri and Dimitrinka Atanasova, "Climate Change on Twitter: Content, Media Ecology and Information Sharing Behaviour", *Public Understanding of Science*, Vol. 26, No. 6, 2017.

⑥ K. Hazel Kwon, C. Chris Bang, Michael Egnoto and H. Raghav Rao Kwon, "Social Media Rumors as Improvised Public Opinion: Semantic Network Analyses of Twitter Discourses During Korean Saber Rattling 2013", *Asian Journal of Communication*, Vol. 26, No. 3, 2016.

⑦ Tobias Burggraf, Ralf Fendel and Toan Luu Duc Huynh, "Political News and Stock Prices: Evidence from Trump's Trade War", Forthcoming, *Applied Economics Letters*.

交媒体上的关注对象。

随着越来越多关于中国的讨论在海外社交平台上发酵，中国是否采用恶意手段操纵海外舆论引起广泛争议。2019年8月，饭圈女孩因香港修例风波"出征"Facebook和Twitter，声援因支持香港警察而受指责的艺人。8月19日，Twitter发表声明，① 称监测到一场由中国政府支持的针对香港的信息运动，意在削弱抗议运动的合法性，因而停用了936个发布涉港信息的活跃的中国用户账号，以及该"恶意网络"中其他200000个账号。同日，Facebook也删除了与香港事件相关的7个粉丝主页、3个群组和5个个人账号，理由是这些虚假账号由中国政府组织，涉嫌用欺骗性策略操纵他人。②

此前研究者分析过中国的微博上官方政治信息下的150万条评论以及Twitter上与中国政治相关的110万条推文，③ 认为微博数据中几乎没有自动化痕迹，而Twitter上与中国相关的话题下确实有自动化操纵的痕迹。但是案例分析显示，这些恶意账号多以中文发布，并且主要是反华内容，据推测是面向海外的中国侨民及使用VPN登录海外社交平台的中国大陆用户。那么，在面向海外用户的外文（尤其是英文）讨论中，是否存在通过社交机器人操纵中国对外形象的情形？其行为模式、角色，以及对人类用户的影响能力如何？我们目前对此知之甚少。

（三）社交机器人的识别

在当前的社会科学成果中，不少研究将高频发帖作为评估账号是不是机器人的依据，如将每日在目标话题下发帖频率为50设为识别机器人的临

---

① Twitter (2019), Information Operations Directed at Hong Kong, Retrieved from https://blog.twitter.com/en_us/topics/company/2019/information_operations_directed_at_Hong_Kong.html.

② Facebook (2019), Removing Coordinated Inauthentic Behavior From China, Retrieved from https://about.fb.com/news/2019/08/removing-cib-china/.

③ Gillian Bolsover and Philip Howard, "Chinese Computational Propaganda: Automation, Algorithms and the Manipulation of Information about Chinese Politics on Twitter and Weibo", *Information, Communication & Society*, Vol. 22, No. 14, 2018.

界值。①② 这种一刀切的分类方式容易将社交媒体重度用户、社会活动家误判为社交机器人,也容易遗漏同时在多话题下活跃的机器人。

事实上,计算机科学界为检测社交机器人做出了大量努力,机器人的识别模型要远比统计发推频率复杂。在内容方面,推文中含有的标签数、链接数、标点符号、语言种类可以辅助检测,此前研究也曾证明机器人的语言情感特征与人类不同;③ 在行为方面,机器人行为密集但间隔规律,④ 经常反复转推,⑤ 或与其他看似无关的用户发生冲突,以便发布重复内容;⑥ 在用户信息方面,用户名有自动生成的痕迹,用户头像或为空,或可以在网络数据库中找到;在社交网络方面,与人类相比,机器人用户关系网中的机器人比例、⑦ 关注者与被关注者比例、⑧ 互动关系网络⑨均有不

---

① Philip N. Howard and Bence Kollanyi, "Bots, # StrongerIn, and# Brexit: Computational Propaganda during the UK-EU Referendum", Available at SSRN 2798311, 2016.

② Bence Kollanyi, Philip N. Howard and Samuel C. Woolley, "Bots and Automation over Twitter during the US Election", Computational Propaganda Project: Working Paper Series, 2016.

③ John P. Dickerson, Vadim Kagan and V. S. Subrahmanian, "Using Sentiment to Detect Bots on Twitter: Are Humans More Opinionated Than Bots?", 2014 *IEEE/ACM International Conference on Advances in Social Networks Analysis and Mining* (*ASONAM 2014*), Beijing, 2014, pp. 620 – 627.

④ Zi Chu, Steven Gianvecchio, Haining Wang and Sushil Jajodia, "Detecting Automation of Twitter Accounts: Are You a Human, Bot, or Cyborg?", *IEEE Transactions on Dependable and Secure Computing*, Vol. 9, No. 6, 2012.

⑤ Rumi Ghosh, Tawan Surachawala and Kristina Lerman, "Entropy-based Classification of 'Retweeting' Activity on Twitter", arXiv preprint arXiv: 1106.0346.

⑥ Cristian Lumezanu, Nick Feamster and Hans Klein, "#Bias: Measuring the Tweeting Behavior of Propagandists", *Proceedings of the 6th International AAAI Conference on Weblogs and Social Media*, Dublin, 2012, pp. 210 – 217.

⑦ V. S. Subrahmanian, et al., "The DARPA Twitter Bot Challenge", *Computer*, Vol. 49, No. 6, 2016.

⑧ Alex Hai Wang, "Detecting Spam Bots in Online Social Networking Sites: a Machine Learning Approach", *IFIP Annual Conference on Data and Applications Security and Privacy*, Heidelberg, 2010, pp. 335 – 342.

⑨ Onur Varol, Emilio Ferrara, Clayton A. Davis, Filippo Menczer and Alessandro Flammini, "Online Human-bot Interactions: Detection, Estimation, and Characterization", *Eleventh international AAAI Conference on Web and Social Media*, Montréal, 2017, pp. 280 – 289.

同；在附加信息方面，机器人较少在推特中加上地理位置标记，更多使用电脑浏览器而非手机客户端发布消息。①

在本文中，我们采用印第安纳大学开发的综合性工具 Botometer（原名 Bot or Not）。② 该工具基于机器学习算法，综合网络、用户、朋友、时间、内容和情感六个维度提取账号特征，评估账号为机器人的概率。如果待检测账号未设置隐私权限且有足够多的信息供分析，则 Botometer 会依据账号的公开信息和推文，计算出一个位于 0 和 1 之间的概率值，该值越接近 1，则有越大概率表明该账号被机器人操纵，该值越接近 0，则有越大概率表明该账号属于人类用户。自 2014 年发布以来，Botometer 在社会科学界得到广泛应用。③④⑤⑥

三 研究数据

（一）检索条件

在推特中，标签起到了组织聚合话题的功能，用户习惯于使用标签（hashtag）标记自己推文的主题及检索属于特定主题的推文。在本文中，我们将#China，#Chinese，#CCP，#CCPChina，#antiCCP，#Chinazi，#anti-

---

① V. S. Subrahmanian, et al., "The DARPA Twitter Bot Challenge", *Computer*, Vol. 49, No. 6, 2016.

② Clayton A. Davis, Onur Varol, Emilio Ferrara, Alessandro Flammin and Filippo Menczer1, "Botornot: A System to Evaluate Social Bots", *Proceedings of the 25th International Conference Companion on World Wide Web*, Montréal, 2016, pp. 273 – 274.

③ Luca Luceri, Ashok Deb, Silvia Giordanoand Emilio Ferrara, "Evolution of Bot and Human Behavior during Elections", *First Monday*, Vol. 24, No. 9, 2019.

④ Adam Badawy, Kristina Lerman and Emilio Ferrara, "Who Falls for Online Political Manipulation?", *Companion Proceedings of the* 2019 *World Wide Web Conference*, San Francisco, 2019, pp. 162 – 168.

⑤ Emilio Ferrara, "Disinformation and Social Bot Operations in the Run up to the 2017 French Presidential Election", *First Monday*, Vol. 22, No. 8, June 2017.

⑥ Chengcheng Shao, Giovanni Luca Ciampaglia, Onur Varol, Kai-Cheng Yang, Alessandro Flammini and Filippo Menczer, "The Spread of Low-credibility Content by Social Bots", *Nature Communications*, Vol. 9, No. 4787, 2018.

Chinazi，#boycottChina 这八个在海外媒体上常用于指代中国及中国政府的标签作为检索关键词。其中，#China 和#Chinese 是对"中国"一般性的描述；#CPP，#CCPChina，#antiCCP，常用于影射中国的政体属性，常带有负面含义；#Chinazi 和#antiChinazi 的后缀来源于英文单词"Nazi"（纳粹），常用于讨论中国的人权问题，具有负面含义；#boycottChina 常用于讨论在经贸上抵制中国，具有负面含义。由于研究者并未发现对中国有正面指代意义的标签，故本文仅将以上八个标签纳入检索条件。在检索中不区分大小写，含有其中任何一个标签的推文即认为符合要求。

（二）数据收集

1. 我们根据上述标签列表收集推文。由于此前有研究表明，Twitter 平台存在反机器人机制，实时监测并封停机器人账号。[①] 为减少 Twitter 封号带来的研究偏差，本文将数据收集时间限定在较短的周期内（3 天），自 2019 年 12 月 20 日至 12 月 22 日集中使用 TwitterSearchAPI 进行推文收集，由于 TwitterSearchAPI 返回的结果是对过去 7 天数据的抽样，因而实际收集到的数据为 12 月 14 日至 12 月 22 日之间发布的数据（9 天）。我们从返回的结果中提取了推特的文本、时间、作者等基本信息，以及转发、提及、回复等关系信息。在数据收集期间，香港反修例运动仍在继续，澳门迎来回归祖国 20 周年纪念日，台湾地区处在地区领导人选举的竞争期。此外，继 12 月 3 日美国众议院通过 2019 年维吾尔人权政策法案之后，数据收集期间各地发生多次"声援中国维吾尔族人权"的游行活动，因而新疆问题的相关标签在数据集中高频出现。

2. 我们采用美国印第安纳大学开发的 Botometer 工具，计算数据集中每个用户的 bot score，获得一个 0—1 之间的概率值，bot score 越接近于 1，则有越大的概率为机器人；越接近 0，则有越大的概率为人类用户。

（三）数据描述

我们共抓取了 358656 条推文，含 25113 条原创推文，306207 条转推，

[①] Carlos Freitas, Fabricio Benevenuto, Saptarshi Ghosh and Adriano Veloso, "Reverse Engineering Socialbot Infiltration Strategies in Twitter", 2015 *IEEE/ACM International Conference on Advances in Social Networks Analysis and Mining*（*ASONAM*），Paris, pp. 25 – 32.

7568条引用推文，20362条由回复产生的推文（引用推文和回复推文有交集）。这些推文中共有21.88%由机器人发布，每类推文的作者身份构成如表1。

表1　　　　　　　　　　推文类别及推文作者身份

推文类别	数量	作者身份		
		机器人	人类	未知用户
原创推文	25113	6736（26.82%）	18357（73.10%）	20（0.08%）
转发推文	306207	68258（22.29%）	237477（77.55%）	472（0.15%）
引用推文	7568	1100（14.53%）	6462（88.39%）	6（0.08%）
回复推文	20362	2427（11.92%）	17895（87.88%）	40（0.20%）
合计	358656	78475（21.88%）	279646（77.97%）	535（0.15%）

本数据集涉及135568位发推用户、9792位被转发用户、18827位被提及用户、4282位被回复用户，共计145688位不同用户参与讨论。尽管我们尽力缩短了推文抓取和机器人识别之间的时间差，但截至识别时，仍然有158个账户已被关停，无法评估其为机器人的可能性。此外，Botometer的结果显示，77位用户的推文过少、394位用户设置了隐私权限，Botometer无权获取支持分析的必要数据。因此，Botometer共成功识别用户共145059个，含28241个机器人和116818个人类用户，Botomter无法识别的用户被标记为"未知用户"，未被纳入后文的内容分析与交互分析。用户bot score的分布如表2所示，50%的用户bot score小于0.1947，75%的用户bot score小于0.4337。

表2　　　　　　　　中国话题下用户的bot score描述统计

指标	数量	均值	标准差	最小值	25%	50%	75%	最大值
数值	145059	0.2891	0.2445	0.0185	0.0959	0.1947	0.4337	0.9861

虽然有研究认为bot score超过0.3即可被怀疑为机器人（Luceri et al., 2019），但在本文中，我们（Badawy et al., 2018; Ferrara, 2017; Shao et al., 2018）采用较保守的做法，将0.5作为区分人类与机器人的临界值。图1在双log坐标系中拟合了发帖量和用户比例的关系，二者均

呈现幂律分布，相比人类，机器人中高频发帖的用户比例较高。在下文中，我们将从内容与交互两个维度来分析中国议题下社交机器人的行为模式。

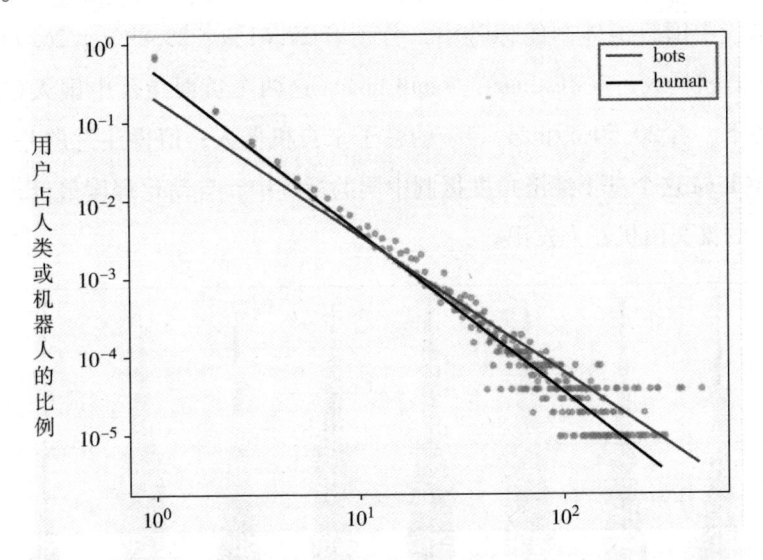

图1　人类用户和机器人用户中不同发帖量的用户比例（横轴：发帖量）

四　社交机器人的内容分析

（一）不同的中国"能指"下的自动化操纵

本文采用#China, #Chinese, #CCP, #CCPChina, #antiCCP, #Chinazi, #antiChinazi 和#boycottchina 共八个标签检索中国相关的推文。虽然八个标签均是对"中国"这一意象的指代，但是这些标签关注的侧重点不同，#China 和#Chinese 是对中国一般性的称呼；#CCP, #CCPChina 和#antiCCP 侧重强调中国的政治体制；#Chinazi, #antiChinazi 在对中国的称呼中表达了对中国人权状况的批评；#boycottchina 则更侧重从经济上抵制中国。本文首先按照检索标签对数据集进行分割，比较不同的检索标签下，推文被自动化操纵的程度。在统计时，如果同一条推文含有多个上述标签，则同时纳入多个标签的计数。

图 2 采用小提琴图呈现了每种检索标签下推文作者 bot score 的分布及概率密度。在一般性的标签#China 和#Chinese 下，分别有超过 23.18% 和 22.50% 的帖子来自机器人；在#CCP，#CCPChina，#antiCCP 这三个常用于负面指代中国政治体制的标签中，分别有 27.61%、28.89%、26.99% 的帖子来自机器人；在#Chinazi，#antiChinazi 这两个负面指代中国人权状况的标签下，有 20.50% 和 24.14% 的帖子来自机器人；值得注意的是，在#boycottChina 这个基于经济角度抵制中国的标签中，自动化程度最低，仅有 8.89% 的推文由机器人发出。

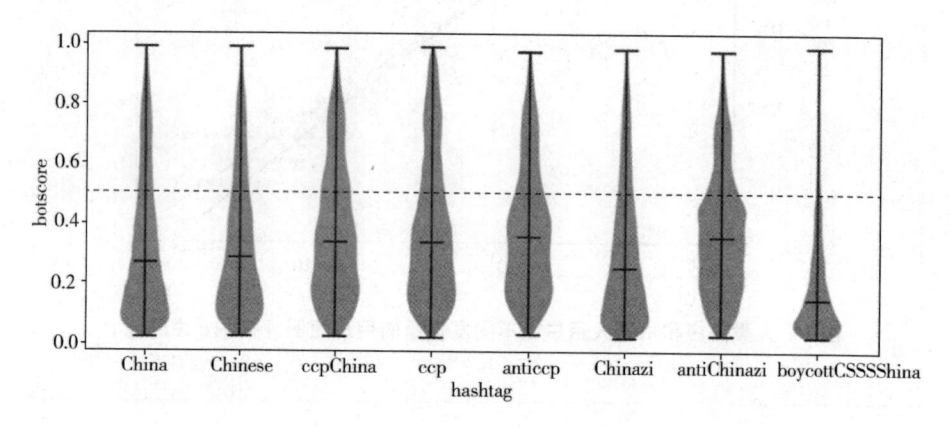

图 2　在#China，#Chinese，#CCP，#CCPChina，#antiCCP，#Chinazi，#antiChinazi 和#boycottChina 八个标签下，用户的 bot score 分布

一言以蔽之，虽然各个标签下均存在社交机器人，但是机器人的分布并不均匀。机器人更倾向于使用批评中国政体的标签（#CCPChina，#CCP，#antiCCP）和批评中国人权现状的标签（#antiChinazi），但是对经济上抵抗中国（#boycottChina）的标签使用最少。换句话说，在海外社交平台上，对中国经济上的抵触更多来自真正的人类用户，但对中国政体、人权状况的批评则有相对更高比例是被社交机器人形成的虚假意见气候。

（二）不同的中国议题下的自动化操纵

标签在海外社交媒体上常起到组织话题讨论的效果。用户可以手动为推文加上标签以设定推文的话题归属，供对该话题感兴趣的其他用户进行检索、互动。因而对于研究者而言，社交媒体上的标签可被认为是推文框架的载体，通过对推文中的标签进行排序，我们在出现频次较高的标签中锁定了在海外社交媒体上备受关注的中国议题，并比较这些议题下的自动化操纵程度。具体而言，我们挑选了四个主权议题与两个政治议题。主权议题包括香港（含#HongKong，# Hkpolice，#HongKongers，#HongKongprotests，#Hkprotests，#HongKongprotesters，#antielab 和#standwithHongKong）、澳门（#maCau）、台湾（#TaiWan）和新疆（含#uyghur，#uyghurs，#uighurs，#uighur，#XinJiang，prayforuyghur，#China_kills_muslims，#muslims，#uyghurgenocide，#standwithuyghurs 和 #eastturkestan）。政治问题包括民主（含#democracy）和人权（含#humanright 和#humanrights）。

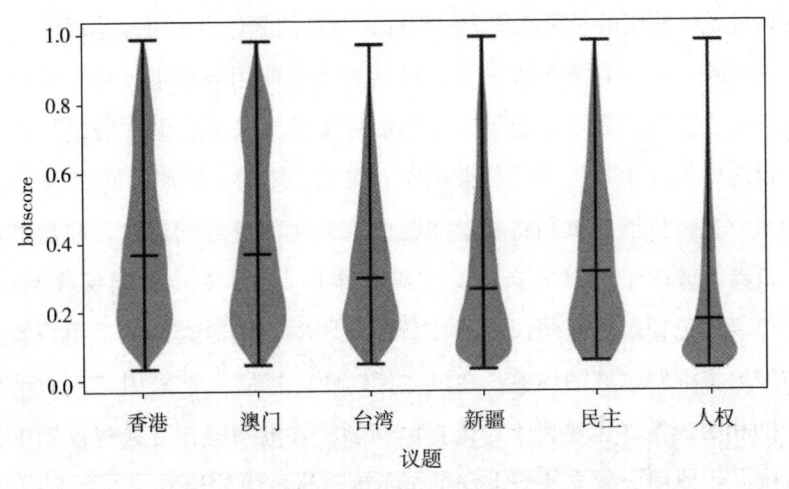

图3 涉港、澳、台、疆，及民主、人权议题下用户的 bot score 分布

由图3可见，各议题下均有一定自动化操纵的痕迹，其中澳门（34.87%）、香港（30.13%）议题中自动化操纵痕迹最重，bot score 分布呈双峰状。民主（21.98%）、台湾（19.40%）、新疆（19.18%）次之，直接带人权相关标签的机器人最少（12.29%）。由于小提琴图只能呈现自动化操纵的强度，却无法呈现自动化操纵所依托的立场，我们参考，① 筛选出每类议题

---

① Dorothee Arlt, Adrian Rauchfleisch and Mike S. Schäfer, "Between Fragmentation and Dialogue, Twitter Communities and Political Debate about the Swiss 'Nuclear Withdrawal Initiative'", *Environmental Communication*, Vol. 13, No. 4, 2018.

中出现频次位于前 30 位的标签，计算不同类别用户对各标签的过度呈现比率（over representation ratio）。我们首先用该标签在被机器人使用于该议题的频次除以机器人在该议题下发布的推文数量，以获取其在机器人语料库中出现的频率 f1，其次我们将该标签在被人类使用于该议题的频次除以人类在该议题下发布的推文数量，获取其在人类语料库中出现的频率 f2。随后，使用 f2/f1 计算该标签在人类用户与机器人用户中出现的相对频率，并进行 log 转换获得标签的过度呈现比率。如果比率小于 0，则机器人更倾向于使用该标签。如果比率大于 0，则人类用户相对更倾向于使用该标签。在图 4 中，我们将每个议题下标签的过度呈现率作为横坐标，将标签被机器人和人类在该议题中使用的总频次作为纵坐标，节点的颜色表示过度呈现率。

如图 4 可见，在香港议题中，机器人大量使用与香港反修例运动有关的标签；在澳门议题下，机器人使用的标签种类较少，但"香港"标签在澳门议题中高频出现，并更易被机器人使用，体现了在澳门回归 20 周年的时间节点上，机器人试图将香港问题引入对澳门事务的讨论；在台湾议题中，机器人倾向于号召公众反对"纳粹中国"，并支持香港反修例运动，同时热衷讨论新疆和西藏议题；在新疆议题中，机器人高频采用一系列指责中国迫害维吾尔族的标签；在民主议题中，机器人常采用"反对纳粹中国"的相关标签，也热衷于讨论自由问题、香港问题；在人权议题下，机器人倾向于使用大量支持香港和维吾尔族进行抗争的标签。

此外，我们统计了每个议题下机器人重复发送频次最高的三条推文，并提炼主题和立场于下表。通过对这些高频推文的个案分析可发现，在香港议题下，社交机器人多发布支持反修例、质疑一国两制的推文。在澳门议题下，社交机器人质疑一国两制政策在澳门的落实，并借澳门回归 20 周年纪念日表达对香港未来自由状况的担忧。此外，一则主题"香港人经港珠澳大桥失联"的新闻被社交机器人广泛传播，用来影射中国政府非正当的拘捕（实则为潜逃 7 年的港籍走私团伙成员被查获）①。在台湾议题下，

---

① 《环球时报，独家解读：假如在港珠澳大桥检查站发现修例风波示威者，警方怎么办？》，https://china.huanqiu.com/article/9CaKrnKomVI。

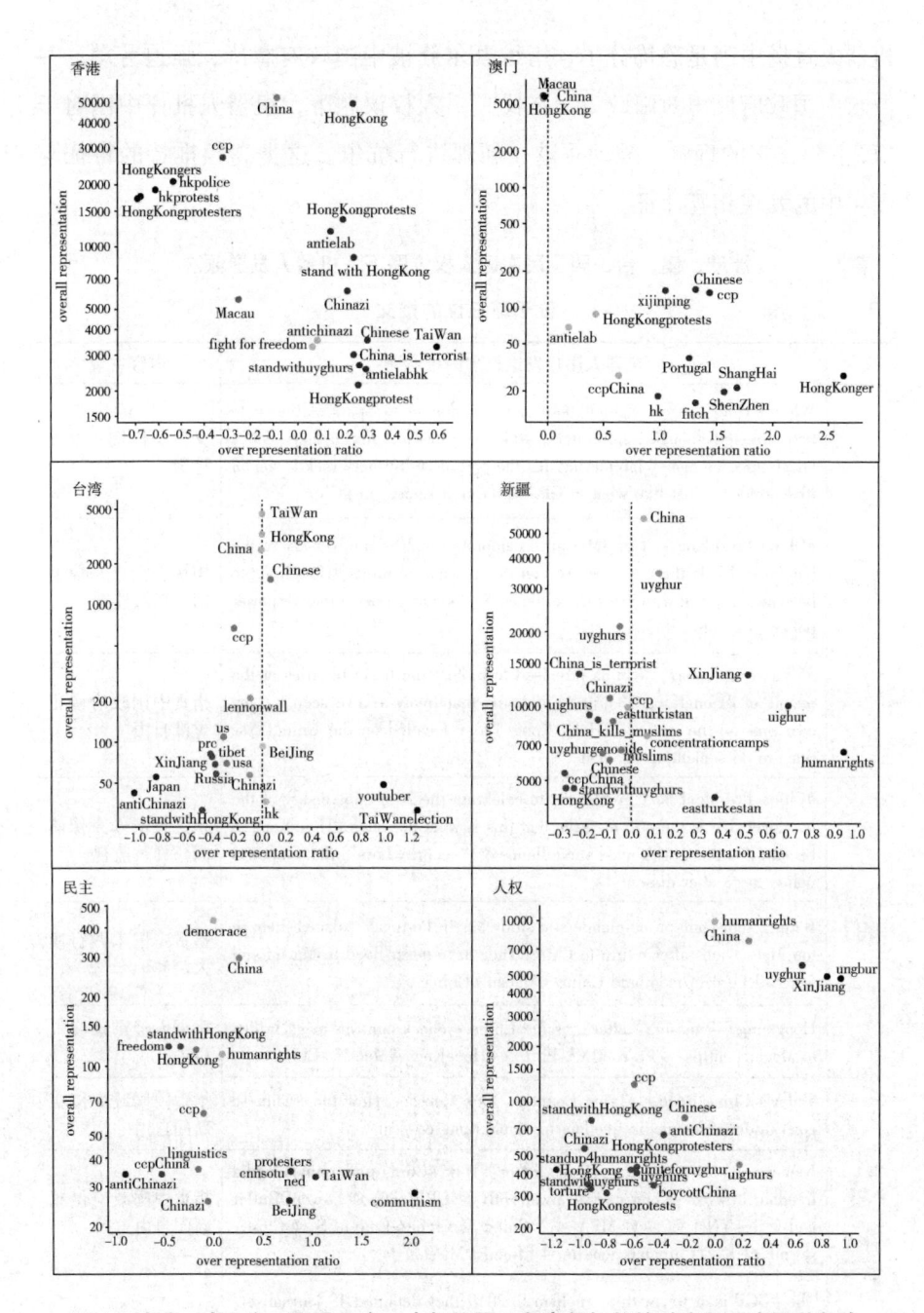

图 4 涉港、澳、台、疆及民主、人权议题下各高频标签的过度呈现率及总频次

机器人推送最多的三条新闻均指责中国的新闻自由状况。在新疆问题下，

机器人宣扬中国是恐怖分子，指维吾尔族被中国政府虐待、强迫劳动，并要求中国政府反思对疆政策。在民主、人权议题下，机器人批评中国对于"民主"二字的理解，鼓动香港、新疆进行抗争。这类高频推特的特征与图4中的发现相互印证。

表3　　涉港、澳、台、疆及民主、人权议题下，机器人发送频次位于前三位的推文

议题	机器人用户发送最多的推特	内容主旨
香港	When #HongKongers tighten their belts to donate to Spark Alliance to help arrested #hongkongprotesters, #hkpolice has just frozen their money and framed as money laundering. It's the prelude to further crackdowns on #HKprotests, just like what #CCP did on civil society in #China	支持反修例、批评港警
	#China President isn't in #Macau to celebrate the 20th anniversary of the handover. He is there to message that this is what he wants #HongKong to become, a place with mass surveillance & "security laws" that empower police to go after dissent	担忧香港未来像澳门一样被监视
	35 years ago today, #China promised to protect the basic liberties of the people of #HongKong. Beijing is violating that treaty-as I've seen w/ my own eyes on the streets of Hong Kong. Today I called on the United Nations to do something about it	指责中国政府侵犯香港自由
澳门	#China President isn't in #Macau to celebrate the 20th anniversary of the handover. He is there to message that this is what he wants #HongKong to become, a place with mass surveillance & "security laws" that empower police to go after dissent	担忧香港未来像澳门一样被监视
	Beijing sent team of mainlanders to study law in Portugal, placed them in top Macau jobs after return to China. They have never lived in Macau and were all born in mainland China. #Macau #China	指责中国未践行澳人治澳
	Hongkonger "missing" after crossing Chinese checkpoint on mega bridge to Macau, https://t.co/0XAsPlwbLt #HongKong #Macau #China	香港人经港珠澳大桥失联
台湾	Today's China Read: "One Country, One Censor: How the #Chinese gov't undermines media freedom in #HongKong & #Taiwan"	指责中国政府侵犯新闻自由
	New report: One Country, One Censor: How #China undermines media freedom in #HongKong and #Taiwan—By @ CPJAsia's @ StevenBButler and @ IrisYNH CC: @ MFA_ _ China @ ChineseEmbinUS @ ChineseEmbinUK @ Chinamission2un @ ChinaEUMission	指责中国政府侵犯新闻自由
	The #CCP is at war with journalism In 2019 they detained 48 journalists, the most of any nation The World Press Freedom Index ranks #China 177/180Now it is eroding press freedom in #HongKong and #Taiwan China's number one export is propaganda and lies	指责中国政府侵犯新闻自由

续表

议题	机器人用户发送最多的推特	内容主旨
新疆	#China_ is_ terrorist —I couldn't even imagine the #PAIN and suffering of #Uyghurs in #China. In #East Turkistan, Uighurs have been raped, tortured and # massacred. World must take real actions to sanction # CCPChina! #UyghurGenocide #China_ kills_ Muslims	担忧维吾尔族被虐待
	#China is making an already horrifying situation even worse. It is now using the forced labor of #Uighurs at factories to power its economy. And yet many stay silent for fear of upsetting #Beijing & losing access to the Chinese economy or financing	指责政府让维吾尔族强迫劳动
	The resolution on the situation of the #Uyghur in #China has been adopted with overwhelming majority. Only very few extremists on the left and on the right did not join. Chinese diplomats should pay close attention; they haven't even convinced most of those normally open to them	指责政府对疆政策
民主	Why "Chinese democracy" is a mistranslation https：//t. co/I75qsDwVqF #china #linguistics #democracy'	批评中国对民主的理解
	"Rioter" in #Tiananmen 1989. — #China was once that close to #democracy & liberty. "Where you going?" "To protest, to #TiananmenSquare" "…Why?" "Becoz it's my DUTY!" No one see this young man afterward. #Stand With HongKong Avoid the same tragedy	支持香港抗议
	@ leadlagreport That's why #China hasn't sent their troops to Hong Kong and destroyed the city. They want money from #HongKong, but they're not giving #freedom to the people. We have every right to fight for the freedom & #democracy! #StandWith HongKong	指责中国政府从香港获利却侵犯香港自由
人权	Free the Uighurs #Xinjiang #Human Rights #Uyghur #Uighur #China	呼吁解放维吾尔族
	The #CCP tried to redefine #HongKong Protesters as rioters They tried to redefine #Uyghur people as terrorists Now #China is trying to redefine # Human Rights But they will fail as long as we #Stand With HongKong, # UniteForUyghur and #StandUp4HumanRights	鼓励香港、维吾尔族抗争
	When you speak for the Uighurs, the Chinese will have these reactions. # AntiChinazi #Human Rights #Chinese	指责政府侵犯维吾尔族人权

综上所述，在机器人高频发送的关于中国问题的推文中，我们并未发现支持中国政府的表达。在每一个议题下，社交机器人发布的高频推文均基于明确的反对立场。此外，批评中国人权问题的标签#Chinazi 和#antiChinazi 下，机器人自动化的程度很高（20.50% 和 24.14%），但是图 3 显示直接带有人权标签的机器人推文比例却较低（12.29%）。机器人对标签#humanrights、#humanright 回避或忽视的原因尚不可知，但是根据联合国对人权问题的定义，[①]

---

① UN, Human Rights, Retrieved from https：//www. un. org/en/sections/issues-depth/human-rights/.

人权分为两部分，第一部分是经济社会和文化权，强调人获取更高质量的工作、生活、教育、娱乐的权力；第二部分是公民政治权力。就中国的情况而言，第一部分的成就可通过数据指标证实，第二部分涉及意识形态和政体差别，对争议留有空间。结合表3中呈现的高频机器人推文，我们推测，机器人较少采用人权相关的标签是由于机器人更倾向于将中国人权状况的讨论往往与涉港、涉澳、涉台、涉疆言论结合在一起，而非直接讨论"人权"一词的内涵。

五 社交机器人的交互分析

在社交媒体中，信息的流动和用户的互动均呈现网络形态，在 Twitter 中，账户之间主要通过转发、引用、回复、提及等行为进行信息和意见的交互。我们构建了四种用户交互网络。(1) 转发 (retweet) 网络，该网络描述通过 Twitter 的"一键转发"功能实现的信息流动路径。在该网络中，节点代表用户，如果节点 A 至节点 B 之间存在一条边，则表明用户 A 的推文曾被用户 B "一键转发"推文。(2) "引用"（quote，即转发并评论）网络，"转发且评论"功能相比单纯的一键转发，允许作者将自己的补充、评论添加在原推文之上，因而更有助于观点的交互。(3) 回复 (reply) 网络，用于描述用户之间处于对话的情境，从节点 A 至节点 B 的边表明用户 A 曾被 B 回复。(4) 提及 (mention) 网络，用于描述某用户向其他用户发出提示讯号的关系网络，从节点 A 至节点 B 的边表明用户 A 曾被 B 提及。以上四个网络均为有向网络，边的权重指的是该互动发生的频次。

虽然 Twitter 上也存在其他的关系网络，如关注网络，但是用户之间的关注与被关注行为往往基于多元的兴趣和复杂的人际关系，如娱乐目的、线下社交关系等，因而关注网终无法直接呈现用户就"中国"议题达成的信息交互关系，因此未被纳入本文的观察范围。

（一）机器人、人类用户的互动模式

在社交网络上，机器人和人类的不同的目的导致不同的行为模式。我们首先比较机器人和人类的行为差异，分析转发、引用、提及、回复关系在不同 bot score 的用户中的分布，进而推演机器人的行为逻辑。我们针对中国相关话题下用户展开的四种交互行为绘制互动热力图。在图 5 中，纵轴表示互动发起者的 bot score，横轴表示行为指向者的 bot score，热力图中的格子越亮，表明双方互动频次越高。

四张热力图存在一定的共同特点。四张图的左上角均为最亮区域，右下角均为最暗区域，这说明大部分的互动发生在人与人之间，机器人与机器人之间的互动较少。但是，四张热力图的亮度分布也存在一定差异。相比引用网络和回复网络，在转发网络和提及网络中，热力图的左下角更亮，即机器人乐于直接转发人类推文，或者在推文中提及人类用户以提升信息可见度甚至可信度（Shao et al.，2018），但是相对而言，机器人却较少回复、引用人类的推文。这说明当前机器人的主要诉求及能力在于提升特定信息的可见度，而非通过正面的交流改变公众观点。同时，四张热力图的右上角虽然总体较暗，但频次并非为 0，尤其是在 $x=0.6$ 至 $x=0.65$ 附近有暗红色光带，表明人类对于 bot score 位于该区间内的机器人用户会产生转发、引用、提及、回复的行为。

（二）机器人对人类用户的影响

鉴于社交机器人的最终目的是实现对人类而非同类的影响，有必要测量机器人究竟在多大程度上有效激发了人类的响应，以及人类的互动行为有多大程度是由机器人引发。我们计算了在被互动对象是机器人的条件下，互动发起者是人类用户的概率；也计算了在发起互动者是人类用户的条件下，被互动对象是机器人的概率。

如图 6 从条件概率的角度呈现了互动双方的身份。左图表明，在针对机器人的互动行为中，有一部分是来自机器人，但是来自人类的互动更多，这说明机器用户确实可以成功引发人类对其进行互动；右图表明在人类发起的互动行为中，大部分仍是针对人类而非机器，即总体来看，机器人在人群中激发的互动数量有限，人类仍然更倾向于与人类互动。

此外，我们还进一步统计了在机器人和人类共同构成的中国议题交互

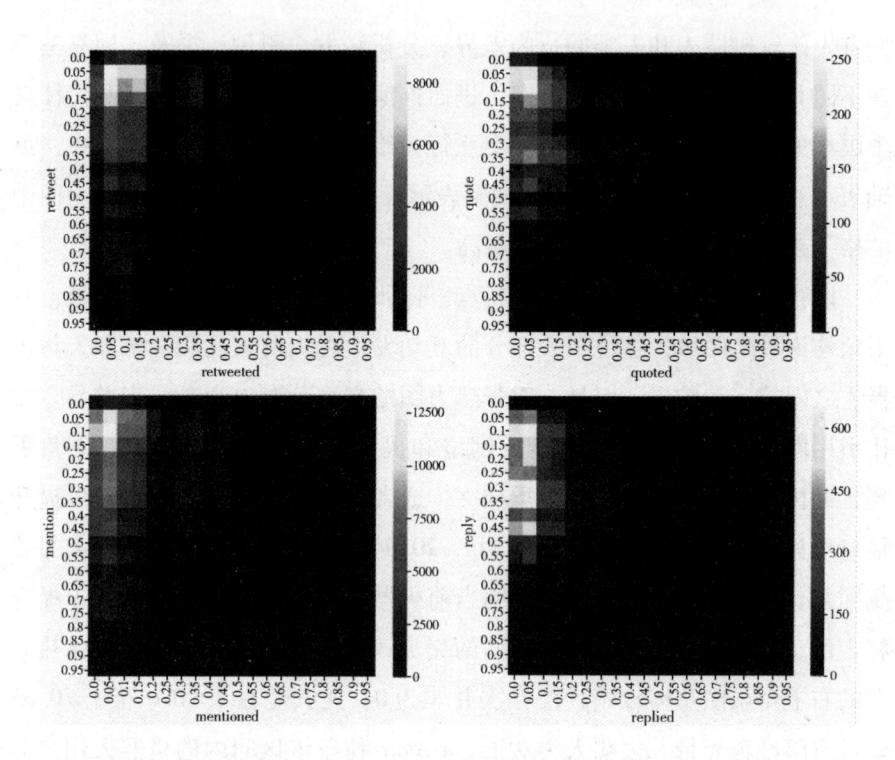

图 5　发起互动及互动指向的账号的 bot score 分布

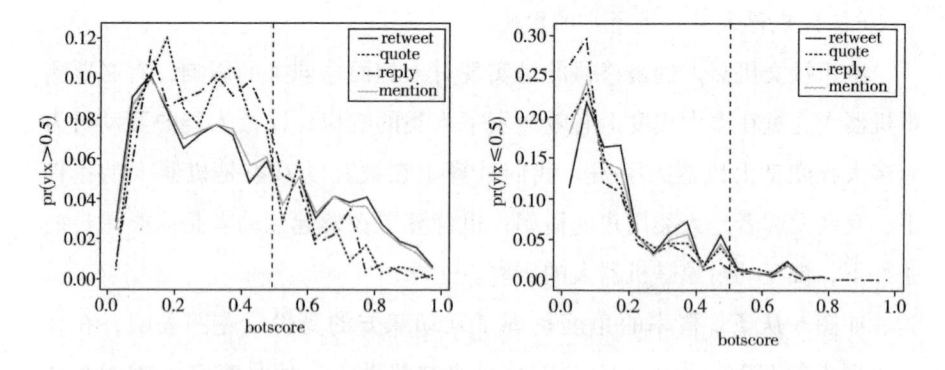

图 6　左图为向机器人发起互动的账户的 bot score 分布，右图为人类发起的
互动所指向的账户的 bot score 分布互动包括转发、引用、回复、提及四种方式。
在纵坐标的标签中，y 是指互动发出者的 bot score，x 是指互动指向者的 bot score。

网络中曾受机器人用户影响的人类用户比例。我们首先计算每个网络中人类用户的总数，随后获取是机器人子节点（successor）的人类用户数量，用该人数除以该网络中人类用户总数,获取受机器人直接影响的人类用户比例。

表 4 在转发、引用、提及、回复网络中,曾受机器人直接影响的人类用户数量及比例

	Retweet	Quote	Mention	Reply
受直接影响的人类	10195	318	11270	405
网络中人类用户总数	101270	5117	112134	7069
百分比(%)	10.07	6.21	10.05	5.73

在转发网络中,有 10.07% 的人类用户曾从机器人用户处转发推文;在提及关系网中,有 10.05% 的人类用户曾在推文中提及机器人;在引用关系网中,有 6.21% 的人类用户曾经引用机器人的推文;在回复关系网中,有 5.73% 的人类用户曾对机器人发起对话。这四组数据说明,在中国话题下,有相当比例的人类用户曾受到机器人的直接影响,愿意向机器人发起互动。尤其在转发网络中,10.07% 的用户曾将社交机器人作为转推来源,说明社交机器人在促成信息扩散、营造虚假意见气候方面具有一定效果。

六 讨论

通过对 Twitter 上涉华推文及用户进行大规模的数据挖掘,本文发现,海外社交媒体上的中国议题面临被自动化算法操纵的问题,补充既有研究中对社交机器人行为模式的理解,并试图从内容和交互两个层面为中国应对海外社交媒体上的自动化信息和舆论操纵提供启示。目前,海外社交媒体上指代"中国"的标签下均有明显的自动化操纵痕迹,对中国政体、人权状况的批评有相当一部分是被社交机器人操纵形成的意见气候,而对中国经济的抵制则相对有更大可能来自真正的人类用户。在涉及港、澳、台、疆等议题的标签下,大量的推文是由机器人发布,在部分话题中,由机器人发布的推文比例甚至超过 30%。与中文社交媒体不同,标签在海外社交媒体上一直扮演着组织社会讨论、进行社会动员的重要角色,社交媒体上时常发生标签争夺战,① 即观点相左的用户试图让自己使用的标签成为该议题的代表性标签。而此前有学者发现,一些活跃且政治化的用户,可以通过大量发推实现标签劫持,② 让有利于自己的标签占据优势。虽然本文聚焦于较短的时间周期,无法论证社交机器人在多大程度上帮助持批评中国立场的标签成为社交媒体上的流行标签,但是目前中国相关标签中大量的自动化操纵痕迹,确可说明社交机器人在巩固、增强此类观点中起到的作用。在社交媒体助推政治观点极化的背景下,③ 对中国持负面态度的标签的泛滥和社交机器人的活跃,不仅表明当前中国在海外社交媒体上话题设定的失败,也为此类观点的进一步发展、极化埋下伏笔。

在传播内容上,社交机器人的存在可增加人类用户对于特定信息的接触。此前研究发现,疑似机器人的用户更容易转发由巨魔(trolls,意为发挑衅帖的人)生产的内容,以促进政治操纵;④ 机器人也更倾向于转发来自低可信度信源的内容,而不愿意转发事实核查网站发布的内容。⑤ 在加泰罗尼亚公投的讨论中,机器人增加了用户对于负面信息和煽动性信息的接触,并试图干扰用户对事物之间关联的认知。⑥ 在本文中,机器人对于

---

① Sharon Meraz, Hashtag Wars and Networked Framing, Between the Public and Private in Mobile Communication, 36, 303.

② Asmelash Teka Hadgu, Kiran Garimella and Ingmar Weber, "Political Hashtag Hijacking in the US", 22nd International Conference on World Wide Web, 2013, Rio de Janeiro, 2013, pp. 55 – 56.

③ Venkata Rama Kiran Garimella and Ingmar Weber, "A long-term Analysis of Polarization on Twitter", Eleventh International AAAI Conference on Web and Social Media, 2017, pp. 528 – 531.

④ Adam Badawy, Kristina Lerman and Emilio Ferrara, "Who Falls for Online Political Manipulation?" Companion Proceedings of the 2019 World Wide Web Conference, San Francisco, 2019, pp. 162 – 168.

⑤ Chengcheng Shao, Giovanni Luca Ciampaglia, Onur Varol, Kai-Cheng Yang, Alessandro Flammini and Filippo Menczer, "The Spread of Low-Credibility Content by Social Bots", Nature Communications, Vol. 9, No. 4787, 2018.

⑥ Massimo Stellaa, Emilio Ferrarab and Manlio De Domenicoa, "Bots Increase Exposure to Negative and Inflammatory Content in Online Social Systems", Proceedings of the National Academy of Sciences, Vo. 115, No. 49, 2018.

中国的政治体制、人权问题关注较多，依托大量对事实的歪曲式解读，传播批评中国的信息。对此，中国在通过海外社交媒体上进行对外信息传播时，相比一般性的新闻发布，更应注意及时回应舆情关切，积极进行事实核查和新闻的发布，对一些不实的，或为谣言的信息，需要运用反谣言策略来阻击社交机器人对舆论的操纵。此外，在对外信息发布时，不回避矛盾，可以多加采用目前被机器人回避或忽略的标签，如#humanrights，既可以实现针对真正的人类用户的信息送达，又可以开展正向的价值诠释。

在用户交互层面，社交机器人可以成功渗入社交网络，改变既有的信息交互结构。在 Facebook 上，机器人对社交网络渗透的成功率高达 80%，[1] 对大型枪击事件线上讨论的研究发现，机器人在互动网络中具有显著地位。[2] 在加泰罗尼亚公投中，虽然机器人是社交网络中的外围角色，但它们可以通过与有影响力的人类进行策略型互动来施加影响力。[3] 本文发现，中国议题下，社交机器人的行为模式和人类用户有显著差异，社交机器人更愿意通过转发促进信息扩散，并通过提及人类用户提升信息可见度，以期营造意见气候。由于机器人较少进行回复和引用，其目前尚缺乏与人类用户的对话式交互。因此，在进行海外社交媒体传播时，可以借鉴公共外交的思路，促进对外传播主体多元化，推动社交平台上多层次、多方面的对话式交互，以降低社交机器人对社交媒体用户的操纵性影响。当然，这也需要我们加强中国信息传播的专业性、提升可信度，同时从观念、政策到思路、框架方面改革和提升对外传播。

[1] Yazan Boshmaf, Ildar Muslukhov, Konstantin Beznosov and Matei Ripeanu, "The Socialbot Network: When Bots Socialize for Fame and Money", *Proceedings of the 27th Annual Computer Security Applications Conference*.

[2] Ross Schuchard, Andrew Crooks, Anthony Stefanidis and Arie Croitoru, "Bots Fired: Examining Social Bot Evidence in Online Mass Shooting Conversations", *Palgrave Communications*, Vol. 5, No. 1, 2019.

[3] Massimo Stellaa, Emilio Ferrarab and Manlio De Domenicoa, "Bots Increase Exposure to Negative and Inflammatory Content in Online Social Systems", *Proceedings of the National Academy of Sciences*, Vo. 115, No. 49, 2018.

本文的研究，对传播学的把关人理论、议题设置理论或可提供新的视角；对虚假信息的传播类型、模式和效果的研究，也有新的延展。后续将作进一步数据挖掘和拓展研究。

作者：师文，清华大学理学院博士生。

陈昌凤，清华大学新闻与传播学院教授、常务副院长。

本文刊发于《国际新闻界》2020年第5期。本文为国家社科基金重大项目"智能时代的信息价值观引领研究"的阶段性成果，项目编号：18ZDA307。

后　　记

作为一个新闻学者，我总是满怀热情去关注新闻业的前沿动态和最新发展情况，关注当代传播体系的日益变革。我是新闻史研究出身，因此从20世纪末到21世纪初，我从当代新闻历史变迁的视角不遗余力地关注互联网技术及其带来的数据化、智能化技术在新闻传播业中的应用问题；从2007年加入清华大学任教媒介伦理的课程开始，我又在这些应用中集中关注传播伦理的问题。这样便形成近二十年研究的两个主要领域：技术视角的当代新闻传播研究和信息时代的传播伦理，这两个领域均是现代传播体系的相关方面。一是在前沿科技与媒介变迁的互动中，对新闻传播实务与学理的重新理解与界定，梳理现代传播体系的发展变革；二是信息（媒介）、人、社会三方新型关系的研究，主要是传播技术对媒介伦理的重塑问题。两个领域相辅相成、循环互动：科技如何改变新闻传播？变革了的传播重塑了怎样的信息—人—社会的互动关系？这种新型互动关系又如何影响科技对传播的再塑造？

第一个方面是关于现代传播体系的变革研究。对新技术生态下现代传播体系中的新闻传播理念、信息平台属性、媒介生产机制、内容形态变革、用户参与方式、传播路径与语态、事实核查等进行了研究，希望助益理解传播形态的发展态势、把握传播形态的发展规律。历史地看，互联网的技术模型与所处的社会政治文化语境息息相关。技术引发的社会革命，本质上是根植于社会的历史延续。社会建构对于互联网和传播形态的发展将会发挥更大的作用，未来的传播形态将更加突出"人"的因素，可以称其为"人联网"和智能传播。社会文化和用户场景、资本逻辑和产—消关系、国家主权和法律框架对信息技术的形塑方向：软件化、中心化、主权化。从技术路线的方向来看，未来传播的趋势会越发匹配用户的兴趣爱好和个性需求；从产业发展的方向来看，未来传播的趋势将会呈现进一步中心化的特征；从政策管理的方向来看，未来传播的网络空间与现实空间的重合度会越来越高，主权原则和法律规制将会渐成共识（《未来的智能传播：从"互联网"到"人联网"》，2017）。技术与人类共生共长是媒介发展内在的逻辑主线，而互联网带来的"崭新互动"，是在特定情境中的多元互动的存在关系，媒介化的环境中人作为不同传播角色而存在的相互关系。互动新闻的核心是提供多元互动、多路径探索充分的条件和路径，具备了"平台媒体"的形态（《让用户自主讲故事的互动新闻》，2018）。近年来传统媒体面临的直接挑战，来自以抓取互联网上各种渠道的信息并以特定方式进行整合的网站或新闻客户端——新闻聚合类媒体。依托机器算法的新闻聚合类媒体正在凭借其对用户兴趣的准确匹配以及个性化的精确信息分发，迅速占领信息分发类媒介产品市场，其算法推荐机制已经成为互联网信息流动的核心逻辑，颠覆了传统的新闻采编流程，正在深刻改变新闻生产常规与整个传媒生态。用户更容易和与自己兴趣相投的人们产生联结，进而加剧社会价值观念和意识形态的分化，它在革新内容消费方式的同时，也容易使用户陷入"过滤泡"与"回音室"的信息困境，导致一定程度的信息偏向，造成用户接受信息的失衡状态（《新闻聚合语境下新闻生产、分发渠道与内容消费的变革》，2017）。Web2.0技术催生的公众采集生产的、通过非机构媒体传播的新闻逐渐成为人们的重要信息来源，其传播路径至少包括人际传播、平台间传播和事件当事人传播三方面，它们协同完成了公众新闻在舆论场中的扩散，也促使公众新闻在公共事务中发挥作用（《连接、联动、认同：公众生产新闻的传播路径研究》，2018）。关于新闻传播理念，从西方新闻专业主义在中国语境与新闻实践的不适用性问题着手，比较中西方对技术运用的不同功能和控制方式，通过"有机的公共生活"探讨中国本土化的新闻专业性建构的可能性——向着"专业自主性权力"和"专业自定义权力"两个面向，超越"科层"和"市场"，确认政治性和自主性（《政治性与自主性：作为专业权力的新闻专业主义》，2018）。结合中国的媒体融合的国家战略，结合国家体制、市场变革以及受众转型等需要，对传统媒体与新兴媒体融合的四个维度——技术融合、产业融合、产销融合（文化融合）、政策融合进行了研究。通过持续跟踪国际著名媒体融合的最新进展，对相关案例进行深入调研，对不同类型、不同规模、不同阶段的传统媒体和新兴媒体的创新实践进行深入的探究（《媒体融合：策略与案例》，2019）。这些探讨中嵌入了以下第二个方面。

第二个方面就是着力于新科技如何重塑新闻/信息、人、社会之间的新型关系，核心是智能化新科技对媒介伦理、价值观的挑战与重塑问题。这也是现代传播体系中的关系变革。传播伦理、专业价值观影响传播体系内的共同体文化、科层制行为、体制制度环境、阶级政治倾向等。从技术基础、媒介语境、信息价值观探讨信息价值观研究的技术属性、媒介语境与价值范畴，构成了传播价值观研究的逻辑基础。在媒介信息传播的环境下探索信息价值观如何形塑技术，又如何被技术形塑的互动关系和过程，是回应当代媒介技术与社会关系的重要研究点（《智能时代的信息价值观研究：技术属性、媒介语境与价值范畴》，2019）。新科技挑战新闻生产，造成虚假信息泛滥，需要媒体超越传统的"把关人"角色（《"目击媒体"革新新闻生产与把关人角色》，2016）。算法分发新闻引发了假新闻泛滥、信息偏向、信息茧房等传播伦理与功能方面的问题；算法带来新闻分发权力的移交、规则的改变，渗透着社会的规制影响、利益至上的商业价值观、企业文化的影响和工程师的价值观（《权力迁移与人本精神：算法式新闻分发的技术伦理》，2018），智能化新闻核查的技术原理、算法逻辑及用于新闻场景方面均具伦理风险，更难以解决作为"社会现象"背后隐藏的逻辑和复杂问题（《智能化新闻核查技术：算法、逻辑与局限》，2018）。新闻的事实核查报道也存在伦理困境，体现了事实与意识形态、局部真实与整体真实、信息自由与伦理规范、市场化与公共性四对矛盾（《作为认同的新闻业——美国"事实核查新闻"的生产逻辑与效果困境》，2016）。智能技术的运用带来了信息、社会和人本层面的价值偏向问题，本质上是技术逐利与人类伦理之间的问题，而价值观层面的问题则要回归到人类的价值理性中去寻找解决的路径（《技术与价值的理性交往：人工智能时代信息传播——算法推荐中工具理性与价值理性的思考》2017；《信息偏向与纠正：寻求智能化时代的价值理性》，2018）。西方的新闻专业主义的土壤是商业化，技术商业化的要求使得新型"科学"在不同范围内和程度上影响新闻的专业性，智能技术的"黑箱"导致"流量工厂"驱逐优质新闻、定制推送强化社会分层、技术平台反收编新闻机构等社会格局变化（《黑箱：人工智能技术与新闻生产格局嬗变》，2018）。

作为一个学者，我感觉特别幸运。生逢一个传播大变革技术大演进的盛世，同时我还遇到一些志同道合的同行者、学术导师、学术伙伴。我的导师方汉奇先生把我引入对新闻史变迁的无尽的好奇之中，克里斯琴斯教授（Clifford G. Christians）引我进入全球媒介伦理研究的博大领域，他们引导我对上述两个方面产生了不知疲倦的学习和研究热情。克里斯琴斯教授等主编的《媒介伦理：案例与道德推理》（*Media Ethics: Cases and Moral Reasoning*）开阔了我的视野，并且机缘巧合下我在 2010 年 8 月帮助郭镇之教授任会长的中国新闻史学会外国新闻史研究委员会组织"媒介伦理与法治理论与实践高端论坛"，竟然有机会邀请克里斯琴斯教授首次访问中国，不仅听到他精深的学术思想，还陪同他在北京的多个历史文化场所感受他孩童般对中国文化和人民的喜爱。他热心于推动世界范围内的学术交流与对话，2010 年以来他应清华大学、武汉大学、北京外国语大学等多所大学之邀每年来中国参加学术活动。2013 年暑假我去伊利诺伊大学访问期间，他主动提出把其作为主要发起人开创的全球媒介伦理圆桌会议（Roundtable in Global Media Ethics）放到中国来举办，当时该会议已经在南非、阿联酋、印度等国举办。2014 年我在清华大学组织主办该圆桌会议，他与全世界的核心成员———批著名的媒介伦理学专家悉数出席。克里斯琴斯教授还热心支持我时任会长的中国新闻史学会的工作，与舒德森（Michael Schudson）等国际知名教授一起受聘为学会顾问委员会委员，2018 年他还到中国新闻史学会学术年会（杭州）发表了主旨演讲。他非常谦逊，以平等的学术态度对待后学，先后邀请我为其媒介伦理著作的中文译版和剑桥出版社的新著撰写序言，对我真是莫大的鞭策。

在技术与媒介伦理领域遇到了一些非常值得尊敬的研究伙伴，包括时为牛津大学媒介政策与法律研究中心研究员的钱忆亲博士（新近加入北京师范大学），她促成了牛津大学该中心作为上述 2010 年会议的合办方，并且之后我们数次在香港和北京联合举办相关的国际学术论坛，一起做互联网治理的研究，并且先后到联合国互联网治理论坛（IGF）瑞士（2018）、巴黎（2019）的年会上发表；还有联合国教科文组织的胡献红博士，她促成了联合国教科文组织成为 2010 年会议的合办方、邀请了欧亚多个国家的学界和业界重量级人物参会；南非开普敦大学的 Herman Wasserman 也是一位著名的媒介伦理专家，他邀请我参加组织 ICA 的专题论坛（日本福冈，2016）、专题学术研讨会（南非，2018）；先后任教于美国多所大学的著名媒介伦理学专家 Stephen Ward 不仅来中国参加我组织的学术研讨会，还给我们机会在其为 Springer 出版社主编的《全球媒介伦理手册》（*Handbook of Global Media Ethics*）中撰写了一章《智能时代的算法与媒介伦理》（"Algorithms and Media Ethics in the AI Age"）。国内亦师亦友的学者对我相关研究的帮助也令我感激不尽，包括中国人民大学陈力丹教授、复旦大学黄旦教授、武汉大学单波教授等。对我申报"智能时代的信息价值观引领研究"选题立项，申报课题到如今的研究给予了莫大支持和帮助的，有清华大学计算机系崔勇、刘知远，中国人民大学哲学院张霄，西安交通大学社会心理学所喻丰（现在武汉大学），以及北京大学吴靖，暨南大学刘涛、陈伟军，中国政法大学阴卫芝，南京师范大学王丽娟，北京邮电大学黄佩、张蓝姗等多位教授，清华大学新闻与传播学院的彭兰、金兼斌、沈阳、卢嘉、戴佳、曹书乐、吕宇翔、王庆柱、蒋俏蕾、吴璟薇、虞鑫等同事一如既往给予了坚定的支持和帮助！此外还有中山大学谢琳，大连理工大学任志磊、李燕，厦门大学黄含韵，西安交通大学杨沈龙，腾讯研究院曹建峰，字节跳动刘志毅、何子章等才俊给予了大力支持。课题开题会还荣幸邀请到了中国政法大学终身教授、中国价值哲学研究会会长李德顺，中国传媒大学新闻学院院长、《现代传播》主编隋岩，清华大学新闻与传播学院教授、新媒体传播研究中心主任彭兰，中国人民大学新闻学院教授、《国际新闻界》主编刘海龙，暨南大学新闻与传播学院教授、党委书记刘涛等担任开题论证会专家,给予重要指导;课题组织的几次论坛,我的搭档胡钰书记亲临致辞、杭敏副院长帮助主持会议,并邀请到了多位著名专家莅临指导(在本书《序》中提及部分专家),在此一并致谢!

最后要特别感谢吾门(我的门下)小伙伴们!课题工作中,感谢复旦大学徐笛,深圳大学常江,中国传媒大学仇筠茜,暨南大学黄雅兰,北京外国语大学王宇琦,人民网刘扬,博士后李凌、徐芳依,首位跨学科就读于理学院的博士生师文,博士生林嘉琳、Ayamou Chekam Gaelle Patricia、张舒媛、吴余劲、张梦、黄丹琪、俞逆思、吕婷,以及多位毕业和在读的硕士生同学陈一麟、霍婕、陈凯宁、马越然、张哲瑜、吴嘉伦、周业萍等给予的支持和帮助!李凌、林嘉琳等帮忙组织了2019年的学术论坛,几位博士生同学还帮忙编辑了论文稿。你们以及多位未在此列名的同学们,早已经成为我的人生挚友和学术伙伴!为师之幸,莫甚于此!

陈昌凤

2020年8月17日于太平洋上空飞行中